# Além da Religião

David N. Elkins

# Além da Religião

## Um programa personalizado para o desenvolvimento de uma vida espiritualizada fora dos quadros da religião tradicional

*Tradução*
SAULO KRIEGER

EDITORA PENSAMENTO
São Paulo

Título do original:
*Beyond Religion*



Publicado mediante acordo com Theosophical Publishing House, 306 West Geneva Road, Wheaton, Il 60187 USA.



O primeiro número à esquerda indica a edição, ou reedição, desta obra. A primeira dezena à direita indica o ano em que esta edição, ou reedição, foi publicada.

| Edição | Ano |
|---|---|
| 1-2-3-4-5-6-7-8-9-10-11 | 00-01-02-03-04-05 |

Direitos de tradução para a língua portuguesa
adquiridos com exclusividade pela
EDITORA PENSAMENTO LTDA.
Rua Dr. Mário Vicente, 374 — 04270-000 — São Paulo, SP
Fone: 272-1399 — Fax: 272-4770
E-mail: pensamento@cultrix.com.br
http://www.pensamento-cultrix.com.br
que se reserva a propriedade literária desta tradução.

*Impresso em nossas oficinas gráficas.*

# Dedicatória

Para Sara

No silêncio desta página
espero ouvir a inefável riqueza
trazida por você à minha vida há mais de trinta anos.

Você sustém e alimenta a minha alma.

# Sumário

# Sumário

# Agradecimentos

Este livro é uma expressão de minha viagem pessoal e profissional nos últimos vinte anos. Muitas pessoas têm contribuído para meu crescimento e para as idéias presentes neste livro. Sou grato a todas, mas gostaria de expressar minha gratidão a algumas em especial.

Quero agradecer a todos os clientes, estudantes e participantes de *workshops* que me têm ajudado a esclarecer os princípios contidos nesta obra no decorrer dos anos. Sou especialmente grato aos que me deram permissão para incluir suas histórias aqui. Alguns dos exemplos de caso do livro são de pessoas reais; outros são composições baseadas em minha experiência pessoal e clínica. Em todos os casos, exceto naqueles onde houve uma permissão explícita, nomes e informações reveladoras foram substituídos, para que fosse mantida a privacidade e o caráter confidencial.

No decorrer dos anos, vários colegas têm trabalhado comigo em projetos relacionados à espiritualidade. Gostaria de agradecer especialmente a Stephen Brown, James Hedstrom, Edward Shafranske, Olivia de la Rocha e Robert Weathers. Muitos graduandos em psicologia também colaboraram. Quero agradecer em particular a Lori Hughes, Andrew Leaf, Stephanie McElheney, Terry McClanahan e Cheryl Saunders. E não posso deixar de agradecer também aos colegas que leram partes do manuscrito, trazendo retornos construtivos e endossos estimulantes. Isso inclui William Banowsky, Emily Coleman, Thomas Greening, Robert Johnson, James Kavanaugh, Stanley Krippner, Maureen O'Hara, Kirk Schneider, Elizabeth Strahan e Robert Weathers.

Gostaria de agradecer à minha universidade e aos administradores que no decorrer dos anos apoiaram meu trabalho de pesquisa e escrita. Em especial, meus reconhecimentos à reitora Nancy Fagan, e aos vice-reitores Cary Mitchell e James Hedstrom.

Sou profundamente grato à minha família e aos parentes que estimularam meu trabalho. Agradeço em particular à minha esposa, Sara, e a meus dois filhos, David Alan e Jody Linn, por seu amor e apoio todos esses anos e por sua ajuda neste projeto. Sou grato também a Monica, minha nora, pelas informações e pela ajuda referentes aos computadores e ao processador de textos.

Quero expressar minha gratidão a Melanie Coughlin, uma amiga de verdade que ouviu com entusiasmo cada capítulo concluído, fornecendo-me livros e materiais relevantes ao longo do caminho.

Sou grato também a Brenda Rosen, editora executiva da Quest Books, por seu profissionalismo e por sua ajuda em cada fase deste projeto. Proporcionou-me orientação editorial sempre que necessário e também me deu a liberdade de que eu precisava para seguir minha própria visão criativa. Agradeço ainda a Carolyn Bond e Vija Bremanis, pela consultoria especializada a este projeto.

Por fim, eu gostaria de deixar claro que as pessoas acima citadas não são responsáveis pela perspectiva adotada neste livro, nem por fraqueza alguma que ele possa conter.

# Prefácio

Falando sobre a espiritualidade, um mestre sufi disse certa vez: "Um rio passa por muitos países, e cada um o chama à sua própria maneira. Mas há somente um rio."

Não sabemos exatamente quando o primeiro ser humano ajoelhou-se junto a esse rio e bebeu de suas águas espirituais. Tudo o que sabemos é que o rio banha até os ancestrais mais remotos da raça humana e que sua nascente jamais foi encontrada. Por milhares de anos e em todas as culturas, seres humanos sentaram-se nas margens desse rio e sentiram o palpitar de impulsos sagrados quando o rio lhes falava de mundos místicos e de coisas invisíveis.

A minha própria vida espiritual começou ao longo de uma pequena extensão de um rio que corre pelos matagais do sul rural dos Estados Unidos. Quando garoto, eu gostava do mistério de suas águas espirituais e o silêncio calmo que trazia à minha alma. Minha pequena igreja era o rio por si só, e isso aconteceu muitos anos antes que eu compreendesse a sabedoria da afirmação do mestre sufi e antes que percebesse que o rio que alimentava minha alma era o mesmo rio que corria para todas as tribos e nações.

Este livro fala sobre esse rio. Ele descreve a espiritualidade como um fenômeno universal à disposição de qualquer pessoa, religiosa ou não. A primeira metade da obra define a espiritualidade, a alma e o sagrado em termos não-religiosos. A segunda metade descreve oito caminhos alternativos para o sagrado e mostra aos leitores como desenvolver uma vida de paixão e profundidade espiritual.

Se a sua alma está sequiosa e a vida é dura, espero que você encontre nestas páginas um oásis, um lugar onde possa beber e refrescar-se. Porém, mais do que isso, espero que você chegue a ver que o rio está sempre lá, e que tudo o que você tem de fazer é pôr suas mãos em forma de concha, levá-las até ele e beber suas águas doadoras de vida — em qualquer tempo ou lugar, agora mesmo.

# Introdução

*Não é verdade que temos de renunciar ao interesse pela alma se não aceitamos os princípios da religião.*

— Erich Fromm

Se você é um dos milhões de pessoas que acham que a religião tradicional deixou de satisfazer suas necessidades espirituais, este livro é para você.

Como psicólogo clínico e professor universitário, tenho estudado a espiritualidade nos últimos vinte anos. Este livro é o resultado desse estudo. Não é um livro de psicologia popular e não lhe trará respostas fáceis. Uma espiritualidade autêntica envolve o desenvolvimento da profundidade, da sabedoria, da paixão e do amor, e não é algo que você possa conseguir simplesmente lendo um livro.

Mas não tenha dúvida. Este é um livro poderoso que contém princípios submetidos a testes em campo. Se você mergulhar nele com o coração, você pode mudar a sua vida para sempre. Sei disso não só porque tenho visto centenas de clientes, estudantes e outras pessoas mudarem graças a esses princípios, mas porque também eu tenho experimentado essas mudanças em minha vida.

Cresci no sopé das montanhas Ozark, na região nordeste do Arkansas. Esse canto remoto do país está mergulhado no Cinturão Bíblico, e praticamente todas as pessoas que eu conhecia eram religiosas. Meu pai era um dos líderes da igreja local, e minha família ia ao culto pelo menos três vezes por semana, às vezes mais.

Eu era garoto ainda quando resolvi que queria ser pastor. Depois de concluir o segundo grau, matriculei-me numa faculdade ligada à igreja, para estudar religião. Tive bom desempenho no aprendizado para o sacerdócio, e em 1966 fui ordenado pastor. Foi a realização de um sonho longamente acalentado, e eu estava profundamente feliz. Na época, eu só queria passar o resto de minha vida servindo a Deus naquela profissão.

Hoje, trinta anos depois, não sou mais um pastor. Na verdade, não estou envolvido com nenhuma religião organizada. Mesmo assim, tenho um interesse profundo pela espiritualidade e creio que hoje estou cuidando de minha alma melhor do que nunca.

Minha desilusão com a religião começou quando eu ainda era pastor. Ironicamente, foi como que um resultado do meu aprendizado para o sacerdócio que comecei a transcender minha igreja e a perceber que eu estava me afastando de minhas necessidades espirituais. Passei a achar que eu não podia mais acreditar em muitas das coisas que minha igreja ensinava, e nos serviços do culto comecei a sentir um vazio que antes não sentira. Por mais que eu quisesse e por mais que tentasse intensamente acreditar, descobri que eu não podia acreditar naquilo em que não acreditava. Era o que estava acontecendo.

Mas como foi doloroso! Não podendo mais agüentar as visões conservadoras de minha igreja, finalmente entrei em conflito com as lideranças de minha congregação e fui demitido. Não é preciso dizer que minha família e meu amigos ficaram chocados. Mais tarde, quando realmente decidi abandonar a igreja, quase ninguém pôde entender essa decisão. Eu mesmo não podia compreendê-la de todo. A igreja sempre fora o centro da minha vida. E uma vez que ela então não falava mais à minha alma, senti-me muito perdido e só. Eu temia que minha vida espiritual pudesse ter chegado ao fim.

Em 1976, porém, tudo mudou. Foi o ano em que se iniciaram minhas lições pessoais voltadas para cuidados não-religiosos dirigidos à alma. Nessa época, eu havia me inscrito na pós-graduação para obter um doutorado em psicologia. Por causa das mudanças em minha vida, e pelo fato de eu não mais estar dando atenção à minha alma, comecei a sentir-me deprimido. Incapaz de sair desse estado de infelicidade por mim mesmo, decidi iniciar uma terapia.

Meu terapeuta tinha 73 anos de idade, era um antigo professor de filosofia e um analista junguiano que havia estudado no Instituto C. G. Jung, em Zurique. Depois de ouvir atentamente as mal-articuladas ansiedades por mim expressadas na primeira sessão de terapia, ele me disse gentilmente: "Você está com fome espiritual." Seu diagnóstico provou que ele estava profundamente certo. Minha alma *estava* faminta espiritualmente, e pelos dois anos seguintes esse homem sábio foi o meu mentor espiritual. À guisa de psicoterapia, ensinou-me a cuidar de minha alma humana e a alimentá-la.

Quando lhe falei de minha desilusão com a religião organizada, ele me assegurou de que havia muitos meios de cultivar a alma que não dependiam da religião tradicional. Disse-me que, se a religião é um caminho para o desenvolvimento espiritual, existem por outro lado, muitos caminhos não-religiosos.

Tendo aprendido a cuidar de minha alma de novas maneiras, mudanças significativas passaram a ocorrer em minha vida. Pela primeira vez comecei a sentir que eu sabia quem eu era, que eu estava tocando algo da minha identidade fundamental, que eu estava voltando para mim mesmo. Eu sentia mais confiança, mais força pessoal. A vida revestia-se de profundidade e paixão; passei a sentir as coisas mais intensamente. Eu estava mais em contato com o meu corpo, com a minha sensualidade, com a minha criatividade. O mundo, que até então me parecera um programa de TV em branco e preto, passava a ter cores vivas. Com o tempo, a depressão deixou-me por completo, e passei a me sentir sadio e inteiro.

Essa experiência com a terapia foi o ponto decisivo de toda a minha vida. Mostrando-me como cuidar de minha alma por vias alternativas, meu analista forneceu-me os meios de que eu precisava para criar uma vida espiritualizada fora dos quadros da religião estabelecida. Nos últimos vinte anos tenho aplicado essa sabedoria à minha própria vida, partilhando-a também com meus clientes e alunos. Foi a partir de minha própria experiência que aprendi a verdade desta afirmação do psicanalista Erich Fromm: "Não é verdade que temos de renunciar ao interesse pela alma se não aceitamos os princípios da religião."[1]

Isso é de importância vital. O cuidado com a alma é essencial para a saúde psicológica, e o desenvolvimento espiritual não é uma opção que nos cabe fazer ou deixar de fazer. Tal como o corpo, a alma demanda cuidados. Mas vivemos numa sociedade que presta pouca atenção à alma. Como resultado, padecemos de uma sede de espírito e estamos secando porque somos incapazes de nos comover.

Em *Man and His Symbols*, Jung escreveu: "Temos despojado todas as coisas de seu mistério e de sua numinosidade, nada mais é sagrado."[2] Em minha prática como psicólogo, tenho observado os desastres de uma sociedade dessacralizada. Sob a depressão, a ansiedade e o desespero de tantos clientes, há uma alma faminta de atenção e cuidados. Nos Estados Unidos, essa fome de espírito parece desenfreada, pois a privação espiritual está na raiz de muitas patologias clínicas. Quando cultivo as almas de meus clientes, eles começam a melhorar. E quando aprendem a nutrir suas próprias almas, o fim da terapia está à vista.

Mas o desenvolvimento espiritual é essencial não só para a saúde psicológica; é também a chave para uma vida de paixão e profundidade. Uma espiritualidade autêntica faz a alma despertar, põe-nos novamente em conexão com o sagrado e enche-nos de paixão pela vida. O desenvolvimento espiritual não está relacionado com rituais e práticas religiosas; relaciona-se, isto sim, com o milagre da vida.

Estou falando da recuperação de algo que todos parecíamos ter naturalmente na infância, mas em algum ponto o perdemos, no meio do caminho. O que acontece quando crescemos? O que acontece com o milagre e a alegria da existência? Será a morte da alma o preço do ingresso na idade adulta? Infelizmente, quando nos tornamos adultos, muitos de nós perdem sua vitalidade e sua paixão pela vida. Uns se deprimem, outros buscam escapar mediante compulsões ou vícios, e muitos outros se afundam calmamente na resignação e na desilusão. Deixamos de viver a partir de nossa própria alma; deixamos de nutrir nossa alma. Alguns até mesmo esquecem que têm uma alma.

Moro perto de Los Angeles. São muitos os dias em que paira uma neblina baixa sobre a cidade, espalhando sua bruma pelos vales e ao longo das encostas baixas das montanhas. Mas algumas vezes, quando o Santa Ana sopra a baixa altitude, ou depois de uma chuva constante que limpa o ar, a neblina desaparece, e a beleza original desta terra mais uma vez resplandece sob o sol da Califórnia, evocando uma das belas paisagens que os primeiros colonizadores devem ter visto quando aqui chegaram, vindos das montanhas ou atracando na costa da Califórnia.

O mesmo se passa com a nossa alma. Na infância, a alma tem uma beleza natural e resplandece de vida. Na fase adulta, porém, vem a neblina obscurecer a alma. Não é intencionalmente que perdemos a alma; ela simplesmente desaparece sob a bruma de hipotecas, horários de trabalho e outras tensões da vida adulta. Mas, ainda que sob a bruma, a alma continua viva. Se pudermos remover a neblina, poderemos reivindicar ainda uma vez a beleza original de nossa alma e tornar a conhecer o milagre de nossa própria existência.

Queimando no fundo do coração de cada adulto há um anseio por uma vida que faça sentido. Queremos beber profundamente da corrente da existência e conhecer a paixão de estar realmente vivos. A proposta deste livro é dizer que essa vida é possível e que tudo começa pelo aprendizado de como cuidar da alma e nutri-la.

Ironicamente, um dos maiores obstáculos a esse tipo de desenvolvimento espiritual é a religião organizada. Na cultura ocidental, associa-se a espiritualidade quase que exclusivamente à religião tradicional e, em decorrência disso, muitas pessoas pensam que nutrir a alma significa ir à igreja e adotar ativamente rituais, crenças e práticas da religião organizada. É uma idéia infeliz, pois aqueles que não têm interesse pela religião institucionalizada tendem a supor que as questões da alma nada têm que ver com eles. Para piorar as coisas, algumas igrejas continuam a ensinar que não se pode ser espiritualizado sem ser religioso, além de desconsiderar a espiritualidade dos que não são afiliados à sua religião particular ou ao seu conjunto de crenças teológicas. Esses grupos religiosos têm prejudicado em muito o desenvolvimento espiritual daqueles que não têm interesse pela religião formal.

No entanto, há hoje muitas pessoas altamente espiritualizadas que não são religiosas, assim como muitas pessoas altamente religiosas não são particularmente espiritualizadas. Creio que já é tempo de nossa sociedade reconhecer que espiritualidade e religiosidade não são a mesma coisa e que a autêntica espiritualidade merece respeito, esteja ela fora ou dentro das paredes da religião organizada. Por isso, para cada homem ou mulher espiritualmente sequiosa, eu diria: o sagrado está ao seu redor, e ninguém pode impedi-lo de tocar o transcendente ou de beber da corrente sagrada. É seu direito inato como ser humano. Até hoje, não houve organização religiosa que capturasse Deus ou aprisionasse o sagrado dentro das paredes de uma igreja. Sendo assim, se a religião organizada deixou de falar à sua alma, talvez você esteja sendo chamado para construir uma vida espiritual fora de suas paredes, além da religião.

Este livro foi escrito especialmente para aqueles que se encontram fora dessas paredes. Em sua primeira metade traz os fundamentos para uma nova espiritualidade, não-religiosa. Centraliza-se em palavras tais como *alma*, *sagrado* e *espiritualidade*, redefinindo esses termos em sentidos não-religiosos e mostrando que eles indicam algo acessível a todas as pessoas. A segunda metade traz uma descrição em profundidade de oito caminhos alternativos para o sagrado, mostrando passo a passo como desenvolver uma vida espiritualizada.

Se este livro trata de uma espiritualidade não-religiosa, quero deixar claro que minha intenção não é denegrir a religião. Por milhares de anos, a religião serviu de caminho à transcendência para milhões de pessoas, e continuará a exercer essa função nos anos que estão por vir. Mas a religião tradicional tem de perceber que ela não detém o monopólio da espiritualidade. A espiritualidade é um fenômeno humano e universal encontrado em todas as culturas e em todas as idades; não é propriedade exclusiva de nenhum grupo religioso. Assim, se por um lado este livro não é anti-religioso, por outro ele se opõe a formas estreitas de religiosidade que constroem paredes em torno do sagrado e reivindicam para si o direito exclusivo da espiritualidade.

Minha esperança é que este livro fale a todos aqueles, religiosos ou não, que algum dia desejaram algo mais em sua vida, que ansiaram por viver no ápice crescente de seu ser, que sonharam em dançar no fio da navalha flamejante da vida. Sei que muitos dos que já tiveram esses sonhos perderam o contato com sua alma em algum ponto do caminho.

Por experiência própria, posso assegurar-lhes de que almas podem ser encontradas e que a vida espiritual pode florescer outra vez. Se, como resultado deste livro, alguém sair de seu desespero e voltar a se apaixonar pela questão espiritual, ainda que seja uma única pessoa, meus esforços não terão sido em vão.

Este livro tem uma mensagem básica: a vida é um dom, e é curta. Viva-a com toda a profundidade e paixão da sua alma.

# Parte I

A parte I assenta os fundamentos para uma espiritualidade nova e não-religiosa. Descreve a revolução espiritual de nosso tempo e, então, redefine a espiritualidade, a alma e o sagrado em termos não-religiosos.

Os capítulos a seguir afirmam que a espiritualidade é um fenômeno humano universal e que todas as pessoas, religiosas ou não, podem aprender o acesso ao sagrado e, com isso, nutrir a alma, aprofundando sua vida espiritual.

*Capítulo 1*

# A Revolução Espiritual

## O Movimento da Religião para a Espiritualidade

*Estou profundamente interessado na espiritualidade, em ser uma pessoa espiritualizada. Mas não tenho nenhum interesse pela religião. Espero que você possa dizer que eu sou religioso, ainda que não tenha religião.*

— um estudante universitário

Uma revolução espiritual está ocorrendo silenciosamente na nossa sociedade. Milhões de pessoas têm deixado a religião tradicional para seguir caminhos alternativos de desenvolvimento espiritual. Estão percebendo que podem ser espiritualizados sem ser religiosos e que podem cultivar a alma sem ir a uma igreja ou templo. A separação entre espiritualidade e religião é uma das maiores mudanças sociológicas de nosso tempo e está no coração da maior revolução espiritual no Ocidente desde a Reforma Protestante.

Joan, uma artista de sucesso, é um exemplo típico. Ela cresceu no seio de uma família religiosa, no meio-oeste americano, mas deixou a igreja durante seus anos de faculdade. Mesmo assim, manteve interesse pela espiritualidade e, no decorrer do tempo, aprendeu a cuidar de sua alma com arte, música, poesia e literatura. Hoje, aos trinta e sete anos, Joan é uma pessoa profundamente espiritualizada e, talvez sem o saber, está no fio da navalha da revolução de que falo aqui. Joan é espiritualizada, mas não religiosa; ela foi além da religião para construir uma vida espiritual fora dos quadros da religião tradicional.

Em *Megatrends 2000*, John Naisbitt classificou o interesse crescente pela espiritualidade como uma das dez megatendências da sociedade contemporânea americana. Ele salientou que, enquanto a freqüência nas igrejas mais importantes declinou, o interesse pela espiritualidade pessoal está em ascensão. Isso é especialmente verdade para os filhos instruídos do *baby boom**, que agora chegam à meia-idade, metade dos quais afirmou ter se tornado mais espiritualizada nos últimos anos. De acordo com Naisbitt, as igrejas não estão indo ao encontro das necessidades espirituais de muitos americanos, e "as pessoas de formação universitária em particular criticam essa falta de atenção ao espiritual".[1]

Wade Clark Roof, professor de religião e sociedade na Universidade da Califórnia, Santa Bárbara, concluiu recentemente um estudo com 1.600 filhos do *baby boom*[2] e descobriu que essa geração, por ele definida como a dos nascidos entre 1946 e 1962, abandonou em grande número a religião organizada nas décadas de 1960 e 1970. Dentre aqueles com formação religiosa, 84% de judeus, 69% de protestantes, 61% de protestantes conservadores e 67% de católicos deixaram suas religiões. Em seu estudo, Roof distinguiu três categorias. Denominou *legalistas* aqueles comprometidos com a religião tradicional, que tendem a ser politicamente conservadores em questões como o aborto e que talvez jamais deixaram a igreja. O grupo por ele denominado *retornadores* tende a ser mais liberal, passando com freqüência de uma "igreja-mercado" para outra. Muitas vezes estão em conflito com os legalistas mais conservadores. Os *desistentes,* terceiro e maior grupo, não dão mostras de um possível retorno à igreja ou templo. Se não rejeitam a noção de Deus, tampouco demonstram interesse por uma religião institucionalizada. Os filhos do *baby boom* com formação universitária e sem filhos pertencem o mais das vezes a esse grupo.

Enquanto 25% dos filhos do *baby boom* que deixaram a religião organizada nos anos sessenta e setenta têm retornado às igrejas principais, 42% — um número estimado em 32 milhões — permanecem sem filiação a nenhuma igreja. Mesmo assim, muitas dessas pessoas estão profundamente interessadas na espiritualidade e voltam-se para as religiões orientais, para as tradições dos nativos americanos, para a mitologia grega, programas de 12 passos, psicologia junguiana, filosofias *New Age*, práticas xamânicas, meditação, massagem, ioga e toda uma hoste de outras tradições e práticas, numa tentativa de alimentar suas almas.

Mas as ansiedades não-satisfeitas permanecem, e são muitos os americanos que parecem perdidos. Tendo rejeitado a religião organizada, correm de uma prática espiritual para outra, num esforço de encontrar um sentido espiritual. Outros parecem ter trocado sua antiga dependência em relação à religião por uma nova dependência em relação ao mais novo guru ou programa.

A verdade é que a maior parte de nós tem sempre visto a religião como um guia nas questões espirituais, e além disso não somos muito bons no cuidado com a nossa própria espiritualidade.

---

* *Baby boom*: período em que houve um grande aumento no número de nascimentos, especialmente depois da 2ª Grande Guerra (N.T.).

# O Relacionamento Histórico Entre Religião e Espiritualidade

Por quase dois mil anos, a Igreja Cristã manteve o monopólio da espiritualidade no Ocidente, e em todo esse período cuidar da alma foi uma tarefa da religião. Na Igreja Católica da Idade Média, o padre da paróquia era oficialmente encarregado da *cura animarum*, da cura da alma e dos cuidados para com ela. Por toda a Europa medieval a Igreja foi o centro da atividade espiritual, e era o padre que dirigia todas as questões espirituais. Religião e espiritualidade estavam inextricavelmente ligadas.

Quando a Reforma Protestante irrompeu no século XVI, os reformadores desafiaram o monopólio espiritual da Igreja Católica ao enfatizar uma atitude sacerdotal para todos os crentes. Argumentavam eles que todos os cristãos têm o direito de interpretar a Bíblia por si mesmos e de aproximar-se de Deus diretamente, sem a intermediação do padre ou da igreja. Os reformadores reconheceram que a espiritualidade de uma pessoa não deveria estar sob o controle da igreja institucional. Essa foi a primeira fenda aberta na solidariedade entre religião e espiritualidade.

A essência da Reforma Protestante estava em dignificar a consciência individual acima da força da instituição. Isso fez com que o surgimento do espírito de individualismo ocidental assumisse uma feição também religiosa, tornando-se um momento decisivo na história do Ocidente. Após séculos de controle religioso, as pessoas estavam livres para chegar à sua própria salvação sem a Igreja a lhes dizer o que fazer, pensar e acreditar. Elevando o indivíduo acima da instituição, a Reforma enfraqueceu a força da Igreja Católica e contribuiu para o Renascimento, que naquele tempo se alastrava pela Europa.

O Renascimento, "nascer de novo", iniciou-se no século XIV e continuou até o século XVII. Foi um período de transição entre a era medieval e a moderna, e marcou um retorno ao classicismo, uma renovação do humanismo, uma ênfase nas artes e deu início à ciência moderna. Mas a verdadeira chama do Renascimento, tal como a da Reforma, foi o crescente sentimento de liberdade do indivíduo — a inebriante percepção de que o seu coração, em detrimento das ordens de qualquer instituição, é a última instância de apelação.

Por ironia, com o tempo, muitas Igrejas Protestantes tornaram-se tão controladoras quanto a Igreja Católica, contra a qual o Protestantismo se rebelou. Alguns líderes religiosos ficaram obcecados pela pureza da doutrina e, amparados pela força de governos protestantes, agiram de maneira dura com aqueles que discordavam de sua teologia. Assim, muitos protestantes, como antes deles os católicos, acharam que sua própria espiritualidade não estava de fato sob sua responsabilidade. Tornaram-se seriamente limitados e circunscritos pela teologia e pelo dogma de sua denominação particular.

Assim, na Europa e mais tarde no Novo Mundo, a igreja institucional em ambas as formas, católica e protestante, continuou a deter o monopólio da espiritualidade, o padre e o pastor mantendo-se como responsáveis pela alma.

## Religião e Espiritualidade Hoje

No entanto, a situação hoje em dia é bem diferente. Milhões de pessoas deixaram de considerar a igreja, ou o templo, como o centro de sua vida, e tampouco recorrem a um padre, pastor ou rabino para cuidar de sua alma.

Essa perspectiva radicalmente diferente é o resultado das mudanças ocorridas na era moderna. Nos tempos medievais, a Igreja era a autoridade última não somente em questões religiosas, mas também nas artes e nas ciências. Durante o Renascimento, as artes e as ciências romperam com a Igreja e começaram a se estabelecer elas próprias como disciplinas separadas. Nos 350 anos seguintes, a ciência lentamente se erigiu como autoridade última na cultura ocidental, e chegamos a ver a ciência bem ao modo como os povos medievais viam a igreja. Durante a era moderna, a ciência expandiu nosso conhecimento e deu-nos explicações novas e não-teológicas sobre a origem e natureza do universo e da própria espécie humana. Essas explicações científicas geralmente contradiziam o que era ensinado nas igrejas e escolas dominicais, e pouco a pouco as histórias científicas foram construindo seu caminho na nossa mente, muitas vezes à custa de solapar as antigas histórias religiosas.

Como sabem os estudantes de teologia, a ciência voltou seu olhar penetrante também para a religião. Estudiosos modernos, por exemplo, usando o instrumental da ciência, levantaram questões importantes sobre a origem e sobre a história da Bíblia. Comparando os manuscritos mais antigos, descobriram diferenças, contradições, adições e supressões. Seu trabalho revelou que escolhas arbitrárias, e algumas vezes políticas, foram feitas para incluir alguns livros na Bíblia e excluir outros. Além disso, esses eruditos têm demonstrado que a maior parte da Bíblia não poderia ter sido escrita na época e pelos autores alegados pela própria Bíblia. Aqueles que um dia acreditaram tratar-se de um livro divino, dado como um presente direto de Deus para a humanidade, tiveram de encarar o fato de que a Bíblia parece ser um trabalho mais humano do que haviam pensado. Mesmo concedendo que ela ainda é, em certo sentido, um livro inspirado e uma fonte de sabedoria espiritual, isso é muito diferente de acreditar que se trata da palavra literal de Deus e da fonte de toda a verdade espiritual.

O problema básico, aqui, é que todos os nossos sistemas de crença religiosa tradicional originaram-se numa era pré-moderna, e até hoje continuamos tentando ajustá-los aos nossos tempos. Apesar de nossos esforços e de nossas melhores intenções, isso é algo cada vez mais difícil de fazer.

Para complicar ainda mais as coisas, estamos saindo da era moderna e entrando numa era pós-moderna. Muitos dos sistemas de crenças religiosas que conseguiam manter-se unidos na era moderna, apesar da influência destrutiva da ciência, estão agora desmoronando sob o golpe adicional da pós-modernidade. Na era moderna acreditávamos que a verdade estava em algum lugar esperando para ser encontrada, e que a ciência era o caminho para a verdade. A pós-modernidade, que questiona nossos pressupostos básicos sobre o próprio conhecimento, desafia essa visão. Focaliza-se em como o conhecimento e os sistemas de crenças são construídos e sugere que o que é visto como verdade depende dos pressupostos que operam numa cultura particular. Por exemplo, nos tempos medievais, uma vez que os pressupostos teológicos sustentavam aquela cultura, a Igreja era vista como a fonte última do conhecimento. Hoje, dados os pressupostos científicos de nossa cultura, vemos a ciência como a autoridade máxima. Agrada-nos pensar que a visão de mundo medieval era inferior, com base na superstição, e que a ciência é o caminho verdadeiro para o conhecimento. Mas a pós-modernidade lembra-nos que todos os sistemas de conhecimento, incluindo os nossos próprios, são construções sociais. Assim, nossos pressupostos culturais, juntamente com as políticas de poder, têm muito que ver com o que decidimos aceitar como verdade. Em outras palavras, *construímos* ou *inventamos* a verdade mais do que simplesmente a *descobrimos*.[3]

A construção social da realidade, como é chamado esse fragmento da pós-modernidade, é uma perspectiva radicalmente nova. Contudo, exerce forte apelo por poder nos ajudar a compreender este nosso mundo diverso e confuso. Qualquer pessoa que entre em contato com outras culturas aprende em primeira mão que há outras realidades. Um homem ou uma mulher de negócios que viaja para o Japão descobre muito rapidamente que a "realidade" japonesa é bem diferente da nossa "realidade" americana. Ao trabalhar como psicólogo junto a nativos americanos, tive a oportunidade de apreciar suas suposições, bastante diferentes, sobre a vida, natureza, Deus e relações humanas. Uma vez que as viagens de avião e as telecomunicações eletrônicas fazem de nosso planeta uma aldeia global, cada vez mais estamos diariamente expostos a uma diversidade de culturas e realidades. Cada uma das principais cidades dos Estados Unidos é uma mistura de diferentes raças, etnias e culturas. Dezenas de realidades estão entrelaçadas, freqüentemente criando confusão e, algumas vezes, violência. Muitos de nós experimentam um choque cultural pós-moderno quando tentam se adaptar às múltiplas realidades em que vivemos nossa vida. Nunca antes na história do mundo tantas pessoas tiveram tanto contato com tantas culturas diferentes da sua própria.

Como estamos expostos a essas realidades múltiplas, torna-se cada vez mais difícil manter nossa própria realidade como a única verdadeira. Somente os mais protegidos dentre nós são capazes de fazê-lo. A maior parte de nós é forçada a reconhecer que existem outras realidades tão viáveis quanto a nossa e que o que temos por verdadeiro pode ser mais relativo do que gostaríamos de reconhecer.

Isso traz profundas implicações para a compreensão do colapso da religião ocidental e da revolução espiritual enfocada neste livro. Por meio do contato com outras culturas, começamos a ver que nossas próprias construções da realidade são relativas e que isso se aplica tanto a nossas tradições religiosas como a qualquer outro aspecto da cultura. Em decorrência disso, muitos americanos têm deixado de considerar sua própria tradição religiosa como a única religião verdadeira, passando a acreditar que todas as religiões têm algo a oferecer e que todas são caminhos legítimos para tratar dos anseios espirituais dos seres humanos. Essa é uma perspectiva pós-moderna.

Esse colapso de nosso centralismo religioso e a abertura de nós mesmos a outras tradições é o primeiro passo na nossa evolução espiritual. Uma mentalidade insular, que se fecha para outras perspectivas, é simplesmente inviável num mundo pós-moderno e pluralista. Se estamos aptos a avaliar nossa própria tradição religiosa com a consciência de que ela não detém o monopólio da verdade espiritual, então podemos respeitar outras tradições e abrir nosso coração para o que elas têm a oferecer.

Mas não é fácil nos abrirmos para outras perspectivas. Muitos de nós aprenderam que questionar a própria religião ou investigar as religiões dos outros é errado e até mesmo um ato de blasfêmia contra Deus e de traição à nossa tradição. Tabus religiosos como esses estão muitas vezes profundamente enraizados na psique humana, e é preciso muita coragem para transcendê-los. Mas, por difícil que possa parecer, vejo a relativização de nossa própria tradição e a abertura de nós mesmos para outras perspectivas como o primeiro passo em direção à maturidade espiritual.

O segundo passo, talvez ainda maior que o primeiro e foco deste livro, é a percepção de que espiritualidade não é sinônimo de religião e que existem muitos meios de cultivar a alma que nada têm que ver com religião. O primeiro passo rompe o invólucro de nossa própria tradição, abrindo-nos para outras religiões; o segundo rompe o invólucro da própria religião, abrindo-nos para a vida. Quando damos o segundo passo, vemos que tudo na vida é sagrado e que o universo inteiro é um jardim a partir do qual podemos alimentar nossa alma.

Nesse estágio de nosso desenvolvimento espiritual, deixamos de esperar que padres, pastores, rabinos ou gurus nos digam o que é melhor para nossa alma, e começamos a tomar a *cura animarum* por uma responsabilidade pessoal. Se por um lado podemos avaliar a religião como um caminho para o desenvolvimento espiritual, por outro deixamos de vê-la como o *único* caminho, e somos cautelosos quanto a entregar nossa alma à direção de qualquer líder religioso ou de qualquer disciplina espiritual.

A espiritualidade pessoal em sua forma mais radical significa assumir a responsabilidade pelo próprio desenvolvimento espiritual e aprender a cultivar a própria alma. Para muitos de nós isso significa ir além da religião para construir a nossa vida espiritual fora de suas paredes.

A viagem para a maturidade espiritual não é simplesmente uma viagem intelectual, mas uma viagem que envolve também o coração. A morte das antigas crenças é intensamente dolorosa, e a incompreensão por parte da família e dos amigos pode ser quase devastadora. Mesmo assim, nosso nascimento para uma consciência espiritual mais ampla é, em última análise, compensador. Irrompemos numa nova realidade que transcende o confinamento estreito de nossa própria cultura e credo. Nossa identificação move-se, para além de nosso clã, em direção à espécie humana como um todo, quando percebemos que os anseios espirituais de nosso próprio coração são a canção universal da humanidade. O universo torna-se o nosso templo, a terra, o nosso altar, e a vida diária, o nosso pão sagrado. As tradições orais, a literatura da sabedoria e o acervo espiritual do mundo tornam-se nossas escrituras, e toda a humanidade, independentemente de nação, raça, cor ou credo, torna-se a nossa congregação.

Milhões de pessoas já deram esses passos e milhões de outras o farão no futuro. O movimento para fora da religião tradicional, para novas formas de espiritualidade é uma revolução mais ampla, parte do *Zeitgeist* geral, no qual a cultura ocidental ingressa numa era pós-moderna. Antes que essa revolução chegue ao fim, a natureza da espiritualidade no Ocidente estará transformada para sempre.

## A Separação Entre Espiritualidade e Religião

O fato de a espiritualidade estar se libertando da religião tradicional pela primeira vez em dois mil anos de história ocidental é o cerne da revolução espiritual. Nos Estados Unidos, temos visto recentes manifestações relacionadas com essa libertação na forma de três ondas de mudanças ocorridas nos últimos trinta anos.

### A Primeira Onda: O Movimento do Potencial Humano

A primeira onda foi o movimento do potencial humano na década de 1960. Abraham Maslow, um dos fundadores desse movimento, considerou a espiritualidade pessoal, ou realização de si mesmo, como um dos componentes principais do crescimento psicológico de uma pessoa. Maslow não foi influenciado pelas religiões mais organizadas, mas estava profundamente comprometido com a espiritualidade. Em *Religions, Values, and Peak Experiences*, ele escreve:

> Quero demonstrar que os valores espirituais têm um significado naturalista, que não pertencem com exclusividade a igrejas organizadas, que não precisam de conceitos sobrenaturais para validá-los, que bem podem estar contidos na jurisdição de uma ciência adequadamente ampliada e que, por essa razão, são de responsabilidade geral de toda a humanidade.[4]

Maslow não se opôs à religião organizada em si mesma, mas foi um crítico de qualquer igreja ou religião que reivindicasse um monopólio da espiritualidade e que se recusasse a reconhecer seu caráter humano universal.

Inspirados por pessoas como Maslow e apanhados pelo *Zeitgeist* da década de 1960, muitas pessoas deixaram a religião de seus pais em busca de formas de espiritualidade mais pessoais e pertinentes. Se o movimento do potencial humano começou ele próprio a desaparecer nos anos setenta, a busca de espiritualidade por ele gerada continuou. Uma pesquisa do Instituto Gallup feita em 1978 mostrou que dez milhões de americanos se voltaram para religiões orientais e nove milhões estavam envolvidos em alguma forma de cura espiritual.[5]

### A Segunda Onda: o Movimento *New Age*

Nos anos oitenta, a segunda onda invadiu os Estados Unidos na forma do movimento *New Age*. O *New Age Journal* foi lançado em 1983, com uma circulação de cinqüenta mil exemplares, subindo para quase duzentos mil no fim da década. 95 % de seus leitores eram pessoas com curso superior, e seus rendimentos somavam 47.500 dólares.[6]

Milhões de americanos ficaram intrigados com o movimento *New Age* — com canalização de energia, reencarnação, terapia de vidas passadas, curas espirituais, música *New Age*, e mesmo com as contas, pirâmides e cristais que eram os ornamentos físicos do movimento. O movimento gerou inúmeros artigos, livros, fitas, vídeos, grupos e seminários. O movimento *New Age* é uma colagem espiritual, um *buffet* de espiritualidade importada de muitos países e tradições, ansiosamente experimentada pelos americanos famintos de espírito.

Desde muito cedo em sua história, partes do movimento *New Age* pareciam sobrepor-se e juntar forças com os Alcoólicos Anônimos e outros programas de Doze Passos que durante anos haviam enfatizado a importância da espiritualidade no processo de recuperação. Embora a espiritualidade *New Age* e a do movimento de recuperação não fossem a mesma, uma e outra reforçaram-se e valorizaram-se mutuamente. Com isso, o movimento rumo à espiritualidade na América cresceu ainda mais. Livros sobre amor, curas e espiritualidade saltaram para as listas de *best-sellers*. Tornou-se quase moda ser um viciado recuperado por uma viagem espiritual; pessoas proeminentes, de estrelas de Hollywood a nomes da política, vieram a público admitir seus vícios e testemunhar que a reorientação espiritual fazia parte de sua cura.

### A Terceira Onda: O Movimento em Direção à Alma

No início da década de 90, começou a tomar corpo uma terceira onda, diferente das duas primeiras. Foi o movimento em direção à alma.

Em 1991, foi publicado *Care of the Soul*, de Thomas Moore, que em poucos meses estava na lista dos *best-sellers*.[7] Em pouco tempo o mercado seria inundado por livros, fitas, *workshops* e conferências sobre a alma. A palavra "alma", até então originalmente associada à religião ou ao *blues*, saiu desse confinamento e foi usada para descrever tudo, desde histórias inspiradas a relacionamentos íntimos.

As três ondas tiveram um impacto poderoso sobre a espiritualidade nos Estados Unidos. Ajudaram a romper as amarras históricas entre religião e espiritualidade, tendo produzido uma geração de americanos que sabem que é possível ser espiritualizado sem ser religioso.

## Como os Filhos do *Baby Boom* Estão Formando a Espiritualidade dos Estados Unidos

A geração *baby boom* tem sido a força por detrás dos movimentos do potencial humano, da *New Age* e da alma. Membros dessa geração compram os livros, freqüentam os *workshops* e fornecem o ímpeto para a revolução espiritual. Uma vez que continuarão a formar a espiritualidade dos Estados Unidos nos próximos anos, é preciso lançar um olhar mais atento a esse grupo atípico.

Os filhos do *baby boom* formam a maior geração de americanos na história. Definidos pelo *U. S. Bureau of the Census* como os nascidos entre 1946 e 1964, há uma oscilação nos números absolutos dessa geração, estimada em cerca de 75.862.000 pessoas.[8] Trata-se de um inchaço populacional que muda nossa cultura à medida que ultrapassa cada um dos estágios da vida.

Os filhos do *baby boom* estão chegando à meia-idade. A meia-idade força-nos a encarar a nossa condição de mortais. Quando vemos nossos pais envelhecer e morrer, não podemos deixar de refletir sobre nós mesmos, pois seremos os próximos na linha das gerações. A meia-idade exorta-nos a passar em revista nossos valores, a separar o que é realmente importante do que não é. Para muitos, é um tempo de tumulto e confusão. Há quem deixe a(o) companheira(o), ou passe a ter casos. Outros mudam de ocupação ou mudam-se para outros lugares. Mesmo aqueles que não fazem mudanças de primeira ordem em sua vida, procedem a mudanças radicais em seus valores e prioridades. Alguns, no entanto, falham em fazê-lo nessa passagem para a meia-idade; perdem-se na turbulência desses anos. A "crise da meia-idade" é mais do que um clichê.

Se definirmos os anos da meia-idade como entre as idades de 35 e 55 anos, essa geração não completará a passagem pela meia-idade antes do ano 2020. Isso significa que, por duas décadas ainda, milhões de americanos estarão lutando com as questões existenciais da meia-idade e continuarão a buscar caminhos para fazer frente a essas necessidades espirituais.

A espiritualidade da meia-idade tem caráter próprio e é muito diferente daquela da juventude. Um meio de descrever essa diferença é dizer que a espiritualidade da juventude tem que ver com o espírito, enquanto a da meia-idade está relacionada com a alma.

O estudioso junguiano James Hillman salienta que espírito e alma, duas palavras que freqüentemente usamos de maneira intercambiável, são na verdade bem diferentes em seu significado.[9] O espírito fala de altura, a alma fala de profundidade. A juventude é um tempo do espírito: de escalada, de luta pelo sucesso, de realização. A meia-idade é um tempo da alma: de descida às nossas profundezas para forjar novos valores para a segunda metade da vida. Na porta da juventude lê-se a insígnia: "Oficina do espírito", enquanto a insígnia na porta para a meia-idade diz: "Forja da alma."

Os movimentos do potencial humano e da *New Age* foram originariamente movimentos do espírito. Diziam respeito à ascensão, ao crescimento, à realização e à expansão. O movimento do potencial humano, refletindo o espírito exuberante da juventude quando a essa idade chegaram os filhos do *baby boom*, dizia-nos, tal como Jonathan Livingston Seagull, que nosso potencial era ilimitado, que podíamos voar sempre mais alto, sempre mais rápido. Maslow contou-nos que poderíamos subir a escada da realização de si mesmo e alcançar os mais altos potenciais. Da mesma forma, o movimento *New Age*, refletindo o espírito expansivo da geração que então adentrava a fase adulta, o espírito otimista e a expansão econômica dos anos oitenta, ensinou-nos que o crescimento espiritual e o sucesso econômico eram ilimitados.

Nos anos noventa, com os filhos do *baby boom* chegando à meia-idade, eles começaram a gerar descendência, criando o movimento em direção à alma. Por causa de seus números consideráveis, a geração *baby boom* funciona como uma biruta a indicar a natureza e direção da espiritualidade neste país. Se quisermos compreender as futuras tendências espirituais, temos de continuar observando como essa geração passa pela meia-idade e adentra os anos da velhice.

A revolução espiritual encontrou seu exército na populosa geração *baby boom*. Contudo, seria um erro concluir que essa revolução é simplesmente um fenômeno *baby boom*. A revolução espiritual é parte de um *Zeitgeist* cultural muito mais amplo, que vem reunindo forças durante séculos e agora está varrendo a sociedade ocidental em direção a um novo mundo, a um novo tipo de espiritualidade.

Os filhos do *baby boom* não provocaram o colapso da religião no Ocidente. Eles apenas são a primeira geração a expressar em massa a nova realidade — a de que a religião tradicional já entrou em colapso. E não serão os últimos.

## Espiritualidade e Psicologia Junguiana

Quando examinamos a paisagem espiritual em luta com a revolução espiritual, vemos confusão e caos em grande quantidade. O território da espiritualidade mudou, e precisamos de toda a ajuda possível para encontrar nosso caminho nessa nova terra. Nesse ponto, a psicologia, que literalmente significa "o estudo da alma", pode ajudar. Enquanto o campo da psicologia moderna é dominado pelos modelos clínicos e mecanicistas que deixam pouco espaço para a alma, há alguns teóricos, tais como Carl Jung, que têm muito a nos ensinar sobre a alma. Como estarei me referindo a essas idéias no decorrer do livro, gostaria de introduzi-las para os que não estão familiarizados com suas perspectivas.

Jung, contemporâneo de Freud, chegou a ser seu protegido. Mas enquanto Freud tinha pouco interesse pela espiritualidade, e até mesmo a considerava um sinal de neurose, Jung fez da espiritualidade o centro de seu trabalho e acreditava que a maior tarefa da meia-idade seria a recuperação da alma. Em *Modern Man in Search of a Soul*, Jung diz que, entre seus pacientes com idade acima de 35 anos, nenhuma cura houve sem que se tivesse recuperado uma orientação espiritual para a vida.[10] No momento, o trabalho de Jung tem passado por um reflorescimento momentâneo. Temas junguianos, como arquétipos, mitologia, espiritualidade e alma, estão sendo amplamente discutidos, e livros e programas sobre esses temas estão atraindo a atenção de milhões.

### O Inconsciente Coletivo e os Arquétipos

Por meio desse estudo sobre religião e mitologia, Jung desenvolveu sua teoria do inconsciente coletivo.[11] Ele tinha o inconsciente coletivo pela região mais profunda da mente, que continha os *arquétipos*, literalmente os "velhos padrões", do nosso passado primordial. Esses padrões universais, encontrados em todas as culturas, são as raízes de nossas religiões e mitologias e a fonte de nossas paixões mais profundas. Quando os antigos gregos criaram seu panteão de deuses e deusas, expressavam com isso o politeísmo do inconsciente coletivo, os arquétipos que projetamos na nossa mitologia.

Mas os arquétipos não são encontrados somente em religião e mito; também estão presentes na arte, na literatura, na poesia, em peças, filmes, histórias e em quase todos os outros meios que tratam dos temas universais da vida humana. Quando milhares de mulheres foram atraídas pela imagem da "mulher selvagem" do *best-seller* de Clarissa Pinkola Estes *Women Who Run with the Wolves*, elas estavam sendo impelidas pelo nível arquetípico.[12] Da mesma forma, quando Robert Bly e outros do movimento masculino falavam sobre recuperação do "homem primitivo" selvagem, referiam-se a um arquétipo junguiano segundo o qual os homens teriam perdido contato com o contexto da sociedade moderna.[13] Quando o mitologista Joseph Campbell foi entrevistado por Bill Moyers para a televisão e fascinou as audiências televisivas com histórias mitológicas de muitas culturas, ele estava falando a linguagem universal da alma humana, a linguagem da psicologia junguiana.[14] A espiritualidade tem muito que ver com o inconsciente coletivo e os arquétipos. Ou seja, a espiritualidade tem que ver com os níveis mais profundos da psique humana e com os padrões universais da alma humana. Se quisermos criar uma nova espiritualidade e aprender novas formas de cultivar a alma, não encontraremos um guia melhor do que Carl Jung ao adentrarmos essas regiões não mapeadas.

## A Teoria do Desenvolvimento de Jung

A teoria do desenvolvimento de Jung é especialmente útil para se compreender alguns dos assuntos discutidos neste livro.[15] Jung comparou nossas fases da vida ao curso do sol quando ele se eleva pela manhã, alcança seu zênite ao meio-dia e cai ao final da tarde. Assim, a juventude é a manhã da vida — um tempo de elevar, de alcançar, de testar nossas asas, de descobrir nossos potenciais. Mas na meia-idade, quando nossa viagem está pela metade, é preciso mudar de direção ao entrar no crepúsculo da vida. Como bem sabia Dante, a meia-vida é como adentrar uma floresta escura. É um tempo de viajar para o submundo, para as sombras e para as profundezas da alma. É onde temos de nos defrontar com a nossa própria escuridão, encarar a velhice e a morte de frente, e compreender mais plenamente as realidades trágicas e nobres da existência humana. É essa a tarefa principal da meia-idade. Por meio dela chegamos a apreciar a vida em sua plenitude, valorizando cada precioso momento, e encontramos o tipo de espiritualidade que só pode ser moldada na forja sombria da alma da meia-idade.

Vivemos um tempo em que uma era está morrendo e outra está tentando nascer. Para muitos, os velhos odres da religião tradicional estão rachando e os símbolos do passado deixaram de falar à alma. Assim a tarefa da nossa geração é encontrar novos símbolos para o sagrado, novos meios de cultivar a alma e cuidar dela. Precisamos de uma nova espiritualidade, que não possa ser contida nos odres do passado, que esteja baseada nos princípios universais espirituais e seja, nessa medida, importante para a alma pós-moderna.

*Capítulo 2*

# Rumo a uma Nova Espiritualidade

## Uma Abordagem Não-Religiosa

*Creio profundamente que temos de encontrar, todos juntos, uma nova espiritualidade.*

— o Dalai Lama

De acordo com o analista junguiano Robert Johnson, a história a seguir era a favorita de Carl Jung.

> A água da vida, querendo ela própria se fazer conhecer na face da terra, borbulhou num poço artesiano e fluiu sem esforço ou limitação. As pessoas vieram beber da água mágica e saciaram-se dela, pois era muito limpa, pura e revigorante. Mas a humanidade não estava contente em deixar as coisas nesse estado edênico. Aos poucos começaram a cercar o poço, a cobrar entrada, alegar a propriedade das terras em volta, elaborar leis para aqueles que conseguissem chegar ao poço e a pôr cadeados nos portões. Logo o poço se tornou propriedade dos poderosos e da elite. A água ficou zangada e ofendida; ela parou de correr e começou a borbulhar em outro lugar. As pessoas que tinham a posse da propriedade em torno do primeiro poço estavam tão absorvidas em seus sistemas de força e propriedade que nem notaram que a água tinha desaparecido. Continuaram a vender a água que não existia, e muito poucos notaram que a verdadeira força havia ido embora. Mas alguns insatisfeitos empreenderam uma busca com grande coragem e encontraram o novo poço artesiano. Logo que o poço ficou sob o controle dos detentores da propriedade, sobreveio a mesma sina. A fonte mudou-se para outro lugar — e o mesmo foi se passando ao longo de toda a história de que se tem notícia.

Sobre essa história, Johnson fez o seguinte comentário:

> A água costuma ser usada como símbolo para a alimentação mais profunda da humanidade. Ela está correndo neste nosso momento da história, como sempre, pois o poço é fiel à sua missão; mas ela corre em alguns lugares insólitos. Muitas vezes tem cessado de correr nos locais de costume e chegado às localidades mais inesperadas. Mas, graças a Deus, a água ainda está lá.[1]

A espiritualidade é mantida pela água da vida que flui livremente. Porém, a exemplo do que a história sugere, a religião institucionalizada desde sempre cercou a água, pôs cadeados nos portões e estabeleceu regras para dizer quem pode e quem não pode ter acesso a ela. A religião freqüentemente proclamou para si mesma a custódia exclusiva da água, dizendo aos não-religiosos, sem considerar sua inclinação à espiritualidade, que eles não tinham direito à água, a não ser que se tornassem membros da igreja e acatassem suas regras.

Frustradas por essa exclusão, muitas pessoas em nossos dias deram as costas às portas das igrejas, sem interesse em pagar o preço pela admissão, e partiram em busca de novas fontes. Outras, que uma vez pagaram o preço e foram admitidas, encontraram uma religião infértil e árida. Percebendo que estavam comprando promessas vazias e uma água que não existia, juntaram-se às fileiras daqueles que buscam uma nova espiritualidade fora das paredes da religião tradicional.

Mas o que significa criar uma vida espiritual fora das paredes das igrejas? Que vem a ser a espiritualidade despida de suas vestes eclesiásticas? Que significa beber das águas sagradas em sua pureza, ainda não diluídas e inalteradas pela religião? Como definir e descrever essa espiritualidade?

## O Significado da Palavra *Espiritualidade*

A palavra *espiritualidade* vem da raiz latina *spiritus*, que significa "sopro" e se refere ao sopro da vida, ou ao princípio que anima. A mesma idéia é expressa em Gênesis 2:7, onde se lê: "Então formou o Senhor Deus o homem do pó da terra, e lhe soprou nas narinas o fôlego da vida, e o homem passou a ser alma vivente."

A espiritualidade está baseada na crença de que existem duas dimensões de realidade, a material e a imaterial. A realidade material refere-se ao mundo das coisas tangíveis, às coisas que conhecemos por meio dos cinco sentidos. A terra, as árvores, o solo, as pedras, a escrivaninha em minha frente e mesmo meu próprio corpo são realidades tangíveis, partes do mundo material.

Mas há outra dimensão igualmente real; é o reino imaterial, o mundo que artistas, místicos, poetas, profetas, xamãs e filósofos descreveram por milhares de anos. Essa dimensão não é parte do reino material; não é palpável e não pode ser conhecida pelos cinco sentidos. Ainda assim, ela é de vital importância para a vida humana. É nessa dimensão que ancoramos nossa vida e encontramos nossos valores e significados mais profundos. Esse é o mundo das realidades espirituais e fenomenológicas. A espiritualidade mora no mundo imaterial.

Em seu livro *The Spirituality of Imperfection*, Ernest Kurtz e Katherine Ketcham observaram que, em tempos antigos, a palavra "espiritualidade" foi usada em contraste com materialismo. Em seguida, a palavra deixou de ser usada por quase 16 séculos, até ser revivida pela era pós-moderna, novamente como contraste — porém agora, mais em contraste com a religião e menos com o materialismo.[2] Hoje, quando as pessoas dizem que se consideram espiritualizadas mas não religiosas, elas estão fazendo essa distinção. E nessa distinção repousam as raízes da nova espiritualidade.

## A Nova Espiritualidade e a Religião

Meu pai era um fazendeiro que tinha um jeito caseiro de afirmar algumas verdades profundas. Um de seus ditados favoritos dizia que "Sentar num banco de igreja não faz de você um cristão, assim como sentar num pau de galinheiro não faz de você uma galinha!" Papai sabia a diferença entre afiliação institucional e espiritualidade pessoal.

Muitos eruditos, usando uma linguagem mais acadêmica, fizeram a mesma observação. O psicólogo e filósofo William James disse que existem dois tipos básicos de religião: a religião institucional e a pessoal.[3] Abraham Maslow concordou, chamando a religião institucional de religião "com 'R' maiúsculo" e a espiritualidade pessoal de religião "com 'r' minúsculo".[4] Gordon Allport, um psicólogo que passou a vida estudando religião, também concluiu pela existência de duas formas básicas de religião, que chamamos "extrínseca" e "intrínseca".[5] A extrínseca refere-se fundamentalmente aos aspectos públicos ou externos da religião, enquanto a intrínseca diz respeito sobretudo à devoção pessoal ou interior.

Assim sendo, há uma linha de demarcação que corta o campo da religião. De um lado temos religião pública ou institucional, com seus edifícios, programas, clérigos, teologia, rituais e cerimônias. De outro, uma religião privada ou pessoal, com sua ênfase no cultivo da alma e no desenvolvimento da vida espiritual.

Até aí, não dissemos nada de novo. A maior parte das pessoas, incluindo as que são religiosas, concordariam que fazer parte de uma instituição religiosa e espiritualidade pessoal não são a mesma coisa. Padres, pastores e rabinos continuamente fazem lembrar suas congregações de que a verdadeira espiritualidade envolve um compromisso assumido com o coração, e não simplesmente uma demonstração exterior de religiosidade.

Mas é preciso dar um passo a mais. A nova espiritualidade não só é diferente da afiliação institucional; ela difere também da espiritualidade pessoal baseada na religião. O que faz o caráter inédito da nova espiritualidade é o fato de, para muitas pessoas, ela nada ter que ver com religião, seja em sua forma institucional, seja em sua forma pessoal. Se as pessoas estivessem rejeitando a religião organizada tão-somente para praticar a mesma religião em casa, embora isso certamente tivesse um impacto, não seria tão revolucionário como o que está acontecendo de fato. Hoje em dia, as pessoas estão rejeitando não somente a religião organizada, mas também o sistema de crenças religiosas que a acompanha. Elas estão buscando de maneira radical novas formas de espiritualidade, e é isso que torna o movimento espiritual tão significativo.

Estou convencido de que esse movimento só é revolucionário porque a religião tradicional foi por demais exclusivista com a espiritualidade. É de fato radical pensar que a espiritualidade é um fenômeno universal e que todos têm o direito de beber da fonte sagrada sem a mediação de uma religião particular? Se o poço artesiano está fluindo livremente para fora das paredes da religião convencional, não é o caso que todos têm o direito a beber da água doadora de vida? Desse ponto de vista, a nova espiritualidade não é de fato inteiramente nova; ela é simplesmente um esforço de recuperação do que sempre nos pertenceu — o direito, sejamos religiosos ou não, de beber da fonte sagrada.

Permanecendo ainda com essa visão, eu sugeriria a seguinte definição como conceito operacional de espiritualidade:

> Espiritualidade é o processo e o resultado do cultivo da alma e do desenvolvimento da vida espiritual. Enquanto muitos o fazem no contexto da religião tradicional, é preciso reconhecer que a religião não é o único caminho para o desenvolvimento espiritual e que também existem muitos caminhos alternativos. Por essa razão, a espiritualidade é acessível a todos aqueles que estão cultivando sua alma e sua vida espiritual, dentro ou fora dos quadros da religião tradicional.

## O Conteúdo da Espiritualidade

Embora a definição acima ajude a esclarecer e ampliar as fronteiras da espiritualidade, ela realmente nos diz pouca coisa acerca do próprio conteúdo da espiritualidade. O que é a espiritualidade quando divorciada da religião? Em outras palavras, qual é a essência da espiritualidade uma vez que todos os adornos religiosos foram removidos?

Um amigo meu, membro de uma igreja conservadora, diz que o problema da espiritualidade não-religiosa é que ela não tem conteúdo — é desprovida de crenças sistemáticas, ensinamentos morais específicos, de uma comunidade social identificável, de um conjunto de rituais, cerimônias e símbolos. O que o meu amigo está realmente dizendo é que a nova espiritualidade não é uma religião — mas isso nós já sabíamos. Ele não compreende que é precisamente por isso que aqueles que se consideram espiritualizados mas não têm uma religião preferem essa nova visão da espiritualidade em vez das religiões tradicionais. Enquanto as velhas formas religiosas trazem conforto a alguns, outros acham-nas opressivas. Estes, que são espiritualizados mas não têm religião, não apreciam o jugo pesado de regras, requisitos e instruções religiosas que tipicamente caminham lado a lado com a religião. Preferem envolver-se de forma arejada e autêntica, buscando soluções novas e criativas para os problemas complexos da existência.

A nova espiritualidade *tem* conteúdo *sim* — talvez não um conteúdo de crenças, regras e rituais especificamente religiosos, mas um conteúdo de valores espirituais de caráter fundador. Meu amigo prefere uma casa espiritual em que todos os quartos, e mesmo a mobília e a decoração, estejam nos devidos lugares. E a religião tradicional oferece isso. A nova espiritualidade relaciona-se mais com as bases da casa. As bases de uma espiritualidade genuína têm tanto a dimensão vertical como a horizontal. Implicam amar a Deus, ou o transcendente, e também tratar o ser humano, nosso próximo, com perdão, compaixão e justiça. A nova espiritualidade crê que os indivíduos têm o direito de construir sua própria casa espiritual, contanto que o façam sobre valores sólidos.

A nova espiritualidade é mais profética do que sacerdotal. Os sacerdotes do Antigo Testamento preocupavam-se com regras, rituais e cerimônias, ao passo que os profetas romperam com as formas religiosas e foram ao cerne da questão, conclamando a um retorno aos princípios fundadores. Por exemplo, quando o profeta Miquéias tentou chamar as pessoas de volta para Deus, ele disse, "O que o Senhor pode querer de vós a não ser tratar os outros com justiça, gostar de perdoar e caminhar humildemente com Deus?"

Encontramos a mesma coisa no Novo Testamento. O próprio Jesus estava na tradição profética. Ele desafiou a religião institucional de seu tempo e enfatizou valores básicos. Os fariseus, que estavam mergulhados em regras e rituais religiosos, perguntaram-lhe, "Qual é o maior mandamento?" Indo direto ao cerne da questão, Jesus respondeu que o maior mandamento é o amor a Deus e o segundo é o amor ao próximo como a si mesmo, e que desses dois mandamentos dependem toda lei e todos os profetas.

É claro que aqueles que preferem regras elaboradas e respostas prontas para os problemas da vida não vão se sentir à vontade com os princípios espirituais básicos. Verão esses princípios como ambíguos demais e uma espiritualidade baseada neles como sem conteúdo. Mas acredito que os que vivem segundo esses princípios, esforçando-se para aplicá-los a cada situação da vida, estão expressando uma espiritualidade mais madura do que aqueles que operam no nível legalista. A vida é complexa, e respostas prontas nem sempre são válidas. De fato, algumas vezes respostas prontas são prejudiciais e imorais por ignorarem a complexidade de uma situação, espezinhando as pessoas e a compaixão. A verdadeira espiritualidade significa adentrar a arena da vida com um coração cheio de compaixão, e a partir daí fazer o melhor possível. Significa sujar as mãos algumas vezes, sem se preocupar tanto com sua própria pureza legalista. Não é uma espiritualidade sem conteúdo, porque os próprios princípios são o conteúdo. Pessoalmente, não conheço nenhum conteúdo de espiritualidade mais eficaz do que princípios como o amor, a compaixão, o perdão e a justiça. Se adotados com sinceridade, esses princípios podem causar um impacto em tudo o que somos e fazemos.

# Espiritualidade e Retidão Teológica

Uma das maiores objeções a uma espiritualidade universal vem dos que acreditam que a espiritualidade só é acessível aos que abraçam certas crenças religiosas. Religiões fundamentalistas mostram-se especialmente insistentes nesse ponto. Seus adeptos não hesitarão em lhe dizer que, a não ser que você creia no que eles crêem e pratique o que eles praticam, sua espiritualidade não será válida. A história da religião está repleta de grupos que adotaram essa perspectiva.

É preciso ser um "verdadeiro crente" no seio de uma religião em particular para desenvolver uma espiritualidade autêntica? É preciso ser membro de algum grupo religioso ou possuir um conjunto particular de crenças teológicas? Ou a espiritualidade é algo maior e mais universal do que os fundamentalistas querem nos fazer acreditar? É possível que uma certa atitude do coração, mais do que o credo ou a posição teológica, seja a chave para uma autêntica vida espiritual?

Os estudiosos a seguir debateram-se com essa questão e contribuíram para a sua revelação.

## Paul Tillich: Interesse Último

Paul Tillich, um dos mais influentes teólogos deste século, acreditava que a palavra *fé* poderia ser mais bem compreendida como "interesse último".[6] A fé é muito mais uma atitude existencial do coração do que um compromisso com uma perspectiva teológica particular. "Fé" significa revestir algo com nosso interesse último. É um ato em que podemos dizer "é a coisa mais importante na vida e merece meu compromisso, minha paixão e minha alma". Tillich estava bem consciente do risco implicado com a fé; ele sabia que poderíamos nos dedicar a coisas erradas e perceber, no fim da vida, que perdemos completamente o sentido e o propósito de nossa existência. A autenticidade da nossa vida espiritual depende da profundidade e do nível de interesse com que abordamos essa tarefa central. Na visão de Tillich, todo ser humano, religioso ou não, defronta-se com a questão da fé: qual será o princípio organizador, o interesse último, para o qual eu dou a minha vida?

## James Fowler: O Significado Profundo da Fé

James Fowler, teólogo contemporâneo formado em Harvard, adotou uma perspectiva semelhante em sua discussão sobre os sentidos profundos da palavra "fé". Como Tillich, Fowler acredita que a fé é universal e tem que ver com o coração, mais do que com o compromisso com um sistema de crenças particular. Em seu livro, *Stages of Faith*, Fowler salientou que a palavra latina *credo*, geralmente traduzida por "eu creio", provém de *cordia* ou "coração" e significa literalmente "colocar o coração para o alto". Assim, a fé é mais uma ação do coração do que um assentimento intelectual a proposições teológicas.

Fowler observou que a fé nem sempre é religiosa por natureza. Ele escreveu:

Antes de sermos religiosos ou não-religiosos, antes que nos consideremos católicos, protestantes, judeus ou muçulmanos, já estamos envolvidos com as questões da fé. Quer nos tornemos descrentes, agnósticos ou ateus, estamos preocupados em como juntar nossa vida e em como fazer com que a vida valha a pena ser vivida.[7]

Fowler vê a fé como um esforço para encontrar um centro para nossa vida, um interesse último em que possamos acreditar e por ele dar a vida. Conforme ele diz, a fé é um "meio de nos movermos no campo de forças de nossa vida" e de encontrar "uma confiança abrangente, integradora com base num centro de valor e força que seja suficientemente digno para dar unidade e sentido a nossa vida".

Fowler fez uso de um incidente ocorrido numa aula de ciências em sua oitava série para ilustrar a natureza da fé. Um dia, seu professor de ciências trouxe para a escola dois ímãs e algumas limalhas de ferro. Os estudantes espalharam as limalhas de ferro sobre uma folha de papel, posicionaram os ímãs em cada uma das pontas e acionaram a corrente. Fowler conta o que aconteceu: "Foi impressionante como as limalhas de ferro dançavam num padrão inteiramente simétrico. Quando dávamos leves pancadas no papel, elas formavam linhas de força que fluíam continuamente de um ímã para outro, espalhando-se como os veios de um melão. As linhas revelavam graficamente os padrões do campo de força magnético." Então, da mesma forma, a fé é um modo de trazer "ordem, unidade e coerência ao campo de força de nossa vida".

Para os que mantêm perspectivas estreitas e exclusivistas, Fowler diz:

> Para você, quero atestar a amplidão e o mistério da fé. Tão fundamental que nenhum de nós pode viver bem por muito tempo sem ela, tão universal que, quando nos movemos sob os símbolos, rituais e padrões éticos que a expressam, a fé é reconhecidamente o mesmo fenômeno para cristãos, marxistas, hindus e dincas e, ainda assim, variada a ponto de a fé de cada pessoa ser única... Cada um de nós pode ser iluminado em nossos esforços para se relacionar com o sagrado por meio da integridade que encontramos nas atitudes de fé dos outros, sejam religiosos ou não.[8]

## William James: Verdade Primeira

Em *As Variedades da Experiência Religiosa,** William James também afirma a natureza universal da espiritualidade. Ele definiu a religião como "os sentimentos, atos e experiências de cada homem na sua solidão, à medida que compreende a si mesmo mantendo relação com o que quer que possa considerar como sendo o divino". Ele continuou a definir o divino em termos bastante amplos, dizendo que poderia significar qualquer verdade primeira ou princípio abrangente com o qual se está comprometido. James escreveu, "A religião de um homem pode assim ser identificada com essa atitude, qualquer que ela possa ser, para com o que ele sente ser a sua verdade primeira". No entanto, aprimorando mais essa observação, James

* Publicado pela Editora Cultrix, São Paulo, 1991.

disse que ele não poderia chamar todos esses compromissos de religiosos ou espirituais. Deu exemplos de algumas verdades primeiras levianas e cínicas, salientando que, na sua opinião, não mereciam ser chamadas religiosas. Finalmente, estabeleceu a sua própria visão da atitude religiosa nas palavras que seguem:

> Tem de haver algo de solene, sério e delicado em qualquer atitude que chamemos religiosa. Estando feliz, não se deve manifestar nem sorriso largo nem riso contido; estando triste, não se deve urrar ou blasfemar. Quero fazer com que vocês se interessem pelas experiências religiosas pondo-as precisamente na qualidade de experiências solenes... O divino deve significar para nós somente uma realidade tão primeira como os sentimentos individuais impelidos a responder solene e gravemente, e não por blasfêmias ou pilhérias.[9]

A exemplo de Tillich e Fowler, James deixou claro que a espiritualidade é uma atitude do coração, uma abordagem solene e séria da tarefa de escolher e de viver em relação com uma verdade primeira. Para todos os três homens, a espiritualidade depende de certa atitude existencial perante a vida, mais do que de um conjunto particular de crenças teológicas. É claro que algumas pessoas não aceitarão essa visão ampliada da fé. Elas estão convencidas de que sua religião é a única correta e que suas crenças teológicas são a única chave para o reino espiritual. Enquanto isso, todavia, o mundo continua; em cada cultura, incluindo a nossa própria, as pessoas estão encontrando o seu caminho para o sagrado. Deus não é tão pequeno quanto se pensa.

A idéia de Paul Tillich, da fé como interesse último, e a de James, da fé como verdade primeira, fazem muito sentido para mim. São idéias que livram a fé de ser uma aquiescência a proposições teológicas estreitas, reestruturando-a enquanto atitude existencial do coração. Mesmo assim, concordando com James, não posso equacionar todos os interesses últimos ou verdades primeiras, de um lado, com a espiritualidade, de outro. Por exemplo, se meu interesse último ou verdade primeira é comer, beber e ser feliz, sou um hedonista, não uma pessoa espiritualizada. Assim, ao que parece, é preciso sempre se perguntar pelo objeto do interesse último. Com relação à espiritualidade, o objeto tem sempre de ser sagrado ou, conforme James o denomina, divino. Não creio que se tenha de manter certa posição teológica ou ter avaliado completamente o sagrado; mas creio, isto sim, que a espiritualidade está sempre relacionada ao divino, ao sagrado, ao misterioso, numinoso, transcendente e último, ou como quer que se queira chamar o que está além.

Estou sugerindo precisamente que o sagrado é um ingrediente essencial na fórmula para a espiritualidade. É o objeto mesmo de nossos interesses últimos, de nossas verdades primeiras e buscas interiores. O sagrado é revelado por essas experiências da vida que tocam a alma e nos enchem com um sentimento de pungência, admiração e temor. Onde a alma é inflamada, nutrida e enternecida pelo sagrado, existe espiritualidade. Nesses momentos, o interesse latente último pode elevar-se, conhecer a si mesmo e reivindicar o que é verdadeiramente importante na vida.

# Pesquisa sobre Espiritualidade Não-Religiosa

A primeira vez que me interessei por uma visão nova e não-religiosa de espiritualidade foi em 1985, depois de assistir a um simpósio na California Psychological Association (CPA), em São Francisco. Uma força-tarefa da CPA realizou uma enquete em nível estadual de psicólogos para determinar suas atitudes para com a religião e a espiritualidade.[10] A enquete descobriu que, se mais de setenta por cento dos psicólogos da Califórnia considerava a espiritualidade relevante para sua vida pessoal e para o trabalho clínico, apenas nove por cento fizeram referência a um nível alto de envolvimento com alguma religião organizada. Quase metade (49 por cento) disse estar seguindo um caminho espiritual alternativo, e 74 por cento apontaram que a religião organizada não foi a primeira fonte de sua espiritualidade.[11]

Fiquei intrigado com essas constatações, que confirmavam minhas próprias observações informais de que muitas pessoas estavam desenvolvendo sua espiritualidade fora da religião organizada. Seguindo meu interesse nessa área, em 1986 formei um grupo de pesquisa em minha universidade para estudar a espiritualidade não-religiosa. Desde então, tem sido esse o enfoque principal de minhas atividades acadêmicas.

## Minhas Visões Pessoais sobre a Espiritualidade

Meus estudos, reflexões e experiências relacionadas com a espiritualidade conduziram-me às seguintes conclusões:

Primeira: a espiritualidade é universal. Com isso quero dizer que a espiritualidade está disponível para todos os seres humanos. Não se encontra restrita a uma religião, cultura ou grupo de pessoas. Em todas as partes do mundo é possível encontrar aqueles que cultivaram sua alma e desenvolveram sua vida espiritual.

Segunda: a espiritualidade é um fenômeno humano. Isso não significa que ela não tenha nenhum componente divino, e sim que a espiritualidade é um potencial inato e natural do ser humano. Também significa que a autêntica espiritualidade funda-se em nossa humanidade, não sendo imposta nem de cima nem de fora.

Terceira: o núcleo comum da espiritualidade é encontrado num nível interior e fenomenológico. A espiritualidade manifesta-se num sem-número de formas exteriores — desde a dança da chuva dos índios norte-americanos ao serviço religioso dos batistas do sul dos Estados Unidos, da dança em rodopios dos dervixes do Islã aos monges meditantes do Zen-budismo, dos serviços de adoração em êxtase das igrejas carismáticas às reuniões solenes e silenciosas dos quacres. Mas sob essas formas exteriores há uma ânsia comum pelo sagrado, um desejo universal de tocar e celebrar o mistério da vida. É nas profundezas da alma que se descobrem as dimensões essenciais e universais da espiritualidade.

Quarta: a espiritualidade tem que ver com a nossa capacidade de responder ao numinoso. O caráter essencial da espiritualidade é místico, fato que facilmente se passa por alto numa era científica e materialista. A espiritualidade está enraizada na alma e é cultivada por experiências do sagrado; alimenta-se de pungência, admiração e temor. Sua própria natureza é uma expressão do mistério da vida e das profundezas insondáveis de nosso ser.

Quinta: há certa energia misteriosa associada à espiritualidade. Todas as culturas reconhecem uma energia vital que move toda a criação. Místicos, poetas, artistas, xamãs e outros estão familiarizados com essa força e descreveram-na no decorrer dos séculos. A alma sobrevive quando cultivada pela energia sagrada, e a existência de uma pessoa impregna-se de paixão, força e profundidade.

Sexta: o objetivo da espiritualidade é a *compaixão*. A palavra compaixão literalmente significa "sofrer com". A vida espiritual brota da ternura do coração, e a autêntica espiritualidade expressa-se pela ação amorosa com os outros. A compaixão tem sido sempre a marca da autêntica espiritualidade e o mais alto ensinamento da religião. Espiritualidade sem amor é um oxímoro e uma impossibilidade ontológica.

## Os Componentes da Espiritualidade

Um dos objetivos do meu grupo original de pesquisa foi definir e descrever a espiritualidade a partir de uma perspectiva não-religiosa. Achamos que muitas pessoas, incluindo os próprios pesquisadores, freqüentemente confundem espiritualidade com certas crenças e práticas religiosas. Acreditamos haver uma diferença entre espiritualidade e religiosidade, e queremos tornar clara essa diferença.

Ao revermos artigos e livros sobre esse assunto, torna-se cada vez mais claro que a espiritualidade é uma construção complexa composta de muitos fatores importantes. Nosso grupo de estudos chegou por fim à seguinte definição de espiritualidade:

> "Espiritualidade", que vem do latim *spiritus*, significa "sopro de vida" e é um modo de ser e de sentir que ocorre pela tomada de consciência de uma dimensão transcendente, sendo caracterizado por certos valores identificáveis com relação a si mesmo, aos outros, à natureza, à vida e ao que quer que se considere o Último.[12]

Elaboramos essa definição para chegar a uma descrição de espiritualidade como uma construção pluridimensional contendo os nove componentes principais seguintes:

**1. Dimensão transcendente.** A pessoa espiritualizada tem uma crença, baseada na experiência, de que existe uma dimensão transcendente da vida. O conteúdo dessa crença pode se estender de uma visão tradicional de um Deus pessoal a uma visão psicológica de que a dimensão transcendente é simplesmente uma extensão natural da consciência de si mesmo para dentro das regiões da inconsciência ou do si-mesmo maior. Mas qualquer que seja o conteúdo, a tipologia, as metáforas ou modelos usados para descrever a dimensão transcendente, a pessoa espiritualizada acredita no "algo mais", crê que o que se vê não é tudo o que existe. Acredita na dimensão invisível e crê no caráter benéfico do contato harmonioso com ela e na adaptação a ela. A pessoa espiritualizada é aquela que sente a dimensão transcendente, muitas vezes por meio do que Maslow referiu como experiências de pico, e extrai sua força pessoal do contato com essa dimensão.

**2. Significado e propósito da vida.** A pessoa espiritualizada conhece a busca por um sentido e propósito, e emerge dessa busca com a certeza de que a vida tem um sentido profundo e que sua própria existência tem um propósito. O fundamento e conteúdo reais desse sentido variam de pessoa para pessoa, mas o fator comum é que cada qual preenche o vácuo existencial com um autêntico sentido de que a vida tem um significado e um propósito.

**3. Missão na vida.** A pessoa espiritualizada tem um sentimento de vocação. Ela tem um sentimento de responsabilidade para com a vida, um chamado a responder, uma missão a executar e mesmo um destino a cumprir. A pessoa espiritualizada é "metamotivada" e compreende que é perdendo a própria vida que a encontrará.

**4. O caráter sagrado da vida.** A pessoa espiritualizada acredita que a vida está mergulhada no sagrado e freqüentemente tem um sentimento de temor, reverência e assombro em cenários não-religiosos. Ela não dicotomiza a vida em sagrado e secular, mas acredita que toda a vida é santa e que o sagrado está nas coisas comuns.

**5. Valores espirituais vs. materiais.** A pessoa espiritualizada pode valorizar bens materiais, tais como dinheiro e posses, mas não busca neles uma satisfação última, nem tenta usá-los como substitutos para necessidades espirituais frustradas. A pessoa espiritualizada sabe que a sede ontológica só pode ser saciada pelo espiritual e que a satisfação última é encontrada nas coisas espirituais, não nas materiais.

**6. Altruísmo.** A pessoa espiritualizada acredita que somos o guardião de nosso irmão e é tocada pela dor e pelo sofrimento de outrem. Ela tem um forte sentido de justiça social e está comprometida com o amor e com a ação altruísta. A pessoa espiritualizada sabe que ninguém é uma ilha — aliás, que somos todos partes do continente da humanidade.

**7. Idealismo.** A pessoa espiritualizada é um visionário comprometido com fazer um mundo melhor. Ela ama as coisas pelo que elas são, mas também pelo que elas podem vir a ser. A pessoa espiritualizada é comprometida com ideais elevados e com a realização do potencial positivo em todos os aspectos da vida.

**8. Consciência trágica.** A pessoa espiritualizada está solenemente consciente das realidades trágicas da existência humana. A consciência profunda da dor, do sofrimento humano e da morte confere profundidade à pessoa espiritualizada, proporcionando-lhe uma seriedade existencial no decorrer da vida. De modo um tanto paradoxal, porém, a consciência trágica realça a alegria da pessoa espiritualizada, seu modo de apreciar e valorizar a vida.

**9. Frutos da espiritualidade.** A pessoa espiritualizada é aquela cuja espiritualidade rende frutos em sua vida. A verdadeira espiritualidade tem um efeito visível sobre a relação consigo mesmo, com os outros, com a natureza, com a vida e com o que quer que se considere o Último.

## O Inventário da Orientação Espiritual

A primeira fase de nossa pesquisa, de acordo com o que está descrito acima, confere-nos uma definição e descrição não-religiosa da espiritualidade. A segunda fase está centralizada na construção do *Inventário da Orientação Espiritual*, este uma medida da espiritualidade não-religiosa, já que gostaríamos de produzir um teste que pudesse ser utilizado por psicólogos e outros em trabalhos clínicos e de pesquisa.[13]

Antes relutávamos em tentar medir a espiritualidade. Mas com o tempo começamos a crer que isso poderia ser feito, caso fosse abordado de uma maneira sensível. Duas coisas nos convenceram disso. Em primeiro lugar, notamos que a maioria das pessoas tem um sentimento intuitivo do que se quer dizer ao descrever um indivíduo como muito espiritualizado. Acreditamos que, baseando nossa determinação nos nove componentes acima, poderíamos tornar esse processo intuitivo mais consciente, sistemático e acurado. Em segundo lugar, é sabido que a história da psicologia tem provado que realidades fenomenologicamente sutis podem ser determinadas e mesmo quantificadas se o fizermos de maneira suave e cuidadosa.

Achamos que os testes que existem para o estudo da espiritualidade muitas vezes não se baseiam numa teoria abrangente da espiritualidade e medem somente algumas das dimensões do nosso modelo. Ademais, algumas delas incluíam itens que refletiam um ponto de vista religioso tradicional e que portanto eram insensíveis à espiritualidade dos não-envolvidos com a religião tradicional.

Assim nos convencemos da importância de desenvolver um inventário de base teórica que determinaria a espiritualidade a partir de uma perspectiva não-religiosa. Acabamos produzindo uma forma preliminar do que viria a ser o *Inventário de Orientação Espiritual*. Depois que o nosso grupo de pesquisas se dissolveu, continuei a desenvolver esse inventário, que agora é usado com certa amplidão pelos pesquisadores de espiritualidade.

O trabalho que descrevi aqui é só um começo. Acredito, porém, que ele propõe alguns fundamentos teóricos importantes e mostra que a espiritualidade pode ser definida de maneiras não-religiosas. Espero que esses esforços sejam uma fonte de inspiração para pesquisas e trabalhos teóricos nessa área.

Uma vez que estamos adentrando a era pós-moderna, não podemos mais nos permitir o luxo de deuses tribais e de visões espiritualmente estreitas. Simplesmente temos de ver que Deus está em toda parte e que os poços artesianos da espiritualidade existem pela terra afora. Temos de reconhecer que a espiritualidade é universal e que o sangue espiritual que corre em nossas veias não é diferente do que corre nas veias de todos os outros homens e mulheres. Para desenvolver uma visão nova e universal da espiritualidade, devemos estar prontos para abrir nosso coração e abandonar as visões religiosas estreitas. É preciso que nos demos as mãos voluntariamente e trabalhemos para uma fé comum. Como disse o Dalai Lama, "temos de encontrar, todos juntos, uma nova espiritualidade".[14]

*Capítulo 3*

# A Alma

## Porta de Entrada para o Mundo da Imaginação

*Todos deveriam saber que o único modo pelo qual se pode viver é cultivando a alma.*

— Apuleio

Segundo uma antiga lenda hindu, houve um tempo em que todos os seres humanos eram deuses, mas abusaram tanto de sua divindade que Brahma, o deus de todos os deuses, decidiu tirá-la deles e escondê-la onde jamais pudesse ser encontrada. Para tanto, Brahma convocou um conselho de deuses para ajudá-lo a decidir. "Vamos sepultá-la no fundo da terra", disseram os deuses. Mas Brahma respondeu: "Não, isso não adiantará, pois os humanos cavarão a terra e a encontrarão." Então, disseram os deuses, "Vamos afundá-la no oceano mais profundo". Ao que Brahma respondeu: "Não, lá não, pois eles aprenderão a mergulhar no oceano e a encontrarão." Então, disseram os deuses, "Vamos levá-la para o cume da montanha mais alta e escondê-la lá". Porém mais uma vez Brahma contestou: "Não, também não funcionaria, porque eles podem escalar por fim todas as montanhas e recuperar sua divindade." Então os deuses desistiram, dizendo "Não sabemos onde escondê-la, pois parece não haver lugar na terra ou no mar que os seres humanos algum dia não possam alcançar". Brahma refletiu durante algum tempo e depois disse: "Eis o que faremos. Esconderemos sua divindade bem fundo, no centro de seu próprio ser, pois os humanos nunca pensarão em procurá-la ali." Todos os deuses concordaram que esse era o lugar perfeito para escondê-la, e assim foi feito. E desde então os homens têm ido de um lado para outro da face da terra, cavando, mergulhando, escalando e explorando — procurando algo que já está dentro deles.

## A Realidade da Alma

Essa história hindu conta-nos que temos uma natureza divina que jaz escondida no âmago do nosso ser. Muitos grandes líderes espirituais deram-nos essa mesma mensagem. Jesus, por exemplo, disse: "O reino dos céus está dentro de nós", e perguntou: "De que serve para o homem ganhar o mundo inteiro e perder sua alma?"

Por todo o curso da história, as religiões do mundo deslizaram pela corrente da experiência humana, buscando o ouro que lhe há de ser cedido. E essas religiões, quase sem exceção, concluíram que a pepita mais valiosa que puderam encontrar é o fato de que temos uma dimensão espiritual que transcende todo o resto. Se perdemos essa parte da nossa natureza, perdemos tudo. Se traímos nossa alma, traímos a nossa essência. Se vendemos a alma, confiscamos a nossa existência.

A literatura e a arte também dão um testemunho da existência de uma corrente espiritual que flui no âmago do nosso ser. O que são arte e literatura senão o exercício da alma, o perpétuo mergulhar nessa eterna corrente? E o que é o gênio artístico senão um dom especial para acessar e elaborar as nuanças sutis e as paixões poderosas da alma? Remova a alma dos escritos de Homero, Dante, Goethe, Shakespeare, Nietzsche, Rilke, Rumi, Joyce, para citar uns poucos, e nada restará além de linhas estéreis e fatos sem consistência. A arte e a literatura vêm da alma, falam para a alma, são a alma. Falando por todos os artistas criativos, James Joyce disse: "Pela milionésima vez sigo ao encontro da realidade da experiência, para na forja da alma criar a consciência inata de minha raça."[1] A grande arte e a literatura são forjadas na alma e penetram nas profundezas de nossa alma, revelando para nós os contornos de nosso ser. E nesses momentos de reconhecimento, quando a arte se nos revela para nós mesmos, nada podemos fazer além de ficar de joelhos e reconhecer a força e a realidade da alma.

## A Morte da Alma

Vivemos numa cultura que se esqueceu da alma. Os Estados Unidos são, em muitos aspectos, uma paisagem estéril, um deserto de computadores e edifícios de empresas, um lugar onde ventos solitários espalham a poeira do espírito poético e onde a alma não pode ser encontrada. Ansiamos por algo que não podemos nomear e seguimos de um lado para outro pela face da terra buscando algo que não podemos encontrar, sem jamais perceber que o que estamos realmente procurando é a alma, que reside no âmago de nosso ser.

Thomas Moore disse: "A maior doença do século XX, implicada em todos os nossos problemas e afligindo-nos individual e socialmente, é a 'perda da alma'."[2]

O atual rumo da cultura ocidental foi estabelecido há três séculos, quando Descartes disse: "Penso, logo existo." Tinha-se aí mais do que um simples axioma de sua filosofia, na verdade um presságio do que seria o deus que passaríamos a venerar. Descartes exaltou o pensamento racional e, nas palavras de Hillman, expulsou a alma para a "glândula pineal, que tem o tamanho de uma ervilha, no meio do cérebro".[3] Desde então a sociedade ocidental tem se ajoelhado junto ao altar do pensamento racional, prestando pouca atenção à alma.

Assim sendo, hoje conhecemos muito sobre a mente e pouco sobre a alma, muito sobre o pensamento crítico e pouco sobre a imaginação, muito sobre lógica e pouco sobre paixão. Do jardim-de-infância à universidade fomos treinados para questionar, argumentar, analisar, criticar e debater. Em suma: pensar, pensar e pensar!

Enquanto isso, nossa alma está morrendo. E quando a alma morre, ela o faz de maneira tão serena e impassível que mal percebemos. Não há barulho, lamento, funeral, nem lágrimas pela alma. Quase como se nada tivesse acontecido, o corpo continua a comer, beber, dormir e trabalhar. E também a mente, como uma máquina sem espírito, continua a estalar, zunir e fazer seu trabalho. Mas a alma morreu e a paixão se foi.

Há algo de muito errado em nossa cultura. Entoamos um lamento, uníssono e inconsciente, pela alma que perdemos. Saibamos ou não, estamos como que famintos por uma abertura do coração, por um retorno à alma.

Felizmente, almas perdidas podem ser encontradas, e a vela que se apagou pode ser acesa de novo. Há mais de oito séculos, o poeta Adi al-Riga escreveu:

> Eu dormia, confortado por uma brisa fresca,
> e eis que subitamente, de uma moita, um pombo cinza
> cantou e soluçou com ardor,
> e lembrou-me de minha própria paixão.
>
> Eu tanto tenho estado longe de minh'alma
> dormindo horas a fio, mas o choro daquele pombo
> fez-me acordar e chorar. Louvadas
> sejam as mágoas logo despertadas![4]

Algumas vezes, é preciso muito pouco para nos fazer voltar a nossa alma — o arrulho de um pombo, uma peça musical, um poema pungente, um contato amigo. Quando nos distanciamos de nossa alma por muito tempo, as menores coisas podem nos despertar e trazer-nos de volta a nós mesmos.

James Joyce, quando se preparava para deixar a casa de seus pais após ter se graduado na universidade, escreveu em seu diário, "Mamãe está colocando em ordem minhas roupas de segunda mão. Ela diz que tem rezado para que eu possa aprender na minha vida, longe de casa e dos amigos, o que o coração é e o que ele sente".[5]

Eis o mapa de que precisamos. Numa cultura obcecada pelo que a mente é e pelo que ela pensa, temos de seguir a via menos percorrida e aprender o que o coração é e o que ele pensa. Ou, como Rilke observou: "O trabalho da vista está feito; faça, agora, o trabalho do coração."[6]

## A Definição de Alma

Em grego, a palavra para alma é *psyche*, e em latim é *anima*. Na língua inglesa, a palavra *soul* (= alma) deriva do inglês arcaico *sawol* e do anglo-saxônico *sawal*, palavras relacionadas à respiração ou energia vital.

Mas quando tentamos definir a alma, imediatamente defrontamos com um problema. Em nossa cultura, a palavra *alma* tornou-se religiosa, e a maioria das pessoas associam a alma à teologia e à religião. Na Grécia antiga, ao contrário, a palavra *psyche* foi um termo humano usado para fazer referência às paixões centrais e mais profundas do ser humano. No mito grego de Eros e Psiquê, Psiquê é uma bela e jovem mulher que se apaixona perdidamente pelo deus Eros. Juntos, têm uma filha chamada Prazer. Associou-se também a palavra *psyche* ao termo usado para borboletas, novamente com conotações femininas de vida e beleza. Assim, se *psique* foi associada à dimensão espiritual, nem por isso ela consistia numa palavra religiosa no sentido moderno. Desse modo, a palavra *alma* pertence à humanidade e indica uma dimensão universal da experiência humana. Não é posse exclusiva da religião tradicional. E se quisermos recuperar a alma no Ocidente, se a emoção da alma deve fazer parte da vida cotidiana, temos de libertar a alma da religião organizada e devolvê-la, em toda a sua paixão e plenitude, aos homens e mulheres de nosso tempo.

Conforme disse Thomas Moore em *Care of the Soul*: " 'Alma' não é uma coisa, mas uma qualidade ou dimensão de experiência da vida e de nós mesmos. Não tem que ver com profundidade, valor, afinidade, coração e substância pessoal."[7]

Mas, mesmo libertando a alma de suas associações eclesiásticas e recuperando seus significados humanísticos da Grécia antiga, a alma é ainda muito difícil de definir. Segundo James Hillman, "A alma é incomensuravelmente profunda, e só pode ser iluminada por meio de lampejos intuitivos, clarões numa grande caverna de incompreensão".[8]

Paradoxalmente, é a nossa própria dificuldade em definir a alma que nos dá a primeira chave para a sua natureza. A alma resiste à nossa necessidade ocidental de definições abstratas e operacionais. Somos lembrados de que há outro mundo, um mundo muito mais profundo e mais primordial do que nossos processos lógicos. A alma é a porta para esse mundo antigo imaginário; ela é mítica e poética no sentido mais profundo desses termos.

De modo que, se desejamos conhecer a alma, temos de pôr de lado nossas vias racionais de conhecimento e abrir-nos para o mundo da imaginação. Encontramos nossa alma quando uma música nos agita, um poema nos comove, uma pintura nos absorve, ou quando somos tocados por uma cerimônia ou por um símbolo. A alma é a ressonância profunda e empática que vibra dentro de nós em tais momentos. A inspiração, o temor no coração, o nó na garganta, as lágrimas nos olhos — são os sinais da alma que nos fazem saber quando a tocamos ou quando ela nos toca.

Assim, a alma pode ser sentida, tocada e conhecida, porém jamais definida. Ela escorregará pelas malhas de todo e qualquer sistema conceitual e esquivar-se-á de toda expedição científica que se ponha em seu encalço. Para conhecer a alma, temos de buscá-la não em dicionários ou em definições denotativas, mas em galerias de arte, leituras poéticas, concertos, espetáculos teatrais, símbolos, cerimônias, sonhos, relações íntimas e em outros lugares mais afinados com sua natureza imaginativa.

## A Compreensão da Alma

Se a alma não pode ser definida, como chegar a um entendimento comum da alma? Creio que cada um de nós deve buscar conhecer a alma de forma pessoal e experimental. Se chegarmos a conhecer a alma em nossa vida, havemos de encontrar compreensões comuns e compartilhar significados com outras pessoas que estiverem explorando esse mesmo reino. Bancamos os tolos quando procuramos entender o que acontece com a alma por meio de alguma definição abstrata ou construção lógica. Sem um conhecimento pessoal, experimental da alma, tais abstrações intelectuais simplesmente ficam suspensas no espaço, vazias e sem propósito.

Um dos melhores meios de conhecer a alma é colocarmo-nos em situações nas quais ela esteja mais sujeita a ser encontrada. E, se as palavras jamais podem definir a alma, podem no entanto apontar para ela e iluminar sua natureza. As seções seguintes exploram a alma fazendo uso das palavras-chave com as quais ela é associada.

### A Alma e a Profundidade

A alma é associada à profundidade. Há muitos séculos, o filósofo grego Heráclito pôs lado a lado alma e profundidade ao dizer: "Não nos é possível descobrir os limites da alma, ainda que percorramos todos os caminhos para fazê-lo, tal é a profundidade de seu significado."[9] James Hillman observou que "Desde que Heráclito, em sua formulação, pôs lado a lado alma e profundidade, a dimensão da alma é a profundidade (e não a largura ou a altura), e a direção da viagem da alma aponta para baixo".[10]

Metáforas espaciais permeiam nossa linguagem. Falamos de nos sentir "para cima" ou "para baixo". Falamos de um amigo como estando perto ou distante de nós. Dizemos que um poema nos comoveu profundamente ou que uma conversa levantou nosso astral. Metáforas espaciais estão em movimento nos espaços psicológico e ontológico; elas nos ajudam a estruturar nosso mundo interior de experiência e ser.

Quando o psicólogo Carl Rogers e o teólogo Paul Tillich discutiram o tema da profundidade no célebre diálogo de 1958, Rogers afirmou que em seu trabalho psicoterapêutico os momentos mais significativos diziam respeito a uma descida, ao estabelecimento de um contato profundo com seus clientes.

> O que eu quero dizer é o seguinte: às vezes eu sinto que estou sendo realmente útil a um cliente, naqueles raros momentos em que há algo que nos aproxima numa

> relação Eu-Tu, e então sinto que de algum modo estou afinado com as forças do universo, ou que essas forças estão operando por meu intermédio, visando essa relação útil.

Ao que Tillich respondeu:

> E você gostará de ouvir de mim que muito freqüentemente sou acusado pelos meus colegas teólogos de falar muito mais em "para baixo" do que em "para cima", e é verdade que falo assim; quando quero dar um nome àquilo pelo que me interesso em última análise, chamo-o "fundamento do ser", e é claro que um fundamento está em baixo, e não em cima.[11]

Tillich continuou a dizer que podemos entrar em contato com esse fundamento criativo de muitas maneiras, incluindo aquele tipo de encontros profundos — "pessoa a pessoa" — com seus clientes, que Rogers descreveu.

Conforme mencionamos antes, James Hillman observou que as palavras *alma* e *espírito* compartilham o plano vertical numa metáfora espacial — o espírito tendo que ver com o ir para cima, a alma com o ir para baixo.[12] O espírito é a fênix erguendo-se das cinzas; a alma são as cinzas das quais a fênix se ergue. O espírito é Ícaro voando em direção ao sol; a alma é Ícaro caindo do céu, afundando na terra. A alma é sempre como um voltar à terra, um ir para baixo, um descer às profundezas. A alma é como que o aprendizado das lições que o triunfo e a realização não podem ensinar.

Devido às suas conotações de profundidade, a alma nos ensina um novo tipo de espiritualidade, fornecendo o equilíbrio de que nossa cultura tão desesperadamente precisa. A espiritualidade ocidental, particularmente em sua forma americana, tende a ser masculina e heróica. Muito da espiritualidade está relacionado à busca, superação, ascensão, transcendência e transformação, todas essas coisas sendo movimentos do espírito, relacionadas à elevação no plano vertical.

Se as aventuras heróicas são uma parte importante da vida e como tal devem ser valorizadas, temos de perceber que elas são apenas uma parte da polaridade. A vida é mais do que escalar montanhas e superar o próximo desafio. A vida também é ir para baixo, descer aos vales e experimentar a dor e as tragédias da vida. Precisamos de uma espiritualidade que possa nos sustentar não só quando estamos fincando nossa bandeira no topo da montanha, mas também quando caímos ao tentar escalá-la ou quando nos falta a coragem para empreender a escalada. Precisamos equilibrar nossa "*espirit*-ualidade" masculina e heróica com uma "emoção *anímica*" mais feminina e profunda.

Na nossa vida, a alma fornece tanto um lugar para a profundidade como para as alturas, para o fracasso e para o triunfo, para a fraqueza e para a força, para a enfermidade e para a saúde, para a pobreza e para a riqueza, para a sabedoria e para o conhecimento, para o ferimento e para a cura, para as imperfeições e para a perfeição, para a depressão e para a alegria, para o perdedor e para o vencedor, para o derrotado e para o vitorioso, para o enjeitado e para o aceito, para o oprimido e para o privilegiado, para as lágrimas e para os risos, para as raízes e para as asas, e até mesmo para a morte assim como para a vida.

A alma entra em ação quando nosso espírito é oprimido, e nosso ego, abatido. Move-se suavemente entre as ruínas de uma vida destruída e começa a pô-la novamente em ordem e a reconstruí-la. Ela fica conosco quando tudo o mais nos deixou, permanecendo conosco durante a noite até o irromper da alvorada. E noite adentro ela entoa canções que jamais ouvimos, mas que de alguma forma o coração conhece. Conta-nos histórias sobre coragem — não a coragem dos heróis e heroínas ousados, mas uma coragem mais profunda que só cresce nos vales da derrota e do desespero. E nas fendas de nossa vida despedaçada ela planta as dolorosas sementes da esperança. Este é o trabalho da alma — um trabalho que o espírito jamais poderá fazer.

Estando a alma relacionada à profundidade, é improvável que a encontremos se nos pusermos na dimensão horizontal, roçando a superfície da vida; tampouco é provável encontrá-la se, ao modo do espírito, estivermos sempre em ascensão, realizando, subindo no plano vertical. Em vez disso, temos que descer às profundezas de nosso ser, às profundezas de nossas relações e de nossa própria vida. Essa é a primeira chave para compreender a alma.

## A Alma e a Arte

A segunda chave relaciona-se à arte. Alma e arte encontram-se intimamente ligadas. A alma é a força criativa e inspiradora que está por trás de toda criação artística. Na Grécia antiga havia nove musas, consideradas inspiradoras da poesia, da música, da lírica, da dança, da paixão, da eloqüência, da comédia, do teatro, do tocar instrumentos e de outras formas de expressão artística. Cada uma das nove musas era uma faceta da alma; ou então poder-se-ia dizer que a alma se diferenciava ela própria nessas deusas menores da criatividade. A alma como personificada nas musas era a fonte de toda a arte.

A arte é o recipiente perfeito para a alma. Como a alma, a arte pertence ao mundo não-racional e imaginário, podendo conter e mediar a alma sem prejuízo para a sua natureza. Tente apreender a alma em conceitos racionais e você a penetrará e a matará com a linearidade da ponta de lança do pensamento lógico. Agora, coloque-a suavemente numa pintura, num poema ou numa escultura, e ela viverá por séculos ou mesmo por milhares de anos, por muito tempo depois de o artista ter morrido e virado pó. A arte é o corpo da alma, uma encarnação que permite à alma aparecer no mundo. Mas a arte não é um recipiente passivo; ela funde-se com a alma, tornando-se um recipiente ativo e vivo. A arte excita a imaginação. Ela inflama as paixões; engendra novos fogos. Todas as formas de arte criativas, incluindo a pintura, a poesia, a dança, a escultura e a música, são caldeirões ferventes de alma; são forjas que vomitam fogo e faíscas pelo tempo e espaço. A arte toca toda emoção, todas as cordas da lira da paixão humana. A arte faz repousar, cura e aquece-nos internamente. Em nós também incita medo, rebelião e revolução. Sua beleza é inspiradora e sua força nos enche de temor. Sua verdade nos faz abrir novos espaços em nós mesmos. A arte pode às vezes nos atingir tão profundamente que, nas palavras de Rilke, "temos de mudar nossa vida".

O mistério da arte, como o da alma, permanece impenetrável. Não há como explicar uma pintura de Van Gogh ou uma sinfonia de Beethoven. A pintura na tela ou as impressões eletrônicas no CD não nos dizem nada. Mesmo a estrutura da pintura ou os movimentos da música não revelam o mistério. Em arte, como em qualquer outro reino, a *psique* não pode ser reduzida à *teckné*. Enfim, só podemos falar da beleza, força e verdade da arte. E com essas palavras ingressamos no mundo do Ser. É onde a arte começa e onde finalmente nos conquista. A alma nos dá a arte; a arte nos dá a alma. Juntas podem nos ligar ao Ser e fazer-nos saturados dele.

## A Alma e o Feminino

A alma é associada ao feminino. Em latim e grego, as palavras para alma, *anima* e *psique*, são nomes femininos. Até onde sei, em todas as línguas que atribuem gênero a seus nomes, a palavra para alma é feminina. Carl Jung chamou a alma de *anima* e fez dela a construção central de sua teoria psicológica. Em sua autobiografia, Jung descreveu como ele descobriu a *anima*. Disse que certa vez estava mergulhando em sua própria inconsciência quando subitamente ouviu uma voz de mulher a lhe falar. Intrigado, Jung começou a conversar com ela num esforço para descobrir quem ela era. Ele disse, "Minha conclusão foi a de que ela tinha de ser a 'alma', no sentido primitivo, e comecei a especular sobre as razões pelas quais o nome 'anima' foi dado à alma".[13] Jung passou a crer que a *anima* era o arquétipo feminino principal do inconsciente coletivo.

Mas o que significa ser a alma feminina? E o que significa o próprio termo "*feminino*"? Penso a alma como aquela parte de nós, masculina ou feminina, que é relacional, intuitiva, mística, imaginativa, artística, criativa, emocional, fluida e regida pelo hemisfério direito do cérebro. A alma é o complemento do lado masculino de nós mesmos, que é lógico, racional, analítico, linear, seqüencial, organizado, estruturado e regido pelo hemisfério esquerdo do cérebro.

Percebo que os termos *feminino* e *masculino* são problemáticos, uma vez que tendem a perpetuar estereótipos de gênero mediante a implicação de que as mulheres não podem ter qualidades masculinas e de que os homens não podem ter as femininas. De modo que é preciso enfatizar que todos, homens ou mulheres, têm potencial tanto para as qualidades femininas como para as masculinas. Uma vez esclarecido esse ponto, esses termos tornam-se úteis e de fato podem comunicar melhor do que outros que têm sido sugeridos.

Não podemos discutir o feminino sem o posicionar num contexto social. Vivemos numa sociedade patriarcal, ou seja, a política, a economia, as instituições, as estruturas e os valores de nossa sociedade operam segundo princípios masculinos em detrimento dos femininos. Isso não significa que o feminino esteja ausente ou que ele não seja válido em alguns contextos. Mas numa sociedade patriarcal é o masculino que em última análise detém o poder, enquanto ao feminino é atribuído um estatuto subordinado ou inferior.

A compreensão dos valores de uma cultura freqüentemente é possibilitada pela sua religião ou pela mitologia. O Cristianismo e o Judaísmo, que se constituem nas duas principais religiões da cultura ocidental, são ambos extremamente patriarcais. No Judaísmo, Deus é masculino; no Cristianismo há o Deus Pai e o Deus Filho. Nem o Judaísmo nem o Cristianismo têm um lugar para a "Deusa Mãe" ou para a "Deusa Filha". Provavelmente, o mais próximo que se tem disso é, no Catolicismo, a veneração à Maria, que simboliza o princípio feminino. Mas tanto no Judaísmo como no Cristianismo, a idéia de "deusa" ou mesmo de se dirigir a Deus como "ela" muitas vezes é vista como blasfema, mesmo que um entendimento elementar de teologia nos convença de que essas caracterizações de gênero são puramente antropomórficas e que o Último, como quer que o consideremos, está além de qualquer classificação por gênero. Ele nada diz sobre o nosso enorme investimento no patriarcalismo, que nos faz eleger poucas mulheres para o Congresso e nenhuma para nosso panteão.

Tudo isso é de vital importância para a nossa discussão sobre a alma. A partir de uma perspectiva junguiana, o sistema mitológico de uma cultura é uma projeção ou externalização de nossos arquétipos mais profundos. Em compensação, esses símbolos externos estimulam os integrantes daquela cultura no nível arquetípico e fornecem um caminho para que expressem e desenvolvam essas partes profundas de si mesmos. Mas para o Cristianismo e para o Judaísmo, os céus estão vazios de mulheres transcendentes. Não há como uma garotinha ir a uma igreja ou templo e encontrar uma deusa que lhe possa servir de ideal. E um garoto tampouco pode experimentar os benefícios de uma religião que valorize o feminino e lhe forneça uma personagem feminina transcendente para excitar sua alma e ajudá-lo a desenvolver suas qualidades femininas. Se, apesar de a alma ser o principal arquétipo feminino, tal como Jung sustentava, não temos nenhuma mulher transcendente em nossa religião ou mitologia, isso sugere que temos reprimido a alma e que na nossa cultura as pessoas podem não estar recorrendo o bastante a seus símbolos religiosos para desenvolver sua alma. Talvez por isso não haja nenhum mistério no fato de nossa sociedade patriarcal ter tão pouca capacidade de comover a alma. Se reprimimos o feminino — seja em nós mesmos, em nossa religião ou em nossa sociedade — estamos ferindo a alma.

Isso vem lançar luz sobre o fato de que, na nossa cultura masculina, instituições como ciência, tecnologia e defesa recebem os maiores pedaços da torta da economia, ao passo que projetos mais femininos, como as artes, trabalhos humanitários, questões relativas ao meio ambiente e esforços para paz e cooperação, recebem as sobras, as migalhas que caem das mesas do poder. Uma sociedade patriarcal jamais dará às mulheres, aos valores femininos ou à alma um lugar equivalente à mesa, e tem boas razões para isso. O princípio feminino é perigoso aos sistemas patriarcais, pois os valores femininos subvertem os postulados masculinos, e a alma tem mais força do que o patriarcado jamais sonhou. Se a emoção da alma alguma vez tivesse se infiltrado em nossas instituições do poder, ela poderia destruí-las e deixá-las em escombros. Mas nessas ruínas a alma construiria um mundo mais equilibrado e humano.

Isso nos conduz a um ponto importante: a alma não é simplesmente uma construção psicológica a ser explorada por meio de atividades introspectivas; a alma tem de ser levada à arena de trocas e ocupar seu lugar na nossa sociedade. Se estamos para nos tornar uma sociedade pautada pelas emoções profundas e sinceras, teremos não só de realizar o trabalho individual necessário ao cultivo de nossa própria alma, mas também o trabalho político de levar a alma até as religiões, instituições e centros de poder de nossa sociedade. Tudo o que for menos do que isso só fará perpetuar a morte da alma na cultura ocidental.

## A Alma e a Imaginação

A alma também está associada à imaginação. A imaginação é a modalidade da alma assim como o pensamento é a modalidade da mente. A palavra *imaginação* tem que ver com a construção de imagens. A alma produz imagens, fantasias, sonhos e símbolos, tal como a mente produz idéias, pensamentos e abstrações. A alma trabalha em meio à imaginação; ela conhece a si mesma, cria a si mesma e revela-se a si mesma por meio de imagens. De fato, alma e imaginação encontram-se tão intimamente relacionadas que é quase impossível separá-las. Uma das definições de alma por James Hillman é "a possibilidade imaginativa em nossas naturezas". Ele disse que as "imagens de fantasia são tanto matérias-primas como produtos acabados da psique", e que "estar em contato com a alma significa viver em conexão sensual com a fantasia".[14]

Nossa cultura é ambivalente quanto à imaginação. Nós nos preocupamos com a garota que sonha acordada ou com o garoto que prefere aquarelas a partidas de futebol. Desencorajamos nossas crianças a se tornar artistas e nos sentimos muito melhor quando elas seguem carreiras no mundo dos negócios, das leis ou da medicina. Na psicologia associamos o processo primário, que envolve a fantasia, com patologia, e o processo secundário, que envolve o pensar, com saúde psicológica. Por outro lado, gastamos bilhões de dólares todos os anos com filmes, romances, peças, música, pinturas, esculturas, artes e outros produtos da imaginação. Somos claramente ambivalentes quanto à imaginação; apreciamos seus produtos, mas fazemos pouco para apoiar e desenvolver a capacidade da imaginação que os produz. É como se nossa alma soubesse que ela precisa dessas coisas, mas nossa mente não conseguisse explicar por quê. Como disse Rollo May, "Em toda a história ocidental, nosso dilema tem versado sobre se a imaginação deve se revelar como artifício ou como a fonte do ser".[15]

Carl Jung não tinha dúvidas quanto à importância da imaginação. Ele escreveu que "Todos os trabalhos da humanidade têm sua origem na imaginação criativa. Que direito temos, então, de desacreditar a fantasia?... Não só o artista, mas todo indivíduo criativo deve tudo o que há de maior em sua vida à fantasia".[16]

Devemos muito à imaginação, pois ela foi o útero criativo em que um dia toda realidade cultural foi concebida. A imaginação é o *tenemos*, o local sagrado, onde visionários agitados tecem seus sonhos e moldam mundos futuros. A imaginação é a forja das revoluções culturais e a pedra fundamental de novas nações. É fonte de inspiração para artistas, profetas, filósofos e todos aqueles que têm reimaginado e com isso transformado o mundo.

Se queremos aprofundar e nutrir a alma, temos de nos abrir para a imaginação. James Hillman disse que a imaginação é uma "estrada real para construir a alma".[17] Construir a alma, por si só uma imagem poderosa, faz evocar imagens de um fazendeiro cultivando seu campo, de uma mulher tecendo em seu tear, de um escultor trabalhando seu barro. Construir a alma implica não receber a alma plenamente crescida e madura, sendo que, muito pelo contrário, ela nos foi dada *in potentia*. Sua única característica é estar presente desde o início. Porém, a exemplo da glande que contém o carvalho, ela tem de ser cultivada, nutrida e exposta à chuva, ao vento e ao sol para crescer em toda a áspera, sólida e plena manifestação de seu caráter.

A imaginação é o tear em que tecemos nossa alma. *Ex nihilo*, "do nada", criamos a psique, nossa vida interior. O próprio tear é feito de mistério, silêncio, sombras e amor. Debatemo-nos com anjos ou demônios por cada pedaço de fio, e tecemo-lo com tristeza ou alegria. Dos fios negros, azuis, amarelos, verdes, vermelhos, prateados e dourados da vida com que construímos nossa alma, uma mandala do coração, onde cada fibra é uma esperança, um sonho, um amigo, um amante, um companheiro, uma criança, um pai ou uma mãe, uma alegria, um desejo, um ataque do coração, uma morte ou alguma noite solitária de nossa vida. À medida que o tempo passa, vai surgindo a tapeçaria rica e cheia de texturas de nossa alma. Pela imaginação, tecemos imagens carregadas de sentido com os acontecimentos existenciais de nossa vida. Isso é o que se quer dizer por "construir a alma".

## A Alma e o Mundo Arquetípico

A alma também é associada ao mundo arquetípico. Jung chamou a parte mais profunda da mente de inconsciente coletivo e disse que ela contém os arquétipos universais da raça humana.[18] Arquétipos são padrões herdados da psique humana, que nos predispõem a reagir a certos acontecimentos da vida de uma maneira em certa medida previsível. Eles surgem de experiências humanas, repetidas geração após geração, assumindo por fim a forma de marcas profundas na alma. Como os leitos dos rios no deserto, indicadores do fluxo de água por ocasião da chuva, os arquétipos canalizam nossa experiência quando estamos expostos a certos acontecimentos da vida. Os arquétipos são carregados afetivamente, o que significa que estão imbuídos de energia emocional. Uma das vias pelas quais podemos dizer que estamos nas garras de uma experiência arquetípica passa pela intensidade e paixão de nossos sentimentos.

Jung defendeu que projetamos nossos arquétipos em nossas religiões, e, com isso, que um dos melhores meios para identificar arquétipos é observar os temas universais que aparecem nas religiões e mitologias do mundo. Nascimento e morte, por exemplo, são arquétipos maiores que aparecem em todas as religiões. O Cristianismo, por exemplo, é composto de rituais, cerimônias e símbolos relacionados com nascimento e morte. Há um novo nascimento depois que fazemos morrer os antigos pecados. O batismo marca o nascimento de uma criança, e os últimos ritos e funerais religiosos ritualizam a morte; o batismo é o novo nascimento, sendo em si mesmo uma ratificação simbólica da morte, do sepultamento e da ressurreição de Cristo; a Eucaristia, ou Missa, é um ritual que é uma reflexão sobre a morte de Cristo, sobre seu corpo e sangue; o Natal celebra o nascimento de Cristo e a semana da Páscoa, sua morte e ressurreição dentre os mortos.

Encontramos os temas arquetípicos principais não só nas religiões do mundo, mas também na literatura, na poesia, na arte e nas lendas. Os arquétipos permeiam a vida e, quanto mais custamos a percebê-los, mais eles fazem parte da nossa vida. Os que cresceram na fé cristã, por exemplo, não têm dúvidas quanto a seus rituais, cerimônias e símbolos, sem jamais perceber que no nível arquetípico o Cristianismo não difere das outras religiões do mundo. Os arquétipos formam o núcleo espiritual comum de todas as religiões e culturas. Ligam-nos enquanto espécie que somos e refletem o fato de que, apesar das diferenças externas, somos uma coisa só no nível do coração.

A alma vive no mundo arquetípico e desenvolve-se com base em experiências arquetípicas. O calor emocional dos acontecimentos arquetípicos fornece o calor ideal para a construção da alma. Felizmente, não temos de passar pessoalmente por um acontecimento arquetípico para nos beneficiar de seu poder de construir almas. Arquétipos podem ser trabalhados de maneira substitutiva. A religião, a literatura e as artes são compostas de temas arquetípicos e, tomando parte nelas, podemos experimentar o material arquetípico de maneira substitutiva. Não temos de morrer, por exemplo, para experimentar o tema arquetípico da morte. Um livro como *The Death of Ivan Ilyich*, de Tolstói, ou uma peça como *Death of a Salesman*, de Arthur Miller, pode nos trazer um amplo material para a construção da alma no que diz respeito a esse tema. Tampouco temos de vender a alma ao diabo para explorar o nosso lado sombrio, e isso graças ao *Fausto* de Goethe. Existe um sem-número de livros, histórias, peças, filmes, pinturas, poemas, rituais, cerimônias e símbolos que refletem temas arquetípicos e podem nos ajudar a explorar as dimensões arquetípicas da nossa própria alma.

## A Alma e as Sombras

A alma é associada às sombras, à lua e às coisas da noite. Carl Jung falava da alma como aquela "noite primitiva do cosmos, que foi a alma muito antes que houvesse um ego consciente e será a alma muito além do que um ego consciente possa algum dia alcançar".[19]

Em nossa cultura, tendemos a associar as sombras com o mal. Mas as sombras também são associadas à força, à substância, ao mistério e ao princípio feminino. Por exemplo, a Madona Negra, uma imagem que sobreviveu no Catolicismo, é muito reverenciada como possuidora de um grande poder espiritual. O místico cristão São João da Cruz disse que revelações e experiências espirituais acontecem à noite.[20] Carl Jung falava do arquétipo da sombra, sabendo de seu perigo tanto como fonte de paixão como de poder. Poetas e outros artistas descobriram que a criatividade autêntica geralmente provém do lado sombrio da alma.

Por outro lado, há também um lado mau e destruidor nas sombras da alma. É algo com que não gostamos de nos defrontar, especialmente quando ele começa a acenar para nós. Mas, se aceitamos a dádiva do inconsciente coletivo, temos também de reconhecer o seu lado sombrio e mau. A história da raça humana está recheada de violência. Os seres humanos continuam a matar, a estuprar, a abusar e a cometer crimes terríveis e sangrentos contra os seus semelhantes. As pessoas são tomadas pelo fervor da guerra e marcham para massacrar seus companheiros seres humanos. A violência doméstica — contra aqueles que devemos amar — continua a ser um problema pelo mundo afora. Ainda que poucos o admitam, a maior parte de nós é fascinada pela violência, pela morte e pela destruição, o que é comprovado pelo fato de lermos livros e assistirmos a filmes com essa temática.

"*The Lottery*", uma história fictícia sobre uma pequena comunidade que mata um de seus membros a cada ano como forma de ritual, causou grande impacto quando foi publicada pela primeira vez, na década de 1940.[21] Surgiram várias teorias para se descobrir por que as pessoas a achavam tão atraente. Sou da opinião de que essa história contém um choque de reconhecimento. Em algum nível inacessível da alma, suspeito que todos sabemos que nossos ancestrais algum dia fizeram coisas terríveis. Assassinatos em forma de ritual e sacrifícios humanos faziam parte da vida tribal em muitas partes do mundo. Se, a exemplo do que acreditava Jung, o inconsciente coletivo contém impressões de nossa história evolutiva, então talvez todos saibamos sobre tais atrocidades nas profundezas sombrias da alma.

Devido às suas possibilidades sombrias, é preciso acercar-se da alma com respeito e até mesmo com temor e estremecimento. Quando comecei a escrever este capítulo, um poema emergiu de minhas profundezas, e eu o intitulei "Estremecimento".

Eu estremeço e estremeço...
Eleva-se, ergue-se sobre mim
algo sombrio e monstruoso

A alma não é
um reluzente clarão
A brilhar no centro de nós mesmos

Ela é uma montanha sombria e pressentida
Repleta de trapos, ossos e sangue
Ruínas de vidas passadas
Restos humanos, bons e maus
Que não posso chamar de "Alma"
E só posso estremecer e estremecer
Quando Ela me chama.[22]

Esse poema, como a maioria dos poemas, pareceu-me vir de algum lugar desconhecido. Sinto que minha alma estava a me dizer, "Não seja presunçoso escrevendo sobre mim. Sou também uma força sombria e monstruosa. Faço as pessoas tremer no fundo do seu ser. Sou a noite eterna e cósmica de onde você vem e para a qual você há de retornar".

Duas semanas depois de eu ter escrito esse poema, um colega de Nova York, a quem eu não via há mais de um ano, perguntou-me se eu escreveria um artigo para o seu jornal. Fiquei atônito quando ele me contou sobre o título da edição: era *Tremble, Tremble — Patients in Panic, Patients in Awe.*[23] Eu raramente usava a palavra *tremble* ["estremecimento"] e, pelo que posso lembrar, jamais havia usado a frase "eu estremeço" antes, e meu amigo tampouco. Não consigo explicar essa estranha ocorrência. Só posso dizer que ela parecia misteriosa, quase como se eu tivesse recebido uma ordem do além para certificar que eu nutria respeito pelo poder sombrio e destrutivo da alma. O lado sombrio da alma não deve ser alvo de brincadeiras nem tido como certo. De seu poder sombrio devemos nos aproximar com respeito, tremor, assombro e temor. Esse é o lado sombrio e cruel da construção da alma.

## A Alma e o Mistério

A alma também está associada ao mistério. É uma enorme caverna de passagens secretas e compartimentos arquetípicos repletos de ossos antigos e vozes murmuradas de antigos tempos e lugares. Ela é o jornal em farrapos da longa e árdua evolução da espécie humana. É o grande útero do mundo, que deu à luz incontáveis civilizações que agora jazem em silêncio. E ainda agora ela está grávida de novos mundos que estão por vir. A alma é nossa conexão com o Mistério dos mistérios. Ela canaliza o mistério para o mundo e para a vida de cada um de nós.

Para dizê-lo menos metaforicamente, a alma é aquela dimensão de nosso ser que se lança ao desconhecido. Quando descemos até esse reino misterioso, encontramo-lo como um lugar de imensa profundidade, magnitude e sombras. Quando Carl Jung desceu até essa região, estava prostrado e, segundo todos os indícios, momentaneamente perdido. Artistas, poetas, escritores, xamãs, profetas e videntes também se perderam nessas passagens sombrias e compartimentos internos da alma. E aqui ainda uma vez descobrimos nossos maiores dons: artistas encontram sua própria e verdadeira voz, xamãs aprendem a curar e profetas recebem suas ardentes verdades.

Para conhecer os níveis mais profundos da alma, temos, em certo sentido, de nos tornar místicos. Creio que nos tornamos místicos seguindo aquele anseio profundo e nostálgico que nos excita no fundo de nossa alma. Sentimo-lo, por vezes, quando ouvimos música, lemos uma obra de alta literatura, vemos um pôr-do-sol, observamos nossas crianças ou apenas refletimos sobre o tempo, a mortalidade e a pungência existencial da vida. Esse anseio não tem nome e não é sempre que chega a conhecer aquilo pelo que anseia. Ainda assim, ele é esmagadoramente pungente e melancólico. Desconfio que é o primeiro impulso espiritual e que anseia pelo Mistério — pelo que os místicos chamam de união com Deus e Paul Tillich chamou de reunião com o Fundamento do Ser. Nem todos viajarão até essas regiões místicas da alma, mas os que o fizerem encontrarão o cultivo da alma e ricas oportunidades para construir a alma.

## A Alma e o "Algo Mais"

William James usava o termo "algo mais" para descrever o que está além do mundo visível, para além do que podemos dizer ou definir.[24] Sugerir que a alma é associada ao "algo mais" é dizer que ela vive nas sutilezas e inefabilidades da vida. Como disse o poeta sufi do século XIII, "O mundo da alma persegue coisas rejeitadas e quase esquecidas".[25]

Nossa cultura tem dado primazia a fatos concretos, definições operacionais e meios de conhecimento lineares. Essas abordagens deixam de fora o "algo mais", ricas nuanças inefáveis que pairam em torno de fatos concretos e nas entrelinhas. Meios denotativos e lineares de conhecimento são estreitos, constritivos. Em compensação, o conhecimento não-linear e as palavras conotativas — metáforas, símiles e imagens — permitem-nos uma transposição para as regiões do "algo mais", onde mora a alma e onde encontramos a real substância e profundidade da vida.

James Hillman disse que nossa cultura tem uma perspectiva monoteísta.[26] Isto é, não gostamos das perspectivas por ele denominadas múltiplas ou politeístas. O pensamento relativista e pluralista nos transtorna, e preferimos as idéias da verdade que sejam simples e singulares. Mesmo assim, a alma é pluralista por natureza. Ela contém multiplicidades, possui um sem-número de perspectivas e pontos de vista. Desse modo, o pensamento monoteísta e os meios de conhecimento lineares tendem a ser incongruentes com a alma. São caminhos estreitos e constritivos de abordagem do mundo. São falhos ao considerar as múltiplas perspectivas da alma e impedem-nos de ver as nuanças do "algo mais".

Uma de minhas alunas de graduação morou recentemente, durante um mês, com uma família no sul da França. Ela ficou impressionada com o tempo e com a alma postos na preparação de um jantar. Vegetais frescos e carnes eram adquiridos diariamente, e tinha-se grande cuidado ao lavá-los e prepará-los. Ervas eram adicionadas a cada prato, que então eram cozidos lentamente, para realçar todo o seu sabor. A refeição era servida em muitas etapas, durante cerca de três horas. Um sentimento de comunidade enchia toda a sala, e a família bebia vinho, discutia política, contava histórias e compartilhava seu coração e vida. Para minha aluna, esses jantares eram uma autêntica experiência da alma, e ela achou difícil retornar aos Estados Unidos com seus *fast foods* e refeições pré-preparadas. Pode-se dizer que nos Estados Unidos o comer tende a ser apenas mais um acontecimento linear e deve ser realizado tão rápida e eficientemente quanto possível. Mas a exemplo do que minha aluna aprendeu, no sul da França as pessoas parecem apreciar o "algo mais" do jantar.

Para usar um exemplo diferente, digamos que você está assistindo a um concerto com seu artista favorito. A noite é mágica, a música poderosa, e por três horas você se vê absorvido por aquela apresentação. No dia seguinte um amigo pergunta, "Como foi o concerto?", e você dirá talvez, "Oh, foi ótimo. Foi uma coisa arrebatadora". Mas não importa o que você diga, você nunca será capaz de apreender a plenitude do que foi experimentado. Em tais situações o "algo mais" é tão amplo, tão para além das palavras que nós muitas vezes terminamos essas conversas dizendo "Não dá para descrever. Você tinha de ter estado lá". E é no silêncio dessa inefabilidade que a alma vive.

A abordagem linear da vida, que falha em apreciar o "algo mais" é, falando metaforicamente, como dividir uma estreita faixa de um campo de trigo e achar que conhecemos o campo inteiro. Porém nada sabemos em comparação com o velho fazendeiro que, estação após estação, plantou o trigo, viu-o crescer, abriu-o na palma rude da mão, verificou seu ponto de maturação, separou-o, arrastou-o para o celeiro, fez dele farinha e comeu o pão em sua mesa. Esse homem conhece o "algo mais" do trigo e dos trigais. E se você quer ter experiência de alma, assente-se com ele em sua varanda numa noite de verão e ouça o que ele tem a dizer sobre mulas e arados, estações secas e chuvosas, tempos difíceis e esperança.

O "algo mais" também está em ação no campo dos valores e da moralidade. Quando criança, aprendi que o certo é certo, e o errado, errado. A moralidade era uma questão de preto no branco, sem lugar para o cinza. Mas quando cresci e ganhei o mundo, passei a achar que as coisas nem sempre eram tão óbvias. Algumas escolhas eram complexas. Houve ocasiões em que dois valores, ambos importantes, competiam entre si, sendo difícil saber qual deles seguir e qual deveria ser posto de lado. Algumas vezes a moralidade legalista parecia estar em conflito com a compaixão, com as necessidades de um ser humano que sofre e precisa desesperadamente de perdão, não de julgamento. Algumas vezes, quando um "pecador" estava sendo apedrejado, eu sabia que eu não era melhor do que ele; então, larguei a minha pedra e fui-me embora, condenado pela minha própria consciência. A vida se encarrega de destruir nosso farisaísmo e de minar nossas prescrições morais simplistas. Ela é desconcertante e, apesar de nossas pretensões moralistas, não temos todas as respostas para a nossa própria vida e muito menos para a vida de outrem. O teólogo Joseph Fletcher, em seu livro *Situation Ethics*, disse que temos de crescer além do pensamento orientado por regras e agarrar-nos de verdade às decisões difíceis da vida. Citando Jesus, Fletcher disse que o princípio subjacente a toda moralidade é o amor, e a cada decisão moral temos de perguntar, "Qual é a melhor (= mais "amorosa") coisa a fazer?"[27] Fletcher sugeriu-nos uma ética da compaixão ou, como denominou a psicóloga de Harvard, Carol Gilligan, uma ética da atenção.[28] A lei mata, mas o espírito dá a vida.

O "algo mais" vai além da regra, do código, da lei, do preto e branco do dogmatismo moral, e é freqüentemente no "algo mais" que encontramos resposta para os dilemas morais com que deparamos. Quando crescemos para além das regras e lutamos com o "algo mais" das questões morais, nutrimos e alargamos nossa alma. As cadeias do juízo começam a romper-se; podemos admitir que não temos todas as respostas, podemos oferecer aos demais uma compaixão mais rica e ter maior compaixão de nós mesmos. Conforme Rumi observou, "Para além das idéias de agir certo e agir errado, existe um campo. Encontro você lá".[29]

O "algo mais" existe também nas relações humanas. Eu e Sara estamos casados há mais de trinta anos, mas não consigo apreendê-la por meio de palavras. O "algo mais" estende-se para muito além de qualquer palavra que eu possa dizer. Posso contar-lhes que Sara é brilhante, criativa, carinhosa, atraente, uma mulher forte, uma boa técnica em contabilidade, uma esposa maravilhosa e minha melhor amiga. Mas como poderei de algum modo apreender as nuanças do que ela significa para mim — o sorriso vivaz, o olhar travesso, o toque íntimo, os sentimentos confortantes, as lembranças compartilhadas, a sensação de segurança, a aceitação incondicional e milhares de outras fibras inefáveis que tecem a tapeçaria de nosso amor. Somos sustentados pelo "algo mais".

Se queremos nutrir a alma, temos de aprender a cultivar o "algo mais". Temos de abandonar as rodovias interestaduais da vida, a distância mais curta entre dois pontos, e aprender a tomar os caminhos rústicos, as estradas vicinais e secundárias, com seus buracos e surpresas. Precisamos relaxar, expandir a corrente, ouvir o choro de um gaio. Precisamos parar e sentir o cheiro das rosas ou, melhor ainda, sentar num jardim de roseiras numa manhã quente de verão, deixando o "algo mais" das rosas penetrar por nossos poros e lavar nossa alma. Cultivar o "algo mais" significa experimentar a vida profundamente, mergulhar numa plenitude sensual e, como disse Thoreau, sugá-la até a medula. Rico e voluptuoso, o "algo mais" espera por aqueles que desejam cultivar seu solo fértil; e cultivando seu solo, nutrimos e fazemos crescer nossa alma.

## A Alma e o Estado de Espírito

A alma conecta-se também ao estado de espírito. Paul Tillich observou que a palavra inglesa correspondente a "estado de espírito" — "*mood*" — vem do alemão *Mut*, que se refere a um movimento da alma ou a uma questão do coração.[30] O filósofo Martin Heidegger disse que o estado de espírito é um modo do Ser.[31] Creio que o estado de espírito é também uma disposição da alma.

Existem certos estados de espírito identificáveis associados à experiência da alma. Se estamos num desses estados de espírito, o coração está aberto e a alma é acessível. Se não estamos, é quase impossível tocar a alma. Quando faço leituras poéticas, sempre começo com uma peça musical carregada de sentimento. Penso que se os ouvintes estão num estado de espírito sentimental, a poesia pode alcançar seu coração. Fiz também experiências com o estado de espírito em minhas aulas na universidade. Numa classe de doutorado em temas existenciais, faço uso freqüente de música ou poesia a fim de preparar os estados de espírito para o tópico a ser discutido. Vejo que os estudantes ficam muito mais receptivos ao material existencial quando seu coração está aberto e eles se encontram num estado de espírito reflexivo e cheio de sentimentos.

O estado de espírito pode ser o denominador comum em todas as experiências da alma. Sempre fiquei intrigado com o fato de que coisas tão diversas como música, poemas, peças teatrais, oceanos, montanhas e mesmo cidades possam produzir estados de espírito semelhantes. Ouvir música é certamente diferente de observar pinturas num museu, e ainda assim ambas as coisas evocam um estado de espírito semelhante. Contemplar um pôr-do-sol é algo bem diferente de assistir a uma peça teatral, e contudo ambos podem instilar em nós um estado de espírito carregado de sentimentos.

Eu e Sara temos uma cabana nas montanhas. Numa tarde em que nevava, sentamos junto à lareira e ouvimos uma fita cassete com poesia lida. Mais tarde, passeando pela neve, paramos à margem de uma floresta e olhamos atentamente para a sua escuridão. Estranhamente, aqueles bosques silenciosos e sombrios como o cair do crepúsculo produziam em nós quase o mesmo estado de espírito que havíamos experimentado antes, ouvindo poesia.

Suspeito que o estado de espírito é o modo mais direto de experimentarmos a alma. Tal como uma mulher grávida sente o bebê mexendo-se em seu útero, sentimos a alma mediante o estado de espírito que emerge das profundezas de nossa vida interior. Essa experiência fenomenológica faz-nos perceber que nossa alma está viva e bem no centro de nosso ser.

## A Alma e o Verdadeiro Si-Mesmo

Por fim, a alma encontra-se associada ao verdadeiro si-mesmo, impelindo-nos para uma individualidade radical. A alma está amarrada a nosso destino pessoal, à nossa verdadeira vocação. Ela conhece o nosso demônio, aquele espírito interior que contém nosso verdadeiro destino e pressiona por expressão individual. Se queremos encontrar nossa própria voz e viver de maneira autêntica, temos de fazer da alma continuamente nosso ponto de referência. A alma contém o código do destino individual.

Shaun McNiff disse: "A palavra *alma* sugere a natureza essencial das pessoas... Caracteriza-se pela individualidade, pela qualidade estética ou pela aura que distingue uma coisa da outra."[32]

Thomas Moore escreveu: "Muitos de nós gastam tempo e energia tentando ser algo que não são. É um movimento contrário à alma, já que a individualidade emerge da alma como a água emerge das profundezas da terra."[33]

Não estou bem certo de quão seriamente a maior parte de nós leva essa idéia de destino pessoal ou compromisso autêntico para o verdadeiro si-mesmo. Mas fico impressionado com o número e com o nível das pessoas que têm chegado à conclusão de que isso é tudo na vida.

Sören Kierkegaard, o fundador do existencialismo, acreditava que o objetivo da vida é "ser o si-mesmo que em verdade se é".[34] Ele disse desejar como seu epitáfio esta simples inscrição: "Aquele indivíduo."[35]

Friedrich Nietzsche, um dos mais brilhantes pensadores de todos os tempos, também acreditava que a tarefa da vida é tornar-se a si mesmo. Ele perguntava: "O que diz sua consciência? Que você deve se tornar o que você é."[36] E numa passagem bastante sugestiva, escreve:

> A alma em sua essência quer dizer a si mesma: ninguém pode construir a ponte em que você em particular terá de cruzar o rio da vida — ninguém a não ser você mesmo. É claro que há incontáveis caminhos, e pontes e semideuses prontos para lhe carregar por sobre o rio, mas isso à custa de seu próprio si-mesmo. Em todo o mundo, há um caminho específico que só você pode tomar. Para onde ele conduz? Não pergunte, faça-o. Tão logo alguém diga, "Quero permanecer eu mesmo", descobre tratar-se de uma resolução terrível. Agora ele terá de descer às profundezas de sua existência.[37]

Tillich disse, "O ser do homem... não só lhe é dado como também lhe é pedido... Ele pergunta a si mesmo o que deve se tornar para cumprir seu destino".[38]

Em seu ensaio "Self-Reliance" , diz Ralph Waldo:

> Na educação de todo homem há um momento em que ele chega à convicção de que a inveja é ignorância; de que a imitação é suicídio; de que, para o bem ou para o mal, ele tem de tomar a si mesmo como a parte que lhe cabe; que embora o imenso universo esteja cheio de todo o bem, nenhuma espiga se fará milho a não ser por sua labuta, que lhe foi concedida naquele pedaço de chão que lhe foi dado para cultivar. A força que nele reside é nova por natureza, e ninguém, a não ser ele mesmo, sabe o que ele pode fazer, nem ele o sabe antes de haver tentado.[39]

Em *The Soul's Code*, James Hillman defende que cada um de nós, assim como a glande do carvalho, contém nosso próprio destino. Concordando com Pablo Picasso, que disse, "Eu não desenvolvo; eu sou", Hillman acredita que o código da alma está escrito em nosso coração desde o princípio, e que a vida é uma oportunidade de expressar, com uma autenticidade crescente, o que somos em essência. Hillman encoraja-nos a nos entregarmos ao nosso destino, a "reconhecer o chamado como fato primeiro da existência humana, e em relação a ele alinhar a vida". Ele nos lembra: "Um chamado pode ser adiado, evitado ou momentaneamente perdido. Também pode possuir você completamente. De qualquer forma, ao final ele será conhecido. Ele faz sua reivindicação. O demônio não vai embora."[40]

A psicanalista Karen Horney relata que, se evitamos expressar nosso verdadeiro si-mesmo quando crianças, estamos na verdade fazendo aparecer um si-mesmo ideal. Como resultado, acabaremos por sentir um desprezo por nós mesmos à medida que sentimos a discrepância entre quem realmente somos e o falso si-mesmo criado por nós.[41]

Alice Miller faz a mesma observação, afirmando que a depressão resulta de se estar separado do verdadeiro si-mesmo.[42]

De modo semelhante, comenta Abraham Maslow:

> Se esse núcleo essencial da pessoa é negado ou suprimido, ela fica doente, algumas vezes de maneira óbvia, outras, sutil... Essa natureza interior... é fraca, delicada, sutil e facilmente vencida pelo hábito e pela pressão cultural... Mesmo negada, persiste nos subterrâneos, pressionando sempre para entrar em ação.[43]

Rabbi Susya disse: "Quando eu chegar aos céus eles não me perguntarão 'por que você não foi Moisés?', mas sim perguntarão 'por que você não foi Susya?' "[44]

E Robert Frost escreveu: "Algo que estávamos retendo nos fazia fracos, até que percebemos que esse algo éramos nós mesmos."[45]

Eu gostaria de acrescentar meu próprio testemunho a essas vozes. Meu demônio sabia que eu estava destinado a ser um artista — um escritor ou poeta. Mas durante toda a minha vida eu lutei contra essa vocação artística. Criado numa região rural e isolada, quando criança não tive ninguém que me falasse sobre arte, criatividade e sobre o mundo da imaginação. Mesmo assim, sempre fui impelido para esse mundo, e em certo nível eu sempre soube que seria esse o meu destino. Quando decidi me tornar pastor, era meu demônio atuando, conduzindo-me a uma profissão em que eu pudesse por vezes sentir o numinoso. Mais tarde, quando me tornei um psicólogo, eu respondia ao mesmo impulso do destino, já que para mim a psicologia era um meio de explorar a alma. Fui conduzido às psicologias humanística e existencial, jamais às abordagens clínica ou mecanicista, porque vi nas primeiras a profundidade imaginativa e as possibilidades criativas que eu desejava ardentemente. Mas tanto a atividade religiosa como a psicologia eram somente aproximações, estações ao longo do caminho. Eram, na verdade, substitutos de uma resposta de todo o coração ao chamado do destino.

Então, chegando à meia-idade, o chamado começou a ficar mais insistente. Minhas defesas começaram a entrar em colapso. Chorei pela primeira vez quando li o poema de Rumi, que dizia:

> Dentro de você há um artista
> e você não o conhece...
> É verdade o que digo? Diga sim rapidamente,
> se você o conhece, se você o conheceu
> desde o começo do universo.[46]

Quando eu estava com quarenta e nove anos, finalmente vi com clareza o destino que eu vinha evitando. Estanquei, com medo. Escrevi no meu diário: "Levei 49 anos para saber quem eu sou, e agora temo estar velho demais para sê-lo. O que faço com o acúmulo das coisas que eu não sou? Pode um corpo envelhecido conter as paixões de novos sonhos? Posso novamente começar do princípio e fazer jus àquele corpo jovem que, com as melhores intenções, decaiu por vias tão erradas?"

Aprendi as respostas a essas questões: nunca é tarde para ir a Nínive, nunca é tarde para ser apanhado pelas garras do destino. Corpos envelhecidos *podem* conter a paixão de novos sonhos. O vinho novo *não* arrebenta os odres antigos; ele os torna úmidos, flexíveis e fortes. Pode-se sempre começar de novo; *deve-se* sempre começar de novo.

Então, após muitos anos de resistência, finalmente ouvi meu demônio e lancei-me à empreitada. Comecei a escrever e, até mesmo, com o tempo, a pensar-me como escritor, poeta, artista. Quando perguntado sobre minha profissão, em vez de dizer "psicólogo" ou "professor", por vezes tive coragem de dizer "escritor" ou mesmo "poeta". Essas classificações ainda me embaraçam, pois temo não ter o devido valor para receber esses títulos. Talvez o mesmo se passe com o destino. Sabemos ser algo sério, a matéria dos interesses últimos. Quando nos entregamos ao nosso destino, sentimos um terrível pavor e uma grande humildade. Não se trata de ego ou orgulho, nem de uma grandiosa desilusão com nosso dom ou com a salvação do mundo. Em vez disso, trata-se da serena celebração de um coração que finalmente se encontrou; é a reconfortante humildade de uma alma pródiga que finalmente voltou para casa.

O demônio está sempre tocando sua flauta ao longe, nas montanhas. A alma está sempre chamando, cantando uma suave canção de retorno para casa. Mas continuamos a subir e descer pela face da terra, fazendo o que sentimos que temos de fazer, hesitando, ganhando tempo. O destino espera, com uma paciência sem fim, ainda que sempre mais insistente, até que um dia finalmente desistimos, rendemo-nos e voltamos para casa, que é o único lugar em que deveríamos estar — o lugar do destino pessoal que James Joyce descreveu como perto do coração selvagem da vida.[47]

Nada é mais importante do que sermos verdadeiros para nós mesmos, para o demônio que mora no fundo de nossa alma. E isso significa que caminhamos sozinhos, que ninguém nos compreende, que ninguém sabe nosso nome? Rilke dá-nos a resposta:

> E se a terra não souber mais o seu nome,
> murmure para ela: eu estou fluindo.
> E diga para a água resplandecente: eu existo.[48]

A velha lenda hindu, que inicia este capítulo, suscita uma séria advertência. Ela nos lembra de como é fácil esquecer que temos uma alma. Mas não se aplica para algumas pessoas. Depois de uma busca "para cima e para baixo na face da terra", elas finalmente voltam para casa e para a alma escondida no fundo do ser.

*Capítulo 4*

# O Sagrado

## A Dimensão Misteriosa da Experiência Humana

*Futuro e passado não podem viver à parte das atuais formas da experiência religiosa, porque essas são por demais superficiais; o futuro só pode existir a partir da mais primordial comunhão com o sagrado.*

— Thomas Berry

A seguir, uma história real, relatada em 1926 por dois antropólogos que trabalhavam na Austrália.

> Um pequeno grupo de aborígines nômades australianos, o clã Achilpa da tribo Arunta, carregava sempre consigo um mastro sagrado quando se deslocavam de um local para o outro. Uma vez que ninguém conseguia se lembrar desde quando o mastro estava com o clã, todos acreditavam tratar-se de um presente do deus Numbakula que, segundo a lenda, o havia formado a partir de uma seringueira, tendo-a escalado e em seguida desaparecido no paraíso. O clã acreditava que o mastro tinha forças sagradas, e seus integrantes construíram sua vida em torno dele. Todas as manhãs eles decidiam a direção de suas viagens de acordo com a direção apontada pelo mastro. Todas as noites erigiam o mastro no meio de seu acampamento, e assim estabeleciam o seu mundo onde quer que estivessem. Acreditavam que o mastro, alcançando o céu, ligá-los-ia ao paraíso e ao seu deus Numbakula. Desse modo, o mastro sagrado era ao mesmo tempo literal e simbolicamente o próprio centro do clã Achilpa.
>
> Um dia, o mastro sagrado quebrou. Isso levou o clã ao caos. Sem o mastro sagrado para criar seu mundo, ligá-los ao seu deus e guiá-los em suas jornadas, eles estavam perdidos. O clã vagou sem rumo, tornando-se cada vez mais ansioso, confuso e desorientado. Finalmente, convencido de que tudo estava perdido e de que

a vida acabara, o clã inteiro — mais de cem homens, mulheres e crianças — lançou-se ao deserto à espera da morte.[1]

Essa história dramática ilustra a natureza e força do sagrado na vida humana e a desorientação que resulta do rompimento de nossa ligação com o sagrado.

Hoje, a angústia da cultura ocidental é semelhante à do clã Achilpa. A religião tradicional servia outrora de mastro sagrado para o Ocidente. Ela respondia a nossas questões, orientava-nos no mundo, ligava-nos ao paraíso e fornecia direções para a nossa própria jornada nômade pela vida.

Porém hoje os rituais, símbolos e a teologia da religião tradicional já deixaram de comover milhões de pessoas. Deixaram de ir ao encontro de suas necessidades intelectuais, psicológicas e espirituais. O mastro sagrado da religião tradicional, que um dia esteve posicionado no próprio centro da cultura ocidental, jaz agora quebrado e espatifado aos nossos pés.

Quando o mastro sagrado se quebra, seja entre o clã Achilpa ou na sociedade ocidental, há intensas repercussões. Símbolos e sistemas mitológicos constituem o fundamento psicológico e existencial sobre os quais se sustenta uma cultura. Quando os símbolos se quebram ou quando se deslocam ou desintegram os sistemas mitológicos, somos arremessados a um caos existencial. A terra estronda e treme debaixo de nossos pés; as fundações balançam e quebram; desesperadamente nos seguramos para evitar cair no nada.

Podemos achar espantoso que todo um clã de pessoas primitivas torne-se ansioso, desorientado e disposto a morrer simplesmente porque seu mastro sagrado se quebrou. Mas uma análise existencial de nossa era sugeriria que nós não reagimos de maneira menos dramática à perda de nosso próprio centro espiritual. A ansiedade é hoje o mais freqüente distúrbio emocional nos Estados Unidos, seguida de perto pela depressão clínica. O medo existencial permeia nossa sociedade. Ele está em nossa arte, música, literatura, filmes e peças de teatro; está por trás das taxas crescentes de ansiedade, depressão e suicídio; é o tédio e o sentimento de desesperança que ameaçam engolir nossas crianças.

O colapso de nosso centro espiritual afeta-nos num nível muito pessoal. Alguns de vocês devem ter presenciado a desintegração de tudo aquilo em que acreditaram. Olharam para o abismo da ansiedade e da depressão, e se perguntaram se a esperança poderia algum dia retornar. Outros viram seus filhos ser sugados pelo turbilhão das drogas, da violência e de outras formas de desespero existencial. Alguns conheceram as noites escuras da alma, e dias longos e cansativos que tinham de ser vividos porque lhes faltava a coragem de fazer mais. Para aqueles que passaram por isso, a agonia existencial não é um clichê de livro didático; é a realidade vivenciada em sua vida, que deixa marcas indeléveis no coração.

Não tenha dúvida. Nosso mastro sagrado quebrou e estamos vivendo uma era de desorientação espiritual sem precedentes.

Porém, importa diagnosticar o problema corretamente. Nosso problema não é que o sagrado tenha deixado de existir, mas o de termos perdido nossa conexão com ele. Símbolos religiosos são as palavras do código cultural pelas quais nossas sociedades entram em contato com o sagrado. Quando essas palavras-código entram em colapso, como agora está acontecendo na cultura ocidental, as pessoas sentem-se isoladas de seu centro espiritual. Foi exatamente isso o que aconteceu com os integrantes do clã Achilpa. Quando seu mastro sagrado se rompeu, eles não conseguiram mais entrar em contato com o sagrado, sentiram-se isolados e perdidos. Se tivessem podido perceber que o sagrado ainda estava lá, talvez não tivessem entrado em desespero.

Da mesma forma, se pudermos hoje reconhecer que o sagrado ainda existe, talvez possamos recuperar a esperança e encontrar novos caminhos para o sagrado, novas palavras-código que permitam nos reconectar com aquela dimensão. Isso é de importância vital, pois o sagrado é a eterna fonte a partir da qual a alma retira sua energia e força. Se ficamos isolados do sagrado, a alma definha e morre; mas quando nos reconectamos ao sagrado, a alma vivifica-se e crescemos em espiritualidade. Assim, o bem-estar da alma e de nossa própria espiritualidade depende de nossa conexão com o sagrado.

## A Compreensão do Sagrado: Visões dos Estudiosos

Pelo seu parentesco com outros conceitos espirituais, a religião monopolizou o sagrado e lhe conferiu um significado estritamente religioso. Tal como uma obra-prima recoberta por pinturas de artistas posteriores, o sagrado foi originalmente um belo fenômeno humano obscurecido por formas e convenções religiosas no decorrer dos séculos. Nossa tarefa é, então, verificar se podemos remover as camadas de tinta acumuladas sobre a antiga pintura e revelar a beleza da obra-prima original.

Felizmente, muitos estudiosos têm trabalhado para compreender o sagrado em sua forma original e podem nos ajudar em nossa tarefa. Iniciarei com uma breve incursão por algumas das mais importantes teorias, para então passar à minha própria abordagem do sagrado.

### Rudolph Otto: O Sagrado Numinoso

Em 1923, Rudolph Otto, teólogo alemão, publicou um pequeno texto intitulado *The Idea of the Holy*, destinado a exercer um efeito profundo na fenomenologia da religião.[2] Embora Otto fosse cristão e usasse a linguagem da tradição cristã, ele estava interessado nas dimensões universais e humanas da experiência sagrada.

Otto sustentou que em todo o curso da história humana os seres têm tido encontros com o sagrado. São acontecimentos estranhos e misteriosos, sempre com um profundo impacto emocional sobre aqueles que os experimentam. A teologia moderna, com sua ênfase nos aspectos racionais e conceituais da experiência religiosa, tem em geral negligenciado esses acontecimentos. O objetivo de Otto, todavia, era explorar a dimensão afetiva dessas experiências.

Otto começou por definir o termo *sagrado*, ou *santo*. Ele disse que as pessoas costumam pensar nessa palavra como significando "inteiramente bom", enfatizando seu componente moral ou ético. Por exemplo, pensamos numa pessoa santa como aquela que encarna a bondade. Mas Otto afirmou também ser impreciso esse uso comum do termo, e mostrou que o elemento moral ou ético ou não está presente, ou não é enfatizado pelo significado original do termo tal como encontrado no latim, grego, semita e outras línguas antigas.

De acordo com Otto, o elemento mais fundamental da experiência sagrada é a resposta sentida do fiel. O sagrado encontra a pessoa num nível profundo e não racional, despertando-lhe fortes emoções. A isso Otto denominou experiência numinosa, declarando que ela constitui o nível profundo da religião, que "não há religião em que ela não viva como fundo real e recôndito".

Otto fez então uma cuidadosa análise fenomenológica dessas experiências numinosas. Concluiu serem elas caracterizadas por vários elementos, incluindo uma sensação de mergulho, um sentimento de pavor místico, um sentimento de fascinação e uma experiência de intensa energia ou urgência. Disse que nessas experiências "a alma, mantendo-se muda, estremece introspectivamente até a última fibra de seu ser".

Eu gostaria de chamar especial atenção para o último elemento, a energia. Quando encontramos o sagrado, experimentamos o que Otto chamou de energia do númeno, que se expressa como "vitalidade, paixão, têmpera emocional, vontade, força, movimento, excitação, atividade, ímpeto". Otto descreveu essa energia como "uma força que não conhece parada nem restrição, que é urgente, ativa, coercitiva e viva" e como "aquele 'fogo abrasador' do amor, cuja força ardente o místico dificilmente consegue suportar, mas implora para que o calor que o chamuscou possa ser mitigado, para que ele próprio não seja destruído por ele".

Aqui Otto nos fornece uma importante chave para a recuperação da paixão em nossa vida. A paixão é o fogo da alma, mas a fonte última dessa energia, segundo Otto, é o sagrado, a energia do númeno. De modo que, se sua paixão morreu, se o fogo da alma se apagou, a solução consiste em reconectar-se ao sagrado e reacender sua alma com sua poderosa energia.

Isso pode soar como uma estranha prescrição aos ouvidos ocidentais. Enquanto as tradições orientais geralmente enfocam abordagens meditativas e espirituais da energia, nós não o fazemos. E quando lemos sobre os místicos cristãos, seus encontros com o sagrado parecem ser tão arrebatadores que a maior parte de nós não poderia se relacionar com tais experiências. Em suas formas mais intensas, os encontros com o sagrado podem ter um caráter incinerador; mesmo se tivermos uma experiência como essa e tentarmos reacender nossa alma a partir dela, seria como atravessar paredes em chamas. É claro que poderíamos suportar a intensidade e experimentar efeitos transformadores, como fizeram os místicos. Mas de forma geral não somos místicos, e jamais teríamos esses encontros arrebatadores com o sagrado. No entanto, por assim dizer, podemos aprender a nos aquecer junto ao fogo sagrado, pegando um pouco de brasa quente aqui e ali para manter viva nossa paixão. Essa experiência mais moderada do sagrado alimenta a alma e é ao mesmo tempo suficiente para nos energizar e nos reconectar com a paixão e vitalidade da existência.

## Mircea Eliade: O Sagrado como Realidade, Energia e Ser

Mircea Eliade foi um historiador francês da religião, catedrático do Departamento de História das Religiões da Universidade de Chicago por 17 anos. Sua obra célebre, *O Sagrado e o Profano*, foi publicada em 1959.[3]

Eliade considerava o sagrado e o profano como dois modos de ser no mundo. Culturas indígenas são permeadas pelo sagrado. Elas têm muitos lugares e períodos sagrados, e mesmo as funções diárias da vida, como o comer e o sexo, são consideradas sagradas. Disse Eliade que "Para o primitivo tal ato nunca é simplesmente fisiológico; ele é, ou pode se tornar, um sacramento, isto é, uma comunhão com o sagrado".

As sociedades modernas, ao contrário, vivem segundo um modo de ser profano ou secular. Elas têm pouco sentido do sagrado, e sua vida tem muito poucos lugares e períodos do ano sagrados. E se o comer e o sexo são desfrutados como atividades fisiológicas agradáveis, essas raramente são vistas como atividades sagradas ou santas. Assim, enquanto povos indígenas vivem em contato diário com o sagrado, nós perdemos essa conexão. Como disse Eliade, "A dessacralização perpassa toda a experiência do homem não-religioso das sociedades modernas". Esse historiador dedicou-se ao estudo do sagrado para torná-lo compreensível aos homens e mulheres da sociedade moderna.

Eliade enfatizou que o sagrado se manifesta a nós e que não podemos controlar esses encontros. Para essas manifestações ele propôs o termo *hierofania*, que literalmente significa "algo sagrado mostra-se a nós". Com isso, porém, ele não estava querendo dizer que não há nada que possamos fazer para estimular uma aparição do sagrado. Certamente podemos criar uma situação e uma atmosfera útil para essa experiência. Contudo, o que não podemos é manipular o sagrado. Mesmo com toda a nossa preparação, com nossos préstimos no serviço religioso e nossas evocações, ainda assim o sagrado pode não aparecer. Se não se mostra a nós, ele é sempre uma questão de graça. Por isso, a atitude apropriada perante todas as hierofanias é a de gratidão e humildade.

Eliade começou a definir o sagrado dizendo que "a primeira definição possível do sagrado é a de oposição ao profano". Ele observou que adquirimos consciência do sagrado primeiramente em razão de seu contraste dramático com a experiência do dia-a-dia. Quando o sagrado irrompe em nossa esfera secular, nós o reconhecemos como "algo de uma ordem inteiramente diferente, uma realidade que não pertence a nosso mundo" e como "algo inteiramente diferente do profano". Posteriormente, Eliade deu uma definição mais específica do sagrado:

> O *sagrado* equivale à *força* e, em última instância, à *realidade*. O sagrado é saturado de *ser*. Força sagrada significa realidade, ao mesmo tempo que capacidade de suportar e eficácia. A polaridade sagrado-profano é geralmente expressa como oposição entre *real* e *irreal* ou pseudo-real... Assim, é fácil compreender que o homem religioso deseja profundamente *ser*, participar da *realidade*, estar saturado de poder.[4]

Essa é uma definição notável. Eliade está assumindo a posição filosófica de que a realidade não é o que parece, de que existem tanto níveis reais como irreais de existência; o sagrado tem que ver com o real, enquanto o secular tem que ver com o irreal ou com o pseudo-real. Em outras palavras, o sagrado é o mundo "realmente real". Pode-se dizer que ele é um nível de realidade mais intenso, mais concentrado. Uma pessoa que se conecta ao sagrado participa desse nível mais intenso de realidade, que é saturado de ser e poder.

É importante reconhecer que Eliade não psicologiza o sagrado. Em outras palavras, ele não explica essas experiências poderosas como simplesmente ocorrendo na mente ou como emoções. Eliade funda sua teoria do sagrado não na psicologia, mas na metafísica, na natureza da realidade em si mesma. Ele acredita que o sagrado manifesta uma dimensão mais profunda da realidade e que os poderosos efeitos psicológicos experimentados num encontro com o sagrado devem-se a nosso contato com esse nível mais intenso de ser e poder. Fazendo uso de uma linguagem estímulo-resposta, Eliade está dizendo que de fato há um estímulo e que ele produz intensas respostas psicológicas. Em outras palavras, Eliade está dizendo que o sagrado é bastante real e que pode nos impactar com uma força significativa.

A teoria de Eliade nos ajuda a compreender o poder dos objetos sagrados, tais como o mastro sagrado do clã Achilpa. Estando o sagrado saturado de poder, quando, por outro lado, os objetos comuns são associados ao sagrado, também eles ficam imbuídos desse poder. Um símbolo sagrado é um objeto comum que adquiriu certa numinosidade do sagrado e tornou-se, para aquele que tem fé, um meio de atingir o sagrado. Um símbolo "participa daquilo para o que ele aponta", como disse Tillich.[5] Certos lugares, épocas e mesmo pessoas podem se tornar imbuídas do sagrado também dessa maneira. Em muitas culturas nativas, o chefe e o xamã — o líder e o curandeiro da tribo, respectivamente — são considerados santos. Sua força vem de sua conexão com o sagrado.

Nossa cultura ainda hoje traz vestígios dessas noções. Por exemplo, talvez falamos de nossa vocação sem perceber que a palavra significava originalmente "chamado" e tinha que ver com ser chamado pelos deuses para sua tarefa ou missão. Ainda temos dias santos, mas pensamos neles em termos seculares e os chamamos de feriados. Temos ainda uns poucos lugares sagrados — fundamentalmente igrejas e templos. E muitos ainda experimentam um sentido de temor ou reverência quando em presença de líderes espirituais como o Papa ou o Dalai Lama. Ainda nos fascinamos pela realeza, e a cada ano de eleições os americanos sucumbem ao misterioso carisma de certos líderes políticos que tentam ser seus representantes. Tudo isso pode constituir vestígios, ecos tênues daquele antigo fenômeno que imbuía certos objetos, pessoas, épocas e lugares de poder sagrado.

## William James: O Sagrado como Ordem Invisível

William James ensinou em Harvard por 35 anos. *As Variedades da Experiência Religiosa*, obra publicada em 1902, é baseada em suas Conferências Gifford, ministradas na University of Aberdeen em Edimburgo, Escócia. *As Variedades* é um clássico no campo da psicologia e da religião, tido por alguns como o livro mais importante escrito sobre esse tópico neste século.[6]

James começou por dividir o campo religioso em duas partes principais — a religião pessoal e a religião institucional. Ele acreditava ser a religião pessoal a mais importante das duas, salientando que as igrejas devem sua existência à religião pessoal de seus fundadores. Sustentando que "a religião pessoal deveria continuar a ser a coisa primordial", dedicou seu livro à exploração da experiência religiosa pessoal.

Desde cedo em suas conferências, James deu sua definição de atitude religiosa. Ele escreveu:

> Se se pedisse a alguém que caracterizasse a vida da religião nos termos mais amplos e gerais possíveis, esse alguém poderia dizer que ela consiste na crença de que há uma ordem invisível e de que nosso bem supremo reside em ajustar-nos harmoniosamente a ela. Essa crença e o ajustar-se a ela são as atitudes religiosas na alma.[7]

Essa afirmação reflete o modelo básico de James, que é o da existência de dois mundos: o mundo físico e o mundo por ele chamado de ordem invisível. Se por um lado esses dois mundos são separados, por outro eles podem entrar em contato um com o outro. O mundo invisível às vezes irrompe em nosso mundo físico, no que James chamou de invasões de consciência, que incluem experiências místicas, conversões religiosas e mesmo inspiração artística. Inversamente, por meio de vias como a prece e a meditação, podemos algumas vezes iniciar um contato com o mundo invisível.

De acordo com James, a mente humana ou psique é o ponto de conexão, a ponte sobre a qual os mundos físico e espiritual realizam um comércio um com o outro. A psique compõe-se do si-mesmo consciente e do si-mesmo subconsciente. O si-mesmo consciente é aquela parte da psique com que estamos familiarizados. Ele pertence a esse mundo físico, e suas fronteiras podem ser definidas prontamente. Já o si-mesmo subconsciente é a dimensão misteriosa da psique. Se ele tem início em nosso mundo, estende-se até o mundo invisível, e não fica de todo claro onde residem suas fronteiras exteriores. James disse que "cada um de nós é na realidade uma entidade psíquica que persiste muito mais amplamente do que se pensa" e "os limites avançados de nosso ser precipitam-se, ao que me parece, numa outra dimensão da existência a partir do mundo sensível e meramente compreensível. Chame-a de região mística ou sobrenatural, como quiser".

Nossa informação sobre essa outra dimensão é muito limitada. Todas as religiões formais, num esforço de autenticar sua própria fé, tentam nos revelar a natureza desse reino. Porém, de acordo com James, "uma vez que elas corroboram doutrinas teológicas incompatíveis, acabam por neutralizar uma à outra sem chegar a nenhum resultado fixo".

Portanto, o que se acredita sobre a ordem invisível é uma questão de fé e constitui o que James chamou de uma *sobrecrença*, uma crença com que se pode estar pessoalmente comprometido, mas que vai além dos fatos disponíveis. Sobrecrenças podem ser recipientes importantes para a vida espiritual. James disse que deveríamos tratar as sobrecrenças dos demais "com carinho e tolerância, contanto que eles próprios não sejam intolerantes" e que "as coisas mais interessantes e válidas de um homem costumam ser suas sobrecrenças".

Um dos aspectos do modelo de James é a sua capacidade de acomodar um amplo escopo de posições filosóficas e religiosas. Por exemplo, para alguém que crê em Deus e num reino sobrenatural, o mundo invisível seria definido como o reino sobrenatural; a prece e a meditação seriam meios de entrar em contato com Deus, ao passo que as conversões religiosas e experiências místicas seriam vistas como os meios pelos quais Deus entra em contato conosco.

É possível aplicar o modelo de James mesmo a alguém que não acredita em Deus ou num reino sobrenatural. Nesse caso, a ordem invisível seria a nossa própria natureza mais profunda. A prece e a meditação não seriam meios de contato com Deus, mas meios de direcionar nossa atenção aos nossos próprios recursos. E as conversões religiosas e experiências místicas seriam vistas não como vindas de Deus ou de um reino sobrenatural, mas como tendo sua origem nas regiões mais profundas de nossa própria mente.

Talvez a mais importante contribuição do modelo de James esteja em ele ter colocado a psicologia no próprio centro da espiritualidade e atado uma e outra de maneira inextricável. Se, como James afirma, a psique humana é o liame entre os mundos físico e espiritual, e toma parte em ambos, e se a própria natureza da psique expressa essa dualidade fundamental, segue-se que a psicologia e a espiritualidade estão ligadas para sempre. Para aqueles que sempre tiveram um sentido intuitivo de que os campos da psicologia e da espiritualidade estão de algum modo conectados, o modelo de James torna válida essa idéia e articula tal conexão.

Isso significa que quando fazemos explorações profundas da psique humana estamos fazendo um trabalho psicológico e espiritual ao mesmo tempo. Assim, a mulher que busca crescer espiritualmente por meio da prece e da meditação, na verdade está fazendo um trabalho psicológico, quer o saiba quer não. Da mesma forma, o homem que recorre à terapia para aprofundar a análise está embarcando numa viagem espiritual. A psicoterapia em profundidade conduz às regiões mais profundas da psique e, desse modo, pelo modelo de James, ao reino do místico ou sagrado.

É claro que muitos terapeutas pensam que a psicologia deveria parar no limiar do reino espiritual. E, na verdade, a psicologia tradicionalmente tem deixado essa dimensão ao cuidado de pastores, rabinos ou padres. Mas se a espiritualidade faz parte da psique humana, uma psicologia que a põe de lado é limitada, e é incompleta a psicoterapia que deixa de explorar essa região.

Se as idéias de James tivessem sido aceitas de todo, juntamente com suas implicações, elas revolucionariam o campo da psicologia e a natureza da psicoterapia. A psicologia teria de estudar o reino do sagrado, e o treinamento terapêutico teria de incluir a dimensão espiritual da experiência humana. Nunca mais a profissão da psicologia seria capaz de separar a psique da alma e a psicologia da espiritualidade. É lamentável que a moderna psicologia tenha ignorado o domínio espiritual e com isso deixado de explorar aquela que talvez seja a dimensão mais importante da mente humana.

## Martin Buber: O Sagrado nas Relações do Tipo Eu-Tu

Martin Buber, provavelmente mais conhecido por seu livro *I and Thou*, viveu de 1878 até 1964 e dedicou sua vida ao estudo das relações.[8] Ele acreditava que o sagrado se encontrava em nossas conexões com os outros, com a natureza e com Deus, o Eterno Tu, e disse que "toda a nossa vida real é encontro".

Buber acreditava na existência de dois tipos básicos de relação, que chamamos Eu-Ele e Eu-Tu. Numa relação Eu-Ele, o outro é para nós um objeto, ou um meio para um fim. Num encontro Eu-Tu, o outro deixa de ser um objeto, e entramos num tipo mais profundo de relação.

Quando nos relacionamos com o outro como um Ele, não é só o outro que nos afeta, mas também nós mesmos. O Eu do Eu-Ele é diferente do Eu do Eu-Tu. Em certo sentido, numa relação Eu-Ele, tanto o Eu como o Ele são "coisas". Estaremos muito próximos do sentido pretendido por Buber se aqui pensarmos na relação "Eu-Ele" como uma relação "Ele-Ele" (dois objetos relacionados um ao outro) e na relação Eu-Tu como uma relação "Tu-Tu" (dois "tus" relacionados um ao outro).

Alguns concluíram que Buber estaria dizendo que a relação Eu-Ele seria indesejável e a Eu-Tu, desejável; pensavam que a relação Eu-Ele significasse tratar o outro como objeto, e que a Eu-Tu significasse tratá-lo com respeito e amabilidade. Mas esse mal-entendido comum acerca de Buber põe a perder a profundidade do que ele estava tentando dizer.

O Eu-Ele não é necessariamente indesejável. Na verdade, a maior parte de nossas transações diárias é conduzida dessa maneira. Em certo sentido, tratamos os outros como objetos ou meios para um fim durante todo o tempo. E não há nada de necessariamente errado nisso.

Por exemplo, na mercearia, rimos e conversamos um pouco com a mulher do caixa. Esse é um intercâmbio Eu-Ele. No caminho para casa, paramos para abastecer o carro e temos uma conversa amigável sobre nosso novo carro e seu desempenho com o jovem que nos atende. Essa também é uma relação Eu-Ele. Chegamos em casa, e nosso filho de 12 anos precisa conversar porque teve uma discussão com seu melhor amigo. Atentamos aos seus sentimentos feridos e lhe damos um afago. Também aí temos uma relação Eu-Ele.

Duas mulheres — uma terapeuta e sua cliente que está se sentindo deprimida — conversam calmamente numa sala de terapia. Quando a cliente descreve sua dor, a terapeuta, movida por empatia e por atenção profissional, responde amavelmente, oferecendo sugestões que podem ser úteis. Até mesmo esse é mais um encontro Eu-Ele do que um Eu-Tu.

Esses exemplos deveriam deixar claro que o Eu-Ele não significa tratar os outros com desrespeito enquanto o Eu-Tu significa tratá-los de maneira atenciosa. Em ambos os casos a outra pessoa é tratada com amabilidade e respeito. Mesmo assim, nenhuma dessas interações é qualificada como um encontro Eu-Tu.

Então, o que é um encontro Eu-Tu e qual a diferença entre um Eu-Ele e um Eu-Tu?

Um encontro Eu-Tu é uma ocorrência, um acontecimento de intensa pungência que interrompe nosso mundo habitualmente do tipo Eu-Ele. O Eu-Tu não é algo que está sob a nossa responsabilidade ou que se possa criar simplesmente tratando o outro com respeito. O Eu-Tu chega por uma graça, como um raio de sol que penetra nosso mundo normal, como a eternidade a seccionar o tempo, o sagrado manifestando-se subitamente no que era apenas momentos antes uma relação corriqueira.

Vamos voltar ao exemplo da cliente deprimida e sua terapeuta. Por mais tocante que a cena possa parecer, ela ainda é apenas um encontro Eu-Ele. Mas suponhamos que, nos momentos finais da sessão de terapia, a cliente pare de chorar e olhe nos olhos de sua atenciosa terapeuta, e que, no silêncio daquele espaço, chegue o amor e ambas sintam a sua presença. Num tal momento, os papéis retrocedem e não há mais cliente nem terapeuta; há somente duas mulheres congeladas no tempo enquanto suas almas dançam por um momento nas bordas da eternidade. Naquele momento, as estruturas normais da psicoterapia são empurradas um pouco para o lado, e as estreitas fronteiras do Eu-Ele abrem-se para as imensidões sem fronteiras do Eu-Tu. Sem palavras, encerrada a sessão, as mulheres levantam-se em silêncio, e a cliente deixa a sala.

A terapeuta, tomada de pavor, senta-se para pôr seus pensamentos em ordem antes do próximo cliente. A cliente, já do lado de fora, em seu carro, está sentada por um momento atrás do volante, compreendendo que algo irreversível havia acontecido. Independentemente de como queiram chamar o que se passou, e como quer que o expliquem nas semanas seguintes, essas duas mulheres foram tocadas pelo sagrado. Elas tiveram um encontro Eu-Tu. De agora em diante, nem sua relação nem sua vida individual serão as mesmas.

Buber acredita que o sagrado está à nossa volta, sempre potencialmente presente. E, como outros pensadores espiritualizados, Buber acreditava que o sagrado manifesta-se no cotidiano, nos eventos do dia-a-dia e nas relações que se tem pela vida. Walter Kaufmann, um dos tradutores de Buber, disse que nos escritos deste "encontra-se o comando central para tornar sagrado o secular".[9] A qualquer momento o Eu-Tu pode irromper no mundo do Eu-Ele para tocar nossa vida.

Mas como se faz isso de acordo com Buber? Como se passa do Eu-Ele para o Eu-Tu? Como se toca o sagrado na vida cotidiana?

Em primeiro lugar, é importante lembrar que para Buber tudo são relações. Enquanto as relações Eu-Ele são uma parte necessária da vida, o sagrado só é tocado nas relações Eu-Tu. Buber sustentou que não somos responsáveis pelo Eu-Tu e que o sagrado não aparece segundo a vontade dos homens, e sim por obra da graça. Mas com isso ele não quis dizer que nossa vontade e nosso desejo do sagrado sejam irrelevantes. Buber disse que freqüentemente adentramos um encontro Eu-Tu no momento em que "graça e vontade estão associadas".

Um encontro Eu-Tu pode ocorrer com a natureza, e para ilustrá-lo Buber usou o exemplo de uma árvore. Numa relação Eu-Ele com uma árvore, podemos notar o tamanho de seus galhos, a forma de suas raízes e outras características físicas. Podemos experimentar sua beleza e apreciar as cores brilhantes de suas folhas. Mas tudo isso faz parte do Eu-Ele; a árvore é ainda um objeto para nós. Porém, segundo Buber, "também pode acontecer, se a graça e a vontade vierem juntas, que ao contemplar a árvore eu entre numa relação com ela, que então deixa de ser um Ele". Nesse momento a árvore se torna um Tu.

É claro que momentos como esse podem ocorrer não somente com árvores, mas também com montanhas, oceanos, pores-do-sol, com a lua e as estrelas, com o nascer do sol no deserto e outros inúmeros eventos na natureza. Não é fácil pôr a experiência em palavras, mas muitas pessoas têm tido esses momentos na natureza, e é nesse ponto que podem intuitivamente captar o que Buber quer dizer. Ele está falando daquelas ocasiões em que a fronteira entre sujeito e objeto se dissolve e somos apanhados por uma unidade de relação com a natureza. São as vezes em que a natureza se abre para nós e como que em seu seio nos apequena. O Eu-Ele torna-se Eu-Tu, o tempo é engolido pela eternidade, o mistério move-se com a brisa, e percebemos que estamos na presença do sagrado.

Como temos visto, os encontros Eu-Tu também ocorrem nas relações humanas. Vamos supor que certa mulher conhece um homem há muitos meses, pelo trabalho ou por outros tipos de contato. Ela pode ter notado que ele é atraente, tem senso de humor, e que é agradável e bom estar com ele. Mas ele é só uma pessoa a mais entre muitas em sua vida. Ele é ainda um Ele para ela, e a relação é um Eu-Ele.

Acontece que um dia surge um olhar de relance ou uma pausa momentânea, e naquele segundo cada qual capta um cintilar, uma leve centelha da alma do outro. Isso pode sacudi-los por um momento; pode haver um leve reconhecimento, um gaguejar no fluxo das palavras, ou mesmo um pequeno sorriso de embaraço pelo inesperado do que acabam de descobrir. Há uma pequena fenda, uma fissura no mundo cotidiano, do Eu-Ele. O Eu-Ele retrocede, desdobra-se o Eu-Tu, e o sagrado é tocado. Dependendo de suas situações de vida e de outros fatores, essas duas pessoas podem optar por desenvolver uma relação mais profunda ou não. Mas se estiverem sensíveis ao sagrado nas relações humanas, elas saberão que pelo menos por um breve instante suas almas se tocaram e elas se entreolharam uma à outra como a um Tu.

Isso é mais do que mera química entre personalidades ou atração sexual; é uma atração de alma. Não negarei a presença concomitante de Eros ou da força de suas flechas a transpassar o mundo do Eu-Ele. Em nossa sociedade, mergulhados numa teologia que vê o corpo como o mal, dicotomizamos corpo e espírito, e separamos a alma da sensualidade. Vedamos o templo de Eros e o expulsamos do panteão dos deuses sagrados. No entanto, Eros e a experiência sagrada não são antitéticos; Eros não contamina o sagrado e não deprecia a alma. Na verdade, é Eros que muitas vezes fornece o ímpeto inicial para as relações Eu-Tu, bem como a energia criativa que as cultiva e as mantém vivas. Para muitas pessoas, a paixão erótica é uma hierofania contínua, um local onde o sagrado sempre torna a se manifestar. A energia da emoção e a paixão erótica, o casamento entre Eros e Psique é uma das uniões mais poderosas que se pode conceber. Ela não só produz, como no mito grego, a criança chamada Prazer, mas essa união também origina inspiração artística, poderosa criatividade e uma ardente paixão pela vida. Se duas pessoas são atraídas uma para a outra pelos poderes tanto de Eros como de Psique, elas têm o potencial para tocar as regiões mais profundas e intensas da experiência sagrada.

Buber acreditava que a vida é uma vasta rede de relações em que estamos enleados. Em vez de pensar o sagrado como algo "para além", Buber pensou-o como potencialmente presente em todas as relações. Nossa tarefa é aprender a ver com olhos sagrados, a ver através do Eu-Ele na realidade profunda do Eu-Tu, para saber que o sagrado mora nas relações corriqueiras de nossa própria vida.

À sua maneira poética, Buber resumiu sua crença na onipresença do sagrado. Ele escreveu:

> Em cada esfera, em tudo que se torna presente para nós, olhamos atentamente em direção à engrenagem do Eterno Tu; em cada qual o percebemos respirar; em cada Tu nos dirigimos ao eterno Tu; em cada esfera a seu modo.[10]

## Abraham Maslow: O Sagrado como Dimensão do Ser

Abraham Maslow, um dos fundadores da psicologia humanística, foi durante muitos anos catedrático do departamento de psicologia da Brandeis University. Maslow passou muito tempo de sua vida estudando o que ele chamou de indivíduos realizados em si mesmos — pessoas extremamente saudáveis e ativas.[11]

Maslow descobriu que as pessoas realizadas em si mesmas com muita freqüência relatavam experiências místicas — períodos de intensa felicidade, alegria, êxtase e pavor. Freud havia classificado essas experiências como patológicas, dizendo que elas seriam sinais de regressão e produtos de uma mente neurótica. Porém Maslow descobriu que a verdade era justamente o contrário: quanto mais saudável e realizado em si mesmo fosse o indivíduo, mais experiências místicas ele estaria propenso a ter.

Intrigado com esse fenômeno, Maslow centralizou a maior parte de sua pesquisa nessas experiências de pico, como ele as chamava. Num de seus primeiros projetos de pesquisa, ele pediu a 190 entrevistados que respondessem às seguintes instruções:

> Eu gostaria que você pensasse em qual foi a mais maravilhosa experiência ou as mais maravilhosas experiências de sua vida; os momentos mais felizes, os momentos de êxtase, de enlevo, talvez quando esteve apaixonado, ouvindo música ou "sendo fisgado" por um livro ou por um quadro, ou em algum grande momento criativo. Em primeiro lugar, liste-os. Depois, tente me contar como você se sentiu nesses momentos extremos, como você se sentiu diferente das outras vezes, como naquele momento você foi uma pessoa de certa forma diferente.[12]

Embora essa abordagem tenha proporcionado algumas informações úteis, Maslow acabou encontrando um modo mais efetivo de coletar informações sobre as experiências de pico. Chamou essa nova abordagem de "comunicação rapsódica".

Em vez de pedir aos entrevistados que respondessem a instruções abstratas como as acima referidas, Maslow leria abordagens pessoais de experiências de pico para os entrevistados. Também começou a usar cada vez mais figuras de linguagem, metáforas, analogias e uma linguagem no geral mais poética.[13] Maslow descobriu que essas histórias pessoais e a linguagem poética criavam uma resposta ressoante em seus entrevistados, assim como um instrumento de afinação faz com que uma corda vibre simpaticamente por uma sala inteira. Essa nova abordagem forneceu dados mais ricos. Os entrevistados compreenderam mais claramente o que Maslow queria dizer com experiências de pico. Creio que Maslow descobriu, de maneira completamente acidental, o que eu chamaria de linguagem da alma. Metáforas, analogias, imagens poéticas e histórias pessoais são a linguagem da alma. É muito difícil desvelar a alma usando palavras abstratas e eruditas. Aquele que deseja pesquisar sobre a espiritualidade e sobre o sagrado precisa inventar novas abordagens e usar uma linguagem congruente com a dimensão espiritual.

Maslow escolheu o termo "experiências de pico" para evitar tendências e conotações inerentes a outros termos freqüentemente usados. Experiências de pico têm ocorrido por toda a história e em todas as culturas, mas ainda sabemos pouco sobre elas. Em primeiro lugar, elas diferem tanto de nossas experiências comuns que não temos as categorias ou palavras adequadas para descrevê-las. Em segundo, os estímulos, a intensidade, o conteúdo, os efeitos e interpretações das experiências de pico diferem de cultura para cultura, e mesmo de pessoa para pessoa. Além disso, pessoas que têm essas experiências relutam em falar sobre elas, temendo parecer estranhas ou mesmo loucas.

No entanto, essas experiências são mais comuns do que se pensava. Pesquisas em nível nacional mostram de maneira consistente que cerca de um terço de todos os americanos tiveram uma experiência mística.[14] Um estudo nacional de psicólogos conduzido por um de meus alunos de doutoramento mostrou que cinqüenta por cento dos terapeutas tiveram uma experiência mística.[15] Assim sendo, apesar da relutância em tocar no assunto, muitos americanos têm tido essas experiências intensas.

Em *As Variedades da Experiência Religiosa*, William James relatou experiências de uma série de indivíduos, as quais são identificáveis como experiências de pico. O indivíduo que narrou a experiência a seguir era uma pessoa religiosa e descreveu-a em termos religiosos:

> Lembro-me de uma noite, eu estava quase no topo da montanha quando minha alma se abriu, como que para o Infinito, e houve um precipitar-se de dois mundos, o interior e o exterior. Eram as profundezas chamando para as profundezas — profundezas que a minha própria luta havia possibilitado, sendo respondida pelos limites externos da profundidade insondável, estendendo-se para além das estrelas. Fiquei sozinho com Ele, Aquele que me havia criado, e com toda a beleza do mundo, com o amor, com a tristeza e mesmo com a tentação. Não O busquei, mas senti que meu espírito estava em perfeita harmonia com o Seu. O sentido comum das coisas à minha volta empalideceu-se. Naquele momento nada permaneceu, a

não ser uma alegria e exaltação inefáveis. Impossível descrever a experiência integralmente. Foi como o efeito de alguma grande orquestra quando todas as notas separadas fundem-se numa volumosa harmonia que deixa o ouvinte consciente de que nada impedirá que sua alma seja impelida suavemente para cima, a ponto de estourar de emoção. A quietude perfeita da noite fez-se vibrar por um silêncio ainda mais solene. A escuridão fazia-se ainda mais perceptível porque não podia ser vista. Eu não poderia mais duvidar que Ele estava lá tanto quanto eu. Na verdade, se é que isso é possível, senti-me como o menos real dos dois.[16]

Essa história é uma reminiscência das experiências dos místicos cristãos. O homem que teve essa experiência ficou tomado por ela. Mesmo anos depois, ele ainda a considerava o acontecimento mais importante de sua vida e a base de sua fé religiosa.

Maslow observou que as experiências de pico, embora universais, eram sempre interpretadas na moldura de uma cultura particular ou de um sistema pessoal de crenças. Assim, um cristão descreverá a experiência em termos e símbolos cristãos, um hindu usará termos e símbolos hindus, e um budista usará a linguagem da tradição budista. Um ateu ou agnóstico poderá descrever a experiência sem recorrer a conceitos religiosos de nenhuma espécie, usando talvez modelos psicológicos ou neurológicos para explicá-la. Assim, as experiências de pico, embora universais, aparecem sempre vestidas com a roupagem lingüística e simbólica de um tempo, lugar, cultura e sistema de crenças particular.

Maslow acreditava que as religiões têm suas origens nas experiências de pico de seus fundadores. Disse que "o cerne intrínseco, a essência, o núcleo universal de toda alta religião que se conhece... tem sido a iluminação, revelação ou êxtase privado, solitário e pessoal de algum profeta ou vidente agudamente sensível".[17] De um modo característico, o profeta interpreta a experiência mística como uma revelação divina, e então passa a comunicar essa revelação. Se for o tempo certo e as pessoas o ouvirem, nasce um movimento religioso.

Mais tarde, pessoas do movimento tentam codificar os ensinamentos do fundador, a fim de transmiti-los às gerações futuras. Ironicamente, essa institucionalização muitas vezes acaba por resultar numa rígida ortodoxia, que passa a ser usada para abafar as reivindicações de experiências religiosas diretas. Conforme observação de Maslow, "As religiões convencionais podem até mesmo ser usadas como defesa e resistência contra experiências perturbadoras da transcendência".[18] Os seguidores da religião organizada geralmente esquecem que sua fé esteve, em sua origem, fundada nas experiências extáticas de seu profeta. O compromisso religioso desses associados com tal organização não mais é julgado segundo o critério de uma genuína espiritualidade, mas pelo seu grau de concordância com as posições doutrinárias da religião. Assim, é possível que alguém seja religioso sem ser espiritualizado.

Maslow acreditava que a função mais importante das experiências de pico é a de nos transportar de nossa consciência ordinária e nos pôr em contato com o Ser, a mais alta dimensão da experiência humana. Experiências de pico são janelas para o Ser, breves olhares de relance a uma realidade transcendental. Nesses momentos entramos em contato com valores últimos como beleza, verdade, bondade e amor, aos quais Maslow denominou valores do Ser. Esse é o reino em que artistas, poetas, escritores, compositores, filósofos e líderes espirituais encontram suas introvisões e revelações mais criativas.

Maslow não pensava no Ser como pertencendo a uma esfera sobrenatural, mas como dimensão de nossa humanidade. Essa dimensão, a que Maslow chamou de "o alcance mais longínquo da natureza humana", fornece uma chave para a direção da evolução humana; é a margem crescente de nosso vir a ser. As experiências de pico, aqueles breves momentos de êxtase, dão-nos uma amostra do que seria viver no mais alto nível de realização, na presença do próprio Ser. Disse William Blake que "se os portais da percepção fossem limpos, todas as coisas apareceriam ao homem tais como são, infinitas".[19] É desse modo que as coisas aparecem no reino do Ser.

Maslow acreditava que o contato com essa dimensão é importante para a saúde psicológica. Os seres humanos têm certas necessidades, que se dividem entre necessidades básicas e elevadas, e adoecemos quando essas necessidades não são satisfeitas. Necessidades básicas têm que ver com a sobrevivência física e incluem nossas necessidades de comida, água, abrigo, segurança e contatos sociais. As necessidades elevadas estão relacionadas aos valores do Ser, isto é, são as nossas necessidades de beleza, amor, verdade e bondade. Se as negligenciamos, tendemos a incorrer no que Maslow chamou metapatologia, uma patologia que é o resultado direto de uma privação no nível espiritual. A melhor cura para isso é o contato renovado com o reino do Ser, para o qual as experiências de pico são a "estrada real".

Depois de analisar centenas de experiências de pico, Maslow ficou convencido de que elas são altamente benéficas. As pessoas que tiveram experiências de pico relataram benefícios terapêuticos como a cura das dependências, a eliminação da ansiedade, a cura da depressão e a superação dos medos. Outros relataram um aumento na criatividade, uma melhor integração consigo mesmo, um maior sentido de significado, uma mudança importante no estilo de vida, maior poder pessoal, gratidão intensificada e maiores dons poéticos.

Seria possível ensinar as pessoas a como acessar o reino do Ser e, desse modo, a satisfazer suas necessidades do nível do Ser? Maslow disse que a maior parte das pessoas opera no nível da Deficiência e que não é fácil ensiná-las a perceber o mundo no nível do Ser. Alguém pode aprender, por exemplo, a identificar os sons de um quarteto de Beethoven; porém, Maslow perguntava, como ensinar essa pessoa a ouvir a *beleza* daqueles sons? Em essência, como ensinar alguém, nas palavras de William Blake,

> A ver um Mundo num Grão de Areia
> E o Paraíso numa Flor Selvagem
> A reter o Infinito na palma da mão
> E a Eternidade num segundo [?][20]

Obviamente, isso envolve um tipo diferente de educação. Com base nesses esforços preliminares com estudantes, Maslow acreditou que ela pudesse ser realizada. Não podemos ensinar as pessoas a ter experiências de pico à vontade, mas podemos ensiná-las a usar o que Maslow denominou cognição do Ser, isto é, podemos ensiná-las a ver com olhos sagrados. Trata-se da capacidade de abrir sua alma para a santidade nas experiências do dia-a-dia, para ver seu companheiro ou companheira, filhos, amigos e atividades diárias à luz do sagrado.

### Uma Síntese dos Eruditos

Vê-se claramente que esses eruditos, cujo trabalho temos explorado aqui, estão todos falando a mesma coisa, que é a dimensão sagrada da experiência humana, cada qual usando sua própria linguagem. Otto denominou-a experiência numinosa, Eliade a chamou de hierofania, William James, de invasão da consciência pela ordem invisível, Buber, de relação Eu-Tu e Maslow, de experiências de pico que nos transportam para o reino do Ser. Todos concordam que a dimensão sagrada existe, que é misteriosa e poderosa, que com ela os homens têm tido contato em todas as culturas e por toda a história, que esses contatos têm um forte impacto espiritual e psicológico, que os resultados são geralmente benéficos e que, se não podemos controlar o sagrado, podemos aprender meios de nos abrirmos para ele.

## Minha Visão do Sagrado

Quando eu era criança, no sopé das montanhas Ozark, não tínhamos um sistema público de água encanada. No tempo de meu pai, as pessoas da região tiravam água de córregos, fontes naturais e cisternas manuais. Mas na época em que nasci, um homem da região adquiriu um equipamento que realizava perfurações no solo e podia ser alugado para perfurar poços, mediante pagamento feito com base no número de metros perfurados. O homem chegava em seu grande caminhão a *diesel*, instalava seu equipamento e começava a perfurar o solo duro do Arkansas. Horas mais tarde, depois de perfurar a terra numa profundidade de dois a quatro metros, encontrava água. Escoras e canos eram colocados no poço, uma bomba era instalada, e a água fresca e clara ficava disponível a um abrir de torneira. Lembro-me de que, quando criança, fiquei tomado de admiração ao aprender que por debaixo da crosta árida e ressecada das montanhas do Arkansas havia água pura e refrescante em abundância.

Essa história é uma boa metáfora para minha visão do sagrado. Acredito que por debaixo da superfície árida e ressecada de nossa vida existe uma corrente sagrada que flui com a água doadora de vida. Essa corrente é originária das fontes subterrâneas do próprio Ser e tem o poder de matar a sede ontológica da alma.

A sede ontológica, termo que foi usado pela primeira vez por Eliade, refere-se ao anseio da alma pelo sagrado. A palavra *ontologia* vem do grego *ontos*, que significa "ser". Assim, a sede ontológica é a sede de ser, o anseio por estar verdadeiramente vivo, o desejo de experimentar a paixão e as profundidades da existência.

Mas a sede ontológica pode facilmente ser distorcida e assumir formas patológicas. Por exemplo, em nossa sociedade secular somos obcecados pela busca do dinheiro e de coisas materiais. Corremos de uma miragem materialista para outra num esforço desesperado de saciar nossa sede, mas nunca a satisfazemos porque a sede que nos guia é fundamentalmente ontológica por natureza. A sede ontológica é uma sede que pertence à alma, e só pode ser saciada pelas águas frescas que fluem das cavernas subterrâneas do sagrado.

## A Realidade da Corrente Sagrada

Para mim, a "corrente subterrânea" não é simplesmente uma metáfora poética, mas uma premissa metafísica. Creio que realmente existe uma corrente sagrada, uma dimensão mais profunda da realidade que podemos acessar para cultivar e sustentar nossa alma. Essa dimensão não é acessível aos cinco sentidos, e só podemos descrevê-la numa linguagem metafórica e simbólica. No entanto, ela existe. É parte da natureza e da estrutura da própria realidade.

*Metafísica*, que literalmente significa "para além do físico", é o ramo da filosofia que lida com a natureza última da realidade. Platão foi um dos primeiros pensadores ocidentais a defender a existência de outra dimensão, para além do plano físico da existência. Platão chamou essa dimensão de mundo das idéias, e ele a tinha pelo mundo verdadeiramente substancial do qual este mundo físico, conhecido pelos cinco sentidos, seria apenas uma cópia transitória e imperfeita. A cristandade e a maior parte das outras religiões do mundo mantêm visões similares. O apóstolo Paulo, que teve formação em filosofia grega, escreveu em II Coríntios 4:18, "porque as [cousas] que se vêem são temporais; e as que se não vêem são eternas".

Eu já era um platônico muito antes de ter lido Platão. Sempre acreditei numa outra dimensão — em que esse mundo físico não é tudo o que existe — embora eu jamais tivesse tido uma experiência mística acachapante ou experimentado "invasões" desse outro mundo que tivessem me deixado prostrado. E se, por um lado, senti que minha educação na infância e meus estudos posteriores em religião reforçaram essa crença, por outro jamais senti que eles a pudessem ter criado. Em vez disso, tão-só me deram palavras para expressar algo que eu já conhecia intuitivamente.

Estou consciente de que minha crença numa outra dimensão é uma sobrecrença no sentido de William James. Não posso provar minha posição e respeito àqueles que chegaram a conclusões diferentes da minha. Mas também eles não podem provar suas conclusões. Independentemente do que acreditamos sobre a natureza última da realidade, jamais podemos conhecê-la com certeza. Só podemos dizer "é nisso que acredito".

Minha crença numa outra dimensão vem mais de meu coração do que de minha cabeça. Meu conhecimento dessa outra dimensão veio-me pela primeira vez com os momentos a que chamo pungentes — momentos em que o sagrado irrompeu e tocou meu coração. Na infância, o sagrado veio até mim por experiências religiosas. Mais tarde, chegou-me pela filosofia, psicologia, arte e relações íntimas. Certa vez, o sagrado surgiu-me quando eu estava de pé diante de um original pintado por Van Gogh, num museu, e freqüentemente tem chegado a mim por intermédio de minha esposa Sara e de meus amigos íntimos. Ocorre-me por vezes por meio da música, de filmes, da poesia e de peças teatrais, e também pelas sombras, pelo silêncio, por estar em bosques profundos, pela luz do luar, pelas mulheres. Vem-me por meus filhos e netos.

Em meus dias de maior rebeldia, tentei duvidar da existência do sagrado, mas o universo continuou dançando, e a vida continuou a escrever poesia pelo curso da minha vida. Justamente quando a dúvida parecia estar vencendo, era Sara que me beijava, era meu filho que se esgueirava para o meu colo, a neve que caía, a primavera a despertar ou as flores a florescer, era uma peça de piano que era executada, um poema que era lido, uma amiga telefonando para dizer que me amava ou alguma outra coisa surgindo do nada para trazer-me de volta à crença absoluta de que a vida é, acima de tudo, intensamente sacra.

Acredito no sagrado simplesmente por não ter mais forças para sustentar a descrença. Negar o sagrado e preservar-se da graça demanda muito mais energia; é preciso tempo demais para bloquear nossa pungência, para relevar o amor. Assim, em algum lugar ao longo do caminho eu simplesmente desisti e admiti que a vida é por demais poética para ser explicada em prosa e o sagrado é por demais manifesto para ser negado.

Se isso parecer muito dramático, pense da seguinte maneira: se lhe contassem que você tem apenas uma semana de vida, seus últimos dias não seriam preenchidos com milagres, e estes não seriam as mesmas coisas que você tem como certas todos os dias? E se o médico então o chamasse para dizer que o diagnóstico estava errado e que você vai viver por muito tempo, você não beijaria a terra, dançaria com o sol e celebraria o milagre e a beleza da vida? Mas porque pensamos que não estamos morrendo e porque o milagre da vida é coisa do dia-a-dia, ficamos cegos para o milagre da existência e não vemos o sagrado, mesmo quando ele irrompe por toda a parte à nossa volta.

## A Natureza Indefinível do Sagrado

Embora eu acredite no sagrado, não pretendo compreender sua natureza. Quando eu era garoto, minha religião ensinou-me a natureza do sagrado em termos exatos. Minha igreja tinha dele uma idéia completa, e tudo o que eu tinha a fazer era aceitar o que me ensinavam. Mas finalmente aprendi que cada religião tem sua própria visão do sagrado, e esta sempre diferirá de uma religião para outra. Um xamã primitivo detém uma visão do reino espiritual; um padre moderno, outra. Religiões monoteístas diferem das politeístas. O budismo difere do islamismo. O judaísmo difere do cristianismo. E mesmo o catolicismo difere do protestantismo.

A verdade é que ninguém conhece a natureza do sagrado. A história das religiões e dos sistemas espirituais é simplesmente a história de como os seres humanos, em diferentes épocas e em várias culturas, têm lutado para compreender e enunciar suas compreensões vagas e intuitivas desse reino misterioso.

O sagrado como que permeia a experiência humana, e cada disciplina, de um modo ou de outro, reconhece a sua realidade. A religião fala sobre isso em linguagem religiosa, a filosofia o faz em termos filosóficos, a psicologia descreve-o como correspondendo às regiões mais profundas da psique, artistas a conhecem como sendo a fonte de sua criatividade, músicos dizem ser o lugar onde a música se escreve a si própria, e os amantes o tocam pela intimidade e pela paixão erótica. Se suas descrições diferem, todos parecem saber que essa dimensão existe, cada qual tendo encontrado um modo único de acessá-la.

O cerne comum de todas as espiritualidades pode ser essa crença em outra dimensão, à qual podemos recorrer para aprofundar e enriquecer nossas vidas. Como disse o mestre sufi: "Um rio passa por muitos países, e cada um o chama à sua maneira. Mas há somente um rio."[21]

Creio que existe um rio e que devemos deixar de lado nossa intolerância religiosa para que possamos valorizar cada navio que navegue nesse rio e cada pessoa que medite às suas margens. Chame esse rio de sagrado, sobrenatural, reino espiritual, dimensão do Ser, psique profunda, si-mesmo mais elevado, inconsciente coletivo, alcances últimos da natureza humana, ou o que você preferir. Todos os nomes, modelos, metáforas e tipologias são pura e simplesmente nossos débeis esforços para apreender o infinito.

Pessoalmente, jamais esperei conhecer a natureza exata do sagrado. Se não o fiz, suspeito que meu cérebro não o poderia conter e que minha caneta explodiria na tentativa de descrevê-lo. O importante, parece-me, é que por vezes recebemos o indescritível dom de entrar em contato com esse domínio. E o que precisamos não são argumentos sobre a natureza do sagrado, mas um coração aberto e uma disposição para esperar nos locais onde o sagrado possa aparecer. O sagrado não está fechado para nossos anseios, nem é surdo às nossas súplicas. Ele tem um modo peculiar de se abrir para a alma que o busca, e essas aberturas, esses momentos de comunhão, são os períodos em que nossa alma é cultivada e nossa vida é preenchida com sentido e profundidade.

## O *Continuum* da Experiência Sagrada

Uma vez que muitas pessoas pensaram a experiência sagrada como um acontecimento estranho e esotérico, que nada tem que ver com sua vida, é importante enfatizar que a experiência sagrada existe num *continuum* de intensidade, cuja extremidade inferior são as experiências que todos temos. O diagrama a seguir ilustra esses graus de intensidade.

Níveis de Intensidade da Experiência Sagrada

| Momentos Pungentes | Experiências de pico | Encontros Místicos |
|---|---|---|
| (Baixa Intensidade) | (Intensidade Média) | (Alta Intensidade) |
| 1 2 3 | 4 5 6 | 7 8 9 |

**Momentos Pungentes** são as experiências sagradas mais comuns. São as vezes em que nossa alma é suavemente excitada, quando o sagrado está em fricção conosco. Podem ocorrer quando ouvimos uma música, observamos um pôr-do-sol, brincamos com nossos filhos, ou numa caminhada à beira-mar. Momentos pungentes não são acachapantes ou capazes de mudar uma vida, mas certamente tocam o coração e alimentam a alma.

A história a seguir, de Abraham Maslow, é um bom exemplo do que eu chamaria de momento pungente:

> Uma jovem mãe corria afobada pela cozinha preparando o café da manhã para seu marido e filhos. O sol estava radiante, e as crianças, limpas e bem vestidas, conversavam enquanto comiam. O marido brincava descontraidamente com elas; ao olhar para eles, ela viu-se subitamente tomada a tal ponto por sua beleza, pelo grande amor que lhes tinha e pela percepção de sua boa sorte, que entrou numa experiência de pico.[22]

Não foi um acontecimento que, tomando-a por inteiro, mudou para sempre essa jovem mulher. Foi simplesmente um desses momentos especiais da vida em que a alma é tocada e um sentimento de gratidão e bem-estar se eleva no coração.

Experimentei um momento como esse na última primavera. Em meu caminho para o trabalho, parei num farol. À minha direita havia um canteiro de flores brilhantes e multicores. O sol da Califórnia brilhava acima de nós, e o colorido intenso das flores quase me tirou a respiração. De repente, lágrimas vindas de algum lugar desconhecido brotaram em meus olhos. Quando o sinal abriu, segui meu caminho. Mas por uns poucos segundos fui tocado pela beleza e pelo milagre da vida. Eu havia experimentado um momento pungente.

**Experiências de pico**, como as tenho chamado, são mais intensas do que os momentos pungentes. Maslow usou o termo "experiências de pico" para referir todo o leque de experiências místicas; eu uso o termo para referir somente o leque intermediário do *continuum*. Comparadas aos momentos pungentes, as experiências de pico tendem a ser mais longas, tocando-nos mais profundamente e produzindo mudanças mais duradouras na nossa vida. Contudo, a essas experiências falta aquele poder que nos toma por inteiro, como no caso de um encontro místico amadurecido.

Uma estudante de pós-graduação narrou-me a seguinte experiência de pico: ela havia saído para uma caminhada na praia num final de tarde. Quando o sol estava se pondo, ela subiu numa pedra à beira do mar. Contemplando o oceano, sentiu-se tornar lentamente una com a natureza — com o sol descendo no horizonte, as ondas quebrando junto a seus pés, os tons pastéis riscando o céu a oeste. Ela disse: "Naquele momento eu senti a eternidade. Eu sabia que aquelas coisas já se passavam daquela maneira milhões de anos antes de eu chegar e que continuariam assim por milhões de anos depois de eu ter ido embora. Era bom estar viva, fazer parte daquilo tudo. Fiquei profundamente comovida e comecei a chorar."

Essa experiência causou um impacto profundo naquela jovem mulher. Permaneceu com ela nos dias que se seguiram e a estimularam a tomar algumas decisões importantes para a sua vida.

Os **encontros místicos** são as formas mais intensas de experimentar o sagrado. Às vezes são tão poderosos que chegam a produzir uma desorganização psicológica temporária. Encontros místicos são freqüentemente "acontecimentos limítrofes", acontecimentos que marcam uma transição de um modo de vida para outro. Profetas e videntes têm sido chamados a suas missões por acontecimentos desse tipo. Entre os índios, essas experiências muitas vezes se manifestam como um estado de possessão, e na religião tradicional ocorrem por vezes como conversões que lhes tomam por inteiro ou como chamados para um novo modo de vida.

A literatura religiosa da cultura ocidental está repleta de narrativas sobre encontros místicos. Duas das mais famosas são a história de Moisés e a sarça ardente, e a conversão do apóstolo Paulo. Quando Moisés se aproximou da sarça ardente, ouviu uma voz dizendo: "Tire seus sapatos, porque o solo em que estás pisando é solo sagrado." Esse foi um acontecimento limítrofe, o chamado de Deus a Moisés, para que este conduzisse os filhos de Israel para fora do Egito rumo à terra prometida.

Saulo — o nome de Paulo antes de ele se tornar cristão — estava a caminho de Damasco, onde perseguiria cristãos, quando foi subjugado por uma luz cegante. Disse-lhe uma voz, "Saulo, Saulo, por que me persegues?" Saulo perguntou: "Quem és tu, Senhor?" E a voz respondeu: "Eu sou Jesus, a quem tu persegues." Tomado, Saulo experimentou uma inversão total em seu coração. Converteu-se em cristão, mudou seu nome para Paulo, e por fim se tornou o primeiro missionário da igreja nascente, espalhando o cristianismo por todo o Império Romano e escrevendo quase metade dos livros do Novo Testamento. Sua história é um exemplo dramático de um encontro místico e das mudanças radicais que esses eventos podem produzir.

Muitas das experiências místicas registradas em *As Variedades da Experiência Religiosa* foram narradas por pessoas bem conhecidas e altamente respeitadas na época. A história a seguir, que eu classificaria como um encontro místico, é de um certo Dr. R. M. Brucke, um psiquiatra canadense.

> Eu estava à noite numa grande cidade, com dois amigos, lendo e discutindo poesia e filosofia. Despedimo-nos à meia-noite. Eu tinha um longo caminho a percorrer de cabriolé até o local onde eu estava hospedado. Minha mente, profundamente influenciada pelas idéias, imagens e emoções suscitadas por aquelas leituras e conversas, estava calma e tranqüila. Eu me encontrava num estado de sereno e quase passivo contentamento, e na verdade não estava pensando, mas deixando que idéias, imagens e emoções como que fluíssem por si mesmas em minha mente. De repente, sem repressão de nenhum tipo, achei-me envolvido por uma nuvem de chamas coloridas. Por um instante pensei que fosse fogo, um enorme incêndio em algum lugar perto dali, naquela grande cidade; em seguida, descobri que o fogo estava dentro de mim mesmo. Logo depois, sobreveio-me um sentido de exultação, de imenso regozijo acompanhado ou imediatamente seguido de uma iluminação intensa, impossível de descrever. Entre outras coisas, não só cheguei a acreditar, mas vi que o universo não era composto de matéria morta, e sim, ao contrário, era uma Presença viva; em mim mesmo, tornei-me consciente da vida eterna. Não era uma convicção de que eu teria a vida eterna, mas uma consciência de que eu

> possuía a vida eterna naquele momento; vi que todos os homens eram imortais; que a ordem cósmica era tal que, sem mas nem porém, todas as coisas trabalhavam conjuntamente para o bem do todo e de cada uma delas; que o princípio de fundação do mundo, de todos os mundos, é o que chamamos de amor, e que a felicidade de todos e de cada um é, a longo prazo, absolutamente certa. A visão durou uns poucos segundos e se foi; mas a memória dela e o sentido da realidade do que ela ensinava permaneceu pelo quarto de século que transcorreu desde então. Eu sabia que aquilo que minha visão me mostrara era verdadeiro. Eu havia atingido um ponto de vista a partir do qual eu via que ela tinha de ser verdadeira. Aquela visão, aquela convicção, e posso dizer "aquela consciência", jamais foi perdida, mesmo nos períodos de mais profunda depressão.[23]

Momentos pungentes, experiências de pico e encontros místicos são farinha do mesmo saco, podendo todos ser qualificados como experiências sagradas. Se por um lado diferem em intensidade, por outro cada qual toca a alma e nos deixa com uma sensação de pavor, admiração e reverência.

Há muitos anos fiz uma viagem ao Egito. Enquanto estávamos fazendo compras no Cairo, decidimos visitar uma fábrica de perfumes. Nosso guia conduziu-nos por algumas ruas estreitas e tortuosas, que dariam na fábrica. Quando nos aproximamos, pude sentir um rastro de perfume no ar. Na entrada, o aroma ficou muito mais forte. Já dentro da fábrica, a fragrância era quase intoxicante. As experiências sagradas ocorrem do mesmo modo. Os momentos pungentes são os rastros do sagrado que nos chegam com as brisas diárias da vida; as experiências de pico são aqueles aromas mais fortes, quando já estamos próximos de entrar para o sagrado; e os encontros místicos são como estar dentro da casa, revigorados com a própria presença do sagrado.

## Modelos para Compreender o Sagrado

Se jamais podemos conhecer a natureza exata do sagrado, existem alguns meio de abordar essa força misteriosa que pode iluminar sua natureza e ajudar a nos conectar com seu poder. Esta seção passará a explorar algumas dessas abordagens do sagrado.

### O Sagrado como Modo de Consciência

O poeta Rumi algumas vezes ficava acordado a noite inteira com sua comunidade de dervixes. Eles dançavam e escreviam poesias, esperando o sagrado aparecer. No fim de uma dessas noites, ao irromper da aurora, acharam-se em presença do sagrado. Nesse estado de êxtase, Rumi escreveu o seguinte poema:

> O que temos agora
> não é imaginação.

Não é
pesar nem contentamento.

Nem deliberação,
nem alegria,
nem tristeza.

Esses vêm e vão.

Esta é a presença
que não vai nem vem.

É alvorada, Husam,
aqui no esplendor do coral,
dentro do Amigo, a simples verdade
do que Hallaj disse.

O que mais poderiam querer os seres humanos?

Quando as uvas se fizerem vinho,
elas o estão querendo
(isso).

E quando verte o céu da noite,
é realmente uma multidão de mendigos,
e todos querem um pouco disso!

Isso
que todos agora somos
criou o corpo, célula por célula,
como abelhas construindo uma colméia.

O corpo humano e o universo
crescem a partir disso, e não é o caso
que isto cresce a partir do universo e do corpo humano.[24]

Existe certo estado de consciência que facilita o aparecimento do sagrado. Para alcançar esse estado, Rumi e sua comunidade usavam a dança e a poesia; os místicos cristãos usavam a prece e a meditação; os xamãs dos índios americanos o alcançavam por meio do peiote e de rituais; e muitos povos indígenas cantam e dançam à exaustão para alcançar esse estado de êxtase.

Chamo a esse estado de consciência sagrada. A consciência sagrada é o estado da mente no qual mais nos encontramos sintonizados com a dimensão espiritual da vida. Vivemos hoje fundamentalmente num estado de consciência profana ou secular, mas por milhares de anos os seres humanos viveram em consciência sagrada. Felizmente, ainda temos essa capacidade. É uma habilidade arquetípica, parte da herança da alma, um dom profundamente impresso em nós desde nossos ancestrais.

Charles Tart, psicólogo da University of California em Davis, acredita que o que normalmente chamamos de consciência é somente um dos muitos estados disponíveis a nós.[25] Sonho, meditação e estados induzidos por drogas são exemplos do que Tart denominou estados alterados de consciência, e cada um desses estados tem suas próprias características e funções.

William James também acreditava que temos outros estados de consciência disponíveis a nós. Na virada do século, muito antes de Tart empreender seu trabalho, James escreveu:

> Nossa consciência normal desperta, a que chamamos consciência racional, não é senão um tipo especial de consciência, ao passo que em toda a parte ao seu entorno, dela separado pela mais fina película, há formas potenciais de consciência inteiramente diferentes. Podemos seguir pela vida sem suspeitar de sua existência; mas ao aplicar-se o estímulo requerido, um só toque e lá estão todos em sua completude, tipos definidos de mentalidade que provavelmente tinham seu campo de aplicação e adaptação em algum lugar.[26]

Aplicando essas idéias, eu diria que a consciência sagrada é um estado alterado no qual estamos mais sintonizados com o sagrado. Nesse estado, nossa alma está aberta e somos sensíveis às coisas espirituais. A consciência sagrada nos permite sentir, experimentar e conhecer coisas que não podemos acessar pelo modo de consciência secular. É por isso que as pessoas aferradas ao modo secular têm tanta dificuldade em compreender as questões da alma. Elas estão como que sintonizadas numa única estação. Na verdade, talvez nem se apercebam da existência de outras estações.

Existe uma diferença entre os modos de consciência secular e sagrado. As histórias a seguir nos ajudarão a torná-la clara.

Há muitos anos, eu tive uma cliente muito sintonizada com o sagrado. Seu pai, contudo, não compartilhava da sensibilidade espiritual da filha. Certa vez, em férias na França, seu pai visitou a catedral de Notre Dame. Ao observar a majestosa arquitetura que havia inspirado o vôo de milhões de almas, seu único comentário foi: "É bem mais suja do que eu esperava." Evidentemente, esse homem não se encontrava num modo sagrado!

Algumas pessoas em visita ao Grand Canyon no norte do Arizona vêem apenas um grande buraco no solo. Outras, com tendências mais intelectuais, fazem comentários sobre os períodos históricos representados pelas várias camadas de rocha. Mas há algumas que permanecem num reverente silêncio diante da grandiosidade e beleza dessa maravilha da natureza, tocando por um momento o coração da eternidade. Estes encontram-se num modo sagrado.

No século XIX, quando os pioneiros pressionavam rumo ao oeste dos Estados Unidos, encontraram ricas planícies, matas virgens, rios cristalinos, peixes e animais de caça em abundância. Mas os pioneiros seguiam uma agenda inspirada por uma consciência secular. Em pouco tempo os búfalos estariam mortos aos milhões, a mata virgem seria violentada, as planícies sulcadas até o pó, os rios tornar-se-iam poluídos, e os peixes e animais seriam quase dizimados. Toda essa destruição foi produzida em menos de um século. Já os índios americanos, que viam a natureza como algo sagrado, viveram em harmonia com a terra e com os animais por milhares de anos.

A consciência secular conduz muito freqüentemente a uma dessacralização da vida. Essa atitude tem se estendido até mesmo às profissões relacionadas à cura, como demonstra a história a seguir, contada por Abraham Maslow.

> A primeira cirurgia que presenciei foi quase um exemplo representativo do esforço em dessacralizar, isto é, em remover o sentimento de temor, privacidade, medo e timidez ante o sagrado, bem como a humildade diante da imensidão. O seio de uma mulher estava para ser amputado com um escalpelo elétrico que o cortaria de um lado a outro por cauterização. Como um delicioso aroma de filé assado na grelha enchesse o ar, o cirurgião fez comentários "serenos" e descontraídos sobre o tipo daquele corte, sem nenhuma consideração para com os calouros em situação de evidente mal-estar, e ao final sacudiu aquele objeto no ar sobre o balcão, onde caiu fazendo um *plop*. Isso tinha transformado um objeto sagrado num monte de gordura que era então descartado. Obviamente não houve lágrimas, preces, rituais ou cerimônias de nenhum tipo, a exemplo do que certamente ocorreria em sociedades pré-históricas. Tudo foi operacionalizado de uma maneira puramente tecnológica — sem emoção, de maneira tranqüila e mesmo com uma leve pitada de arrogância.[27]

Quando li essa história pela primeira vez, lembrei-me de um jovem, um bom amigo, que certa vez entrou em meu escritório bastante transtornado. Sua mulher tinha acabado de passar por uma histerectomia e estava no hospital, em recuperação. Quando lhe perguntei o que havia de errado, ele disse: "Não sei ao certo, mas fiquei realmente chateado com o médico." E passou a contar-me que o médico de sua mulher chegou ao quarto do hospital para a visita rotineira que fazia todas as manhãs. Meu amigo lhe fez uma pergunta sobre o estado de sua mulher. Em resposta, o médico abruptamente jogou o lençol para trás, levantou a camisola dela e começou a manipular sua região vaginal, descrevendo os procedimentos da operação. Quando o médico saiu, meu amigo sentiu-se chateado e transtornado. Mas como o médico na verdade não havia ferido sua mulher fisicamente, ele não podia compreender a intensidade de sua própria reação.

Meu amigo estava experimentando a dessacralização, muito comum na medicina moderna. O médico, naquele momento, sem permissão nem respeito, invadira o mundo privado e sagrado do corpo de sua mulher. Era um homem profano invadindo um domínio sagrado. E embora o intelecto de meu amigo não pudesse compreender sua própria reação, sua alma havia conhecido e registrado essa violação do sagrado.

Não quero deixar a impressão de que a consciência secular é sempre má e a consciência sagrada, sempre boa. É claro que ambas são importantes para nossa vida. Mas hoje estamos tão permeados pela atitude secular, que até esquecemos o valor do sagrado. Precisamos de mais homens e mulheres, incluindo os da ciência e da medicina, que possam erigir-se acima das forças dessacralizadoras inerentes às suas profissões e manter uma visão sagrada da vida. Em suma, precisamos de mais pessoas que saibam como ter acesso ao modo sagrado da consciência e valorizá-lo.

## O Sagrado como Lugar

Desde tempos imemoriais, a terra está repleta de locais impregnados de energia numinosa e poderes misteriosos, lugares como Stonehenge, Delfos, Jerusalém, Meca, o Himalaia, o Ganges, Ayers Rock na Austrália, as montanhas da Lua na África. Mesmo hoje em dia, misteriosas energias pairam sobre esses lugares, e o sagrado parece tão-somente um murmúrio ao vento.

Ao que tudo indica, os locais sagrados são aberturas no mundo secular, clareiras onde o sagrado pode se manifestar. Por exemplo, os pilares antigos de Stonehenge erguem-se sobre as planícies inférteis da Inglaterra como sentinelas guardando um mistério cósmico. Naquele lugar sentimos a presença de algo tão antigo que esquecemos seu nome. E a alma ama lugares assim. Ela vibra, ressoa e vivifica-se. Em alguma profundidade, num nível primordial, ela sabe que essa é sua casa.

De um ponto de vista lógico, a consagração do espaço não faz o menor sentido. Mesmo assim, a alma parece impelida a criar locais sagrados, tendo-o feito por milhares de anos em todas as culturas do mundo. Mesmo hoje, todas as comunidades têm seus locais sagrados — templos, igrejas, altares, bosques, cemitérios, santuários ou terras sagradas. Até mesmo as casas particulares parecem ter suas áreas sagradas. Já vi mesas de café que pareciam altares religiosos, complementadas com Bíblia, álbum de família, fotos de casamento e outros objetos sagrados do clã. Há alguns anos, quando o fogo varreu algumas áreas do sul da Califórnia, e as pessoas tiveram de evacuar suas casas imediatamente, eram objetos como esses que elas levavam consigo ao sair.

Na Big Island do Havaí, existe um local sagrado chamado Lugar do Refúgio. Séculos atrás, ele era a casa dos antigos reis havaianos, que eram tidos como divinos. Hoje, muros de pedras negras ainda delineiam seu perímetro, e as fundações em rocha demarcam o local onde outrora se erguiam o templo e outras construções. Há petróglifos esculpidos nas rochas por mãos antigas, charcos feitos manualmente, nos quais se pescava para o rei, e charcos de correnteza natural nas rochas de lava escura espichando-se para o mar. Caminhando por entre essas ruínas antigas, quase se pode sentir a presença dos antigos deuses havaianos, ouvir seu cântico a distância e ver os fogos iluminando a noite. O local tem uma atmosfera misteriosa, quase numinosa. Usando palavras de Eliade, ele parece saturado de poder.

Sara, minha esposa, ama o Lugar do Refúgio. Em 1990, quando fizemos nossa terceira visita a Big Island, ela estava passando por um período difícil em sua vida e sentiu-se estranhamente impelida a visitá-lo de novo. Quando chegamos ao território sagrado, Sara tirou suas sandálias e pôs-se a caminhar por onde sua intuição a conduzisse. Eu a seguia em silêncio, observando-a. A certa altura, sentou-se por alguns minutos numa grande rocha negra, de frente para o mar. Aquela rocha havia sido o ponto preferido para a meditação de um dos reis havaianos. Então ela caminhou pela praia e sentou-se sob uma palmeira por um bom tempo, olhando para o oceano e ouvindo o ritmo eterno das ondas. Disse, por fim: "Agora estou pronta para ir."

Aquela experiência teve um efeito profundo em Sara, que a descreveu:

Não me considero um tipo místico de mulher, de forma que a experiência foi bastante atípica para mim. Mesmo antes da viagem para o Havaí, eu sabia que tinha de ir ao Lugar do Refúgio; o impulso foi muito forte. Naquele dia, caminhando naquele local, fiquei quase em transe. Era como se eu pudesse sentir as energias sagradas em alguns lugares e em outros não. E quando senti a energia, pude parar e abrir minha alma. Sei que isso pode não fazer sentido pela lógica, mas minha alma parecia saber o que ela estava precisando. Por fim, cheguei a um ponto em que senti que estava pronta. A experiência foi bastante apaziguadora; fez com que eu me sentisse centrada e mais em sintonia com a vida.

Temos muito o que aprender sobre lugares sagrados e sobre as energias curativas que lhes estão associadas. Assim como a música, a poesia e outras coisas da alma, esses locais tocam as camadas mais profundas da psique e exercem um efeito centralizador, ancorador e realinhador na alma. Como isso acontece não está claro, mas parece que certas configurações de espaço, juntamente com a atmosfera então criada, têm o poder de nos lançar num nível profundo. Elas promovem a cura e contribuem de maneira significativa para nosso desenvolvimento espiritual.

## O Sagrado como Fonte de Paixão e Poder Pessoal

Existe uma energia estranha e misteriosa associada ao sagrado, que pode nos impregnar de paixão e poder. Sabemos pouco sobre essa energia, mas ela se manifesta em todas as culturas e de muitas formas diferentes.

Por exemplo, quando o sociólogo Émile Durkheim estudou as culturas nativas, ele descobriu um poder especial chamado *mana*, que estava associado ao domínio sagrado. Quando um homem da tribo saía para comungar com o sagrado, ele retornava à sua aldeia cheio daquele poder misterioso. Isso levou Durkheim a dizer: "O crente que se comunicou com seu deus está... mais forte. Ele sente dentro de si mais força, seja para suportar as provações da existência, seja para sobrepujá-las."[28]

Francine, uma de minhas alunas de doutorado, nasceu numa pequena ilha dos mares do sul. Em seus oito primeiros anos de vida, ela vivia numa cabana de chão de terra batida, falava a língua de seu povo e participava das crenças, rituais e atividades diárias de sua aldeia. Certo dia, na classe, estava eu me debatendo para descrever o sagrado e o modo como ele nos preenche com paixão e poder. Francine acenava afirmativamente com a cabeça e parecia compreender bem o que eu tentava explicar. Ela disse: "É o que o meu povo chama de *pakaramdam.*"

Como eu jamais tinha ouvido essa palavra, pedi que a dissesse de novo. Ela a soletrou e, em seguida, pronunciou-a lentamente — "pa-ka-ram-dam". E disse: "Na minha aldeia, quando as pessoas falavam com a voz que vinha daqui de baixo (apontando para o plexo solar), dizia-se que elas estavam falando com *pakaramdam*. Isso significava que elas estavam falando com uma emoção, com um poder e com uma paixão profunda."

Em suas *Conferências de Havana*, o poeta e dramaturgo espanhol Federico Garcia Lorca chamou esse poder misterioso de *duende*. Ele disse:

> Todas as coisas que têm tons negros têm duende. E não existe verdade maior. Esses tons negros são o próprio mistério, cujas raízes atam-se firmemente à palha que todos conhecemos e ignoramos, mas a partir daí chegamos a tudo o que é substancial em arte. Tons negros... são "um poder misterioso que todos sentem, mas nenhum filósofo pode explicar". De forma que o duende é então um poder e não um método, uma luta e não um pensamento. Ouvi um velho professor de violão dizer que "o duende não está na garganta do cantor, o duende cresce dentro das próprias solas de seus pés". Isso quer dizer que não se trata de habilidade ou aptidão, mas de possuir um autêntico estilo de vida; e quer dizer que se trata de sangue, de cultura mais antiga, de criação na arte. Essa "força misteriosa que todos podem sentir e nenhum filósofo pode explicar" é, numa palavra, o espírito da terra. A verdadeira luta é com o duende.
>
> A chegada do duende pressupõe sempre uma transformação radical em todos os planos. Ela produz um sentimento de frescor totalmente inédito. Ela traz consigo a qualidade de uma rosa recém-criada, de um milagre que produz um entusiasmo quase religioso. Toda arte é capaz do duende. Mas as áreas em que ela naturalmente ocorre são a música, a dança ou a poesia falada, porque essas requerem um corpo vivo para interpretação e porque são formas que perpetuamente vivem e morrem, seus contornos sendo extraídos de uma presença exata.[29]

Segundo o que Lorca observa, os artistas conhecem esse poder misterioso como a fonte de sua criatividade. Uma de minhas alunas, uma mulher negra, cresceu no seio de uma família de músicos de *jazz*. Ao ler a descrição de Abraham Maslow para experiências de pico e para o reino do Ser, ela ficou convencida de que os músicos de *jazz* freqüentemente entram em contato com essa dimensão quando tocam em conjunto. Para um projeto de pesquisa, ela realizou uma série de entrevistas com renomados músicos de *jazz*, a fim de lhes fazer perguntas sobre isso. Todos, sem exceção, souberam imediatamente do que ela estava falando. Com suas próprias palavras, descreveram aqueles momentos especiais em que uma banda inteira se vê envolvida pelo universal. Os músicos tornam-se uma coisa só com a música que estão criando; há um sentimento intenso de fluidez e conexão. Cada um deles sabe intuitivamente o que os demais estão para fazer antes que o façam. São momentos em que eles se tornam servos do processo criativo, instrumentos por meio dos quais o duende cria o novo.

Até mesmo eu, como professor, conheço essa força. Em certos dias falta vida às minhas aulas. Meus apontamentos parecem mortos na minha frente, e, a despeito de todos os esforços para lhes instilar vida, nada acontece. Meus alunos sentem a mortificação e zelosamente fazem suas anotações. Já em outros dias, o duende irrompe. Há uma força autêntica e profunda que aflora com facilidade, e minhas palavras parecem fluir espontaneamente. Os alunos ficam animados. O *pakaramdam* enche a sala de aula, e falamos do fundo do coração, com poder e paixão. São os momentos especiais da educação, talvez as únicas vezes em que o aprendizado realmente acontece.

Carl Rogers, em sua famosa entrevista com Paul Tillich, falou sobre como isso ocorre em psicoterapia: "Sinto como se eu de algum modo estivesse em sintonia com as forças do universo ou que essas forças estivessem operando por meu intermédio tendo em vista essa relação de assistência."[30]

Como escritor, dependo do duende. Trabalho durante horas em alguns poucos parágrafos; o trabalho segue mecânico, com esforço, sem inspiração. Então, de súbito irrompe o duende, e as palavras surgem tão rapidamente que eu quase não consigo acompanhá-las. Todo escritor conhece esses momentos e agradece a Deus pelo duende!

O duende nos é retratado na literatura e no cinema. Zorba, o herói do livro e do filme *Zorba, o Grego*, vive com intensa paixão. Ele ama as mulheres, o vinho, a comida, a música, a dança e a sensualidade. Servindo de mentor a seu tenso e jovem amigo da Inglaterra, ensina-lhe sobre a vida e sobre as paixões da alma.

No filme *Como Água para Chocolate*, somos habilmente introduzidos na paixão, no poder, no sangue e no romance da cultura latina. E no filme *O Carteiro e o Poeta*, vemos a abertura da alma de um rapaz para o poder da poesia e do amor romântico. Quando ele descobre a paixão da vida, passa a crer que algo é possível e encontra coragem para viver seu destino.

O que é esse poder misterioso que todos sentem, mas nenhum filósofo consegue explicar? Creio que é o próprio mistério da vida, que são as energias poderosas da alma. Quando tocamos nesse domínio, somos preenchidos pela força cósmica da própria vida; mergulhamos nossas raízes nas profundezas do solo negro e direcionamos poder e ser para dentro de nós mesmos. Conhecemos a energia do número e somos saturados de poder e ser. Sentimo-nos fundamentados, centrados e em contato com os ritmos antigos e eternos da vida. Poder e paixão emanam como um poço artesiano, e a criatividade dança em celebração da vida.

Federico Garcia Lorca estava certo. A verdadeira luta, e a única que realmente importa, é com o duende.

## O Sagrado como Percepção Transcendental

O sagrado encontra-se, por fim, associado ao que chamo de percepção transcendente, ou à capacidade de ver com olhos sagrados.

Nós, seres humanos, temos a capacidade de experimentar coisas comuns, e de fazê-lo de maneiras extraordinárias. Por exemplo: quando jovem, tive um amigo que estava apaixonado por uma mulher de aparência bastante comum, mas ele não parava de exaltar sua beleza. Quando olhava para ela, é claro que via coisas que os outros simplesmente não podiam ver.

Num outro exemplo, a maioria das pessoas concorda que um bebê é uma coisa maravilhosa; mas, num certo sentido um bebê é apenas um pequeno organismo que pouco faz a não ser comer, dormir e molhar suas fraldinhas. Mesmo assim, com os olhos do amor, os pais vêem o bebê com uma percepção transcendente e acreditam que ele é a coisa mais bonita do mundo.

Ou ainda, como um exemplo diferente, quando olhamos para o céu noturno, vemos a lua e as estrelas. Num sentido, a lua nada mais é do que um satélite desolado, desabitado e que não pára de circundar a terra, enquanto as estrelas são sóis distantes, a milhões de anos-luz. Mas quando contemplamos o céu numa noite clara de inverno, ficamos impressionados com sua beleza e somos tomados de admiração e temor. Essa é a percepção transcendente — a capacidade de ver coisas comuns de uma maneira extraordinária.

Penso que a percepção transcendente age muitas vezes mesmo com relação a coisas que consideramos ser intrinsecamente belas. Por exemplo, em certo sentido uma pintura de Van Gogh nada mais é do que um punhado de borrões multicoloridos sobre um velho pedaço de tela. De maneira análoga, a música nada mais é do que sons que vêm de cordas friccionadas, de um rufar de tambores e do ar soprado através de objetos ocos. Mas quando aqueles borrões ou sons são arranjados segundo um certo padrão, nossa alma sai ao encontro de uma obra-prima de Van Gogh ou dos sons de uma sinfonia, e nesse encontro algo acontece, e somos transportados a reinos de perfeita beleza.

A percepção transcendente está relacionada à nossa capacidade humana de exagerar, dramatizar, idealizar e romantizar. É a habilidade de ver com os olhos do coração e da imaginação. É semelhante ao que Maslow chamou de cognição do Ser, a capacidade de ver a vida "da perspectiva da eternidade".[31]

Miguel de Cervantes escreveu seu livro *Don Quixote de La Mancha* para zombar do idealismo romântico e de cavalaria, mas seu propósito literário fez com que isso saísse pela culatra.[32] A principal personagem é um idiota romântico que vê toda a vida com uma percepção transcendente. Apesar de enfrentar moinhos de vento com sua lança em riste e de seu exagerado idealismo, nós nos apaixonamos por esse homem louco. E ficamos um pouco confusos: esse homem que vê a vida com olhos de paixão, romance e honra é simplesmente um romântico idiota? Ou somos nós os idiotas, nós que perdemos nossa capacidade de ver o mundo como encantado?

Os trovadores, que floresceram na França e na Itália dos século XI ao XIII, podem ter sido os primeiros românticos verdadeiros do Ocidente. Esses menestréis apaixonavam-se devotadamente por mulheres que nunca poderiam ter e viajavam pela Europa vertendo suas idealizações românticas em poesia e canções. Atiçando as chamas de seu próprio amor não correspondido, os trovadores viviam em romance, paixão, melancolia e amor.

No século XVIII, o espírito dos trovadores irrompeu novamente assumindo a forma do movimento romântico. Esse movimento, que se espalhou pela Europa, foi caracterizado pelo romantismo, pela idealização, imaginação e paixão. O movimento centralizou-se no pessoal, natural, primitivo e emocional. Na literatura, tomou a forma de uma sensibilidade estética, enfatizando sentimentos, a sensibilidade poética e mesmo os prazeres da reflexão melancólica. Os românticos viam a vida com uma percepção transcendente e direcionavam suas energias criativas para a expressão das paixões mais profundas da alma.

Obviamente, é fácil considerar extremados esses movimentos e fazer graça dos românticos. No cinismo dessa nossa era, que se orgulha em ser realista, sentimo-nos pouco à vontade e mesmo um pouco embaraçados pelas sensibilidades da alma romântica. Porém, também nós possuímos essas sensibilidades e, em momentos de descuido, quando se encontra terno o nosso coração, somos tal e qual levados pelos sentimentos de nosso coração e pelas paixões da alma. Nesses momentos, vemos que nosso cinismo é uma defesa contra o maravilhamento, é um muro que construímos em torno de nosso coração para nos proteger do poder do temor. Realismo e cinismo são os óculos escuros que nos protegem do sol resplandecente da percepção transcendental. Mas os românticos — seja ele Dom Quixote, sejam os trovadores ou talvez nossa própria filha quando se apaixona — sopram para afastar essa nossa capa protetora, forçando-nos, pelo menos por alguns instantes, a tirar nossos óculos escuros, a pôr abaixo os muros em torno de nosso coração e a abrir nossos olhos para o milagre da vida.

O oposto da percepção transcendente é o reducionismo, a tendência a fazer da vida menos do que ela é. O reducionismo é um modo de ver "nada a mais do quê". As pessoas reducionistas são os realistas do mundo, e numa era cínica como a nossa elas dão a ordem do dia.

Viktor Frankl, mais conhecido por seu livro *Man's Search for Meaning*, foi um de meus professores na pós-graduação.[33] Frankl sobreviveu aos campos de concentração de Hitler e tinha um interesse profundo pela ciência reducionista e pela dessacralização da vida humana. Um dia, na sala de aula, para nos mostrar as limitações das definições operacionais, ele definiu um beijo como nada mais sendo do que o afixar das duas extremidades superiores de dois tubos gastrintestinais. Quando rimos disso, ele disse: "Vocês estão certos em rir, porque intuitivamente vocês sabem que, embora essa definição esteja correta do ponto de vista técnico e operacional, um beijo é mais do que isso. E é o 'algo mais', a própria parte que o reducionista deixa de fora, que torna humano o beijo e confere-lhe seu verdadeiro significado."

A percepção transcendente é a capacidade de ver o "algo mais". É o poético aplicado à vida do dia-a-dia, um modo de olhar para a experiência de alguém com olhos sagrados. Há certamente alguns perigos na percepção transcendente. Podemos superidealizar e errar ao ver a realidade de uma situação. Mas em nossa cultura atual, saturada em dessacralização e pensamento reducionista, creio que o perigo maior e muitas vezes não reconhecido encontra-se na outra direção — em ser realista a ponto de não ver a beleza e o milagre da vida.

Henry David Thoreau disse bem:

> Receio particularmente que minha expressão não seja *extra-vagante* o suficiente, que eu não possa divagar suficientemente para além dos estreitos limites de minha experiência diária, que eu me adapte à verdade da qual tenho sido convencido... Estou convencido de que não posso exagerar o bastante mesmo para assentar as fundações de uma expressão verdadeira... Por que sempre se nivelar por baixo, pela nossa percepção mais insípida, e glorificá-la como se fosse senso comum? O senso mais comum é o senso dos homens adormecidos, o que eles expressam roncando...[34]

# O Eterno Sagrado

Estamos adentrando uma era pós-moderna. Nosso mastro sagrado quebrou-se e as velhas estruturas de sentido deram lugar a realidades múltiplas. As sociedades passadas construíam suas vidas em torno de um sistema de crenças comuns, um mastro sagrado que ficava no centro de sua cultura. Mas hoje, em nosso mundo amedrontado, há dúzias de mastros sagrados, rivalizando-se entre si para obter nossa fidelidade. A diversidade espiritual que sempre existiu globalmente encontra-se agora em nossa própria aldeia.

Quando entrarmos nessa nova era, nós não mais poderemos equacionar espiritualidade e um conjunto particular de crenças e símbolos religiosos. Seremos forçados a reconhecer que a espiritualidade se manifesta de centenas de modos diferentes por todas as culturas. Será cada vez mais difícil nos convencermos de que um sistema religioso é necessariamente melhor do que outro pelo simples fato de ser nosso. Algum dia, talvez, a validade da espiritualidade de uma pessoa seja julgada não pela exatidão de sua teologia, mas pela autenticidade de sua vida espiritual. Quando esse dia chegar, um budista autenticamente espiritualizado e um cristão autenticamente espiritualizado acharão que têm mais em comum entre si do que com aqueles de suas respectivas religiões que têm deixado de desenvolver sua espiritualidade. E mesmo poderá vir um tempo, talvez daqui a séculos, em que a própria religião se desvaneça, deixando somente a sabedoria universal que tem se provado eficaz no desenvolvimento de nossa natureza espiritual.

Durkheim afirmou: "Há algo eterno na religião, que está destinado a sobreviver a todos os símbolos particulares em que o pensamento religioso envolveu-se a si mesmo com êxito."[35] Creio que esse algo é o sagrado, aquela região primordial da experiência humana que sempre alimentou a alma humana. Quebram-se os mastros sagrados, transformam-se os símbolos. Mas o sagrado pode fornecer um ponto de ancoragem nesse mar de incessantes formas e possibilidades espirituais.

O poeta Rainer Maria Rilke disse isso melhor em seu poema "Buda em Glória":

> Centro de todos os centros, cerne de todos os cernes,
> amêndoa fechada em si mesma e cada vez mais doce —
> todo esse universo, até as estrelas mais longínquas
> e além delas, é sua carne, seu fruto...
>
> um bilhão de estrelas a fiar pela noite,
> brilhando tão acima de sua cabeça.
> Mas em você está a presença
> que continuará a existir, quando as estrelas estiverem mortas.[36]

## Um Modelo para a Espiritualidade Não-Religiosa

Nesta primeira parte do livro defini espiritualidade, alma e sagrado em termos não-religiosos, e enfatizei que esses termos pertencem à humanidade e que não são propriedade exclusiva da religião organizada. Esses três conceitos e sua relação dinâmica um com o outro fornecem os fundamentos para uma nova visão não-religiosa do desenvolvimento espiritual.

Quando a alma é cultivada pelo contato com o sagrado, o resultado é o crescimento espiritual ou espiritualidade. A alma não é um entidade religiosa, mas o cerne mais profundo de nosso ser. O sagrado não é uma força disponível somente aos adeptos de uma religião, mas é uma dimensão poderosa da vida, a todos disponível a partir dos momentos pungentes, das experiências de pico e, algumas vezes, dos encontros místicos. Quando a alma de uma pessoa é cultivada por essas experiências sagradas com regularidade, o crescimento espiritual é um resultado inevitável. Assim, pode-se dizer que o sagrado fornece a energia nutritiva que alimenta a alma, produzindo, com isso, crescimento espiritual.

Dessa forma, a idéia de uma espiritualidade não-religiosa é realmente muito simples. Todos os seres humanos, religiosos ou não, têm uma alma. Todos os seres humanos, religiosos ou não, têm acesso ao sagrado. Portanto, segue-se que todos os seres humanos, religiosos ou não, podem aprender a entrar em contato com o sagrado, a cultivar sua alma e a desenvolver sua espiritualidade.

# Parte II

A parte II descreve oito caminhos alternativos para o sagrado e mostra como você pode fazer uso desses caminhos para desenvolver sua espiritualidade. Os símbolos da religião tradicional, que servem como códigos de acesso cultural ao sagrado, estão em colapso na cultura ocidental. Por isso, temos de encontrar novos caminhos para o sagrado, meios alternativos de entrar em contato com a dimensão espiritual. Esses oito passos mostrarão a você como cultivar sua alma e construir uma vida espiritual fora das paredes da religião tradicional.

O capítulo final apresenta instruções passo a passo sobre como desenvolver um programa pessoal de crescimento espiritual. Ele ajudará você a identificar as atividades e experiências para nutrir sua alma e então mostrar-lhe como esboçar um programa-piloto de três meses para o desenvolvimento espiritual.

*Primeiro Caminho*

# O Feminino

## O Caminho da Anima

*Conhece o teu lado masculino, mas não te desfaças do feminino.*

— Lao-tsé

Um dos mais poderosos caminhos para o desenvolvimento espiritual é o caminho para a *anima*. Em nossa cultura, tendemos a valorizar o masculino, negligenciando ou mesmo traindo o feminino. No plano social, essa traição entroniza as tendências masculinas e conserva as estruturas do poder patriarcal da sociedade. No plano pessoal, aqueles que negligenciam o lado feminino de sua personalidade isolam-se de sua alma e impedem seu crescimento espiritual. Contudo, tanto os homens como as mulheres podem recuperar o feminino e usar o caminho da *anima* para aprofundar e enriquecer sua vida espiritual.

### A *Anima*, o Feminino e a Alma

As palavras *anima*, *feminino* e *alma* apontam todas para a mesma realidade fenomenológica. Como observei acima, *anima*, um nome feminino, é a palavra latina para alma. Assim, até mesmo a linguagem reflete o fato de que a *anima*, o feminino e a alma estão intimamente ligados.

O crescimento espiritual depende de aprendermos a valorizar o feminino. Embora possa parecer estranho vincular a espiritualidade ao desenvolvimento do feminino, se lembrarmos que a palavra *anima* é simplesmente um outro termo para alma, então desenvolver a *anima* é desenvolver a alma. Assim, o caminho da *anima* é o caminho da alma e a via para uma vida espiritual mais profunda e mais rica.

Carl Jung concordava com esse ponto de vista. Ele usava os termos *anima* e *alma* de maneira intercambiável, e em sua teoria psicológica a *anima* é o principal arquétipo feminino da psique masculina — o aspecto feminino do homem, inconsciente e geralmente não-desenvolvido.[1] Jung acreditava que o arquétipo correspondente na mulher seria o *animus*, o aspecto masculino da psique feminina. Estudiosos junguianos posteriores, todavia, observaram que todos nós, homens ou mulheres, trazemos ambos os arquétipos em nossa psique.[2] Em outras palavras, tanto as mulheres como os homens têm tanto o lado masculino como o feminino, que eles podem desenvolver ou não.

Conforme foi observado acima, quando uso o termo *feminino* refiro-me àquele nosso lado que, sejamos homens ou mulheres, é mais relacional, intuitivo, místico, imaginativo, artístico, criativo, emocional, fluido e relacionado ao hemisfério direito do cérebro. Ele pode ser contrastado com o lado *masculino*, que é mais lógico, racional, analítico, seqüencial, organizado, estruturado e relacionado ao hemisfério esquerdo do cérebro. Ainda que os termos "masculino" e "feminino" não sejam os ideais, uma vez que podem ser usados de modos sexistas, são úteis quando nos lembramos que esses são termos que apontam para os dois lados da personalidade, os quais existem, ao menos em potência, tanto nas mulheres como nos homens.

## Homens que Fogem do Feminino

Em nossa cultura, a maioria dos homens é ensinada a fugir do feminino. Desde garotinhos, são encorajados a desenvolver seus traços masculinos e desencorajados a desenvolver suas qualidades femininas. Essa ênfase no masculino e o correspondente negligenciamento do feminino causa um sério impacto no desenvolvimento espiritual do homem. Assim, Carl Jung acreditava que a tarefa central da psicoterapia com os clientes masculinos era introduzi-los em sua *anima*, o negligenciado lado feminino de sua personalidade. Para muitos homens, tem-se aí tanto o começo de sua jornada espiritual como um passo importante em seu crescimento psicológico.

### A Fase Edipiana: Primeira Traição ao Feminino?

De acordo com a clássica teoria freudiana, a primeira negação real do feminino ocorre na fase da resolução edipiana. Em termos simplificados, essa teoria diz que em algum momento lá pelos quatro anos de idade, o garotinho começa a desejar sua mamãe sexualmente, mas uma vez que o papai é muito mais forte e pode cortar fora o seu pênis ou mesmo matá-lo, o rapazinho fica num dilema. Finalmente, se tudo correr bem, ele resolve esse conflito identificando-se com o papai masculino e espiritualizando esse interesse erótico pela mamãe. De acordo com a teoria, é assim que os garotinhos solidificam sua identidade de gênero e se tornam "homenzinhos". Desse modo, a teoria freudiana sanciona uma negação prematura do feminino, vendo-a como um passo necessário no desenvolvimento saudável da criança masculina.

Mas eu me pergunto se a resolução edipiana não seria, de fato, a primeira traição do feminino por uma criança masculina crescendo numa sociedade patriarcal. Eu me pergunto se essa dinâmica edipiana entre um menino e seus pais seria diferente numa sociedade matriarcal ou marcada pela parceria, onde os traços femininos fossem tão valorizados quanto os masculinos. Numa sociedade assim, seria necessário para o jovem garoto realizar um rompimento tão decisivo com o feminino e estabelecer uma identificação tão forte com o masculino? Ou ele permaneceria mais conectado à sua mãe e ao feminino afirmando ao mesmo tempo uma identificação de gênero com seu pai?

Carol Gilligan sugeriu que as identidades das crianças são estabelecidas em primeiro lugar na relação com sua mãe. Assim, as meninas estabelecem sua identidade por meio da afiliação com o progenitor do mesmo gênero, enquanto os meninos, pertencendo ao gênero oposto ao da mãe, têm de estabelecer sua identidade por separação. E por isso, as meninas crescem com medo da individuação, que ameaça sua identidade fundada na afiliação, ao passo que os meninos crescem com medo da intimidade, que ameaça sua identidade baseada na separação.[3]

Em geral, a teoria de Gilligan parece ser útil, e a maior parte de nós provavelmente passou pelo processo de formação de identidade que ela descreve, bem como pelo clássico conflito edipiano e sua resolução, conforme descritos por Freud. Mas seriam esses processos a expressão de algo baseado biologicamente, sendo portanto inevitável, ou seriam mais uma manifestação precoce de um interesse de uma sociedade patriarcal em adestrar os jovens garotos a trair o feminino e a identificar-se com os traços masculinos que ao final lhes permitirão assumir o lugar "certo" nas estruturas de poder masculino? É essa separação da mãe e a identificação com o pai, descritas tanto por Gilligan como por Freud, um processo de formação de identidade saudável para o garoto ou será uma traição patológica ao feminino?

Hoje, encontro com freqüência homens jovens crescidos no seio de famílias cujas fronteiras de gênero e estereótipos não eram tão rígidos, e fico tocado com sua habilidade em reconhecer e expressar suas qualidades mais femininas. Esses jovens homens diferem nitidamente daqueles homens, como em geral são os de minha geração, que nas sessões de psicoterapia descrevem para mim como seus pais não podiam abraçá-los ou dizer "amo você". Esses homens contam: "Sei que meu pai me ama, mas eu só queria que ele o dissesse." Mesmo adultos, os homens muitas vezes anseiam por esse tipo de afirmação de seus pais. Eis uma das razões pelas quais a traição ao feminino tem um efeito tão trágico nos homens. Essa traição deixa-os emocionalmente mudos, impedindo-os de dar uns aos outros o cuidado masculino de que eles todos precisam quando meninos e mesmo como homens crescidos. Essa traição cria abismos entre eles enquanto homens — entre pai e filho, irmão e irmão, amigo e amigo, homem e homem.

## Adolescência: Segunda Traição ao Feminino?

Dos seis aos doze anos, a maior parte dos garotos desenvolve amizade com outros garotos e deixa claro que as garotas não fazem parte de seu círculo mais próximo. Os meninos têm medo de ser chamados de "maricas" ou de outros nomes que possam sugerir alguma feminilidade. Durante esse período de latência, como Freud o chamou, os meninos muitas vezes fingem, ao menos em presença de seus amigos do sexo masculino, não ter interesse, qualquer que seja, pelas garotas.

Até que, na puberdade, algo acontece. Estando no limiar da adolescência, os garotos começam a mostrar interesse pelas garotas, mas, ao mesmo tempo, a rejeição do feminino neles mesmos torna-se ainda mais pronunciada. Ironicamente, mesmo que agora se tenha tornado aceitável gostar de garotas, a postura masculina tende a aumentar, aparentemente como um meio masculino planejado de impressionar e atrair as garotas. Essa postura masculina pode perdurar até a fase de adultos jovens; na verdade, para alguns homens, ela continua por toda a vida.

Assim, todo esse período, da infância à adolescência, parece ser uma fase de treinamento em que os meninos aprendem a negar o seu próprio lado feminino e desenvolver o masculino. É claro que não há nada errado em os meninos valorizarem sua masculinidade e sentirem-se bem com o fato de serem meninos. Mas o caminho extremo pelo qual tantos meninos focam o masculino e ignoram, ou mesmo denigrem, o lado feminino de sua personalidade levanta sérias questões sobre o modo como socializamos os garotos em nossa sociedade. Seria este um processo saudável de desenvolvimento da masculinidade, ou trata-se de um aprendizado baseado em atitudes patriarcais e valores destrutivos para a alma do garoto e, em última análise, para os que compartilham sua vida? Essa educação extremamente centrada nos traços masculinos não estaria produzindo homens incapazes de expressar seus sentimentos, de sentir empatia uns pelos outros ou manter relações íntimas? Ou, talvez a pergunta mais perturbadora de todas, essa educação unilateral não tenderia a produzir homens irritadiços, agressivos e mesmo violentos?

## Rituais Masculinos de Passagem: Mais uma Traição ao Feminino?

Muitas tribos indígenas têm rituais ou ritos de passagem para os meninos, que marcam a transição da infância para a idade de jovens adultos. Já tive a oportunidade de ver nesses rituais tribais uma inocência como a referida por Rousseau, tendo-os por expressões de uma ordem natural que a nossa sociedade mais complexa havia perdido.

Mas alguma coisa nesses rituais, algo imposto por homens patriarcais, passou a incomodar-me cada vez mais. De modo característico, o ritual envolve homens adultos levando os garotos para um lugar secreto e pondo-os numa situação que envolve medo e dor. Considera-se que um garoto se tornou homem quando enfrentou todas as provas iniciáticas sem demonstrar medo ou dor. Os iniciados são então instruídos no modo como devem tratar — *destratar*, seria mais correto dizer — as mulheres na tribo. Isso envolve muitas vezes ações "masculinas" tais como rejeitar as companhias femininas que até então se tinha nos jogos e brincadeiras, ou dirigir-se a mulheres ou falar-lhes somente para dar ordens — e isso inclui a própria mãe do garoto — como se a masculinidade fosse algum sinônimo de subjugação da mulher.

Vejo agora tais ritos "naturais" de passagem como contaminados pelos valores patriarcais destinados a assegurar que os jovens homens neguem o feminino e se identifiquem com um sistema tribal fundado no poder masculino e na dominação da mulher. E essa subjugação das mulheres não é mais atraente entre os primitivos do que entre os graduados na Ivy League.

Todavia, isso não significa negar a necessidade dos ritos de passagem. Nossa sociedade apresenta imagens tão confusas da masculinidade que a maior parte dos homens jovens não está bem certa daquilo que marca sua passagem para essa condição — se é o seu Bar Mitzvah, sua crisma ou confirmação, sua primeira experiência sexual, tomar um porre, fazer parte de uma gangue, servir ao exército, completar 18 anos, ou então 21, casar, ter um filho, tornar-se avô, ou morrer!

Já que nossa sociedade não fornece nenhuma demarcação nítida para essa passagem, penso que seria razoável os pais criarem um ritual que marcasse esse importante ponto de virada na vida de seus filhos. Todavia, em vez de confirmar o lado masculino do garoto e negar o feminino, como fazem tantos ritos de passagem, parece-me que um ritual como esse deveria ratificar tanto seu lado masculino quanto o feminino. Seria uma boa oportunidade para a mãe ratificar a masculinidade de seu filho, e isso inclui sua sexualidade emergente, e para um pai mostrar-lhe que a masculinidade envolve amabilidade e carinho. Acho que um ritual assim integrado forneceria ao jovem garoto uma definição indelével e um mapa do que significa ser homem.

## Homens e Masculinidade

É uma ironia do destino que em nossa sociedade patriarcal, que encoraja os homens a trair o feminino, os homens mostrem-se tantas vezes inseguros quanto a sua masculinidade. Conforme atestam o crescente número de livros sobre a masculinidade e as reuniões entre homens, muitos estão buscando recuperar sua masculinidade. O movimento dos homens tem sido providencial nessa tarefa de ajudá-los a recuperar e expressar os aspectos positivos de sua masculinidade. Estou de pleno acordo com esses homens, mas creio também, um tanto paradoxalmente, que o resgate do feminino é um passo maior em direção a uma masculinidade mais profunda.

Por contraditório que possa parecer, estou sugerindo que uma parte de toda a jornada do homem para recuperar sua masculinidade é o desenvolvimento de seu lado feminino. Toda mulher de profundidade sabe que o feminino é uma parte significativa do apelo masculino do homem. E os homens também reconhecem a importância dessa dimensão quando deixam de competir e achegam-se um ao outro em amável atenção. Assim como a verdadeira mulher feminina é a que se move para além de sua efeminação até o seu poder mais profundo e forte, também um homem verdadeiramente masculino é aquele que se move, para além do machismo, para as regiões mais profundas e amáveis de sua alma. Uma pessoa inteira, seja homem ou mulher, é aquela em que os lados feminino e masculino são bem desenvolvidos e integrados, sustentando e reforçando um ao outro.

Um de meus alunos do doutorado recentemente forneceu um suporte empírico para esse ponto de vista. Para a sua tese de doutorado ele conduziu entrevistas em profundidade com vários homens extremamente bem-sucedidos, que foram selecionados em função de seus níveis excepcionais de liderança e desenvolvimento pessoal. O objetivo do estudo era determinar os valores e características desses homens. Um dos maiores achados do estudo foi o de que todos eles, sem exceção, além de um lado masculino bastante desenvolvido, tinham um lado feminino igualmente desenvolvido. Isso sugere que um desenvolvimento masculino ideal caminha de mãos dadas com o desenvolvimento do feminino. Ao que tudo indica, os homens que se realizaram a si mesmos e se desenvolveram em alto grau são aqueles que atingiram um equilíbrio integrado entre seus lados masculino e feminino.[4]

## O Masculino na Religião

Uma razão pela qual é tão difícil para os homens desenvolverem seu lado feminino está em nossa cultura ser permeada de princípios masculinos. A religião conservadora, em particular, que exerce considerável influência em nossa cultura, é um dos principais focos de atitudes patriarcais e tendências masculinas. Promovendo essas atitudes em acordo com "a vontade de Deus", as igrejas perpetuam atitudes em nossa sociedade que são destrutivas para a alma e para o lado feminino da personalidade.

Isso nem sempre é fácil de visualizar, porque de certas maneiras a religião conservadora valoriza o feminino. Quando eu era garoto, crescendo naquele Arkansas rural, minha igreja conservadora era um dos poucos lugares em que eu podia ouvir os adultos conversarem abertamente sobre amor, bondade e perdão. Até mesmo velhos fazendeiros rudes por vezes encontravam coragem para expressar emoções amorosas na igreja. E os serviços de culto, com sua música, preces e prédicas, freqüentemente alimentavam a alma. Assim, nesse sentido, os valores femininos eram valorizados, e tanto homens como mulheres eram encorajados a cultivar e desenvolver sua alma.

Mesmo assim, a exemplo de muitas igrejas conservadoras, a minha, em última análise, não tinha refúgio para o feminino. Apesar de seus aspectos ternos e amáveis, ela era altamente masculinizada em sua teologia e em suas formas exteriores. Deus era definitivamente masculino, e o culto público era inteiramente conduzido por homens. Às mulheres exigia-se que ficassem em silêncio na assembléia pública, para que não "usurpassem a autoridade" dos homens. Nosso hipermasculino "Deus Pai" julgava, era intolerante e punitivo. Se se quisesse o amor e a graça de Deus, era preciso manter a linha e não fazer nada que o desgostasse. Acima de tudo, era preciso ser teologicamente e moralmente "correto". Na vida pessoal, era preciso estar sempre em guarda para evitar que ações, palavras e pensamentos fossem maculados pelo pecado. Em suma, para desfrutar do amor e da aceitação de Deus, era preciso arriscar o inferno de sua ira e suportar, de maneira inflexível, suas exigências. Naquele tempo, esse Deus masculino de forma alguma parecia estranho ou patológico; na verdade, parecia-se mais com a maior parte dos homens que eu conhecia.

Sei que minha experiência é semelhante à de milhares de outros homens que se criaram no seio de religiões conservadoras. Atitudes patriarcais — que incluem dogmatismo, legalismo, intolerância e atitudes sexistas — tendem a permear essas instituições. Algumas vezes ficamos cegos para a destrutividade espiritual dessas atitudes, porque aprendemos que a igreja é um refúgio de retidão e espiritualidade. Uma análise mais acurada, porém, revelará que muitas igrejas promovem crenças, atitudes e perspectivas morais nocivas ao espírito humano e que são a antítese da autêntica espiritualidade.

Creio que a traição do feminino muitas vezes está no âmago dessa destrutividade. Conforme salientou Riane Eisler, é difícil para um Deus masculino, bem como para os que o seguem, tolerar o feminino. Assim como os deuses patriarcais antigos subjugavam as deusas, também os homens religiosos modernos, igualmente ameaçados pelo feminino, tendem a perpetuar os postulados patriarcais e a subjugar o princípio feminino.[5]

E as mulheres raramente têm uma oportunidade na religião patriarcal. O sexismo que permeia a religião conservadora resultaria em processos judiciais de milhões de dólares em qualquer outra instituição social. A teologia das igrejas mais conservadoras é flagrantemente sexista, e a submissão das mulheres aos homens é louvada como sendo divina. Mulheres solteiras e divorciadas são cidadãs secundárias; mães que trabalham fora são levadas a se sentir culpadas; na escola dominical, as garotinhas aprendem a submeter-se primeiramente a Deus, e em segundo lugar a seu marido. E toda essa violência ao espírito feminino é sancionada por uma teologia patriarcal que a dissimula colocando-a como a vontade de Deus.

Acredito em Deus, mas não no Deus que oprime o espírito das meninas e prepara os meninos para se tornarem sexistas. Não posso acreditar num Deus que diz às mulheres que elas devem curvar-se em submissão a um homem. Não posso acreditar num Deus que condena mulheres seguras de si mesmas, mas aprova homens violentos. Não posso acreditar num Deus tão ameaçador em sua própria masculinidade que não possa sequer ouvir a voz do feminino que se atrever a questionar sua autoridade. Um Deus como esse é por demais antigo e selvagem para aqueles que anseiam por uma sociedade em que homens e mulheres se respeitem como iguais e celebrem uns aos outros com igual força e dignidade.

Contudo, eu gostaria de deixar claro que há exceções. Existem igrejas, mesmo conservadoras, que estão trabalhando com seriedade para superar suas atitudes patriarcais; e muitas igrejas da ponta mais liberal do *continuum* são abertas, tolerantes e dedicadas a uma ação compassiva no mundo. Esses grupos estão procurando desmantelar o sexismo tanto na teologia quanto em sua prática. A moralidade é definida no contexto da compaixão, em vez de o ser por intervenção legal. O feminino é valorizado, e as mulheres são respeitadas como parte vital da religião tanto nos aspectos privados como nos públicos. Esses grupos religiosos merecem nosso mais profundo respeito; eles servem como modelos para o que a religião institucional, no melhor dos casos, pode se tornar.

## Como Recuperar o Feminino: Mulheres que Fazem a Alma dos Homens Despertar

Carl Jung acreditava que um dos melhores meios de fazer os homens aprenderem sua *anima* ou lado feminino é por meio de suas relações com mulheres. Sendo o lado feminino inconsciente na maior parte dos homens, esses tendem a projetá-lo nas mulheres de sua vida. Jung acreditava, por exemplo, que quando um homem sente-se romanticamente atraído por uma mulher, a energia dessa paixão vem do fato de sua *anima* não-desenvolvida estar sendo constelada por aquela mulher em particular. Em outras palavras, ela está despertando e vivificando esse lado feminino, a "mulher" que há dentro dele. O homem então projeta todos os aspectos positivos de sua própria *anima* na mulher e, em seu fervor romântico, insiste que ela é a personificação de todas as qualidades divinas. Porém, como ele certamente descobrirá com o tempo, ela é somente uma mulher; e embora ela possa ser uma mulher de fato maravilhosa, as qualidades nela projetadas durante esse êxtase romântico na verdade pertencem a ele, à sua própria *anima* inconsciente, que a mulher simplesmente despertou de seu estado de dormência. Assim como uma tela de projeção nos permite ver o que se passa num filme, essa mulher permite ao homem ver sua própria *anima* através das características que ele projeta nela. Nessas situações, a tarefa terapêutica para o homem é a de compreender e "vingar" ou recuperar suas projeções. Por esse processo ele chegará a conhecer sua *anima* e incorporar em sua própria personalidade consciente as qualidades femininas que ele havia atribuído à mulher. Esse pode ser o meio mais eficaz para um homem desenvolver sua alma, seu lado feminino.

Minha história vem aqui a ser relevante. Logo depois de eu ter iniciado a terapia junguiana em 1976, sonhei com uma linda mulher num vestido branco e esvoaçante, dançando sozinha. Movia-se graciosamente, perdida em seus próprios mistérios, seu vestido flutuando suavemente no ar à medida que ela se movia. Entre eu e essa mulher numinosa havia uma fina parede de vidro. Eu podia vê-la claramente através da parede; mas eu não podia conversar com ela, tocá-la ou dançar com ela.

"Aquela", disse meu analista "é a sua *anima*."

Ele explicou que a *anima* é o aspecto feminino do masculino e que ela aparece freqüentemente nos sonhos dos homens. Disse que minha tarefa terapêutica para os meses seguintes seria remover a parede, chegar a conhecer minha *anima* com mais profundidade e aprender a "dançar" com ela em minha vida.

Naquele tempo eu tinha uma amiga bastante próxima, a quem chamarei Rachel, que em muitos aspectos era a personificação de minha *anima* arquetípica. Estranhamente, Rachel não era minha esposa. Na realidade, uma das razões pelas quais iniciei a terapia foi sentir-me tão atraído por aquela mulher, a ponto de ficar confuso sobre o que isso significava para o meu casamento. Em nossa relação não havia envolvimento sexual, mas um envolvimento de alma. Eu gostava dessa mulher, e era como se eu me sentisse melhor na intimidade de nossa relação. Felizmente, eu tinha uma mulher compreensiva que grudou em mim durante esse período confuso. Toda a minha educação cultural, religiosa e parental havia me ensinado ser impossível amar a duas mulheres. Mas eu experimentava estar profundamente apaixonado por Sara, minha esposa, mesmo tendo chegado a me apaixonar também por Rachel.

Numa perspectiva junguiana, eu havia projetado minha *anima* em Rachel, e minha relação com ela, por essa razão, dava-me oportunidade para eu conhecer esse meu lado mais plenamente. Assim, por muitos meses ela esteve no foco de minha terapia. Encorajado por meu analista a lidar com meu "lado Rachel", como ele o chamou, conversei sobre ela na terapia, escrevi cartas que jamais lhe enviei, e até mesmo escrevi poesia para ela.

Comecei a perceber gradualmente que meus sentimentos profundos por Rachel na verdade diziam respeito a um lado feminino que eu havia perdido e que estava lutando para nascer. Tendo se tornado claro para mim a consciência desse fato, Rachel como pessoa tornou-se menos central em minha terapia, e o foco passou para o que ela representava em mim. Comecei a ver que, embora Rachel fosse em si mesma uma pessoa especial, o que ela constelou em mim era unicamente eu e meu. Lentamente, comecei a recuperar os sentimentos, excitações e qualidades que eu havia projetado nela. Passei a gostar de meu próprio lado feminino e da profundidade cada vez maior que ele trazia à minha vida. Em vez de me sentir embaraçado com minha docilidade, amabilidade, com minhas qualidades empáticas e de maravilhamento — no que estaria procedendo de modo tipicamente masculino, como se tal postura me fizesse menos homem — comecei a abraçar as partes negligenciadas de mim mesmo e integrá-las à minha vida.

Antes disso, meu analista havia me contado que minha alma podia ser cultivada de modos não-religiosos, mas eu não tinha idéia de que meus sentimentos por Rachel estivessem de algum modo relacionados à espiritualidade. Fiquei impressionado com o fato de uma mulher poder despertar minha alma e aprofundar minha espiritualidade muito mais do que os rituais religiosos. Isso é o que o caminho da *anima* pode fazer.

Quando minha terapia chegou ao fim, o analista disse-me que em minha vida eu deveria sempre ter amigas, mulheres de profundidade. Ainda que tenha sido um entusiasta de Sara e de meu casamento durante toda a terapia e insistido sempre em que eu fosse responsável por minhas projeções, reconheceu, no entanto, o valor das amigas e a capacidade que certas mulheres têm de nutrir a alma de um homem.

Passados mais de vinte anos do término de minha terapia junguiana, o conselho de meu terapeuta provou ser uma das mais sábias prescrições que já recebi. Tive muitas amigas em minha vida; e hoje, depois de mais de trinta anos casados, Sara ainda é minha melhor amiga, além de esposa. Sou grato por ela ter me escolhido e por continuar a escolher-me para partilhar sua vida. Ela é minha igreja; sua presença e seu ser nutrem minha alma.

Entristeço-me com homens que não têm amizade íntima com mulheres. Amigos do sexo masculino podem ser maravilhosos, e nada do que eu diga aqui deve servir para menosprezar as relações profundas que por vezes os homens são capazes de ter uns com os outros. No entanto, para um homem existe algo de único numa amizade com uma mulher, e existem coisas sobre si mesmo, sobre a vida e o cultivo da alma que um homem jamais aprenderá a não ser que tenha uma amiga. Em minha opinião, não há melhor meio para um homem desenvolver sua *anima*, seu lado feminino, do que as relações íntimas com mulheres.

## Meia-idade: Retorno à Casa do Feminino

A maior parte dos homens foge muitas vezes do feminino, especialmente na primeira metade da vida. Mas ao entrar na meia-idade, muitos homens pela primeira vez começam a prestar mais atenção à alma. Os anos da meia-idade são um tempo de reavaliação, e freqüentemente os homens descobrem que sua vida tem sido unilateral — que eles têm sido por demais voltados às questões masculinas e negligentes com as dimensões mais emocionais e femininas da vida. Assim, para aqueles que deixam de desenvolver a *anima* em seus anos de juventude, a meia-idade freqüentemente representa um chamado para que eles se reconectem com a alma, para que retornem à casa do feminino.

Stan tinha quarenta e tantos anos quando começou a fazer terapia. Era um executivo bem-sucedido, dono de uma grande empresa, mas estava se sentindo deprimido. Em nossa primeira sessão, ele disse: "Quando eu tinha meus vinte e poucos, trinta e poucos anos, eu estava empolgado com meu trabalho; trabalhava longas horas para me pôr à prova e conseguir as promoções que eu desejava. Mas nestes últimos anos, o entusiasmo acabou. Atingi a maior parte de meus objetivos, mas hoje eu me pergunto se valeu a pena. A vida tem de ser mais do que isso."

Paul, um operário de seus trinta e poucos anos, apareceu com uma queixa parecida. Disse: "Meu pai me ensinou que o trabalho de um homem deve ser sustentar sua família, e eu sempre tentei fazer isso. Mas no ano passado, depois de estarmos casados há 16 anos, minha mulher me deixou e levou as crianças com ela. Ela me disse que eu não sabia como ter uma relação, que emocionalmente eu nunca estava presente para ela ou para as crianças. Acho que ela tem razão. Sempre pensei que trabalhando duro eu estaria sendo um bom marido e pai, mas hoje acho que é preciso mais do que isso."

Stan e Paul são exemplos típicos de muitos homens nos anos da meia-idade. Em psicoterapia tenho ouvido muitos homens de meia-idade falar do vazio de sua vida. Muito freqüentemente são bons homens, que de fato amam sua família, mas sua vida tem sido dedicada a ganhar dinheiro ou progredir em sua carreira, algumas vezes à custa de negligenciar sua família. Na meia-idade, alguns desses homens vêem que algo está faltando e querem reordenar suas prioridades para passar mais tempo com sua esposa e seus filhos. Eles começam a reconhecer que uma esposa precisa de um marido que a ouça, que tenha empatia com seus sentimentos e compartilhe seus próprios sentimentos com ela. Descobrem que as crianças necessitam de um pai que os apóie não só financeiramente, mas também pessoal e emocionalmente, amando-os e cultivando-os a cada dia.

Tendo percebido a necessidade de mudar, muitos homens no entanto permanecem enredados em seus hábitos, sem saber como realizar as mudanças que parecem significar passar horas com a família depois de longas horas passadas no trabalho. Mas quando começam a desenvolver seu lado feminino, muitas dessas coisas passam a mudar automaticamente. Quando um homem está reconectado com sua alma, conversar com a esposa deixa de ser um tarefa doméstica ou uma obrigação para tornar-se uma agradável troca de idéias, sentimentos, sonhos — uma oportunidade para realmente conhecer os pensamentos e esperanças mais profundas dessa mulher a quem se ama. E quando a alma de um homem ganha vida, seus filhos crescem e se desenvolvem na presença de um pai cheio de paixão. É com facilidade que ele sente sua alegria e dor e está lá com eles, pois eles fazem parte de sua própria alma.

Também eu fui um desses homens que passam a primeira metade da vida trabalhando longas horas e construindo sua carreira, algumas vezes à custa de negligenciar a família. Mas na meia-idade, com a ajuda de um bom terapeuta, percebi o quanto eu havia descuidado das pessoas e coisas que realmente importavam para mim. Então, parei de trabalhar tantas horas e reorganizei minhas prioridades. Comecei a passar mais tempo com minha mulher; fiquei em contato com meus amigos e fiz com que eu os visse com mais freqüência; comecei a ouvir música, a escrever como atividade criadora, a ler poesia, a passar mais tempo em minha cabana nas montanhas. Em suma, na meia-idade eu finalmente comecei a cuidar de minha alma e recuperar minha paixão.

Como resultado, os últimos dez anos de minha vida têm sido os melhores que tive até agora. Estou mais feliz, mais criativo e apaixonado do que nunca, e minha espiritualidade tem se aprofundado de formas que eu nem poderia imaginar nos anos anteriores.

Quando vejo homens que vivem sem paixão e sem vida, tenho vontade de dizer-lhes: "Não precisa ser desse modo. Você pode recuperar sua alma e redescobrir a paixão. Mas para fazê-lo, você precisa deixar de lado suas defesas masculinas, reorganizar suas prioridades e abrir-se para a sua *anima* — aquele lado feminino, negligenciado e traído que você abandonou há tanto tempo."

## Mulheres que Desvalorizam o Feminino

Os homens não são os únicos a negligenciar a alma. Muitas mulheres também desvalorizam o feminino e ao final, em conseqüência disso, encontram-se elas mesmas confusas e infelizes.

Lonnie, uma mulher de negócios de seus trinta e tantos anos, veio à terapia porque sabia que estava perdendo alguma coisa em sua vida e que precisava fazer algumas mudanças. Em nossas primeiras seções, o comportamento de Lonnie era bastante masculino, e nossas interações por diversas vezes assumiram um ar quase de homem para homem. Contrastando com isso, seus sonhos eram repletos de mulheres e temas femininos. Quando sugeri pela primeira vez que ela explorasse seu lado feminino, Lonnie ficou um pouco na defensiva. Por causa da sua formação, ela associava o feminino com fraqueza, dependência e ausência de poder. Expliquei que o feminino profundo era diferente, que ele tinha seu próprio poder e força, que lhe eram inerentes, e que seus sonhos lhe estavam dizendo que ela precisava conhecer mais sobre ele.

Gradualmente, Lonnie começou a abrir-se para o seu lado feminino. Leu muitos livros que valorizavam o feminino e sentiu-se especialmente atraída por mitologia, culturas com suas deusas e psicologia junguiana. Com o tempo, ela passou a explorar o xamanismo, o sagrado e a alma. Atraiu-se pela lua, por lobos, pelo deserto e pelas sombras. Ela conservou um diário em que havia escrito sobre seus sonhos e sobre as energias femininas que estava descobrindo em si mesma. Tendo deixado quase morrer à míngua esse seu lado durante anos, descobriu-se desesperadamente faminta por algo que tinha que ver com a alma.

Passando a cultivar sua alma, Lonnie tornou-se mais sensual, mais sintonizada com os demais, com a natureza e com o sagrado. Começou a prestar mais atenção à sua intuição e a seus ritmos internos. Quase no fim da terapia, ela decidiu deixar seu trabalho e começou a fazer planos para mudar-se para o Novo México, lugar que, acreditava ela, seria muito mais apropriado à sua espiritualidade emergente.

A pedido de Lonnie, sua última sessão de terapia foi feita na praia. Sou bastante tradicional quanto ao modo de conduzir a terapia, razão pela qual isso foi inusitado para mim. Quando cheguei, ela já havia preparado um círculo sagrado de pedras e convidou-me a entrar. Durante uma hora ouvimos músicas que ela tinha selecionado para a ocasião e nos concentramos em vários rituais que marcavam o fim da terapia e expressavam suas esperanças no futuro. Foi uma experiência profundamente tocante, inteiramente criada pelo despertar da alma de Lonnie.

Como parte do ritual, ela leu um resumo poético de sua terapia, o qual, com a sua permissão, poderemos compartilhar aqui. O resumo descreve a beleza e o poder de uma mulher que se reconectou à sua alma. Suas palavras são:

> Falamos da alma, do sagrado, da busca da felicidade, da beleza, da valorização do primitivo, de mulheres selvagens, de lobas, do feminino profundo e da noite, das sombras e da inclinação para a luz.
>
> Falamos de amor, de Eros, de sensualidade, de Manon das Fontes, de deuses e deusas, de cerimônias e rituais, de convenção, caixas, de engaiolar e desengaiolar.
>
> Falamos de sonhos, fantasias, imaginação, de vôos, de jornada, de margem, natureza e flores florescendo à passagem de um velho homem. E de xamãs, artistas, fogo, paixão, de homens e mulheres, de comunidades utópicas, relações, amizades, de criatividade e de Ser.
>
> Essas idéias, símbolos e modos de ser representam meu renascimento para a vida. Esse círculo sagrado que nos abarca hoje simboliza a nova vida que foi criada por meio de minha relação com você.
>
> Agora estou aprendendo a fazer essas coisas por mim mesma e estou descobrindo que tudo é sagrado, que tudo tem um sentido.
>
> Também descobri uma fonte eterna de força e de profunda energia, em cujos domínios profundos eu progressivamente aprendo a ter acesso à minha alma e a cuidar dela. Minha alma fala comigo, e eu continuamente busco meios de alimentá-la, cultivá-la e comunicar-me com ela.
>
> O caminho está bem na minha frente, e não há volta.

Lonnie era uma cliente especial, mas sua história nada tem de atípica. Milhares de mulheres no mundo dos negócios têm negado seu lado feminino e perdido contato com sua alma. Maureen Murdock trabalha com muitas dessas mulheres. Ela escreve em seu livro *The Heroine's Journey*:

> Trabalhando como terapeuta junto a mulheres, a maior parte delas entre os trinta e os cinqüenta anos, tenho ouvido um sonoro grito de insatisfação com relação aos sucessos alcançados no mercado de trabalho. A insatisfação é descrita como um sentimento de esterilidade, de vazio e desmembramento, e até mesmo como um sentimento de traição. Essas mulheres abraçaram a estereotipada jornada heróica do homem e conseguiram um sucesso acadêmico, artístico ou financeiro; ainda assim, restaram muitas perguntas, como "Para que tudo isso?" A bênção do sucesso fez delas mulheres atarefadas, exaustas, que sofrem de indisposições relacionadas ao *stress* e se perguntam como fugir da raia. Não foi isso que elas esperavam conseguir, quando buscavam empreendimentos e realização. A imagem que elas tinham da visão do topo não incluía o sacrifício do corpo e da alma. Ao perceber o prejuízo físico e emocional que tem atingido as mulheres nessa busca heróica, concluí que a razão de elas estarem experimentando tanta dor é terem escolhido um modelo que nega o que elas são.[6]

Acho correta a análise de Murdock. Todavia, não devemos culpar a vítima. Para ganhar poder e *status* econômico, as mulheres da geração precedente não tiveram escolha a não ser aprender a competir com os homens nos próprios termos desses últimos. Não faltaram livros com títulos como *Games Mother Never Taught You* e *Hardball for Women*, que instruíam mulheres em habilidades masculinas requeridas para o sucesso nesse jogo,[7] e nos últimos 25 anos, aproximadamente, um número cada vez maior de mulheres tem ascendido a posições de poder em baluartes até então masculinos dos negócios, da política e das profissões. Essas pioneiras modernas demonstraram que as mulheres podem ser tão afirmativas, lógicas, trabalhadoras e competitivas quanto os homens e, mais ainda, podem rivalizar com os desempenhos masculinos mesmo em face de desigualdades salariais, assédio sexual e uma atitude disseminada, segundo a qual as mulheres que buscam avanços estariam usurpando um hábitat naturalmente masculino. Apesar da ausência de condições igualitárias, essas mulheres abriram as portas e tornaram mais fácil para a geração atual de jovens mulheres o êxito no mercado de trabalho.

Ainda assim, por valorosos e admiráveis que possam ser os seus empreendimentos, para persegui-los muitas dessas mulheres tiveram de sacrificar sua alma. Muito embora as oportunidades para as mulheres sejam hoje mais numerosas do que nunca, nossa sociedade ainda desvaloriza o feminino e freqüentemente insiste em que o único êxito digno de respeito depende da disputa de jogos masculinos. Como se não bastasse, muitas mulheres vão do trabalho para casa encontrar maridos que ainda consideram o cuidar das crianças e as pequenas tarefas da casa como, no fim das contas, de responsabilidade da mulher. Não é de se admirar que muitas mulheres americanas estejam ansiosas, deprimidas e sofrendo de indisposições relacionadas ao *stress*!

Mas o pior resultado de tudo isso é a morte de algo no íntimo dessas mulheres. Quando sacrificam suas almas aos deuses masculinos, correm o risco de perder o contato com sua intuição, imaginação, espiritualidade e criatividade, bem como a consciência de seu corpo, sua paixão e sua sensualidade. Trabalhando durante anos num ambiente inamistoso à alma, as mulheres perdem contato com certos ritmos naturais da vida, com outras mulheres, com sua própria mãe e filhas, e com elas mesmas. Quando as mulheres traem o feminino, um abismo de vazio e desespero escancara-se à sua frente. Não podemos encontrar uma vida satisfatória se traímos nossa alma, e isso vale tanto para homens como para mulheres.

Carol, uma bem-sucedida mulher de negócios de 35 anos, vem a ser aqui um caso emblemático. Ela achava que quanto mais atenção desse à sua alma, mais difícil seria permanecer em seu emprego, que era fortemente orientado por valores masculinos. Com lágrimas nos olhos, ela descreveu seu dilema: "Algumas vezes vou para um *workshop* de fim de semana ou faço alguma outra atividade que realmente nutre minha alma. Mas quando volto para o trabalho, ele é difícil de levar, pesa no estômago. Ele é tão orientado pela cabeça que para executá-lo tenho de manter minha alma em fogo brando. Se tento ficar em contato com minha alma, torno-me consciente do quanto eu o odeio, e é claro que não posso realizá-lo bem se estou sentindo isso. Não sei o que fazer. Estou ganhando dinheiro, mas minha alma está morrendo dentro de mim."

## Recuperando o Feminino no Local de Trabalho

O que uma mulher pode fazer quanto a essa situação? A maior parte das mulheres não se daria ao luxo de abandonar seu emprego. Além disso, deixar o escritório para ficar em casa não é uma solução; isso só faria impor um revés às mulheres e perpetuar o reinado dos valores patriarcais no local de trabalho.

Recentemente, o movimento das mulheres começou a se defrontar com essa questão. Enquanto algumas mulheres sentem que o feminino não passa de um conceito destinado a mantê-las subservientes, outras estão começando a acreditar que o feminino é uma força doadora de vida que as mulheres têm de abraçar se quiserem desenvolver plenamente suas potencialidades e seu autêntico si-mesmo. Num artigo publicado na Ms. *Magazine*, Madeleine L'Engle escreveu: "Meu papel como feminista não é competir com os homens em seu mundo — isso é muito fácil e em última análise improdutivo. Meu trabalho é viver plenamente como mulher, desfrutando integralmente de mim mesma e de meu lugar no universo."[8]

Riane Eisler descreveu a natureza afirmadora da vida do princípio feminino nas antigas culturas agrárias e pintou um quadro retratando o que poderia ser a nossa sociedade se o feminino fosse profundamente valorizado.[9] Carol Gilligan também enfatizou a importância de abraçar a voz feminina e mostrou o quanto é importante a perspectiva feminina em áreas como a moralidade e os valores.[10] Escritores como o analista junguiano Jean Shinoda Bolen falaram sobre deusas mitológicas, encorajando as mulheres a entrar em contato com o feminino profundo mediante o trabalho com esses símbolos arquetípicos.[11]

Muitas mulheres, em vários estágios de sua vida, estão buscando recuperar o feminino e criar novas formas e estruturas mais solidárias à alma. Algumas mulheres em posição de poder experimentam estilos de administração, cronogramas de trabalho, benefícios ao empregado e ambientes de trabalho com um maior espaço para os valores femininos. As mulheres estão cansadas de jogar os jogos dos homens seguindo as regras dos homens, e não estão mais dispostas a negar suas próprias forças naturais em troca de poder, posições e igualdade no local de trabalho. Muitas começam a ver que o feminino é um poder dinâmico, radicalmente diferente do poder masculino.

O estereótipo da feminista como uma mulher espalhafatosa, agressiva e masculinizada, que vê todos os homens como inimigos, é incorreto porém persistente, e são muitas as mulheres que, para o bem ou para o mal, não conseguem se adaptar a esse modelo. Mas uma perspectiva feminista que enfatize o feminino profundo tem potencial para cativar a imaginação de milhares de mulheres que não têm interesse pela outra imagem. Se o estereótipo da feminista agressiva puder ceder lugar à imagem feminista de uma mulher forte, confiante e em profundo contato com seu poder feminino, todas as mulheres se beneficiariam enormemente. Tanto no movimento das mulheres como no movimento dos homens precisamos de modelos que estejam altamente desenvolvidos e integrados, que contenham as melhores qualidades masculinas e femininas.

Anaïs Nin, que falava da liberdade das mulheres muito antes de isso ser politicamente correto, certa vez foi perguntada sobre o que pensava do movimento das mulheres. Ela respondeu:

> Há muita imitação do homem no movimento das mulheres. Isso não é mais do que um deslocamento de forças. A definição de poder pela mulher deve ser diferente. Deveria estar baseada nas relações com os outros. As mulheres que na verdade se identificam com seus opressores, como reza a frase-clichê, são as mulheres que estão agindo como homens, masculinizando-se, e não as que buscam converter ou transformar o homem. Não há liberação de um grupo às expensas de outro. A liberação só pode vir totalmente e em uníssono.[12]

O perigo de imitar os homens está em que as mulheres podem deixar de realizar o profundo poder feminino que está dentro delas mesmas. Seria trágico se o movimento das mulheres deixasse de agarrar essa oportunidade histórica de assistir ao renascimento do princípio feminino.

Mas não é fácil realizar o feminino nesta cultura. Como disse Murdock, "Quando uma mulher decide não mais seguir as regras patriarcais, ela fica sem diretrizes que lhe mostrem como agir ou como sentir".[13] Não bastasse isso, ela tenderá a achar que as velhas estruturas e atitudes patriarcais não cederão simplesmente porque ela as compreendeu.

Mas há esperanças. Há algo em movimento sob a superfície de nossa cultura, e esse algo tem um nome feminino. A Deusa exilou-se por um longo tempo, mas há indícios de que agora ela esteja voltando para casa. Como diz Marianne Williamson:

> Existe uma força coletiva vindo à tona em nossos dias, uma energia do feminino renascido. Ela espreita pelos cantos, tomando conta dos negócios, envolvendo nossas crianças e fazendo com que os homens percam totalmente o controle. Ela nos conhece em nossa fonte. Ela não é, como nós não somos, falta de virtude. Ela nos faz lembrar de nossa função na terra: que devemos amar uns aos outros. Ela vem nos resgatar. Ela vem para nos levar para casa.[14]

E o que as mulheres podem fazer para ajudar nessa transformação? Williamson nos dá algumas pistas:

> Muitas mulheres que eu conheço já estão vivendo sintonizadas com seu radar feminino ao mesmo tempo que estão completamente envolvidas com suas carreiras mundanas. Elas conhecem o propósito último de suas carreiras, que é o mesmo propósito de nosso corpo e de nossas relações: fazer o trabalho da Deusa, fazer o que estiver a seu alcance para dar à luz um mundo novo. Em última análise, não importa se damos início a uma empresa, se acalentamos uma criança, se produzimos um filme ou fazemos uma sopa. O que realmente importa é que o façamos com amor.[15]

Não é fácil nem para mulheres nem para homens integrar o feminino em sua vida. Os que seguirem o caminho da *anima* muitas vezes se sentirão como pessoas esquisitas numa sociedade que desconsidera a alma. No entanto, para homens e mulheres, a chave para a vida está na redescoberta e no cultivo da alma, o nosso lado feminino.

*Segundo Caminho*

# As Artes

## O Caminho das Musas

**A** *arte remove da alma a poeira do dia-a-dia.*

— Picasso

Willa Cather foi uma grande escritora da nossa época. Seu conto *Eric Hermannson's Soul* é a história de um garoto, Eric, que gosta de tocar violino, e da mãe dele que, junto com um pregador fundamentalista, acredita que o violino de Eric é algo que se interpõe entre ele e Deus. Ao descrever esse conflito, Cather escreve:

> O derradeiro obstáculo entre Eric e a fé de sua mãe era o violino, ao qual ele se apegava como por vezes um homem se apega a seu pecado mais querido, à fraqueza que lhe é mais preciosa do que toda a sua força. Na imensidão do mundo, a beleza chega a um homem de muitas formas, e a arte, de uma centena de formas, mas para Eric só havia seu violino. Para ele, aquele violino simbolizava todas as manifestações da arte; era a sua única ponte para o reino da alma.[1]

Uma cena dramática ocorre quando o pregador, Asa Skinner, em meio aos gritos de aleluia de sua congregação, começa a pregar diretamente para Eric, suplicando-lhe que salve sua alma e volte para a casa de Deus — e isso significava: que abandonasse o violino. Querendo agradar a Deus contudo amando seu violino, Eric deixa escapar "um gemido de suprema angústia". Como a intensa súplica do pregador continuasse, a certa altura Eric perde a razão. No clímax dramático dessa cena, Cather escreve: "Eric Hermannson levantou-se; seus lábios estavam contraídos, seus olhos dardejavam. Ele pegou seu violino pelo braço e despedaçou-o forçando-o contra o joelho. Para Asa Skinner aquele som era como os grilhões do pecado quebrando-se sonoramente em pedaços."

Essa história de partir o coração revela tanto a destrutividade da religião fundamentalista como o poder da arte — mesmo para um garoto pobre e de pouca instrução como Eric Hermannson —, ao qual Cather maravilhosamente chamou de "ponte para o reino da alma".

A arte é a linguagem natural e universal da alma humana. Quando a alma fala, ela o faz por meio de imagem e símbolo; e quando ela precisa ser cultivada, a arte é a linguagem que ela melhor compreende. Assim, estejamos vendo uma pintura pré-histórica na parede de uma caverna no sul da França, ouvindo uma sinfonia num moderno anfiteatro, ou tocando violino como Eric Hermannson, encontramo-nos no reino da alma. A arte é a rota mais direta para esse reino; é um caminho antigo e universal para o sagrado.

## Definindo a Arte

A palavra "arte" refere-se a todo o espectro da expressão criativa, que inclui música, poesia, pintura, dança, literatura, escultura e teatro. Matthew Fox sugere uma ampliação de nossa definição tradicional de arte para aí incluir o que ele chama de artes pessoais. Ele escreve o seguinte:

> Que são as artes pessoais de que todos precisamos para renascer? Elas incluem a arte da amizade, a arte de embelezar o local onde se mora, a arte da conversação, da massagem, do riso, da culinária, da hospitalidade, de partilhar idéias, de cultivar alimentos e flores, de cantar canções, de fazer amor, de contar histórias, de unir gerações, de expressar-se comicamente, de satirizar a tolice humana. As artes pessoais incluem as artes de ouvir e de curar, de deleitar-se com os outros de maneiras simples; a arte de criar nossos estilos de vida e nossas comunidades; a arte do convívio; a arte de ser pai e mãe, e de perdoar.[2]

Em *The Sane Society*, Erich Fromm adota uma visão semelhante, salientando que na cultura ocidental a arte se fez domínio exclusivo de artistas profissionais e a maior parte de nós perdeu o sentido da arte como dimensão da vida cotidiana.[3] Contrastando com isso, em algumas sociedades a arte permeia a vida diária. Acho compreensível, por exemplo, que na língua balinesa não haja palavra para artista. Imagem, ritual, beleza e criatividade artística fazem parte da vida diária dos balineses. Numa cultura em que todo mundo é artista, não há necessidade de "artista" ser uma categoria separada.

Para usar as artes como caminho para o sagrado, precisamos ser mais do que simples consumidores de arte, e temos de aprender a ter acesso a nossa própria criatividade. Ao mesmo tempo, acho que os artistas profissionais exercem uma função importante na sociedade. Toda cultura produz indivíduos especialmente dotados para as artes. O que seria do mundo sem Shakespeare, Michelangelo,

Beethoven, Mozart, Van Gogh, Rilke, Rumi e outros dessa envergadura? Se é verdade que cada um de nós pode ter alguma habilidade criativa, esses artistas dotados elevaram-se como montanhas acima de nós e enriqueceram o mundo inteiro com sua arte. Grandes artistas merecem o apoio da sociedade, e é preciso providenciar contextos onde o talento de artistas promissores possa ser cultivado e onde artistas maduros possam realizar seu trabalho. Ainda que a arte jamais devesse se tornar exclusivista e elitista, toda cultura que deixa de apoiar seus artistas só está contribuindo para o seu próprio empobrecimento.

## Arte e Verdade

O que é arte? À primeira vista, parece uma pergunta simples; mas algumas das mentes mais privilegiadas penaram para definir arte. Em seu livro *Poesia, Linguagem e Pensamento*, o filósofo Heidegger tratou dessa questão.[4] Ele disse que todas as obras de arte têm o que ele chamou de "característica coisificante". Escreveu: "Existe algo de pedregoso numa obra de arquitetura, de madeiroso numa escultura, de colorido numa pintura, de falado num trabalho lingüístico, de sonoro numa composição musical." Mas "o trabalho artístico é algo que está acima e além do elemento coisificante, e esse algo mais do trabalho constitui sua natureza artística". Em outras palavras, embora o meio ou a característica tangível da arte seja um elemento importante, é preciso que algo mais esteja presente para que se tenha realmente arte. Em seus esforços para definir esse "algo mais", Heidegger chegou à conclusão de que a arte é sempre uma revelação da verdade. Contudo, para Heidegger a verdade significa algo que difere muito de nossas costumeiras definições do termo. A maior parte de nós pensa na verdade em termos proposicionais: se uma proposição corresponde à realidade ou aos fatos, dizemos que ela é verdadeira. Mas o que Heidegger entende por verdade é algo mais profundo. Ele fez referência a uma antiga palavra grega para verdade, *aleitheia*, que designa o tipo de verdade que se vê quando alguma coisa revela sua essência ou verdadeira natureza. Heidegger argumentou que a arte autêntica é uma abertura para a *aleitheia*; é um lugar onde um tipo profundo de verdade pode mostrar seu esplendor.

## Arte e Ser

A arte não está relacionada somente com a verdade; relaciona-se também com o Ser. Embora essa palavra, na filosofia, tenha vários significados, uso-a aqui para me referir àquela dimensão mais profunda da experiência humana, onde residem o potencial e a possibilidade. O Ser é o "rio subterrâneo" com o qual entramos em contato pela criatividade; é a fonte das imagens e dos símbolos que se tornam parte do trabalho artístico. O Ser é a forja da alma, como o chamou James Joyce, onde novas visões e realidades são moldadas. Em psicologia, o Ser é a fonte daquilo que Carl Rogers e outros psicólogos humanistas chamaram de tendência realizadora, a força motivadora que nos empurra para níveis mais altos de vir-a-ser e para uma realização mais autêntica de si mesmo. Numa perspectiva evolucionista, o Ser é a força vital criativa que move toda a criação em direção a níveis cada vez mais altos de complexidade e que está continuamente abrindo novos campos de possibilidades. Na consciência humana, o Ser tornou-se consciente de si mesmo, talvez pela primeira vez na história da evolução. Como disse Heidegger, "o poema do Ser, apenas começado, é o homem".[5]

Artistas, poetas, xamãs, místicos e profetas vivem em contato direto com o Ser. Eles têm uma sensibilidade especial para essa dimensão, uma capacidade de entrar em contato com sua energia criativa e pô-la em novas formas e possibilidades para o gênero humano. Foi isso que James Joyce quis dizer com "eu vou ao encontro, pela milionésima vez, da realidade da experiência, a fim de moldar, na forja da minha alma, a consciência ainda não criada de minha raça".[6]

Mas isso não é fácil. O Ser não reside logo abaixo da superfície da consciência como um veio de ouro, pronto para ser trazido à superfície em enormes e brilhantes porções por quem aparecer com pá e picareta. Nas minas de ouro do Ser há poços sombrios e insondáveis de não-Ser nos quais os artistas podem cair. A mesma sensibilidade que abre os artistas para o Ser também os torna vulneráveis aos poderes sombrios do não-Ser. Não é por acaso que tantas pessoas criativas — incluindo Dante, Pascal, Goethe, Nietzsche, Kierkegaard, Beethoven, Rilke, Blake e Van Gogh — lutaram contra a depressão, a ansiedade e o desespero. Eles pagaram um alto preço por arrancar seus dons das garras do não-Ser. Mas é bem este o modo de agir dos verdadeiros artistas: eles fazem de sua própria vida desgastada o cabo condutor para o aumento de energia gerada nos campos de força criativa do Ser e do não-Ser.

Somando-se à sua luta interior, os artistas muitas vezes têm de lidar com uma sociedade ignorante do valor e do propósito da arte. Por todo o curso da história, eles têm sido condenados ao ostracismo, aprisionados ou até mesmo mortos porque os detentores do poder não podiam tolerar as verdades por eles pintadas ou enfrentar as sombras por eles desveladas. Hitler desprezou os artistas da Alemanha, e, naquele período negro, foram muitos os seguidores de Hitler da classe média baixa que iam aos museus zombar dos trabalhos dos artistas. É bem sabido que a Rússia prendeu alguns de seus maiores artistas num esforço de subjugar sua influência. E nos Estados Unidos, temos políticos que gostariam de censurar a arte recusando fundos de auxílio a artistas que criam imagens que os políticos acham incômodas ou que expressam idéias que os desagradam. Muitos grandes artistas viveram sem o reconhecimento de sua própria época, tendo morrido sem ver sua arte finalmente valorizada pelo mundo. Van Gogh, por exemplo, não conseguia vender seus quadros nem mesmo com a ajuda do irmão, que era *marchand*. Ninguém reconheceu o valor de sua obra e a profundidade de seu gênio e espiritualidade. Emocionalmente perturbado, Van Gogh suicidou-se, sem jamais saber que as futuras gerações iriam reverenciar "A Noite Estrelada" e contemplar, numa compreensão ainda que tardia de seu valor, os "Corvos sobre um Campo de Milho".

É triste, mas é verdade: apedrejamos nossos grandes profetas e crucificamos nossos mais piedosos salvadores. A cultura apresenta uma feroz homeostase, defendendo-se de quem for diferente ou ameaçar o *status quo*, chegando mesmo a destruí-lo. Meter-se com tintas a óleo ou aquarelas nos fins de semana é uma coisa;

mas ser um verdadeiro artista, aquele que desce às profundezas do Ser e traz de volta aquilo que pode sacudir as fundações da sociedade e criar uma nova visão de realidade, é uma tarefa algo temerária. Não é de se admirar que Rollo May tenha chamado seu livro sobre a criatividade artística de *The Courage to Create.*[7] E se a maior parte dos artistas individuais não cria uma revolução cultural com sua arte, cada um deles contribui para esse fim tirando uma lasca das fundações dos antigos valores e estruturas que deixaram de servir à humanidade e apresentando visões de possibilidades mais humanas. Cada verdadeiro artista, por mais compassivo que seja, é um iconoclasta que arrasa o velho para dar lugar ao novo. Pablo Picasso disse "Cada ato de criatividade é antes de mais nada um ato de destruição". Ainda que o mundo que estejam a destruir seja seu próprio mundo, a que amam e com o qual muitas vezes se acham profundamente aparentados. A maior parte dos artistas não são rebeldes raivosos; como disse Robert Frost, estão muito mais para amantes em desavença com o mundo.[8] E eles sabem, como Sansão no Antigo Testamento, que ao destruir o templo destroem a si mesmos.

A luta começa no coração do artista. Trabalhando com as forças do Ser e do não-Ser, o artista tem de encontrar coragem para moldar o dom e dispô-lo diante de seus contemporâneos, independentemente de sua capacidade de compreendê-lo ou aceitá-lo.

## Arte e Eternidade

Há quem diga que a arte é motivada por um desejo de imortalidade, que os artistas criam porque querem viver em seu mundo artístico. Embora haja alguma verdade nisso, eu diria mais: a arte não só é uma tentativa de imortalidade, mas também um esforço para entrar em contato com a eternidade agora. Alguns pensam na eternidade em termos lineares ou quantitativos, isto é, como tempo ilimitado. Mas há outra visão, para a qual a eternidade é uma dimensão qualitativa da experiência a que se pode ter acesso no presente. Como disse Joseph Campbell, "Eternidade é a dimensão do aqui e agora".[9] O Evangelho de João, o mais filosófico dos quatro Evangelhos, fala da vida eterna como uma realidade presente, não como uma recompensa futura. Existem certas experiências na vida em que a eternidade cruza o tempo; o tempo pára, por assim dizer, e nós nos encontramos num eterno agora. A arte toca essa dimensão eterna que reside justamente para além do tempo linear. Imerso na fornalha da criatividade, o tempo cessa para o artista. E para nós, quando nos pomos diante de uma pintura ou ouvimos uma bela peça musical, a eternidade irrompe algumas vezes, quando caem os limites e nos encontramos num eterno presente. Sabemos agora que eternidade deixa de ser uma pergunta; nós a tocamos em nossa alma. Foi isso que William Blake pretendeu dizer quando escreveu: "Tenha o Infinito na palma da sua mão / E a Eternidade num segundo."[10]

## Arte e Morte

Existe na beleza uma pungência que algumas vezes nos faz chorar. O choro não é de tristeza, mas de uma ânsia profunda e existencial caracterizada pela tomada de consciência das limitações da vida e de nossa própria mortalidade. A pungência da beleza dá ensejo a uma profunda gratidão pela vida, misturada a uma consciência de que a vida não vai durar. Por exemplo, quando os pais olham com carinho para o filhinho aprendendo a andar, eles estão cheios de amor, mas bem sabem que aquela criança não ficará pequena para sempre. Ela crescerá, sairá de casa e terá sua própria vida. É claro que os pais amorosos não gostariam que fosse diferente; mas nessas realizações há uma pungência que os deixa quase prostrados. Somos mortais. A vida está em movimento. Tudo muda e passa.

Quando vi um quadro de Van Gogh pela primeira vez, senti como se um facho invisível de luz, emanando da pintura, estivesse perfurando meu coração. Lá fiquei empalado, desfazendo-me em lágrimas, vencido pelo pensamento de que as mãos de Van Gogh haviam tocado aquele quadro. Senti um sentimento profundo de alegria misturado a uma profunda tristeza. A alegria vinha da afirmação da vida que fluía da tela. A tristeza relacionava-se com a morte e com a mortalidade, com o "amargo" do agridoce da vida. Eu chorava também por Van Gogh, que personificava esse paradoxo da vida e que, em meio ao desespero, conseguiu encontrar coragem para reafirmar a vida.

Existe algo que nos alimenta existencialmente nessas experiências. Em *Amphitryon 38*, uma peça de Jean Giraudoux, o deus Júpiter descreve a Mercúrio seu amor por uma mulher mortal:

> Ela usará pequenas expressões que aprofundarão o abismo entre nós... Ela dirá, "quando eu era criança" — ou "quando eu ficar velha" — "nunca em toda a minha vida" — Isso para mim é dilacerante, Mercúrio... Perdemos alguma coisa, Mercúrio — a pungência do transitório — as intimações da mortalidade — aquela doce tristeza de se agarrar a algo que você não poderá reter.[11]

Sabemos que somos mortais, que a cada dia estamos mais perto da morte, que haverá um dia em que seremos apenas memória, e depois disso seremos totalmente esquecidos; ninguém nos conhecerá ou contará a história de nossa vida. Mesmo assim, apesar de sabermos disso, com uma coragem tremenda e com uma capacidade de recuperação existencial, escolhemos viver — e mesmo dançar — até que a chama exploda em silêncio e escuridão eternos.

A arte, em sua beleza e pungência, de algum modo toca esse mesmo domínio existencial da alma. É por isso que deixamos museus, concertos, saraus de poesias, peças de teatro e outros eventos artísticos com lágrimas nos olhos e gratidão no coração. Desespero e alegria, amargor e doçura, vida e morte — são esses os grandes paradoxos da vida e a essência da condição humana.

### Arte e Alma

Tudo o que foi dito até aqui sobre arte é na verdade uma explicação de como a alma opera por meio da arte. A arte representa as profundezas criativas da alma do artista, tomando forma no tempo e no espaço para tocar a alma de outros. A arte fala a linguagem não racional da alma, usando imagem, símbolo, cor, som, aparência e forma. Mas, como vimos, a arte é mais do que seu meio; ela é também verdade, ser, eternidade, morte e alma. A arte retém suavemente todos os nossos interesses últimos; ela é o símbolo de todas as coisas que nos fazem humanos.

## O Poder da Criatividade

Os antigos gregos tiveram um compromisso com a arte. Valorizaram seus artistas, encheram com arte as suas cidades e incluíram em sua mitologia as nove musas, que, segundo acreditavam, inspiram criatividade em várias artes. As nove musas forneceram uma primeira taxonomia da arte, um sistema de classificação que recobre os vários tipos de expressão artística. É interessante que astronomia e história sejam consideradas artes. Vemos a astronomia como uma ciência, mas os antigos, fazendo jus ao milagre do universo que lhes inspirava temor, situava-a entre as artes. E a história, que vemos como um esforço de relatar os fatos do passado, foi vista pelos gregos como uma oportunidade para uma criativa fabricação de mitos em torno de figuras heróicas e eventos históricos, um tanto ao modo como Hollywood cria um filme dramático baseado em pessoas e acontecimentos reais.

### A Criatividade e as Musas da Antiga Grécia

A seguir temos uma lista das musas e das artes pelas quais são responsáveis:

1. Calíope: seu nome significa "bela voz"; era a musa da poesia heróica e da eloqüência.
2. Terpsícore: era a musa da dança e a mãe das sereias. Seu nome significa "regozijo na dança".
3. Melpômene: seu nome significa "canto". Era a musa da tragédia, e a máscara trágica do drama é um de seus símbolos.
4. Urânia: seu nome significa "celestial"; era a musa da astronomia.
5. Polímnia: era a musa das canções sagradas, dos hinos heróicos, da oratória e da mímica. Seu nome significa "muitos hinos".
6. Érato: era a musa da poesia amorosa e das canções matrimoniais. Seu nome significa "apaixonada", e os próprios amantes acreditavam estar sob seu encanto.
7. Talia: seu nome significa "florescente", era a musa da comédia e da poesia pastoral.
8. Euterpe: era a musa da música e da poesia lírica. Segundo se acreditava, era a inventora dos instrumentos de sopro como a flauta. Seu nome significa "encan-

tadora" e refere-se à sua capacidade de encantar com a música e com a poesia lírica.

9. Clio: seu nome significa "celebração da fama". É a musa da história.

## O Mistério da Criatividade

As musas são personificações das forças que um artista sente em momentos criativos. Essa energia parece vir de dentro dele. E quer a chamemos de poder da musa ou de algum outro nome, o artista sente-se inspirado no sentido original do termo — sente que um espírito entrou dentro dele. Algumas vezes, num lampejo de criatividade, por esse poder misterioso dá-se aos artistas, e por inteiro, um poema, livro ou composição musical. Um amigo meu, autor de muitos livros de poesia, contou-me como um poema épico, de várias páginas de extensão, foi-lhe dado em questão de minutos. O lampejo criativo veio enquanto ele estava dirigindo, e então ele encostou no meio-fio e começou a escrever o mais depressa que pôde. Ao terminar, tinha diante de si um de seus melhores poemas.

Esse é o segredo da arte autêntica: ela não vem de si mesmo, mas de uma chama criativa que arde nas profundezas da alma. Quer situemos essa força dentro de nós mesmos, quer digamos que ela provém dos deuses, como fizeram os antigos gregos, trata-se do mesmo poder criativo.

## Criatividade e *Ex Nihilo*

O artista cria *ex nihilo*, a partir do nada. Arte é trazer à existência alguma coisa que não existia antes. Essa é a qualidade divina do ato criativo. O livro de Gênesis conta-nos como Deus criou o universo *ex nihilo*. Os primeiros dois versículos afirmam: "No princípio criou Deus os céus e a terra. A terra, porém, era sem forma e vazia; havia trevas sobre a face do abismo, e o espírito de Deus pairava por sobre as águas. Disse Deus: 'Haja luz'; e houve luz."

Os artistas criativos podem identificar-se com o processo descrito nesses versículos. No começo, antes da criação, uma imagem ou intuição agita-se na alma do artista. A essa altura, a imagem existe apenas na imaginação; ela não tem habitação tangível; não há céu nem terra. Quando o artista se aproxima daquilo que está para vir a ser, ele o encontra vazio e sem forma. Certamente ele tem uma intuição, talvez mesmo um sentimento candente do que está para ser; mas sua forma ainda é vaga, pouco clara. Há trevas sobre a face do abismo. Então, o artista começa a trabalhar com o vazio. Movendo-se sobre a superfície do nada, ele trabalha a argila invisível, primeiro desse modo, depois daquele outro. De repente, no meio da experimentação criativa, algo é descoberto por acaso, e o que está tentando vir a ser diz: "Sim, é isto. Você está no caminho certo. Continue." E, com o tempo, do nada começa a surgir alguma coisa. A imagem que está tentando vir a ser começa a tomar forma. Como a dialética continua, o artista formando a arte e a arte formando o artista, a imagem adquire forma. Sua forma fica cada vez mais clara, mais forte e mais vibrante. A certa altura proclama-se "haja luz", e de repente a imagem brilha para além de seu próprio ser. A obra de arte como que atravessa o portal da existência e entra no mundo. O vazio tomou forma; a escuridão foi dissipada pela luz; o não-ser converteu-se em ser. *Ex nihilo*, a partir do nada, algo novo veio ao mundo. Aquilo que certa vez era somente uma imagem na alma do artista tem agora uma existência tangível.

Vivemos em mundos que foram criados *ex nihilo*. Porque somos criaturas simbólicas, é provável que vivamos mais na imaginação do que na realidade objetiva. E a arte forneceu muitos dos quartos de nossa casa imaginária. Quando eu era garoto, meu livro predileto era *As Aventuras de Huckleberry Finn*. Minha imaginação foi excitada por Huck e seu amigo Jim deixando a civilização e descendo o rio Mississippi numa pequena jangada em busca de aventura. Esse livro faz parte do meu mundo imaginário. Embora eu o tenha lido há quarenta anos, ainda posso ver Huck sob aqueles céus noturnos, flutuando suavemente pelas correntezas e redemoinhos do poderoso rio. E quando cruzo o Mississippi em minhas viagens, costumo pensar em Huck, e uma parte de mim quer perscrutar aquelas correntezas barrentas para ver se posso avistá-lo. *Huckleberry Finn* é também parte da herança americana. Com esse livro, Mark Twain apreendeu o romance do Mississippi, os sonhos dos garotos e as esperanças de uma jovem nação. É quase um choque lembrar que Huck jamais existiu de fato e que os acontecimentos narrados no livro nunca se deram. São todos provenientes da rica imaginação de Samuel Clemens. *Ex nihilo*, do nada, Clemens criou essa obra-prima da literatura americana.

Shakespeare compreendeu como o artista cria do nada. Falando de poesia, ele escreveu:

> O olhar ardente do poeta,
> No seu formoso delírio,
> Vai alternativamente dos céus à terra
> E desta aos céus;
> E, como seu coração gera formas de objetos desconhecidos.
> A pena do poeta os metamorfoseia
> E lhes determina um local de morada e um nome.[12]

A realização mais importante do progresso pode não ser o pensamento lógico, como tantas vezes se imagina, mas o salto quântico que se requer para o simples ato de criatividade. A criatividade representa um complexo de funções neurológicas — e talvez até mesmo algo para além da explicação neurológica — que o pensamento lógico simplesmente não pode esboçar ou duplicar. Mesmo a teoria da criatividade empalidece perante a coisa mesma. No ato de criação, o artista torna-se instrumento para uma energia quase tangível que surge no corpo e na mente como as marés no oceano. Nas experiências mais intensas de criatividade não há o sentimento de um "Eu" que esteja no controle, de um "Eu" que seja responsável pelas imagens variadas que cintilam espontaneamente na mente. Em vez disso, nesses momentos os artistas sentem que tocaram na fonte, no "rio subterrâneo", e que seu trabalho é o de apreender essa energia de alguma forma antes que ela vá embora. Então pintam, escrevem, esculpem ou compõem furiosamente, perdendo a noção do tempo, mantendo-se acordados até tarde, esquecendo de comer, exaurindo seus corpos — tudo para ser o conduto dessa nova entidade que pretende tomar posse do mundo. A criatividade é algo que nos subjuga inteiramente na sua imensidão e mistério, e da qual surgem alguns dos maiores/dons da vida. No momento da inspiração criativa, algo dentro de nós expande-se para além do ponto estável da evolução humana e se abre para o que Maslow chamava de confins da natureza humana. Em suas formas mais intensas, a criatividade é uma janela para o futuro, e o artista é um explorador que retorna com histórias e imagens de mundos que esperam para nascer.

## O Poder de Cura das Artes

Shaun McNiff é um arteterapeuta que ajudou centenas de pacientes psiquiátricos a encontrar o caminho de volta ao equilíbrio psíquico. Ele trabalhou em ambientes hospitalares e clínicos durante anos e é um especialista no poder de cura da arte. Seu livro, *Art As Medicine*, é rico em sabedoria e lampejos intuitivos.[13]

McNiff acredita que, quando a alma sofre, ela volta-se automaticamente para a arte da cura. Ele escreve: "Sempre que a doença é associada à perda da alma, as artes emergem espontaneamente como remédios, como medicina da alma." Em seu trabalho, McNiff descobriu que mesmo pacientes que não tinham nenhum interesse pela arte antes da doença voltavam-se para a expressão criativa no processo de cura. McNiff acredita que a alma tem o poder de curar a si mesma, e que a arte é a chave que destrava esse poder e libera as próprias formas terapêuticas da alma. Quando era um jovem terapeuta em busca de orientação no tratamento artístico da alma, McNiff descobriu o trabalho de Hans Prinzhorn, um historiador da arte que se tornou psiquiatra. Como McNiff, Prinzhorn descobriu o poder de cura da arte em seu trabalho com pacientes psiquiátricos. Comentando Prinzhorn, McNiff escreve:

> Ele prova que, quando a alma está perdida, a arte vem espontaneamente em seu auxílio. Quando a alma está deprimida, isolada, enlouquecida e perturbada, as imagens artísticas aparecem. Prinzhorn observou... que pessoas sem formação artística começam a criar em resposta ao seu sofrimento. A imaginação criativa atua espontaneamente como o seu salvador.[14]

De acordo com McNiff, a arte cura por causa do poder da imagem de contornar o pensamento lógico e ir até as profundezas imaginais da alma. Ele disse que a imagem tem a capacidade de "ampliar a comunicação e oferecer uma introvisão fora do raio de ação do pensamento racional". Além disso, "a medicina oferecida pela meditação sobre a arte é em geral muito mais uma infusão entre a imaginação e a consciência do que uma resposta específica. 'Mensagens', em última análise, podem significar menos do que o casamento entre imagens". Assim, a arte é um modo de "tratar os distúrbios da imaginação com os mecanismos construtivos de imaginação".

McNiff acredita que os pacientes devem ser livres para expressar tudo o que vier à tona, e que sua expressão criativa deveria ser valorizada mais como produção da alma do que como manifestação patológica. McNiff não nega a existência da patologia, mas acredita que a cura implica permitir que os pacientes aceitem suas patologias e trabalhem-nas por meio da arte. Ele escreve: "A expressão criativa das aberrações da alma confere-lhes a oportunidade de afirmar a vida, mais do que de ameaçá-la."

Bem cedo em sua carreira, McNiff aderiu às tendências patologizantes da psicologia e da psiquiatria modernas. Ele constatou que os profissionais da área usavam a arte do paciente como um meio de diagnosticar e patologizar o paciente em vez de ver nela uma tentativa da alma de curar a si mesma. E comentou:

> As tradições psiquiátricas e psicológicas de análise de pinturas e desenhos com base em teorias psicopatológicas faziam tão pouco sentido quanto o fazem agora. Eu mal podia crer que eminentes profissionais pudessem dizer que meninos que fazem figuras de máquinas de aparar grama teriam temores de castração e que meninas que desenham aspiradores de pó estariam experimentando uma privação oral.[15]

McNiff acreditava que essas interpretações, baseadas numa visão analítica freudiana simplista, são reducionistas e denunciam uma profunda incompreensão das múltiplas motivações envolvidas no mistério da arte. Isso o levou a dizer:

> Quando eu era arteterapeuta incipiente, rejeitei a psicologia analítica freudiana e seu postulado da indústria do diagnóstico, segundo o qual as obras de artistas podem ser reduzidas a fatos relativos a um passado pessoal. Esses juízos tiveram como base uma teoria do comportamento psicossexual simplista. Anos de estudo das motivações artísticas de crianças e adultos mostraram que existem múltiplos motivos para a expressão criativa...Tentativas de decifrar a dinâmica labiríntica da propulsão da arte segundo as categorias do pensamento racional — o meu e o dos reducionistas — jamais substituirão o mistério por uma explicação... Todas as minhas reflexões sobre a fonte da arte confirmam a incapacidade do pensamento para "explicar" suas origens. O fenômeno simplesmente existe. A arte não pode ser isolada de seu contexto e usada como apoio para um sistema de conceitos vindo de fora.[16]

Eu gostaria de fazer coro às preocupações de McNiff. Eu mesmo, quando estava na graduação, vi professores examinarem detalhadamente um desenho de um paciente, num esforço de detectar a patologia e ajudar a determinar um diagnóstico. Em todos os seis anos de graduação nunca houve um curso, nem mesmo uma simples conferência sobre o poder de cura da arte. Hoje acho irônico que meus professores possam acreditar que a arte forneça revelações válidas para a patologia do paciente, mas aparentemente eles não enxergavam o menor valor no uso da arte como meio de trabalhar com esse material interior na terapia. Atualmente, psicólogos continuam a usar a arte com propósitos de diagnóstico, mas poucos empreendem o passo lógico seguinte, usando-a no tratamento.

Quando McNiff viu como seus pacientes reagiram bem à arte, ele ficou impressionado que essa abordagem não estivesse sendo usada em todas as áreas de tratamento psicológico. Ao investigar a questão, ele constatou que as profissões relacionadas à cura não têm interesse na alma e, portanto, nenhum interesse na arte como meio de curá-la. Isso o levou a concluir:

> Embora haja exceções ocasionais e identificáveis, em se tratando de cuidar da alma somos entregues a medicações, instituições e toda uma série de procedimentos que continuamente minam sua dignidade. A alma que sofre, a base de nossas tradições religiosas ocidentais, foi abandonada.[17]

Essa depreciação da arte e da alma já era esperada numa profissão dominada pelo pensamento reducionista e por técnicas mecanicistas. A medicina ocidental traz em si um preconceito profundamente enraizado contra qualquer coisa que não se ajuste a seus próprios postulados filosóficos e idéias preconcebidas de cura. E devido ao modo como os psicoterapeutas são treinados, a maior parte deles não tem a menor idéia de como ajudar os clientes a partir de uma estrutura imaginativa. No entanto, a arte pode ser o remédio mais eficaz de que dispomos para a cura da alma ferida.

## Arte e Psicologia Junguiana

Carl Jung conheceu o poder da arte de cultivar e curar a alma. Em seu trabalho terapêutico, ele estimulava os clientes a pintar, esculpir, escrever poesia e dedicar-se a outras formas de atividade imaginativa. E em sua própria vida, Jung constantemente se dedicou a atividades artísticas. Entre outras coisas, ajudou na extração das pedras para a sua casa em Bollingen e depois esculpiu figuras e símbolos nas pedras.

Em seu trabalho com os clientes, Jung fez uso de uma abordagem chamada imaginação ativa. A imaginação ativa consiste em recorrer à criatividade da pessoa para amplificar imagens ou sentimentos que possam aparecer no curso da psicoterapia. Por exemplo, se um cliente sonha com um lindo cisne, um terapeuta junguiano pode orientá-lo a voltar para casa e pintar o cisne ou escrever uma prosa poética descrevendo os sentimentos associados a essa imagem. Jung acreditava que tal elaboração artística concedia tempo para que as imagens produzissem todo o seu impacto na psique e realizassem seu trabalho de cultivo e cura.

Outra ténica artística derivada da psicologia junguiana é a do tabuleiro de areia. O tabuleiro de areia é literalmente um tabuleiro ou caixa de areia. O procedimento é o seguinte: o terapeuta fornece ao cliente uma série de pequenos objetos como brinquedos, árvores, flores, grama, pedras, pessoas, animais, casas, carros e um sem-número de outros pedaços de vida. O cliente, seguindo sua intuição, escolhe alguns dos objetos e os posiciona na areia, construindo lentamente um mundo imaginário a partir de suas próprias profundezas criativas. Uma vez concluído, o tabuleiro de areia geralmente reflete alguma perspectiva nova, conflito interior ou dimensão emergente do cliente. Mesmo os clientes que imaginam não possuir nenhuma habilidade artística freqüentemente vêem no tabuleiro de areia um poderoso caminho para os mecanismos interiores da alma.

Melanie, uma boa amiga e colega terapeuta, usa o tabuleiro de areia em seu trabalho terapêutico e também como meio de realçar o seu próprio crescimento psicológico. Pedi-lhe que descrevesse essa experiência.

> Compus meu primeiro tabuleiro de areia num *workshop* quando eu fazia residência, e fiquei tomada pela experiência. A composição do meu tabuleiro de areia parecia criar-se a si mesma, e quando a terminei eu estava profundamente comovida. A composição parecia me conhecer melhor do que eu mesma. Lembro-me de me sentir vulnerável e exposta, não só para os outros internos, mas para mim mesma. Quando o monitor me pediu para descrever o meu tabuleiro, minha voz tremeu e lágrimas vieram-me aos olhos. Esse primeiro tabuleiro de areia teve um profundo impacto; tocou-me num ponto profundo da minha alma. Essa experiência foi um momento sagrado para mim.
>
> Imediatamente, passei a coletar objetos para o meu próprio tabuleiro de areia. Desde então, tenho feito tabuleiros de areia sobre uma base regular. Faço-os quando me sinto aborrecida, triste ou com medo; e noto que minhas emoções se abrandam à medida que os sentimentos são liberados mediante esse processo tátil e visual. Também os faço quando sinto que a minha a vida está "emperrada" e acho que eles podem "tirar meus pés da lama" para que eu possa mover-me de novo para frente. Eu os faço em períodos de confusão e acho que eles irradiam a luz de que preciso para recuperar a fé em meu processo. Às vezes faço o tabuleiro pensando numa determinada pergunta; ou então simplesmente me deixo chamar pelas imagens e solto as rédeas de minha inconsciência na evolução da composição do tabuleiro de areia.
>
> Uma de minhas experiências mais inusitadas envolvia certo objeto que eu havia escolhido — ou que talvez me tenha escolhido. O objeto era uma figura de madeira, com barba e vestida como um monge, com um longo hábito e uma chave pendendo de suas mãos entrelaçadas. Enquanto outros objetos geralmente representavam aspectos masculinos ou femininos de minha psique, o mesmo não acontecia com essa figura. Tampouco chegou alguma vez a ficar posicionada nas áreas principais de meus tabuleiros de areia. Ficava sempre de lado ou num canto, esperando pacientemente, assistindo com um sentimento de compaixão e sabedoria. Muitas vezes ele permanecia pacificamente sentado, e eu o associava com um direcionamento futuro para minha vida. Eu não nutria nenhum julgamento, nenhuma pressão, nenhum parecer crítico em relação àquele sábio ser. Sentia-me protegida e incondicionalmente aceita pela suave força e sabedoria daquela figura algo xamânica. Sua cuidadosa imparcialidade diante dos estágios e crises que surgiam durante minha jornada aumentaram minha própria paciência e aceitação de

meu processo. Aquele ser sábio personificava sabedoria, compreensão, compaixão, paciência, paz, atenciosa amabilidade e aceitação incondicional — qualidades que, no meu entender, estão associadas aos curandeiros ou xamãs em muitas culturas.

Essa figura, que cedo apareceu em minhas atividades no tabuleiro de areia, ficou comigo durante um longo período de luta, dor, angústia e entrega a paixões descontroladas. Um dia, perto do fim de minha crise, achei-me eu mesma colocando a chave, que tinha estado em suas mãos, na frente de outra figura que representava meu verdadeiro si-mesmo, que estava de joelhos em sinal de gratidão e humildade pela nova vida que eu havia enfim encontrado. Senti-me em paz, rodeada de beleza e possibilidades. Senti que o mundo inteiro estava disponível para mim, que eu pertencia ao universo e encontrava-me finalmente livre para criar uma vida que seria minha.

Cheguei a acreditar que o Ser Sábio era uma figura xamânica que veio me ajudar a superar minha crise. Sei que isso pode parecer estranho, mas eu descobri que aquelas imagens artísticas têm vida por si próprias e, se trabalhadas com tempo, podem exercer um efeito poderoso sobre a psique. Para mim, como pessoa extremamente racional que fui durante a maior parte da vida, talvez o maior valor do tabuleiro de areia seja a sua capacidade de contornar os processos cognitivos e ir direto à alma. Seus símbolos e imagens possibilitam que eu entre em contato com minha sabedoria interior sem me enredar nas teias verbais e intelectuais de meu cérebro. O processo criativo implicado em fazer um tabuleiro de areia permite-me uma conexão com um local profundo de minha alma. Depois de fazer um tabuleiro de areia, costumo sentir-me como se alguma coisa dentro de mim tivesse mudado e fico pronta para continuar. Para mim, o tabuleiro de areia se tornou um tempo sagrado de comunhão com a alma. Recomendo-o a qualquer pessoa que esteja procurando um meio artístico e criativo de nutrir a alma.

## A Imagem Xamânica

Melanie menciona como deve parecer estranho o fato de a imagem xamânica a ter ajudado numa crise. Infelizmente, ela estava certa. Em nossa cultura, as profissões relacionadas à cura quase não têm dado espaço para o poder de cura de tais imagens. Isso é lamentável porque as imagens artísticas, talvez melhor do que qualquer outra, são capazes de prestar auxílio à alma. Quando a psicologia ocidental decidiu seguir o modelo clínico, esse repudiou a alma e rejeitou as abordagens da cura que estivessem associadas à alma, incluindo a imagem xamânica.

Nas culturas antigas, bem como em muitas partes do mundo em nossos dias, o xamã foi o agente de cura, o curandeiro ou curandeira oficial da tribo. O pressuposto subjacente das culturas animistas é o de que os espíritos estão em toda a parte e determinam praticamente tudo o que acontece. Sendo assim, quando alguém cai doente, a doença, de um modo ou de outro, tem que ver com o mundo espiritual. Devido a essa conexão especial com o mundo espiritual, o xamã é capaz de discernir a natureza do problema e prescrever o remédio apropriado. Uma habilidade particularmente inusitada do xamã é a de recuperar a alma. Muitas culturas animistas acreditam de maneira literal ser possível perder a alma. Nessas situações, o xamã deve se dedicar a cerimônias próprias da cura para recuperar a alma e facilitar seu retorno àquele que a perdeu.

É claro que a moderna psicologia rejeitou o xamanismo e as idéias de cura a ele associadas. Ainda assim, estou convencido de que o xamanismo, entendido mais metaforicamente do que literalmente, é bem o que a moderna psicologia desesperadamente mais precisa, pois o xamã é um perito em acessar o mundo arquetípico. Por meio da arte, do símbolo, do ritual e da cerimônia, ele é capaz de estimular os processos naturais de cura da alma.

Num sentido metafórico, poderíamos dizer que os psicólogos trabalham com clientes que perderam sua alma, e que parte de sua tarefa é ajudá-los a recuperá-la e a assentar sua vida sobre uma base espiritual mais sólida. Não estou sugerindo que os terapeutas deveriam se vestir como curandeiros, queimando ervas em seus consultórios, ou cantar com seus clientes. Mas estou sugerindo que a psicologia ocidental precisa de uma mudança radical de paradigma que priorize a dimensão espiritual nas curas psicológicas. Ironicamente, a psicologia moderna perdeu sua própria alma, de modo que essa profissão como um todo poderia usar a cura xamânica para recuperar sua alma. A psicologia moderna tem de se expandir para além das perspectivas estreitas da medicina ocidental e redescobrir modelos de cura que se aproximem das capacidades imaginativas da alma. Em outras palavras, precisamos de meios para ajudar nossos clientes a reconectar-se com sua alma e redescobrir o poder do sagrado.

Em seu escrito, McNiff fez uso da metáfora das idéias xamanísticas. Ele disse: "A doença psíquica é uma alienação da alma e uma possessão da psique por preocupações, obsessões, medos, ansiedades e outras condições perturbadoras que são equivalentes contemporâneos dos 'espíritos do mal' dos aborígines." Por um lado, "a alma não pode estar perdida num sentido literal porque ela está sempre presente em nós. Todavia, perdemos contato com esses movimentos em nossa vida diária, e essa perda de relação resulta numa doença física e mental, numa rigidificação, na ausência de paixão e na alienação da natureza". McNiff observou que a imaginação tem sido sempre o terreno dos xamãs. Além disso, cada um de nós tem um xamã interior que pode nos guiar no processo de cura. Ele escreveu: "As imagens e padrões xamânicos emergem sempre que nos envolvemos nos rituais terapêuticos das artes na pintura, na dança, no sonho, na música e outros meios." E "as imagens e o processo artístico são xamãs e espíritos familiares que vêm ajudar as pessoas a recuperar a alma perdida".[18]

Se o xamanismo ainda parece remoto demais como metáfora para a expansão da psicologia moderna, talvez seja útil lembrar que Mircea Eliade, uma das mentes mais brilhantes de nosso tempo, disse: "O xamã é indispensável em qualquer cerimônia relacionada às experiências da alma humana."[19] Eu gostaria que a psicoterapia pudesse ser incluída nessa categoria.

Talvez por eu ser psicólogo, tenho enfatizado o poder da arte na psicoterapia. Mas eu gostaria de deixar claro que o poder de cura da arte estende-se para além da área terapêutica. Quando o escritor William Styron estava numa depressão suicida, a arte fez parte de sua cura. Descrevendo a experiência de Styron, David Rosen escreveu que a música tinha "penetrado seu coração" e ajudado a salvá-lo do suicídio.[20] E quando o próprio Rosen esteve em depressão profunda, ele encontrou uma saída na pintura. Rosen também nos conta que quando o ex-ministro e autor de *best-sellers* Robert Fulghum se sente deprimido, ele toca Beethoven ao piano.[21] E o próprio Beethoven certa vez disse: "Aquele que compreender minha música, será liberto da miséria deste mundo."[22]

## O Poder Cultivador da Arte

A arte não somente cura a alma ferida; ela também alimenta nossa vida espiritual. A arte e os símbolos são a linguagem da alma. Ela nos dirá onde ela está, o que está errado e o que é preciso fazer a respeito, mas precisa de um meio artístico para fazê-lo. A alma comunica-se muito escassamente em linguagem linear; ela fala melhor por meio da imagem, do símbolo, da metáfora e da analogia. Desse modo, se você quer ouvir o que sua alma tem a dizer, pegue um pincel e deixe que ela se expresse, ou ponha um cavalete em sua frente e deixe-a pintar, ou tome em sua mão um pouco de argila e deixe que ela molde, esculpa e dê forma.

A arte, como nenhuma outra coisa, abre a porta para o mundo da imaginação e nos introduz em nossa própria alma. Ao decifrarmos a linguagem, torna-se cada vez mais claro quem somos nós, qual é a nossa missão e o que significa a nossa vida. Como disse James Hillman, a alma contém o código de nossa única existência. E a arte é o melhor meio de descobrir esse código e abrir nossa vida para que nos tornemos o que pretendemos ser.

Existem muitos meios de nutrir a alma por meio da arte e da expressão criativa. Tenho um amigo que expressa sua natureza artística num florido jardim que brilha em cores vivas no quintal de sua casa. Recentemente, uma cliente que gosta de computadores contou-me como ela usa os gráficos de computador para desenhar imagens em terceira dimensão. Essa mulher tem uma alma de artista, e lágrimas lhe vieram aos olhos quando ela me descreveu a elegância e beleza dos desenhos que é capaz de criar. Em *Art and Artist*, Otto Rank observou que a criatividade pode ser voltada para a exploração e desenvolvimento da personalidade de uma pessoa.[23] Em outras palavras, pode-se tornar um artista da vida, fazendo de seu próprio caminho de ser no mundo uma expressão das capacidades artísticas e criativas da alma.

Nos últimos anos, muitas pessoas descobriram o quanto vale manter um diário. Estou convencido de que a prática de manter um diário é útil em primeiro lugar por ser um modo criativo de comunicar-se com sua própria alma. O ato de manter um diário terá um impacto pequeno se for simplesmente um registro de fatos e observações. Mas quando se torna um processo criativo em que ouvimos nossas profundezas e dizemos coisas novas para nós mesmos, o diário se transforma num meio artístico de ter acesso à nossa alma e expressá-la.

As oportunidades artísticas abundam. Há um sem-número de meios para ter acesso à nossa criatividade e expressá-la, pelos quais nossa alma pode ser cultivada. Assim, se você não sabe pintar, dançar ou cantar, não desanime. Como toda pessoa tem uma alma, toda pessoa é um artista; a questão é, simplesmente, descobrir nosso meio particular.

Enquanto isso, podemos nutrir nossa alma com a arte e a beleza que estão à nossa volta. Basta ligar o rádio e você ouvirá a beleza da música clássica e contemporânea. Pegue um livro de poesia, e você encontrará palavras cultivadoras da alma de Rilke, Machado, Yeats, Neruda, Rumi, Blake, Shakespeare ou de qualquer um dentre centenas de outros poetas. Vá assistir a uma boa peça e ver como essa antiga forma de arte penetra o seu coração e o alenta. Visite um museu e veja pinturas que têm alimentado a alma de tantos milhões de pessoas. Compre um CD de seu artista favorito e passe horas ouvindo a música rolar sobre sua alma e encher seu coração. Olhe para o céu à noite e contemple com admiração a lua e as estrelas brilhando em sua tela negra e cósmica. Dê uma caminhada pela natureza e veja as matas, os campos, as flores selvagens, as campinas, as correntes, as montanhas, os oceanos. Certamente, antes de tudo, Deus é um artista!

Se você deseja nutrir sua alma, volte-se para as artes. Quer mergulhando nas criações dos outros, quer envolvendo-se com suas próprias atividades artísticas, você descobrirá que a arte é um dos caminhos mais imediatos e gratificantes para o sagrado.

*Terceiro Caminho*

# O Corpo

## O Caminho de Eros, do Sexo e da Sensualidade

*À exceção do mundo moderno, a sexualidade tem sido sempre e em toda parte uma hierofania.*

— Mircea Eliade

Pode parecer estranho falar de eros, sexo e sensualidade como um caminho para o sagrado. Na cultura ocidental, houve uma separação entre "carne" e "espírito", e é difícil para nós imaginar que o prazer erótico possa estar ligado à experiência espiritual.

No entanto, quando passamos em revista a história do mundo, essa nossa visão revela-se como um desvio. A grande maioria das culturas considera sexualidade e espiritualidade como intimamente ligadas. As religiões primitivas, por exemplo, já eram em seu tempo profundamente sexualizadas; elas celebravam a fertilidade e tinham rituais elaborados que envolviam os prazeres da carne. Essa combinação entre sexo e religião continuou na Grécia antiga, onde alguns deuses e deusas, tais como Afrodite, Eros e Dioniso eram dedicados especificamente ao amor, à sexualidade e às paixões do corpo. Ainda hoje, religiões indígenas pelo mundo afora continuam a considerar a sexualidade como algo sagrado.

Um procedimento típico é o de tentar desmerecer essas religiões como subdesenvolvidas, pagãs e imorais. Gostamos de pensar que nossos pontos de vista culturais são mais sofisticados. Mas essa atitude não estaria nos deixando cegos para uma verdade que essas outras culturas descobriram — a de que eros, sexo e sensualidade são na verdade caminhos para o sagrado? Talvez seja o caso de reexaminar nossas próprias atitudes para com a sexualidade. Por exemplo, por que nossas religiões são tão moralistas quanto aos pecados sexuais, mas pouco dizem sobre o prazer sexual? Por que tantas pessoas criadas em igrejas cristãs pensam em sexo como algo pecaminoso ou mesmo "sujo"? Por que tantos pais acham difícil conversar com seus filhos sobre sexo? Por que muitos deixam que suas filhas corram o risco de engravidar ou que seus filhos se arrisquem a pegar uma doença sexualmente transmissível, em vez de lhes darem informações sobre controle da natalidade e sobre prevenção? Por que os fundamentalistas continuam mantendo uma atitude de condenação a *gays* e lésbicas? Por que a Igreja Católica continua a insistir na idéia de que o sexo entre marido e mulher é errado se for usado um método artificial de controle da natalidade, em vez de reconhecer que o erotismo é uma dádiva em si mesmo? Somos de fato mais esclarecidos do que as culturas primitivas? Nossas religiões são realmente mais evoluídas do que aquelas que celebram a sexualidade como dádiva divina?

As religiões antigas nos fazem lembrar de algo que nossas religiões têm esquecido — que a autêntica espiritualidade está fundamentada no corpo. A espiritualidade não é uma qualidade pura ou intangível que somente as virgens ou os celibatários possuem; ela é o fruto natural de um envolvimento terreno e prazeroso com a vida. A Igreja cristã, com sua ênfase histórica no celibato, na virgindade e na assexualidade como estados moralmente superiores, tem prestado um grande desserviço à cultura ocidental. Jerônimo, um dos primeiros padres da igreja, chegou a dizer que o sexo só era tolerável porque produzia virgens para o serviço de Deus! Atitudes religiosas como essa produziram uma espiritualidade branda e deserotizada, mais apropriada a eunucos e freiras enclausuradas do que a homens e mulheres mergulhados na vida. "Espiritualidade sem sexo" deveria ser um oxímoro; infelizmente, a igreja vendeu-nos essa marca registrada da sexualidade por quase dois mil anos. Matthew Fox, um padre católico bastante franco, disse:

> Ao ouvir o que a religião do Ocidente nos ensina sobre sexualidade, são duas coisas que ouço: a primeira, paradoxalmente, é o silêncio: ausência de rituais da puberdade, ausência de rituais efetivos de passagem para que nossos jovens possam celebrar as novidades enormes que estão experimentando e tornar-se capazes de transmitir o mistério da vida humana... Uma segunda reação à sexualidade por parte de nossos religiosos é moralizante. Relatar todos os pecados que somos capazes de cometer com nossos órgãos sexuais em nada nos esclarece sobre a nossa sexualidade.[1]

Se a religião do Ocidente fracassou nessa área, há outras vozes que podem nos dar esperança. Carl Jung, falando de sexualidade, disse: "É, na verdade, um experiência incontestável e genuína do Divino, cuja força transcendente oblitera e consome tudo o que é individual."[2] Georg Feuerstein, depois de extensa pesquisa no campo da sexualidade, disse: "Minhas investigações... convenceram-me de que o sexo pode ser uma importante porta de entrada para experiências místicas ou encontros com o sagrado."[3] E Walt Whitman escreveu: "Se a vida e a alma são sagradas, o corpo humano é sagrado."[4]

Eros, sexo e sensualidade são um caminho autêntico para o sagrado, mas esse caminho encontra-se em grave abandono, tomado de urzes e arbustos espinhosos, e coberto com escombros que se acumularam em séculos de repressão religiosa. Para trilhar esse caminho, temos de remover os escombros. Debaixo deles encontraremos um caminho antigo que conduz à presença do divino.

## Sexualidade e Experiência Sagrada

A tese deste capítulo é a de que a sexualidade apaixonada é um caminho para a transcendência. Em seu livro *Ecstasy in Secular and Religious Experiences*, Marghanita Laski disse que 33% das pessoas pesquisadas em seu universo de amostragem indicaram o amor sexual como um elemento deflagrador da experiência extática.[5] A sexualidade pode ser uma hierofania, um encontro com o sagrado. São aqueles momentos especiais em que a paixão sexual é tão intensa que os amantes irrompem em outra dimensão. Os que tiveram essa experiência sabem que a sexualidade é de fato um caminho para o sagrado.

Em seu livro *Sacred Sexuality*, Georg Feuerstein apresenta vários relatos de pessoas que tocaram o sagrado por meio do amor sexual. O que teremos a seguir é o de um homem de 34 anos:

> Estávamos fazendo amor, e, enquanto eu a beijava, senti um forte desejo de fazer parte dela, e ela, de fazer parte de mim. Nosso beijo se intensificava, e eu comecei a ter a sensação de que meus sentidos físicos se esvaíam. Meu corpo estava desaparecendo, assim como a sensação do corpo dela contra o meu. Comecei a sentir uma energia avolumando-se e fluindo em direção a ela, e em imaginação vi uma figura branca e informe, movendo-se e crescendo. Enquanto a figura crescia, a energia crescia e se intensificava.
>
> Isso durou apenas uns poucos segundos, até eu me separar de seus lábios. Ambos estávamos assustados, ofegávamos surpresos, e entreolhamo-nos por alguns segundos, sem saber o que havia acontecido e o que dizer. Então ela me disse que nunca havia sido beijada daquela maneira antes, e eu confessei o mesmo para ela.[6]

Outro relato é o de uma mulher de 25 anos que estava apaixonada por um homem que respeitava profundamente. Ela nunca havia tido uma experiência espiritual antes, mas fazer amor com esse homem a levava a um lugar transcendental. Algum tempo depois, ela descreveu a experiência:

> A primeira coisa que me vem à lembrança, a respeito desse incidente, é que acordei na manhã seguinte depois de uma noite de amor e me senti como se eu não tivesse dormido. Eu sentia como se tivesse estado consciente ou acordada todo o tempo num plano mais elevado. Lembro-me de que durante todo aquele dia eu me senti completa e perfeitamente relaxada.
>
> Nesse relaxamento perfeito, estive fora do tempo. Era como se a temporalidade normalmente fluísse num plano horizontal, e eu de alguma forma tivesse saído desse fluxo horizontal e entrado num estado atemporal. Não havia absolutamente

> nenhuma sensação da passagem do tempo. Dizer que não havia começo nem fim do tempo pareceria irrelevante. O tempo simplesmente não existia...
>
> Hoje, passados 17 anos, esse acontecimento continua sendo o momento mais significativo de toda a minha vida. Foi também o momento mais comum, simples, feliz, normal e livre de neuroses de toda a minha vida.[7]

Se devotos religiosos fossem inundados por sensações de êxtase como as acima descritas, num cenário religioso, eles de imediato as identificariam como espirituais. Mas quando essas mesmas sensações extáticas ocorrem na cama, relutamos em chamá-las de espirituais e em classificá-las como experiências sagradas. Na cultura ocidental, tendemos a deixar Deus na igreja e esquecemos que o sagrado permeia tudo na vida — até mesmo o reino sexual. Nas religiões antigas, era bem esse o tipo de êxtase sexual visto como uma hierofania, como uma manifestação do sagrado.

O amor sexual pode nos levar ao sagrado por si mesmo. Mas ele também incendeia o fogo da paixão romântica, que traz em si possibilidades espirituais. O amor romântico é uma força poderosa que pode abrir a alma e limpar as portas da percepção para que possamos ver a beleza e a profundidade da vida. Quando um homem se apaixona por uma mulher que excita tanto sua alma como seu desejos eróticos mais profundos, a possibilidade de transcendência está próxima. E quando uma mulher encontra um homem cujo próprio ser desperta-lhe o corpo e toca-lhe a alma, ela está na iminência da experiência sagrada.

Assim, a relação sexual apaixonada e o êxtase romântico caminham de mãos dadas. Quando duas pessoas estão mergulhadas nessas magníficas energias, descobrem que a sexualidade e o amor romântico são caminhos para a experiência transcendente.

## Sexualidade em Culturas Antigas

A religião ocidental separou sexo e espiritualidade; mas houve um tempo, milhares de anos atrás, em que os seres humanos não viam contradição alguma entre religião e sexualidade. Georg Feuerstein observa que nossos mais antigos ancestrais atribuíam um poder sagrado à fertilidade e à sexualidade. Tendo aprendido o plantio e a colheita em suas plantações, olhavam para a terra como a Grande Mãe. Por meio de um pensamento mágico e analógico, acreditavam que rituais envolvendo sexo e fertilidade agradaria à Deusa e asseguraria a continuidade da bênção que ela concedia à sua vida agrária. Por todas as civilizações emergentes do mundo antigo, a Deusa, aparecendo com os mais diversos nomes, foi uma força dominante. Como diz Feuerstein:

> Não sabemos os nomes que ela teve antes, mas sabemos que mais tarde, depois de a escrita ter sido inventada, ela foi celebrada como Inanna na Suméria, Ishtar na Babilônia, Anaith em Canaã. Astartéia na Fenícia, Ísis no Egito, Nu Kua na China, Freya na Escandinávia e Kunapini na Austrália aborígine.[8]

Marija Gimbutas, uma estudiosa das culturas pré-históricas, foi uma das primeiras a chamar nossa atenção para deuses e deusas do mundo antigo.[9] Sua pesquisa cuidadosa acumulou montanhas de dados, revelando que os cultos a deusas dominaram as primeiras civilizações, incluindo as da antiga Europa. Ao contrário de nossas religiões patriarcais, os cultos a deusas celebravam as mulheres, o corpo e a sexualidade. A fertilidade estava no coração desses cultos e era vista como um caminho para a Deusa.

Em seu livro *When God Was a Woman*, Merlin Stone diz que evidências arqueológicas mostram que os cultos a deusas se iniciaram em 7 000 a.C. e continuaram até o fechamento dos últimos templos em que se lhes rendia culto, por volta de 500 d.C. Stone segue adiante, dizendo que algumas autoridades costumam datar os primórdios da adoração a deusas já por volta de 25 000 a.C. Fazendo eco às palavras de Gimbutas, Stone conta que nesses antigos cultos a sexualidade era fundamental, e as mulheres, bem como a sexualidade feminina, eram altamente reverenciadas. Stone escreve: "Na adoração à deidade feminina, o sexo era uma dádiva que provinha Dela para a humanidade. Era algo sagrado e divino. Ela era a Deusa do amor sexual e da procriação."[10]

Riane Eisler, em *The Chalice and the Blade*, argumenta que as civilizações dos primeiros cultos a deusas, embora permeadas pelo princípio feminino, não eram matriarcais. Mais precisamente, eram sociedades de parceria, em que mulheres e homens viviam juntos como iguais, sem que nenhum dos sexos dominasse o outro. Embora as mulheres detivessem a maior parte das posições de poder, elas não usavam esse poder para se impor sobre os homens. Como diz Eisler, "Apesar de ser evidente a preeminência das mulheres tanto na religião como na vida, não havia indícios de alguma desigualdade flagrante entre mulheres e homens, e tampouco sinais de que as mulheres subjugassem ou oprimissem os homens".[11]

De acordo com Eisler, esse respeito mútuo estendia-se às atitudes sexuais. A arte dessas culturas primitivas mostra uma apreciação autêntica tanto da sexualidade masculina como da feminina. Sobre uma dessas sociedades antigas, Eisler escreveu:

> Na Creta minóica, toda a relação entre os dois sexos — não só as definições e avaliações dos papéis de gênero, mas também das atitudes em relação a sexualidade e sexo — era obviamente muito diferente das nossas. Por exemplo, o estilo "seios desnudos" da vestimenta das mulheres e as roupas apertadas salientando a genitália masculina demonstram uma franca apreciação das diferenças sexuais e do prazer tornado possível por essas diferenças.[12]

Em seu livro *The Sacred Prostitute*, Nancy Qualls-Corbett, analista junguiana, chama a atenção para uma figura central nas religiões de culto a deusas, que é a prostituta sagrada.[13] Templos eram construídos para as deusas em várias cidades, e milhares de prostitutas sagradas serviam nos templos, oferecendo seu corpo como porta de entrada para a comunhão com o divino. Em Corinto, por exemplo, o templo de Afrodite tinha mais de mil sacerdotisas, e os templos de algumas cidades podem ter chegado a ter seis mil delas. Essas mulheres, diferentemente das prostitutas em nossa sociedade, desfrutavam de uma posição de honra como servas da deusa. Eram vistas como mulheres espiritualizadas e profundamente comprometidas com o serviço a seu deus.

De acordo com Qualls-Corbett, em algumas culturas, de cada mulher esperava-se que servisse ao menos por algum tempo no templo como prostituta sagrada. As mulheres não viam isso como uma obrigação desagradável, mas como uma oportunidade de expressar suas paixões sexuais a serviço da deusa. As donzelas assumiam o papel de prostitutas sagradas para que fossem iniciadas na feminilidade. Outras mulheres permaneciam no templo durante anos, dedicando seu corpo e sua vida à deusa. Os homens iam até essas prostitutas sagradas não só para fazer sexo, mas também para adorar a deusa e pedir que ela abençoasse sua família e suas plantações. Fazendo sexo com a prostituta sagrada, ela própria simbolizando a deusa, os homens tornavam-se aptos a entrar em comunhão com sua divindade.

## A Ascensão das Religiões Patriarcais

Os cultos a deusas que dominaram o Oriente Próximo e a Europa por milhares de anos desapareceram da face da Terra. Quer resulte das próprias culturas agrárias ou da ação de invasores patriarcais, os deuses e o poder masculino acabaram por substituir as deusas e o poder feminino. As mulheres, que detinham uma posição de preeminência nas culturas de veneração a deusas, viram-se forçadas a um papel subordinado. O corpo e a sexualidade feminina, tão valorizados nos cultos às deusas, passaram a ser depreciados. As mulheres foram tidas como propriedade dos homens e freqüentemente como objeto de uso, controle e exploração, conforme aos homens aprouvesse. Entre os antigos hebreus, a deusa foi considerada uma abominação, e sua adoração foi abolida. O judaísmo e o cristianismo, que têm raízes na antiga cultura hebraica, de uma forma ou de outra sempre retrataram Deus como sendo masculino e considerariam blasfemo adorar uma deusa. Historicamente, tanto o judaísmo como o cristianismo subjugaram as mulheres e cercaram a sexualidade feminina de tabus masculinamente introduzidos. As mulheres que expressavam sua sexualidade de maneira aberta ou que simplesmente desobedeciam a seu marido, eram apedrejadas, enforcadas, queimadas, estigmatizadas, presas ou publicamente humilhadas, tudo isso dependendo do que fosse permitido em seu tempo.

As religiões patriarcais, incluindo o judaísmo e o cristianismo, ainda não confessaram sua responsabilidade na criação de uma cultura sexualmente repressora, em que as mulheres têm sido muitas vezes consideradas como valendo pouco mais do que propriedades ou animais. Podemos criticar as religiões que cultuavam deusas por sua sexualidade pagã; mas desconfio que essa sexualidade seja muito mais perdoável do que a subjugação de centenas de milhares de mulheres por religiões patriarcais em nome de Deus. Não estou romantizando os cultos às deusas, como fazem alguns; suspeito que também esses cometeram suas falhas. Mas é improvável que naquelas antigas religiões as mulheres, feitas à imagem da própria deusa, tivessem sido tratadas barbaramente como fazem nossas religiões patriarcais.

## A Igreja e a Repressão Sexual

A Igreja cristã tem sido um dos principais instrumentos de repressão sexual. Uma vez que a Igreja dicotomizou sexo e espiritualidade, milhões de cristãos cresceram associando sexo com pecado, em vez de o ver como um caminho para o sagrado.

### A História da Igreja e a Repressão Sexual

Em todo o curso de sua história, a Igreja Católica tem visto o corpo e a sexualidade como obstáculos no caminho para a perfeição espiritual. Jejum, privações, exposições ao perigo, autoflagelação e outras formas de ascetismo foram associados a estados de alta espiritualidade. O celibato, a virgindade e o controle dos pensamentos e sensações sexuais foram considerados sinais de uma natureza espiritual evoluída. Quando essas medidas extremas falharam em manter o corpo e a sexualidade sob controle, alguns homens chegaram a se submeter à castração como tentativa de atingir um estado de pureza espiritual. Padres, freiras e a Virgem Maria foram ideais espirituais, e a sexualidade foi vista não como um caminho, mas como uma obstrução ao sagrado.

Quando a Reforma Protestante se espalhou pela Europa, seus líderes rejeitaram o celibato como requisito para o seu clero, mas pouco fizeram para melhorar suas atitudes em relação à sexualidade. A maioria dos grupos protestantes continuou a associar a sexualidade ao mal e a alertar os paroquianos sobre seus perigos. O que fizeram foi garantir que as pessoas tivessem entendido a mensagem de que os prazeres do corpo e as aspirações ao céu não se misturam.

### Religião Fundamentalista

Essa repressão religiosa permanece em nossos dias, especialmente na religião fundamentalista e conservadora. Muitas igrejas continuam a pregar que o "prazer" é mau e que o sexo é uma tentação do diabo. Essas mensagens fazem com que as pessoas se voltem contra seu próprio corpo e sintam que, para ser espiritualizadas, elas têm de reprimir suas sensações eróticas.

Quando eu era pastor, descobri que a maioria dos problemas espirituais dos homens em minha congregação estava relacionada com o prazer e com o que eles consideravam pensamentos impuros. Não que esses homens estivessem tendo casos ou fazendo algo ofensivo aos demais. Mas porque a igreja ensinava que o prazer era um pecado, equivalendo a cometer adultério em seu próprio coração, esses homens estavam constantemente lutando para manter a pureza de sua mente. Mesmo homens jovens, explodindo em hormônios, não deveriam ter nenhum pensamento voluptuoso; e se tivessem algum, deveriam tirá-lo da cabeça imediatamente. Às mulheres era ensinado que não podiam vestir *shorts*, bustiês, biquínis ou qualquer outra vestimenta reduzida ou sexualmente reveladora, capaz de incitar o prazer sexual do homem, provocando-lhe pensamentos impuros. Nesses casos, Deus teria a mulher por responsável tanto quanto o homem. Assim, a seu modo, também as mulheres compreenderam a mensagem de que o prazer era um pecado e de que uma mulher cristã jamais deveria parecer *sexy*, exceto por acidente.

Essa atitude repressiva para com as sensações eróticas é característica dos grupos cristãos conservadores. Do tempo em que atingem a puberdade até se tornar idosos, a maioria dos homens cristãos luta contra "o pecado do prazer". Até mesmo o presidente Jimmy Carter, um batista, admitiu ter cometido o pecado do prazer.

Um amigo meu, que cresceu no seio de uma igreja fundamentalista, expressou em palavras o sofrimento de muitos homens criados em igrejas conservadoras. Ele escreveu:

> A única coisa que a minha igreja alguma vez me ensinou sobre sexo foi que ele era uma das "tentações do diabo". Nosso pastor disse que se tivéssemos desejos sensuais em nosso coração isso seria o mesmo que cometer adultério. Como qualquer adolescente, quando eu via uma bela garota ou uma foto sugestiva, eu não conseguia deixar de olhar, mas me sentia culpado por isso, pensando que tivesse pecado. Quando eu estava com 18 anos, comecei a sair com Janet. Depois de alguns meses, sabíamos que estávamos apaixonados. Certa noite começamos a nos beijar, e as coisas ficaram realmente intensas. A certa altura, toquei seu peito. Como "boa garota cristã", ela gentilmente tirou minha mão. Fiquei tomado pela culpa e disse a ela que sentia muito. Ela não ficou zangada, mas disse que tínhamos de esperar até estarmos casados. Porém, naquela noite a porteira se abriu, e pelos próximos dois anos ficamos naquele interminável turbilhão de carícias, sentindo-nos culpados, "arrependidos", mas fazendo tudo de novo. Para ambos, tentando de maneira tão rigorosa ser "bons cristãos", essa experiência foi simplesmente torturante. Hoje, eu e Janet estamos casados há 22 anos. Quando olho para trás, para a nossa experiência, às vezes acho graça: duas crianças tentando parar um ciclo tão antigo quanto a vida. Porém, mais do que qualquer coisa, isso me deixa aborrecido. Minha religião fez de meu despertar sexual algo vergonhoso. Dizia que essas sensações maravilhosas que fluíam através de meu jovem corpo eram coisa do diabo. Minha religião fez com que eu me sentisse culpado cada vez que eu me sentia atraído por uma garota ou tinha um pensamento ligado ao sexo. Fez com que me sentisse culpado até mesmo de tocar a garota que eu viria a amar mais do que a própria vida. Francamente, qualquer religião que faça isso a duas crianças boas e decentes tem algo de doentio!

Penso que William Blake teria concordado com meu amigo. Em seu poema "O Jardim do Amor", ele escreve:

> Fui para o Jardim do Amor,
> E vi o que jamais havia visto:

Uma capela foi construída no seu centro,
Lá onde eu costumava brincar na relva.

E os portões dessa capela estavam fechados,
E Tu não devias bater à sua porta;
E por isso voltei para o Jardim do Amor,
Onde brotavam tantas e doces flores.

E vi que estava repleto de tumbas,
E lápides no lugar onde as flores deveriam estar:
E padres em hábitos negros caminhavam em torno delas,
Atando com urzes minhas alegrias e desejos.[14]

Chega a ser irônico que a religião fundamentalista, que com tanta firmeza procura esmagar a sexualidade, pareça também obcecada por ela. É claro que isso não é difícil de entender. Repressão e negação não são meios eficazes de lidar com a sexualidade, e fingir que nossas sensações eróticas não existem não as faz ir embora. A religião fundamentalista precisa repensar sua posição com relação ao prazer. Talvez ela descubra que suas próprias atitudes repressivas ajudam a criar e manter a obsessão de nossa cultura pela sexualidade, e que as sensações eróticas, em vez de pecaminosas, são na verdade um dom. Talvez ela compreenda que a energia erótica, a mesma energia que ela chama de prazer, é na verdade parte da fórmula para uma energia espiritual que pode nos levar à presença do sagrado.

## A Sexualidade nos Estados Unidos

Enquanto a religião conservadora continua a pregar mensagens repressoras da sexualidade, nossa cultura passa por mudanças bastante drásticas. Nos últimos trinta anos, duas forças importantes ajudaram a dar forma ao cenário sexual nos Estados Unidos.

### A Revolução Sexual

A primeira foi a revolução sexual. Começando nos anos cinqüenta, e vigorando efetivamente nas décadas de 1960 e 1970, essa revolução exerceu grande impacto no comportamento sexual nos Estados Unidos. Milhares de filhos do *baby boom*, rejeitando os valores sexuais de seus pais, experimentaram o amor livre, a vida em comunidades, morar juntos, casamento aberto, parceiros múltiplos e estilos de vida alternativos. A pornografia foi legalizada, a Broadway começou a inserir cenas de nudez em seus espetáculos, filmes adultos tornaram-se uma coisa normal, e casas de *strip-tease* surgiram na maioria das grandes cidades. A pílula de controle da natalidade tornou-se disponível e tribunais legalizaram o aborto, dando às mulheres mais liberdade sexual ao afastar o medo de uma gravidez indesejada. Nesse período, as pessoas leram os relatórios de Masters e Johnson sobre comportamento sexual, releram os relatórios Kinsey, e houve um fluxo constante de novos livros, revistas e pesquisas que nos traziam informação sexual e nos ensinavam a intensificar nossa vida sexual. Com o passar do tempo, os americanos foram cada vez mais se acostumando à nudez no cinema, a alugar filmes pornográficos na locadora de vídeo, a ler livros sobre as fantasias sexuais das mulheres, aprenderam que a homossexualidade afinal de contas não era uma perversão e descobriram que a masturbação não só não tornaria ninguém cego ou louco, mas era recomendada por terapeutas sexuais como um meio de fazer com que as mulheres que não conseguiam atingir o orgasmo se familiarizassem com as reações sexuais de seu corpo.

Ainda que pregadores fundamentalistas e alguns políticos conservadores condenassem essas tendências, a maior parte dos americanos parecia encarar essa nova realidade sexual com serenidade. Com o estouro de diversos escândalos, revelou-se que alguns dos pregadores fundamentalistas e políticos conservadores estavam mais envolvidos com a revolução sexual do que imaginávamos. E os americanos em sua maioria, mesmo sem apoiar os comportamentos mais radicais, pareciam aliviados com o fato de as atitudes repressivas das décadas de 1940 e 1950 deixarem de prevalecer, e de finalmente poderem conseguir informações e conversar mais abertamente sobre nossas atitudes, valores e práticas sexuais.

Então vieram os anos oitenta com o advento da AIDS. Quando essa doença mortal irrompeu na comunidade *gay*, houve quem prontamente proclamasse tratar-se de uma punição divina à homossexualidade; mas quando ela se espalhou entre os heterossexuais, e então percebemos que havia uma epidemia nacional entre nós, as pessoas ficaram alarmadas. Embora alguns não se alarmassem o suficiente e continuassem a praticar sexo desprotegido, outros, milhões deles, diminuíram sua atividade sexual e estabeleceram relações monogâmicas. Seminários voltados para o tantra, para a "monogamia quente" e para outras abordagens ligadas ao incremento do sexo tornaram-se temas freqüentes à medida que os casais buscavam meios de aumentar o prazer sexual dentro dos limites de sua relação diádica.

Mais recentemente, por volta do final dos anos noventa, outro surto aparece na cena sexual. Um número crescente de mulheres heterossexuais estão tendo relações sexuais com outras mulheres. *The Janus Report on Sexual Behavior*, publicado em 1993, trouxe os resultados de uma pesquisa realizada em nível nacional, que descobriu que 23% das mulheres que trabalham fora haviam tido uma experiência homossexual e 63% delas contaram que continuavam a tê-las de maneira ocasional.[15] Deixando as lésbicas de fora desse grupo estatístico, isso significa que 16% das mulheres que trabalham fora tiveram alguma experiência homossexual e 10% continuam a tê-la ocasionalmente. É preciso não esquecer que elas não são lésbicas enrustidas que resolveram "sair do armário" e pôr em prática sua homossexualidade; são mulheres heterossexuais fazendo amor com outras mulheres.

Nancy Friday, uma das escritoras mais populares em sexualidade feminina, diz que as fantasias das mulheres com outras mulheres é hoje um dos temas principais em sua pesquisa. Ela diz que essa fantasia, que dificilmente seria mencionada há vinte anos, começou a ganhar força no começo dos anos oitenta e hoje é uma das fantasias favoritas que não dá sinais de que vá desaparecer. Em seu livro de 1991,

*Women on Top*, Friday dedica mais de cem páginas ao tema das relações entre mulheres.[16] Ela comenta: "Minha pesquisa demonstra haver muito mais mulheres com essa atitude hoje do que em qualquer outro momento da história moderna." E segue dizendo que desde que essa tendência começou, "há vinte anos, as mulheres não pararam de voltar-se emocional e sexualmente umas para as outras".

Friday observa que as mulheres estão se voltando para as mulheres em grande parte por não estarem encontrando junto aos homens o tipo delicado de sexualidade que desejam. Ela escreve: "Todas as fantasias com outras mulheres começam e terminam com delicadeza. Quando as mulheres estão com outras mulheres, elas não apressam o sexo. Por mais agressivo que o sexo possa se tornar depois, ele começa com uma sedução lenta e amorosa."

Uma perspectiva histórica pode lançar alguma luz sobre esse fenômeno. A sexualidade da mulher foi reprimida durante séculos. As mulheres foram forçadas, muitas vezes sob a ameaça de humilhação ou morte, a expressar sua sexualidade dentro dos estreitos limites de uma sociedade patriarcal em que a visão masculina da sexualidade, e não a feminina, era a norma cultural. Ensinadas a negar sua sexualidade, a maioria das mulheres era conduzida pelos homens, e fazia sexo à maneira deles. Mas hoje, com as mulheres americanas ganhando mais liberdade, elas estão explorando suas próprias necessidades sexuais e desenvolvendo sua própria visão da sexualidade. Como Nancy Friday sugere, a maior parte das mulheres prefere uma sexualidade mais delicada, cultivada e relacional. Não encontrando esse tipo de sexualidade com os homens, em geral apoiados numa sexualidade mais "fálica" e dominada pelo orgasmo, as mulheres estão se voltando para outras mulheres em busca de uma experiência mais "feminina" e sensual.

Mas o significado mais profundo dessa tendência pode se estender para muito além dos desejos pessoais das mulheres envolvidas. Pela perspectiva da história cultural, essa tendência pode refletir um esforço inconsciente por parte das mulheres modernas para recuperar algo que há muito estava perdido: a energia feminina, o poder feminino e a sexualidade feminina — tudo o que havia morrido juntamente com os cultos a deusas. Assim, arquetipicamente falando, podemos estar assistindo a uma ressurreição da deusa no despertar da sexualidade das mulheres americanas, tal como assistimos a um aumento da energia e do poder feminino em outros âmbitos de nossa sociedade.

Em *The Erotic Silence of the American Wife,* Dalma Heyn revela outra questão-tabu — mulheres casadas "tendo casos" sexuais.[17] Ela observa que as esposas americanas, em especial as mais jovens, estão tendo mais casos hoje do que nunca. Heyn sabe como o seu livro é perturbador para a maioria dos americanos. Ela diz que, embora a maior parte das culturas sempre tenha tolerado os casos extraconjugais dos homens, a infidelidade por parte da mulher era vista como um dos mais hediondos pecados que uma mulher poderia cometer. Em todo o curso da história, as mulheres foram humilhadas, espancadas e assassinadas por cometer adultério. Mesmo hoje, há países em que um homem pode matar sua mulher impunemente se descobrir que ela foi infiel. Heyn observa que até mesmo a literatura ocidental corrobora a boa compreensão da mensagem patriarcal pelas esposas. De *Madame*

*Bovary* a *Anna Karenina*, a *Tess of the D'urbervilles* e *The Scarlet Letter*, as mulheres que cometem adultério morrem, são mortas ou levam uma vida de humilhação pública.

Contrastando fortemente com essas mensagens negativas, Heyn descobriu que muitas das mulheres por ela entrevistadas sentiam-se revitalizadas em decorrência de seus casos. Não quero romantizar esses casos — nem para as mulheres, nem para os homens. Como terapeuta que sou, tenho visto a dor que um caso extraconjugal pode provocar no cônjuge traído, nos filhos e em outros membros da família. Mas acredito que o livro de Heyn seja um capítulo importante na história da sexualidade emergente das mulheres. Se mais mulheres casadas estão tendo casos e descobrindo até satisfação neles, isso vai contra a mensagem patriarcal sobre a infidelidade feminina. E quer dizer também que — gostem os homens ou não — as mulheres estão se encarregando de sua própria sexualidade e reivindicando para si mesmas as liberdades sexuais que a maior parte das sociedades durante séculos concedeu aos homens.

Assim, ao que parece, hoje a revolução sexual está fundamentalmente centrada nas mulheres jovens, filhas dos filhos do *baby boom*. Essas jovens mulheres receberam outra educação: elas são menos inibidas, sexualmente mais experientes e exigem maior liberdade no campo sexual. Depois de milhares de anos de repressão, as mulheres finalmente estão recuperando sua sexualidade. O arquétipo da deusa, ao que tudo indica, está se agitando na alma das mulheres americanas.

## O Movimento Feminista

Uma segunda força importante na história recente da suspensão da repressão sexual e da libertação de mulheres e homens para abraçar sua sexualidade tem sido o movimento feminista. Quando as mulheres têm suas próprias carreiras, ganham seu próprio dinheiro e deixam de ser controladas pelos homens, elas quase que invariavelmente se tornam mais livres também no campo sexual. Muitos homens, embora a princípio intimidados pela idéia da liberdade da mulher, vieram a perceber que uma mulher forte e com consciência sexual é muito mais atraente do que a mulher dependente, sexualmente ingênua, que um dia foi o ideal patriarcal. O movimento feminista contribuiu de um sem-número de maneiras para a libertação sexual tanto das mulheres como dos homens.

Todavia, nem tudo vai bem no *front* feminista, pelo menos segundo Renée Denfeld. Em seu livro *The New Victorians: A Young Woman's Challenge to the Old Feminist Order*, Denfeld acusa o movimento feminista de ter se tornado sexualmente repressor nos últimos anos. Ela diz que em seu entusiasmo em expor o abuso, o assédio e a exploração sexual das mulheres pelos homens, algumas feministas foram longe demais e agora estão atacando a sexualidade, especialmente a própria heterossexualidade.[18]

Denfeld, uma mulher de seus quase trinta anos, diz que as mulheres de sua geração estão deixando o movimento feminista, não por se oporem à igualdade de direitos, mas porque o movimento está promovendo visões extremistas que afastam as mulheres jovens. Denfeld cita uma pesquisa de 1986, do Departamento de Educação, feita com mais de dez mil adultos jovens, que demonstrou que mais de 95% de mulheres jovens acreditam que elas deveriam ter as mesmas oportunidades que os homens na educação, receber salários iguais pelo mesmo trabalho e ser consideradas em igualdade de condições para trabalhos na área executiva e na política. Em outras palavras, elas apóiam a agenda básica de igualdade das feministas. No entanto, essas mesmas mulheres jovens rejeitam esmagadoramente o rótulo de feministas. Denfeld diz que as antigas feministas costumavam explicar esses resultados de pesquisas dizendo que as jovens simplesmente não compreendem ou que são influenciadas por uma indisposição de influência masculina contra as feministas. Rejeitando essas explicações como paternalistas, Denfeld sugere outra razão: o próprio movimento feminista com suas visões radicais contra os homens e contra o sexo.

Denfeld observa que as líderes feministas deram para atacar a sexualidade masculina e mesmo a heterossexualidade como sendo a causa que está na raiz da opressão da mulher. Ela escreve:

> Embora possa parecer absurdo — e de fato é —, líderes feministas desenvolveram uma teoria que rotula a sexualidade masculina e a prática da heterossexualidade como sendo a base do sexismo e, virtualmente, de todas as outras formas de opressão. Teóricas feministas foram além, censurando a lei da desigualdade sexual ditada pelos homens, e agora censuram o que denominam "instituição" da heterossexualidade ou sexo heterossexual.[19]

Denfeld diz que essas visões extremistas afastam as jovens, a maior parte das quais gostam de homens e não se sentem sexualmente dominadas, possuídas ou exploradas.

Denfeld também critica as definições novas e indiscriminadas de assédio sexual, dizendo que a mulher hipersensível de hoje é reminiscência das mulheres vitorianas que desfaleciam à simples menção de sexo. Ela explora até mesmo a questão do estupro cometido por um conhecido da vítima, tema de grande interesse para a sua geração. Ela observa que o modo amplo pelo qual ele é por vezes definido — pintando-se todos os homens como animais predatórios e todas as mulheres como vítimas inocentes, sem nenhuma cumplicidade ou responsabilidade no ato sexual — é uma visão vitoriana das mulheres e da sexualidade.

Sem esmorecer sua crítica, Denfeld segue dizendo que algumas feministas têm chegado a dar as mãos a fundamentalistas religiosos num esforço de censurar materiais sexualmente explícitos, incluindo a *Playboy* e mesmo publicações eróticas de lesbianismo. Considerando esses esforços mal-orientados e repressivos, Denfeld diz: "Ao censurar material sexual como violência sexual, as feministas de plantão invocam a crença da era vitoriana de que a sexualidade é intrinsecamente má e que qualquer exibição dela deve ser reprimida."

A mensagem básica de Denfeld é a de que o movimento feminista atual, conduzido por algumas extremistas, está criando uma cultura vitoriana sexualmente repressora. Foi por isso que ela chamou o seu livro de *The New Victorians*. Ela acha que essas extremistas estariam nos trazendo de volta a mentalidade vitoriana, na qual as mulheres eram vistas como puras, castas, criaturas assexuadas cujo único valor parecia estar em dar à luz, e que eram moralmente superiores aos homens.

Eu mesmo, como feminista que sou, sinto-me gratificado pelo fato de Denfeld e outras jovens mulheres estarem falando alto e claramente e dando equilíbrio a um movimento que mais parece afastar muitas pessoas. Em minhas atividades como professor univesitário, tenho contato com muitas jovens brilhantes e sofisticadas na faixa dos vinte e cinco aos trinta anos. Confirmando a visão de Denfeld, vejo que a maior parte delas, mesmo apoiando a igualdade, rejeitam o rótulo de feministas devido a suas conotações negativas. A maior parte delas não aprecia as mensagens anti-homens e anti-sexo que ouviram freqüentemente em suas disciplinas de estudos femininos na graduação e continuam a ouvir como ecos do movimento. Conheço também várias outras feministas mais antigas que concordam com a tese básica de Denfeld. Uma delas disse-me recentemente, em tom de brincadeira, que o movimento feminista estaria precisando de uma nova facção que se chamasse "Feministas que Gostam de Homens e Sexo". Ela crê na possível adesão de milhares de mulheres americanas, egressas em razão da atual retórica do movimento.

É claro que o movimento feminista é amplo e contém muitas perspectivas diferentes. Certamente não seria justo caracterizar todas as feministas como "anti-homens" e "anti-sexo". No entanto, creio que a observação de Denfeld é importante. Se é verdade, como ela acusa, que as líderes feministas estão invocando atitudes vitorianas e tornando-se sexualmente repressoras, isso é algo a se lamentar. Historicamente, o movimento feminista tem sido o pelotão de frente da liberação sexual. Seria vergonhoso vê-lo tornar-se uma força repressora simplesmente porque umas poucas extremistas se apoderaram dos holofotes e do microfone. Garanto que não pretendo fazer nenhum trocadilho quando digo que feministas, vitorianos e fundamentalistas religiosos dariam mesmo um caso muito estranho!

## Rumo a uma Espiritualidade Erótica

Apesar da repressão religiosa, de políticas discriminatórias de gênero e outros problemas relativos à sexualidade, creio na possibilidade de se criar uma espiritualidade erótica que possa servir de caminho para o sagrado.

### Definição de Espiritualidade Erótica

O termo *espiritualidade erótica* refere-se à união entre carne e espírito, à integração de sexualidade e espiritualidade. Há quem possa dizer que a espiritualidade erótica é uma espiritualidade baseada na sexualidade e uma sexualidade baseada na espiritualidade. Na espiritualidade erótica, essas duas poderosas energias caminham juntas, combinando êxtase sexual com energia espiritual e, desse modo, abrindo as portas para a experiência sagrada.

Se imaginarmos um *continuum* de energias humanas com a sexualidade numa extremidade e a espiritualidade na outra, a espiritualidade erótica reúne ambas as extremidades no *continuum*. Ela integra a dimensão terrena, vigorosa e primeva da sexualidade com as energias etéreas do espiritual. Os que abandonam a dimensão terrena tendem a produzir uma espiritualidade sobrenatural que não está fundada no corpo, semelhante ao que aconteceu com a Igreja medieval e ao que parece acontecer até mesmo em algumas práticas sexuais orientais. Inversamente, se eliminamos a dimensão espiritual, terminamos por chegar a uma sexualidade vazia e superficial, com poucas possibilidades de transcendência. Mas quando combinamos os dois elementos — integrando carne e espírito, corpo e alma, terra e céu, sexualidade e espiritualidade — criamos um poderoso amálgama, uma espiritualidade erótica que pode nos pôr em presença do sagrado.

## Recuperando o Erotismo

A fim de criar uma espiritualidade erótica para nossa vida, em primeiro lugar temos de recuperar nosso erotismo. O erotismo diz respeito às sensações sexuais que fluem através do nosso corpo quando estamos realmente atraídos ou excitados, as mesmas energias que a religião freqüentemente denigre como prazer e associa aos pecados da carne.

Em contraste com as mensagens repressivas da religião, eu diria que as energias eróticas são maravilhosas, sensações dadas por Deus, e que deveríamos abraçá-las e celebrá-las. A energia ou prazer erótico, se me permitem, pode renovar a nossa vida, encher-nos de paixão e ajudar-nos em nossa jornada rumo ao sagrado.

Peggy Kleinplatz é uma psicóloga canadense especializada em terapia sexual. Em seu artigo "The Erotic Encounter", ela diz que um dos problemas mais comuns constatado pelos terapeutas sexuais na década passada foi o do "desejo sexual inibido" (ISD, de "*Inhibited Sexual Desire*").[20] O ISD é uma condição em que o cliente sente pouco ou nenhum desejo ou excitação sexual. Clientes com ISD podem ser sexualmente sofisticados, profícuos em técnicas sexuais e não ter distúrbios sexuais. O problema deles é simplesmente a perda do desejo sexual; eles não têm interesse em fazer amor.

Kleinplatz, depois de passar muito tempo tentando entender esse problema, chegou à conclusão de que nossa cultura de repressão ao erotismo ou ao próprio prazer sexual está equivocada. Ela escreve:

> Enquanto a necessidade de interação sexual, e em particular de relações sexuais, tem sido reconhecida e tolerada nesta sociedade, ainda que de modo relutante, a busca pura e simples da excitação ou do incremento do prazer sexual tem sido denegrida, negada e suprimida; tem sido condenada como pecaminosa pela Igreja cristã; declarada ilegal quando materiais sexualmente explícitos servem para inflamar o desejo sexual sem que haja qualquer outro valor social "redentor"; tem sido obscurecida na educação sexual...
>
> Embora os pais e as escolas progressistas estejam contando às crianças sobre a mecânica do sexo e da reprodução, é gritante o modo como relutam em dizer, em

alto e bom tom, o que toda a criança pequena, mergulhada na exploração genital, já sabe: isso faz bem.[21]

Kleinplatz advogou uma adoção do erotismo que seja franca e de todo o coração no contexto de uma relação carinhosa. Definindo o erotismo como "a intenção de entrar em contato com o outro e excitá-lo", ela prossegue, dizendo que "a experiência erótica deve ser descoberta com um parceiro que preze o incremento do prazer sexual em si mesmo mais do que como um meio para um fim, que seria, por exemplo, por ocasião do coito, um orgasmo livre de tensões".

Kleinplatz está afirmando para os ocidentais modernos o que sempre disseram as tradições espirituais com enfoque na sexualidade: o orgasmo tem de ser removido do centro da sexualidade. O foco tem de ser deslocado do atingimento do orgasmo para a troca de prazer erótico. O mergulho na sensualidade, mais do que uma progressão linear para o orgasmo, abre o caminho para a experiência sagrada.

Percebendo a ênfase mecanicista, despersonalizante na técnica sexual em nossa cultura, Kleinplatz escreve: "Uma das melhores formas de arruinar uma relação potencialmente satisfatória é fazer o que funciona — sem parar." Ela observa que muitos de nós, depois de ter aprendido o que agrada a um parceiro, tende a se fiar nessas rotinas sexuais "bem-sucedidas" em vez de buscar modos novos e criativos de fazer amor. Kleinplatz diz que "essa abordagem reduz a experiência potencialmente erótica à masturbação. A competência técnica (por si mesma), não importando o quanto tenha de habilidade e destreza, reduz a experiência a um acontecimento de natureza mecânica. A pessoa torna-se um objeto a ser manipulado". Na verdade, "há um certo contraste entre o amante que busca a fórmula de como levar seu parceiro ou parceira ao orgasmo e um amante cujo objetivo seja excitar e proporcionar uma experiência prazerosa e erótica ao parceiro".

Kleinplatz advoga um erotismo que envolva um partilhar profundo tanto de corpo como de alma. Ela diz: "O erotismo é como a exploração e exposição das feridas, sonhos, paixões, desejos, esperanças e coisas assim num contexto sexual. É algo como permitir que a vulnerabilidade que um deles (ou ambos) experimenta(m) nessa tentativa seja exposta na esperança de que o que quer que seja descoberto seja aceito, valorizado, estimado, tratado com carinho e visto como precioso." Citando Califia, outro escritor que se ocupou dessas questões, Kleinplatz diz que "uma boa cena não termina em orgasmo — termina em catarse".

Essa é uma visão poderosa da sexualidade. É uma celebração da energia erótica e uma visão do prazer sexual como salutar e intensificador de vida. Embora Kleinplatz não use termos espirituais, ela expressa com força e precisão exatamente o que estou tentando dizer aqui: recuperar nosso erotismo é o primeiro passo no caminho para uma espiritualidade erótica.

De uma perspectiva evolucionista, a energia sexual é simplesmente um meio natural de garantir a continuidade da espécie. Mas porque somos seres humanos e para nós essa energia não está limitada ao sexo, ela pode ser transformada em paixão pela vida. Freud chamou "libido" a essa energia e, seguindo sua inclinação darwiniana, limitou-a à energia sexual. Jung, ainda que reconhecesse sua dimensão sexual, viu essa energia em termos mais amplos e chamou-a de força vital. Georg Feuerstein, concordando com Jung, referia-se a ela como força vital universal e disse que nossos mais antigos ancestrais viam a sexualidade como sendo o centro desse poder. Feuerstein observou que os melanésios chamam *mana* a essa energia e acrescentou:

> Esse poder cósmico é o que os antigos alemães chamaram de *Od*, ou o que os hindus durante milênios denominaram *prana*. Corresponde à *orenda* dos iroqueses, ao *oki* dos huronianos, ao *ton* dos dakotas, ao *wakonda* dos sioux e ao *megbe* dos pigmeus.[22]

Essa é a mesma energia que eu chamei *duende* e *pakaramdam* no Capítulo 4. Qualquer que seja o nome, essa energia é reconhecida em todo o mundo por sua capacidade de infundir paixão e poder na vida. Embora a sexualidade não seja a fonte única dessa energia, ela certamente é um dos principais poços em que podemos encher nossos jarros com esse poder incrementador de vida.

Começamos aqui a ver a ligação entre sexualidade e espiritualidade. A energia erótica, gerada pela paixão sexual, pode ser transformada em força vital espiritual. Os pais da primitiva igreja conceberam essa ligação, mas apreenderam-na de maneira errada. Eles sabiam que a energia sexual era uma força poderosa, mas acabaram por decidir que pelo celibato se poderia conservar essa energia e sublimá-la tendo em vista propósitos espirituais mais elevados. Já os antigos cultos a deusas apreenderam a fórmula corretamente. Reconheceram a sexualidade como o campo de força em que a energia espiritual é gerada. Assim, quanto mais ênfase na paixão sexual, mais energia disponível para a vida espiritual. Fazer parar os geradores, como se tenta fazer no celibato, pode lhe dar mais tempo para centrar-se nas coisas espirituais, mas a espiritualidade então produzida será provavelmente estéril e deserotizada, faltando-lhe o poder terreno e doador de vida que caracteriza uma espiritualidade enraizada numa sexualidade corpórea. Assim, o erotismo, fundamento que o cristianismo rejeitou e chamou de luxúria, torna-se o alicerce principal da autêntica espiritualidade. E a sexualidade, que a Igreja via como obstáculo no caminho para o crescimento espiritual, revela-se porta de entrada para o sagrado.

## Trabalho de Alma: Imagens de Transformação

Uma vez que possamos abraçar e celebrar nossas sensações eróticas, o próximo passo em direção a uma espiritualidade erótica envolve um trabalho de alma. A integração das energias sexual e espiritual é um processo místico que tem lugar nos recônditos profundos da alma. Essa integração não ocorre simplesmente por um esforço consciente ou por se seguir um programa linear. Em vez disso, requer imagens de transformação que podem ativar processos arquetípicos relativos à união entre sexualidade e espiritualidade.

Infelizmente, na cultura ocidental quase não temos imagens que nos possam ajudar nesse trabalho de transformação. Nossas imagens de espiritualidade tendem a ser assexuadas, e nossas imagens de sexualidade tendem a carecer de uma dimensão espiritual. Dicotomizamos espiritualidade e sexualidade; o complexo da madona-meretriz é o símbolo dessa nossa patologia. E é aí que os antigos cultos a deusas podem ser úteis à consciência moderna, pois podem fornecer as imagens arquetípicas de que precisamos.

**A Prostituta Sagrada.** A imagem da prostituta sagrada, extraída dos cultos a deusas, fala aos nossos próprios esforços em integrar sexualidade e espiritualidade. Aqui, unidas numa imagem, tem-se uma sexualidade apaixonada integrada a uma devoção espiritual profunda. Onde na cultura ocidental encontramos imagem como essa? A Virgem Maria, imagem feminina mais reverenciada na religião ocidental, detém a parte espiritual da imagem, mas não a sexual. Na verdade, a Igreja consideraria blasfemo aquele que descrevesse a Virgem como vigorosa, sexual e erótica. Até mesmo o fato de não podermos ver Maria dessa maneira é indicador da patologia no âmago da religião ocidental. Refletindo sobre essas atitudes de repressão ao sexo, Merlin Stone sugeriu que historiadores e estudiosos do futuro poderão chamar nossas religiões de "cultos à esterilidade".[23]

Qualls-Corbett acha que a prostituta sagrada é uma imagem arquetípica poderosa que ainda reside nas profundezas de nossa alma e é capaz de renovar a nossa vida. Ela passou a se interessar pela prostituta sagrada ao se perguntar por que a sexualidade da mulher, reverenciada nas culturas antigas, hoje é tão explorada e depreciada. Ela também se perguntava por que a sexualidade e a espiritualidade, unidas nos cultos a deusas, são agora consideradas opostas. Em seu trabalho como analista junguiana, ela descobriu que muitos clientes se queixavam de se sentir vazios, mal-amados e insatisfeitos. Diziam-lhe coisas como "meu corpo está morto" ou ainda "minha alma está morta". Estudando os antigos cultos a deusas, ela convenceu-se de que havia um elo entre as sensações de vazio de seus clientes e a perda de energias espirituais-sexuais que faziam parte dos cultos a deusas. Ela escreve:

> Comecei a ver que o vazio tão presente de que as pessoas se queixavam podia ser explicado em termos da perda da deusa — aquela que renova a vida, traz amor, paixão, fertilidade — e da sacerdotisa sensual — a mulher humana que trazia os atributos da deusa para a vida dos seres humanos. Perdeu-se a ligação com uma importante camada da vida instintiva — alegria, beleza, uma energia criativa que une sexualidade e espiritualidade.[24]

Para a maior parte de nós, isso requer um salto teórico de maior alcance. Na cultura ocidental não temos lugar para essa sacerdotisa antiga ou para a espiritualidade erótica por ela simbolizada. Como disse Qualls-Corbett:

> Na verdade, o termo "prostituta sagrada" contém em si um paradoxo para a nossa mente lógica, pois, como indicamos, temos má vontade em associar o que é sexual ao que é consagrado aos deuses. Desse modo, escapa-nos o significado dessa sacerdotisa do templo, e continuamos desligados de uma imagem que represente a natureza vital plenamente encorpada do feminino. Sem essa imagem, homens e mu-

lheres modernos continuam a viver papéis pessoais contemporâneos, sem jamais perceber a profundidade da emoção e a plenitude da vida inerente ao tom do sentimento que envolve a imagem da prostituta sagrada.[25]

Qualls-Corbett convida-nos a imaginar que estamos no templo da deusa, observando um desses rituais antigos. Ela escreve:

> Uma figura move-se graciosamente diante do altar, iluminando-o ao trazer fogo para as lamparinas de barro e à base de azeite, em volta de todo o altar. Contempla a sacerdotisa do templo de Vênus, a deusa do amor. Ela é a prostituta sagrada...
>
> Quando a prostituta sagrada passa pelas portas abertas do templo, ela começa a dançar a música tocada pela flauta, pelo tamborim e pelos címbalos. Seus gestos, suas expressões faciais e os movimentos de seu corpo ágil, tudo concorre para dar as boas-vindas à paixão. Não há falsa modéstia em relação ao seu corpo, e quando ela dança, os contornos de suas formas femininas são revelados sob um manto de açafrão quase transparente. Seus movimentos são graciosos, como se ela estivesse consciente de sua beleza. Ela está cheia de amor, e à medida que dança, cresce sua paixão. Em seu êxtase, esquece-se de toda a repressão e entrega-se à divindade e ao desconhecido...
>
> A prostituta sagrada conduz o desconhecido ao divã preparado com linhos brancos e folhas aromáticas de murta. Ela esfregou tomilho selvagem de cheiro doce nas coxas. Seu leve sorriso e seus olhos brilhantes dizem ao desconhecido que ela está cheia de desejo por ele. O toque suave de seu abraço faz faiscar uma resposta ardente — ele sente a estimulação de seu corpo. Ele tem plena consciência da paixão que há nessa devota da deusa do amor e da fertilidade, e que é correspondida.

Qualls-Corbett descreve então o significado desse ritual para ambos, a sacerdotisa e o homem:

> A mulher e o desconhecido sabem que a consumação do ato de amor é consagrada pela divindade por meio da qual eles são renovados. O próprio ritual, devido à presença do divino, é transformador. A prostituta sagrada, agora não mais uma donzela, é iniciada na plenitude da feminilidade, na beleza de seu corpo e de sua sexualidade. Sua verdadeira natureza feminina desperta para a vida. Nela reside o elemento divino do amor.
>
> O estranho também é transformado. As qualidades da natureza receptiva feminina, tão opostas à sua própria, estão profundamente embutidas em sua alma; a imagem da prostituta sagrada é nele viável. Ele está plenamente consciente das emoções profundas no santuário de seu coração. Não faz afirmações específicas à mulher, mas carrega sua imagem, a personificação do amor e do prazer sexual, para o mundo. Sua experiência dos mistérios do sexo e da religião abre as portas para o potencial da vida que é vivida; acompanha a regeneração da alma.[26]

**O *Hieros Gamos*.** Outra imagem dos cultos a deusas é o *hieros gamos*, o casamento sagrado. Nesse ritual, aparentemente comum nas religiões antigas, uma mulher e um homem especialmente escolhidos entabulam uma relação sexual no início do ano novo como forma de assegurar a fertilidade para as pessoas e para a terra. Seu ato era considerado um casamento sagrado que simbolizava a Grande Deusa fazendo amor com seu consorte. Esse ritual continha os dois ingredientes essenciais da espiritualidade erótica — um caráter terreno primevo combinado a uma energia espiritual. Conforme disse Carl Jung, o *hieros gamos* implicava "a ligação do espírito com a terra e a espiritualização da terra".[27]

Em *The Sacred Prostitute*, Qualls-Corbett imagina como seria o ritual. Ela escreve:

> Depois de muito banquetear e festejar, o casal de noivos retira-se para as câmaras sagradas do zigurato, a torre do templo. Lá, o leito nupcial é perfumado com mirra, cravos-da-índia e canela. Enquanto aguarda, o povo canta hinos e canções de amor para aumentar o êxtase e o poder fertilizador da deusa e de seu amante, da prostituta sagrada e do rei.[28]

Uma sexualidade tão explícita como parte de um serviço religioso é algo para nós inimaginável. Mas para esses povos antigos, a reverência à deusa significava reverência à sexualidade, à fertilidade, à terra e ao corpo. Eles não viam nenhuma contradição entre espiritualidade e sexo apaixonado. Assim, o *hieros gamos* foi o ritual perfeito para unir a devoção espiritual à energia erótica.

Essa imagem, como a da prostituta sagrada, apresenta possibilidades transformadoras para nós hoje. Isso não significa que devamos tomar essas imagens literalmente e tentar reintegrar a adoração à deusa e a prostituição sagrada. Aqueles que se engalfinham em debates acerca da moralidade e do valor literal dessas práticas não entendem o seu sentido. Em vez disso, temos de ver o valor simbólico dessas imagens — o fato de serem símbolos de integração sexual e espiritual — e permitir que elas despertem nossa própria alma e constelem nossas próprias energias em vias adequadas à nossa situação cultural contemporânea. Em outras palavras, a mensagem da prostituta sagrada bem como a do *hieros gamos* é a de que também nós precisamos experimentar no âmbito de nossas próprias profundezas arquetípicas o casamento entre o sagrado e o sexual. Se adequadamente compreendidas, a prostituta sagrada e o *hieros gamos* são imagens que podem nos ajudar a unir energias eróticas e espirituais nas profundezas de nossa própria psique.

## A Madona Negra

Se o cristianismo é quase vazio de imagens que contenham unidas a sexualidade e a espiritualidade, há uma imagem que traz em si essas possibilidades. Em certas catedrais da Europa, há uma figura conhecida como Madona Negra.[29] São ícones profundamente venerados, e acredita-se que possuam poderes especiais. Se hoje a Madona Negra é associada ao cristianismo, essa imagem de uma divindade negra e feminina precede o cristianismo em milhares de anos. A Vênus Negra de Lespugue, por exemplo, atualmente no museu de Paris, data de 24000 a.C.

Qual é o significado simbólico da Madona Negra? A *Madona*, obviamente, é associada à espiritualidade; mas *negra* remete a outra dimensão. A negritude é associada à noite, ao solo rico e sombrio e à natureza terrena, fértil e feminina. Carl Jung falou do arquétipo das sombras, relacionado com o lado sombrio de nossa natureza. Esse arquétipo, uma vez ativado, contém energias poderosas e criativas, capazes de abrir os portais da paixão e renovar nossa vida. A negritude e a energia por ele evocadas fazem lembrar da afirmação de Federico Garcia Lorca, "tudo o que tem tons negros tem duende". A peça da Broadway *O Fantasma da Ópera* é uma exploração contemporânea do tema arquetípico das sombras, e estou convencido de que sua força reside aí. "A Música da Noite", a canção mais conhecida da peça, toca as regiões da alma em que nossas sombras residem.

Também a Madona Negra é uma imagem que tem o poder de ativar energias arquetípicas que são muito mais antigas que o cristianismo e residem nas profundezas de nossa alma. A imagem convida-nos a encontrar nossas próprias sombras para que possamos trazer substância e "fundamentação" à nossa natureza espiritual.

## Abertura para uma Espiritualidade Erótica

Além do acima relacionado, existem outros passos práticos que podemos dar para abrir nossa vida a uma espiritualidade erótica.

**Reexaminando Nossos Valores.** Todas as culturas cercam a sexualidade de valores e tabus. Isso é, ao menos em parte, um tributo à importância e à natureza sagrada da sexualidade. Mas algumas vezes os valores tornam-se tão rígidos e opressivos que estancam o fluxo de energia erótica e impedem o gozo de nós mesmos como seres sexuais. Por essa razão, importa reexaminar, agora como adultos, as atitudes e valores sexuais que aprendemos quando crianças.

No meu trabalho terapêutico, vi casais cujos valores eram rígidos a ponto de matar a paixão sexual. Explorando seus valores e "abrindo algumas janelas", alguns desses casais foram capazes de renovar sua relação sexual. Clientes religiosos às vezes encontram ajuda conversando com algum pastor, padre ou rabino que seja prestativo e de mente aberta. Freqüentemente, essas pessoas descobrem que, mesmo numa perspectiva religiosa, elas estão sendo rigorosas demais consigo mesmas. Tenho um amigo pastor que diz para seus paroquianos: "Ouçam, foi Deus que fez seu corpo e lhes deu essas sensações eróticas. Ele certamente não pretendia que vocês as cortassem pela raiz como se elas não existissem. Sendo assim, se seus valores estão matando a sua sexualidade, então há algo de errado com esses valores."

**Retomando a Posse do Corpo.** A maioria de nós perdeu o contato com o próprio corpo, sendo incapaz de sentir a sensualidade profunda que é nosso direito de nascença, e de confiar nela. Para muitos, o corpo é um objeto a ser modelado, esculpido, lipoaspirado e exercitado para ficar em forma. Para outros, ele é uma máquina que deve ser sintonizada com precisão, para que funcione de maneira eficiente e não entre em colapso. Poucos de nós vivem vidas "encorpadas", verdadeiramente mergulhados nas energias sensuais, sexuais e apaixonadas do corpo. Retomar a posse do corpo significa restabelecer o contato, habitar realmente o corpo, sintonizar-se com as sensações, sentidos e êxtases da existência corporal.

Isso não pode ser feito com a mente. Na verdade, viver na cabeça é parte do problema. O caminho de volta para o corpo dá-se mediante o próprio corpo. Quer se faça uso de massagens, de banhos quentes, *hatha yoga*, aeróbica, caminhadas, corridas, terapia bioenergética, *tai chi*, artes marciais ou qualquer outra dentre uma dezena de alternativas, é preciso voltar a despertar diretamente o corpo, reacender a paixão e clarear as vias de passagem para a energia erótica.

Talvez a via mais poderosa para a retomada de posse do corpo e a abertura de canais para a energia erótica seja o prazer, ou o que Masters e Johnson chamaram de "foco sensato".[30] Como parte de sua terapia sexual, Masters e Johnson convidavam casais a participar de sessões de prazer extensivo. Ao casal era dito que não tivesse uma relação sexual, mas que simplesmente tocasse e desse prazer sensual um ao outro. Pretendia-se que isso fosse em primeiro lugar um exercício de dessensibilização para reduzir a ansiedade com relação ao sexo, mas pode também ser usado para gerar energia erótica e conectar-se com a força vital que flui na sexualidade profunda. Casais em que cada um dos parceiros se empenha em dar prazer ao outro descobrem com freqüência que isso os faz retomar o contato com seu corpo e transforma o ato sexual, de um desempenho centralizado no orgasmo, numa experiência profundamente erótica e sensual.

## Dádivas de uma Espiritualidade Erótica

Aqueles que aprenderem a usar eros, sexo e sensualidade como um caminho para o sagrado vão descobrir que eles trazem muitas dádivas à sua vida.

Uma dessas dádivas é a cura sexual. Numa relação amorosa e erótica, as almas se tocam, se acalmam e se afirmam uma à outra. Em braços familiares, vemos dissiparem-se as tensões do dia e encontramos força renovada para continuar. Se feridas antigas vêm à tona, um parceiro inteligente, que nos compreenda melhor do que ninguém, pode ajudar a aliviar e curar a dor. Como disse Kleinplatz, "o encontro erótico é empatia em movimento".[31]

Outra dádiva é a inspiração criativa. O teólogo Nicolas Berdyaev disse: "A energia erótica é a fonte eterna da criatividade."[32] Em todo o curso da história, artistas criativos encontraram sua inspiração nas amantes eróticas que atuavam como suas musas, enchendo-os de paixão e ligando-os à corrente criativa.

Há alguns anos, um de meus doutorandos entrevistou uma conhecida artista já com seus oitenta e poucos anos. A certa altura, o estudante perguntou-lhe como ela fazia para manter viva a sua criatividade. A velha senhora levantou-se abruptamente, dirigiu-se à porta dos fundos e chamou seu marido, que tinha setenta e sete anos. Quando ele apareceu, ela apontou para ele e disse: "Homens mais jovens!"

A sexualidade deságua no "rio subterrâneo". Ela ativa a nossa paixão criativa e abre as comportas da alma. A energia erótica e a criativa são a mesma. Não é por acaso que tantos artistas são intensamente sexualizados; de outro modo, como poderiam manter o fogo criativo?

Outra dádiva da espiritualidade erótica é a paixão. A energia sexual, quando combinada com a espiritualidade, revitaliza a existência da pessoa. Uma vez imersos na energia erótica, descobrimos que ela invade tudo o que fazemos. O trabalho, as amizades, comer e brincar podem assumir aspectos sensuais. Até mesmo o modo como pensamos, como nos movemos, tocamos e conversamos são influenciados. Eros é uma energia poderosa, um rio incrementador de vida que traz paixão e vida nova por onde quer que flua.

Finalmente, outra dádiva da espiritualidade erótica tem-se na relação mais aprofundada com a pessoa amada. Matthew Fox disse: "Duas pessoas cavalgando o grande cavalo do prazer podem realmente cavalgar mais profunda e velozmente em direção à alma do outro."[33] A espiritualidade erótica é um modo de "conhecer interiormente" a pessoa que se ama. Fazer amor apaixonadamente nos leva a novos lugares dentro de nós mesmos e possibilita novas visões do conhecimento que temos do parceiro. Fermentam-se os corpos, as almas se misturam, e funde-se uma relação profunda na fornalha do sexo espiritual.

*Quarto Caminho*

# Psicologia

## O Caminho do Aconselhamento e da Psicoterapia

*A psicologia ocidental ortodoxa tratou muito pouco do lado espiritual da natureza humana, optando ou por ignorar-lhe a existência ou por classificá-la de patológica. Ainda hoje, muito da agonia do nosso tempo tem sua origem num vazio espiritual. Nossa cultura, nossa psicologia excluiu a natureza espiritual do homem, e o custo dessa pretendida supressão é enorme.*

— Charles Tart

A psicologia é um poderoso caminho para o sagrado. Em seu nível mais elevado, o aconselhamento e a psicoterapia são meios para cultivar a alma, vias para uma vida espiritual mais profunda. Infelizmente, em nosso mundo atual dos planos de saúde e do sistema *managed care**, a psicoterapia tem se tornado um empreendimento médico e mecânico de pouca relação com a alma. Por isso, este capítulo é tanto uma crítica à moderna psicologia como uma exploração sobre como uma terapia pode vir a ser mais profunda e madura.

Sou psicólogo há vinte anos e tenho treinado consultores e psicoterapeutas por mais de quinze, em minha universidade. Por isso, este capítulo destina-se não só ao leitor em geral, mas também a todos os estudantes, consultores e terapeutas que foram atraídos a esse campo porque queriam ser agentes de cura da alma humana.

---

* *Managed care:* atendimento gerenciado (N.T.).

## Como a Psicologia Perdeu a Alma

A palavra psicologia provém de duas palavras gregas, *psyche* e *logos*. *Psyche* significa "alma", e *logos*, no contexto em questão, significa "estudo". Assim, a palavra *psicologia* significa literalmente "estudo da alma". Da mesma forma, outras palavras-chave nesse campo também apontam para a alma. Por exemplo, a palavra *terapeuta* significa originalmente "servente" ou "atendente".[1] Assim, etimologicamente, o psicoterapeuta é um "servente ou atendente da alma". Até mesmo a palavra *psicopatologia* refere-se à alma. Ela provém das palavras gregas *psyche* e *pathos*, significando literalmente "sofrimento da alma".

Com base nessa rica etimologia, seria de se supor que a moderna psicologia estaria minimamente interessada na alma. Mas não é o caso. Em vez disso, a psicologia moderna prefere alijar-se de suas raízes etimológicas e enxertar-se na árvore da medicina e das ciências físicas. Freud, o fundador da psicologia terapêutica, queria fazer da análise uma especialidade médica dedicada à cura das doenças mentais. Assim, a psicoterapia foi desde o princípio fundida no molde do modelo clínico. Palavras como *doutor, paciente, doença, diagnóstico, tratamento* e *cura* foram usadas para descrever e estruturar o processo terapêutico. O modelo médico permeou de tal forma o campo da psicologia terapêutica, que hoje é quase impossível discutir a psicoterapia em quaisquer outros termos. Embora muitas escolas importantes de psicoterapia, juntamente com milhares de terapeutas, tenham se oposto ao modelo clínico, dizendo que ele não descreve o que realmente ocorre na terapia, o modelo — amparado pela Associação Psiquiátrica Americana, pelos fabricantes de medicamentos, pela indústria de seguros e, agora, por todo o complexo formado por planos de saúde e pelo sistema *managed care* — mantém-se firmemente estabelecido. Contra essas estruturas monolíticas de poder, os que sugerem ser a psicologia o estudo da alma, ou a terapia, um processo espiritual, existencial e criativo, são vistos como Dom Quixotes modernos apontando suas lanças para moinhos de vento.

Além disso, desde o princípio a psicologia tem sido permeada pelos postulados e métodos das ciências físicas. Depois do Renascimento, a ciência teve sua sua atenção cada vez mais voltada para o estudo do mundo físico, desenvolvendo métodos e procedimentos apropriados a essa investigação. Os primeiros pensadores no campo da psicologia desejavam desesperadamente que a psicologia fosse uma ciência, que seguisse o caminho das ciências físicas, deixando de perceber que o fenômeno psicológico muitas vezes não pode ser transposto para as categorias da realidade física. Os métodos e procedimentos estatísticos que funcionam tão bem nas ciências físicas em geral são ineficazes e reducionistas se aplicados aos fenômenos psicológicos. Em outras palavras, estudar o ser humano não é pura e simplesmente a mesma coisa que estudar uma pedra — ou um elétron, uma nebulosa, uma bactéria ou um pedaço de DNA. Quando estudamos uma pedra, uma "subjetividade" está estudando uma "objetividade". Mas quando estudamos outro ser humano, uma "subjetividade" está estudando outra "subjetividade". E isso faz toda a diferença do mundo. Seres humanos não são objetos; eles têm consciência e reagem ao modo como são tratados. Por isso, não se pode deixar de levar em conta a relação humana inerente à pesquisa psicológica. Posso tentar, como pesquisador e em nome da neutralidade e objetividade científicas, manter-me distanciado e à parte, mas mesmo assim estarei dando uma mensagem relacional: estarei dizendo que a natureza de minha relação com o meu assunto é de distanciamento e desinteresse. Agora, se meu assunto fosse uma pedra, ela não tomaria conhecimento disso. Mas, uma vez que se trata de um ser humano com consciência e sentimentos, ele não só tomará consciência disso, mas provavelmente pensará, sentirá e agirá diferentemente no experimento do que se esse fosse conduzido de outra maneira. Por outro lado, se me relaciono com ele como outro ser humano, com calor humano e respeito, ele também perceberá e responderá de acordo. E em cada caso ele me dará dados que refletem a relação que criei com ele.

Não havendo algo como uma relação neutra ou objetiva entre um pesquisador e um objeto de estudos humano, é difícil, se não impossível, conseguir dados psicológicos objetivos sobre seres humanos. Nossos dados têm sempre de ser interpretados à luz da relação e do contexto. Sören Kierkegaard disse certa vez ser contra todo cálculo que omitisse a relação. O mesmo digo eu. Essa é uma razão que me faz acreditar que a psicologia jamais será uma ciência ao modo das ciências físicas.

Amedeo Giorgi e Abraham Maslow estão entre os que enfatizaram que a psicologia é uma ciência humana e, por essa razão, não deveria ser forçada segundo o molde das ciências físicas.[2] Mais precisamente, a psicologia deveria ter seus próprios postulados e métodos epistemológicos. O que estudamos deveria determinar como o estudamos. Se optamos por estudar fenômenos tão caracteristicamente humanos como o amor, valores ou espiritualidade, provavelmente descobriremos que os métodos tradicionais das ciências físicas não são compatíveis com os fenômenos; isto é, esses métodos podem não ser capazes de apreendê-los e podem mesmo danificar o fenômeno que estamos tentando estudar. Um martelo é uma ótima ferramenta para pregar pregos, mas não é muito útil para caçar borboletas. E se eu insistir em usar um martelo para caçar uma borboleta, provavelmente lhe causarei ferimentos graves; na verdade, talvez eu nada mais tenha para estudar além de um montinho de protoplasma. Se quero estudar borboletas, tenho de usar uma rede para borboletas, que é "compatível com as borboletas".

Espero que a metáfora seja óbvia. Os métodos tradicionais das ciências físicas, embora elegantes e eficientes no estudo dos fenômenos materiais, são muitas vezes inadequados, ineficazes, reducionistas e prejudiciais no estudo das humanidades. Para estudar seres humanos, outros métodos — fenomenológicos, etnográficos, históricos, literários, narrativos, teóricos, hermenêuticos — terão de servir como "redes de borboletas" para o fenômeno humano em sua sutileza e excelência, fenômeno este que não pode ser apreendido e manipulado pelos métodos científicos tradicionais. A *ciência* é a busca do conhecimento, mas o *cienticismo* é uma atitude filosófica estreita, segundo a qual os métodos das ciências naturais deveriam ser usados em todos os esforços de investigação. Em psicologia precisamos de mais ciência e de menos cienticismo.

E o que isso tem que ver com a psicologia como caminho para o sagrado? Enquanto o modelo clínico dominar esse campo, nossa pesquisa, treinamento e prática enfocarão o diagnóstico, o tratamento e a cura de doenças mentais e darão pouca ou nenhuma atenção à alma ou a meios alternativos de conceitualização do processo terapêutico. Da mesma forma, enquanto a psicologia continuar a se fundir no molde das ciências físicas, poremos à margem ou mesmo em descrédito as dimensões da terapia que não satisfaçam nossos postulados e procedimentos científicos. Sendo a alma uma "borboleta" que não se presta aos métodos das ciências físicas, ela será ignorada. E se acontecer de ela voar para dentro de nossos programas de treinamento ou centros de pesquisa, ou de ser levada às escondidas por algum estudante emotivo, ela será sumariamente despedaçada pelos elegantes martelos das pessoas comprometidas com a "ciência" da psicologia.

Uma grande tragédia aconteceu na psicologia moderna: a alma foi expulsa de sua própria casa e exilada de seu próprio reino. A psicologia perdeu a alma.

## Rumo a uma Psicologia da Alma

Felizmente, há um número cada vez maior de psicólogos que acreditam que o banimento da alma é um grande erro histórico e que já é tempo de a psicologia voltar às suas raízes, na qualidade de disciplina que estuda a alma.

Carl Jung foi o primeiro psicólogo a reconhecer a importância da alma e a fazer dela um grande edifício psicológico. Jung fez da espiritualidade o centro de seu trabalho terapêutico, e acreditava que a recuperação da alma era essencial tanto para o indivíduo como para a sociedade ocidental.

Nos anos sessenta, o movimento humanístico-existencial na psicologia, que surgiu como reação ao reducionismo do behaviorismo clássico e da psicanálise, enfatizou bastante a dimensão espiritual, e pessoas como Abraham Maslow tentaram inserir esse tópico na corrente principal da psicologia. Então, no final da década, com o apoio de Maslow, foi lançado o movimento da psicologia transpessoal. A psicologia transpessoal foi uma ramificação do movimento humanista, voltando-se para as dimensões transpessoais ou espirituais da experiência humana. Em 1969, na primeira edição do *Journal of Transpersonal Psychology*, o editor Anthony Sutich definiu a psicologia transpessoal como "força emergente no campo da psicologia por um grupo de psicólogos e de homens e mulheres profissionais de outros campos, interessados nessas capacidades e potencialidades últimas do ser humano, que não têm lugar sistemático na teoria positivista ou behaviorista ("primeira força"), na teoria psicanalítica clássica ("segunda força") ou na psicologia humanista ("terceira força").[3] Chamando esse novo movimento de "quarta força" em psicologia, Sutich prosseguiu listando uma série de tópicos com os quais a psicologia transpessoal estaria relacionada. Essa lista incluía valores últimos, consciência unificadora, êxtase, experiência mística, temor, alegria, admiração, sentido último, transcendência do si-mesmo, consciência cósmica e sacralização da vida cotidiana.

Nos últimos trinta anos, psicólogos transpessoais como Ken Wilber, Frances Vaughan, Roger Walsh, Stanley Grof, Christina Grof e outros escreveram extensivamente sobre espiritualidade, mostrando como ela pode ser incorporada na teoria e na prática psicológica.[4] Pensadores transpessoais costumam estar familiarizados com tradições espirituais de outras culturas, e muitas vezes combinam o pensamento oriental com suas teorias e abordagens. Infelizmente, a corrente principal da psicologia americana, com seus postulados clínicos e materialistas, tende a ignorar a psicologia transpessoal e a marginalizar sua contribuições. No entanto, o movimento continua a atrair estudantes, clientes e praticantes.

Nos últimos anos, é provável que James Hillman tenha feito mais do que qualquer outro psicólogo para nos chamar de volta à psicologia como estudo da alma. Hillman acredita que ao abandonar suas raízes como estudo da alma a psicologia perdeu sua identidade e não conseguiu mais definir suas fronteiras. Ele vê a alma como o edifício central e organizador que pode fornecer o foco e os limites à nossa profissão. Em seu livro *Re-Visioning Psychology*, baseado numa série de conferências ministradas por ele na Universidade de Yale, Hillman desafia a psicologia a voltar às suas raízes e fazer da alma o centro de seu trabalho e a medida de sua disciplina. Diferenciando o que ele considera ser a verdadeira psicologia da que é freqüentemente chamada de psicologia, Hillman disse: "Onde houver ligação com a alma, haverá psicologia; onde não houver, o que está se fazendo pode ser mais adequadamente chamado de estatística, antropologia física, jornalismo cultural ou amestramento animal."[5]

Eu acho que existem algumas boas razões para seguir o conselho de Hillman e "re-visar" a psicologia a partir da perspectiva da alma. Também acredito que, de uma perspectiva histórica, isso poderia ser o *kairos*, o tempo exatamente certo para criar uma psicologia mais atenta à dimensão espiritual dos seres humanos. Diversas observações levaram-me a essa conclusão.

Primeira: diversas pesquisas têm demonstrado que a maior parte dos psicólogos praticantes, embora não esteja envolvida com uma religião organizada, considera a espiritualidade importante para sua vida pessoal e para seu trabalho clínico.[6] Ironicamente, enquanto os postulados dos valores vigentes da psicologia tradicional continuam a ignorar a espiritualidade, os próprios psicólogos na verdade a têm por importante e relevante para seu trabalho.

Segunda: conforme o observado acima, em *Megatrends 2000* John Naisbitt mencionou o crescente interesse pela espiritualidade como uma das dez megatendências da sociedade americana contemporânea.[7] Por essa razão, ao que tudo indica, tanto o campo da psicologia como o da cultura tomada amplamente podem estar prontos para uma maior ênfase na dimensão espiritual.

Terceira: o consumidor americano sabe que a psicoterapia é um modo de lidar com as questões existenciais e espirituais da vida. Em *Habits of the Heart*, um estudo sociológico da vida americana que se tornou obra de referência, Robert Bellah observou ter sido nos anos sessenta que a psicologia, até então considerada um tratamento para desordens mentais, passou a ser vista como veículo para o crescimento pessoal.[8] Muitos americanos recorreram à terapia, participaram de grupos de encontro ou envolveram-se em outras experiências orientadas para o crescimento. Nós nos transformamos numa nação psicológica. A psicologia tornou-se a número 1 em importância em escolas e universidades, e uma geração inteira descobriu que ela podia ajudar não somente em casos de doenças mentais mas também em questões não-clínicas. Terapeutas ajudam os clientes a esclarecer seus valores, a tornar-se pessoas mais positivas, a aumentar seu prazer sexual, a libertar sua criatividade, aumentar seu desempenho esportivo e sua satisfação no trabalho, reduzir o *stress*, encontrar mais sentido na vida, resolver problemas de relacionamento e aprofundar a espiritualidade.

O relógio nunca pode andar para trás. Milhões de filhos do *baby boom* aprenderam que a psicoterapia não serve só para os mentalmente doentes, mas também para aqueles que vivem debatendo-se com problemas ou simplesmente desejam aprofundar e enriquecer sua vida. Nos últimos trinta anos, a grande maioria desses usuários dos serviços psicológicos tem compreendido pessoas normais às voltas com problemas normais. Praticamente, toda família americana tem um membro, parente ou amigo próximo que tenha feito terapia. Dessa forma, parece que muitos consumidores americanos conhecem o valor e os múltiplos usos da terapia bem melhor do que a burocracia do sistema de saúde, que continua insistindo em definir a terapia dentro de estreitos limites clínicos e mecanicistas.

Maureen O'Hara é a vice-presidente executiva e diretora da Faculty of Saybrook Graduate School e também membro do Meridian Institute, um centro de pesquisas na região da orla. Ela acredita que os consumidores americanos constituem um grande mercado inexplorado para os terapeutas que pretendem abandonar o modelo clínico e "reinventar a si mesmos como praticantes do que Abraham Maslow chamou de 'psicologia do ser'".[9] Citando um estudo da Rand Corporation, O'Hara observa que muitos americanos ainda evitam a psicoterapia devido à sua conexão com o modelo clínico que tende a patologizar pacientes, tendo-os por mentalmente doentes. Assim, O'Hara sente que o futuro do campo pode pertencer aos terapeutas que têm seu trabalho por "algo aparentado ao chamado sagrado" e desejam ministrá-lo a "almas aflitas". Ela incita os psicoterapeutas a aproveitar essa oportunidade histórica de se dissociar dos doutores, da medicina e do sistema *managed care* como um todo.

Quarto: os modelos clínicos e mecanicistas que hoje dominam a psicologia jamais poderão dar a dimensão espiritual à psicologia. O postulado básico do modelo clínico é o de que nossos pacientes são doentes e precisam ser diagnosticados e receber tratamento para que fiquem bons. A psiquiatria foi longe demais ao tornar literal a metáfora médica, usando drogas e procedimentos invasivos para curar a pessoa mentalmente doente. Mas, independentemente de qualquer interpretação literal ou metafórica, o modelo clínico deixa pouco espaço para a alma.

Da mesma forma, os modelos mecanicistas vêem o cliente como uma máquina complexa, altamente suscetível aos estímulos e condicionamentos do ambiente e sujeita a disfunções, o trabalho do terapeuta sendo o de ajustá-la. Historicamente, o behaviorismo clássico, com base num modelo mecanicista, não reconheceu nem a mente nem a alma. Hoje, a mente tem sido aceita no modelo graças à influência da terapia cognitiva, mas ainda não há lugar para a alma.

Os modelos clínicos e mecanicistas certamente têm possibilitado contribuições úteis e deveriam ser integrados numa teoria abrangente da psicoterapia. Mas quando esses modelos servem como fundamento de aconselhamento e psicoterapia, produzem uma psicologia carente de alma; participam inadvertidamente na dessacralização extra de nossa sociedade e na "des-almação" da vida pessoal. Não se iluda: terapias sem alma produzem resultados sem alma. E quando psicoterapias, que se destinam a ajudar clientes, tornam-se permeadas pelos mesmos postulados dessacralizadores que operam em nossa sociedade e que muitas vezes estão entre as causas primeiras dos problemas dos clientes, talvez seja hora de buscar abordagens que amparem a alma em vez de a destruir.

Estes são tempos revolucionários para a psicologia. Milhares de terapeutas estão desiludidos com as abordagens médicas e mecanicistas do sistema de atendimento gerenciado, e milhões de consumidores americanos têm fome de uma experiência terapêutica que se ocupe das questões existenciais e espirituais de sua vida. Se essas duas forças chegarem a vislumbrar uma a outra haverá uma revolução na psicologia. Todavia, duas coisas poderiam abortar essa revolução. Primeira: os psicólogos podem ser incapazes de se dissociar da medicina e do sistema de *managed care*. Se for assim, eles perderão essa oportunidade histórica de redefinir a si próprios e a sua profissão. Segundo: consumidores americanos, cansados de uma psicologia que os patologiza, que os trata com técnicas imediatistas e ignora suas inquietações mais profundas, podem voltar-se para abordagens alternativas que valorizem sua busca espiritual. Na verdade, isso já está acontecendo; e haverá uma revolução se essa tendência continuar, mas a psicologia não estará envolvida. Será deixada para trás para se tornar uma especialidade exclusiva da medicina. Seria uma vergonha para a psicologia, com todo o seu conhecimento e promessa histórica, ser consignada a um pequeno cômodo na instituição médica, quando ela tem potencial para ser uma câmara de compensação para a alma, um enorme edifício dedicado a todas as áreas do esforço humano.

## Uma Nova Visão da Psicoterapia

Precisamos desesperadamente de uma visão nova do aconselhamento e da terapia, que valorize a alma e a natureza espiritual do ser humano. Criar uma visão como essa pode ser a mais importante dentre as tarefas da psicologia. Pôr essa visão em prática requeriria tempo e esforços de muitos terapeutas criativos. Eu gostaria de apresentar algumas idéias que podem ser um começo para esse trabalho.

James Hillman define a psicoterapia como construção da alma e vê os terapeutas como monitores do processo de construção da alma.[10] Pessoalmente, defino a psicoterapia como a arte de nutrir e curar a alma. Acredito na idéia de que a psicopatologia é o sofrimento da alma e que a tarefa primeira do terapeuta é a *cura animarum*, a cura da alma e o atendimento a ela dirigido. Assim, quando na perspectiva da alma, a psicoterapia procede a partir de dois postulados básicos: o primeiro é o de que o cliente está sofrendo no nível da alma, e o segundo refere-se à psicoterapia como processo pelo qual a alma do cliente é cultivada e curada.

## Psicopatologia: O Sofrimento da Alma

Por toda a história da psicologia terapêutica, muitos praticantes reconheceram que a psicopatologia muitas vezes é o resultado de conflitos e privações no nível espiritual. Erich Fromm enfatizou a importância da alma e defendeu a ocupação da psicoterapia com a dimensão espiritual.[11] Viktor Frankl acreditava que a ausência de sentido é a principal questão existencial de nosso tempo, e que o fracasso em encontrar um propósito em nossa vida freqüentemente resulta em problemas psicológicos.[12] Abraham Maslow afirmou que temos certas necessidades superiores — a necessidade de amor, de beleza, de verdade, de bondade e de outros valores do Ser, como ele os chamou. Não sendo saciadas essas necessidades, caímos numa espécie de metapatologia, que é o resultado direto da privação no nível espiritual.[13] Irvin Yalom, psiquiatra existencialista da Universidade de Stanford, é autor de um abrangente compêndio mostrando a relação dos temas existenciais com a psicopatologia.

Essa lista poderia continuar, mas o ponto em questão está claro: muitos de nossos renomados psicólogos e psiquiatras reconheceram que a psicopatologia não é simplesmente o resultado de problemas nas dimensões mental e emocional, mas algumas formas de psicopatologia têm suas raízes na dimensão espiritual. E embora descrevamos essa dimensão em termos filosóficos, existenciais, religiosos, espirituais ou psicológicos, ela está profundamente envolvida na etiologia dos problemas psicológicos bem como na cura pela psicoterapia. Vista dessa maneira, a idéia de que a psicopatologia é o sofrimento da alma nada tem de nova para a psicologia. Ela simplesmente está descrevendo na linguagem da alma o que muitas outras disseram no curso da história da psicologia.

A psicopatologia é o grito da alma, e os sintomas psicológicos são mensagens dolorosas da parte mais profunda do nosso ser. A alma sofre quando é privada de amor, de bondade, de verdade, de beleza e de paixão. Experimenta a agonia quando confrontada com a morte, com a ausência de sentido, com isolamento e solidão. A alma está ontologicamente sedenta, e se essa sede não for saciada, a vida torna-se estéril e seca, e a alma começa a morrer. Na vida, certas violações e traições ferem-nos tão profundamente que só podem ser chamadas de feridas da alma. Quando a alma está carente, negligenciada, faminta, sedenta, ferida ou maltratada, ela sofre. Esse sofrimento da alma é o que classificamos de patologia e tentamos ajustar às categorias de nosso manual de diagnósticos.

## Psicoterapia: A Arte de Nutrir e Curar a Alma

A psicoterapia é o processo pelo qual tentamos amenizar essa dor pela nutrição e cura da alma do cliente. Quando Freud postulou o inconsciente como fonte dos conflitos neuróticos, ele teve de descobrir os caminhos para o inconsciente, meios de ter acesso a essa dimensão de seus pacientes. Se posicionamos a alma como fonte do sofrimento de nossos clientes, temos de encontrar caminhos para ela a fim de cultivá-la e nutri-la nesse nível. Felizmente, os seres humanos têm nutrido e cultivado a alma por milhares de anos, e isso torna mais fácil a nossa tarefa. Eu gostaria de sugerir alguns caminhos para a alma, que poderão ser usados em terapia.

Primeiro: a relação do terapeuta com o cliente é a primeira rota para a alma. Sabe-se já há muito que a qualidade da relação é um fator crucial na cura terapêutica. Yalom observou que existem centenas de estudos de pesquisa mostrando que a qualidade da relação terapêutica está ligada, de maneira significativa, ao resultado terapêutico. Ele disse que a lição mais importante para o psicoterapeuta é aprender que "é a relação que cura".[15]

Mas o que significa dizer que é a relação que cura? Creio ser outra maneira de dizer que o terapeuta cultiva a alma do cliente e que por meio desse cultivo o cliente é curado. O amor é a maior força de cura para a alma ferida. Na relação terapêutica, o amor manifesta-se como empatia, atenção, calor humano, respeito, honestidade e aceitação do cliente. A presença desses fatores transforma a terapia num recipiente para a construção da alma. Eles tornam possível o contato alma a alma, e curam porque acalmam e alimentam a alma do cliente.

Isso tem implicações para o terapeuta. Só posso ser um agente de cura da alma quando estou em contato com a minha própria alma. Podemos tocar o outro na mesma profundidade do ponto a partir do qual temos contato com nós mesmos. Se eu me esforço para chegar até o cliente a partir de um lugar sombrio dentro de mim, não serei capaz de fazer contato com a alma dele. Mas, se estou familiarizado com as regiões de minha alma e posso prontamente ter acesso a essa dimensão de meu ser, serei capaz de fazer contato com o cliente a partir de um nível mais profundo e favorecer uma relação em que a cura da alma se torne possível. Como disse Paul Tillich, "a profundidade fala à profundidade".

Segundo: a relação terapêutica é importante; mas tambem é importante que o cliente veja a terapia não simplesmente como uma situação em que as pessoas têm sua alma cultivada por outrem. A psicoterapia é um aprendizado no qual os clientes aprendem a cuidar de sua própria alma. Deve-se mostrar ao cliente que há um sem-número de atividades e experiências que nutrem a alma. Na verdade, quase tudo o que toca, excita ou fala às nossas profundezas tem essa capacidade. Literatura, poesia, música, pintura, escultura, cinema, peças de teatro, dança, religião, natureza e o processo criativo são todos fontes potenciais de cultivo da alma.

Assim como um xamã escolhe cuidadosamente raízes e ervas para um ritual de curandeirismo, o terapeuta tem de ajudar cada cliente a encontrar as coisas da vida que podem cultivar e curar-lhe a alma. É de suma importância que o terapeuta perceba que o que pode nutrir a alma difere drasticamente de pessoa para pessoa, evitando cair no postulado elitista de que só a música clássica, a arte, a literatura e manifestações semelhantes possam nutrir a alma. Enquanto alguns clientes podem ter Mozart, Beethoven, Van Gogh ou Rilke por magníficas fontes de alimento para a alma, para outros uma canção *country* cantada por Willie Nelson ou Garth Brooks pode tocá-los diretamente. Uma caminhada nas montanhas ou viajar acampando pelo deserto podem cultivar a alma de outro cliente que acharia tediosos os programas que envolvessem óperas e galerias de arte. Assim, se queremos ajudar nossos clientes a nutrir e a curar sua alma, antes precisamos ajudá-los a descobrir quais as atividades e experiências que realmente vão ao encontro das necessidades de sua alma única.

Também é importante para o cliente iniciar um programa regular e consistente de dedicação a essas atividades e experiências de cultivo da alma. Para alguns isso pode significar caminhadas freqüentes pela praia ou ao longo de um rio; para outros, pode significar reunir poemas ou compor uma fita cassete com todas as músicas que lhe toquem mais profundamente; para outros ainda, pode significar ir ao teatro com mais regularidade. Há uns poucos anos tive uma cliente que foi assistir ao *Fantasma da Ópera*, e chorou em meu escritório ao contar-me como história e música tocaram-lhe a alma profundamente. Há alguns anos, eu também estava passando por uma fase difícil da minha vida quando por acaso acabei assistindo ao filme *Sociedade dos Poetas Mortos*. Os temas existenciais do filme tocaram minha alma e deram-me uma nova perspectiva. Conheço uma mulher que ama a música de Beethoven, e certa vez conseguiu sair de uma dolorosa depressão ouvindo suas obras muitas e muitas vezes. Ela diz ter sido amparada pela música. Um velho colega que fez dois doutorados, um em psicologia e o outro em literatura, durante anos ajudou clientes em hospitais psiquiátricos a cultivar e curar sua alma, encorajando-os a escrever e compartilhar poemas uns com os outros, em grupos de terapia. Há não muito tempo, tive uma cliente que passava por um grande sofrimento a ponto de achar que era capaz de cometer o suicídio. Quando lhe perguntei sobre o que ela achava que a poderia ajudar, ela respondeu que passear livremente à beira-mar lhe faria bem. Eu cautelosamente concordei, com a condição de que ela me prometesse nada fazer contra si mesma e manter contato. Ela aceitou, e seu período na praia foi profundamente salutar.

Assim, a psicoterapia vista da perspectiva da alma pretende que a alma esteja posicionada no próprio centro do esforço terapêutico. A psicoterapia torna-se então um contexto em que o terapeuta cultiva a alma do cliente e uma base de treinamento completo para que o cliente aprenda como cultivar ele próprio a sua alma. Isso não quer dizer que não sejam usadas outras técnicas, baseadas em outras teorias, mas sim que tudo está posto a serviço da alma e é avaliado a partir dessa perspectiva.

## Novas Metáforas para a Psicoterapia

Para substituir os modelos clínicos e mecanicistas que dominam o aconselhamento e a psicoterapia em nossos dias, eu gostaria de sugerir algumas metáforas alternativas de valorização da alma e da dimensão espiritual do ser humano.

### A Psicoterapia como Processo Artístico

A melhor descrição de psicoterapia que conheço foi dada por uma escritora, não por um psicólogo, e seu interesse na verdade era a escrita criativa, não a psicoterapia. A Isabel Allende, autora de A *Casa dos Espíritos* e de outros romances aclamados internacionalmente, perguntaram qual era o seu processo de escrita, e ela respondeu:

Escrevo de uma maneira muito organizada. Os livros não acontecem na minha mente; eles acontecem em algum lugar do meu ventre. É como a longa gestação dos elefantes, pode durar dois anos. E então, quando estou pronta para dar à luz, sento-me. Espero até 8 de janeiro, que é a minha data especial, e nesse dia começo o livro que vinha crescendo dentro de mim.

Muitas vezes, quando nessa data eu me sento, ligo o computador ou uso a máquina de escrever e escrevo a primeira sentença, não sei o que vou escrever, pois trata-se de algo que ainda não fez a viagem do ventre para a mente. Está escondido em algum lugar muito escuro e secreto, ao qual ainda não tenho acesso. É algo que venho sentindo, mas que não tem forma, nem nome, nem tom, nem voz. E eis que escrevo a primeira sentença — que geralmente é a primeira sentença do livro. É a única coisa que realmente fica. A história começa então a desvelar-se, lentamente, num longo processo. Quando termino o primeiro rascunho, já sei do que trata o livro. Mas antes não.

Em algum lugar dentro de mim — isso eu posso dizer depois de ter escrito cinco livros — eu sei que sei para onde estou indo. Sei que sei qual será o final do livro, ainda que não o saiba. É tão difícil de explicar. É como se eu tivesse essa terrível confiança de que algo para além de mim sabe por que estou escrevendo esse livro, e qual será o fim dele, e como se desenvolverá. Mas se você me perguntar do que trata o livro e para onde estou indo, não saberei dizer. Não poderei dizê-lo a ninguém. Nem a mim mesma. Mas tenho certeza de que eu não teria iniciado o livro sem saber por que o estou escrevendo.[16]

Allende pôs em palavras um processo que fica no centro de toda a arte criativa e também caracteriza a melhor psicoterapia. A psicoterapia tem muito mais em comum com esses processos artísticos do que com os modelos clínicos e mecanicistas. Creio que o melhor meio de compreender a terapia é abordá-la como um esforço artístico e usar o processo criativo como sua metáfora central.

A maioria dos clínicos reconhece que, na melhor psicoterapia, existe um processo criativo que assume vida própria e carrega o cliente para algum destino desconhecido, ainda que profundamente sentido. Ou seja, na melhor terapia o cliente mais cedo ou mais tarde começa a experimentar o fluxo sutil de seu próprio devir criativo. Como Allende, o cliente sabe que sabe para onde está indo. Mas da mesma forma, como Allende, se você lhe perguntar para onde está indo, ele não saberá dizer, como não poderá dizê-lo a ninguém, nem a si mesmo. Mas ele terá a certeza de que não teria começado a viagem sem saber por que a está fazendo.

A terapia facilita esse processo natural e criativo do vir a ser; é um esforço intensivo no qual tanto o cliente como o terapeuta focalizam o que está tentando emergir ou nascer no cliente. Há muita espera. Não se sabe muito. Ainda assim, há uma forte sensação de que esse vir a ser é importante, talvez mesmo uma questão de vida ou morte. O cliente sabe que a destruição estará associada ao processo criativo. Antigos modos de ser, velhos padrões e estruturas obsoletas terão de ser abandonadas. E ele sabe que antes de o processo estar acabado, ele pode experimentar maior ansiedade, depressão e dor. No entanto, há uma crença subjacente no processo criativo, um inabalável sentimento de estar sendo carregado por forças maiores do que você em direção a um modo de ser no mundo que é novo e em última análise mais enriquecedor.

Em seu livro *Existence*, Rollo May diz que a palavra "existência" provém da raiz *ex-sistere* e significa "sobressair" ou "emergir". Diz também que os psicólogos existencialistas vêem "o ser humano, não como uma coleção de substâncias, mecanismos ou padrões estáticos, mas mais como um emergir ou como um vir a ser, e isso equivale a dizer, como um existir".[17] May via a psicoterapia como um processo criativo em que o terapeuta facilita aquilo que está emergindo ou vindo a ser no cliente. Acredito que os seres humanos passam por períodos de crescimento em que deixam antigos padrões para trás e são projetados para a frente em direção ao que é profundamente sentido, mas inarticuladamente novo. Acredito também que a ansiedade, a depressão e outros problemas clínicos são o mais das vezes sinais a nos dizer que paramos de crescer, que estamos morrendo interiormente, sufocando nas estruturas antigas e insustentáveis que não nos servem mais. Assim como o artista lida com o que está tentando se tornar manifesto na pintura, na escultura ou na poesia, da mesma forma o terapeuta criativo lida com o que está tentando emergir no processo de realização do cliente. O cliente e o terapeuta encontram o que está lutando para nascer na alma do cliente e o dão à luz.

A psicoterapia como esforço artístico situa-se na extremidade oposta do *continuum* das práticas terapêuticas a partir das abordagens superficiais e mecanicistas que passam a dominar o campo. É uma forma mais profunda e madura de terapia, pois depende de um entendimento mais complexo da condição humana. Ela valoriza o vasto reservatório de sabedoria encontrado na literatura, na poesia, nas artes, nas filosofias, nas religiões e nos antigos métodos de cura de todo o mundo, e erige-se a partir dele. Mas nem por isso há nessa abordagem algo que contradiga ou impossibilite a ciência ou os novos conhecimentos sobre o processo de cura.

Em compensação, o modelo de psicoterapia conduzido pela técnica costuma ignorar o contexto humano. Ele presta pouca atenção, se é que presta alguma, a questões existenciais e espirituais que muitas vezes estão na raiz dos problemas do cliente. A exemplo da mecânica bem executada, que pode ajustar nosso carro mas nada tem a oferecer se perguntamos como desenvolver uma vida melhor, assim também o terapeuta-técnico pode mudar o comportamento ou remover sintomas, mas parece pouco saber sobre como cultivar a alma ou ajudar o cliente a criar uma existência mais profunda e apaixonada.

Há vinte anos tenho trabalhado em hospitais, comunidades para tratamento mental e grupos de prática privados. Descobri que, se os clientes muitas vezes iniciam a terapia por causa de um sintoma doloroso, logo começam a discutir sua vida — a trama complexa que envolve o que eles são, para onde vão, o que está presente e o que falta em sua vida. Entrando os clientes nesse processo profundo, é quase impossível convencê-los a fazer o que consideram técnicas "secretas" ou indicações de tarefas para casa objetivando apenas o alívio dos sintomas. Sentem que embarcaram numa viagem que não somente aliviará seus sintomas, mas também os conduzirá a uma vida mais profunda e cheia de significado.

Numa profissão burocraticamente conduzida, que requer, depois de apenas uma ou duas sessões, planos lineares de tratamento com objetivos claramente definidos, métodos específicos para alcançar esses objetivos e uma lista de critérios para determinar quando a terapia terminará, o terapeuta que deseja valorizar o processo criativo e mais profundo no cliente está em lamentável desvantagem. Assim como a nossa sociedade tecnológica concede pouco espaço para a arte e para os artistas, também na psicologia o terapeuta artístico é desvalorizado. Mais precisamente, o modelo terapêutico está se tornando cada vez mais uma técnica dirigida pelo lado esquerdo do cérebro, cientística e hiper-racional, que pouco ou nada sabe sobre a alma. O ramo do tratamento de saúde, dirigido por uma mentalidade e economia imediatistas, corrobora esse tipo de terapia. Quanto mais rapidamente um terapeuta possa dar o trabalho por realizado e submeter o sofrimento individual à linha de montagem ou aos ganhos de escala, mais dinheiro fará a indústria do *managed care*. Infelizmente, nos Estados Unidos, o dinheiro é mais importante do que a alma do cliente, e a terapia está se tornando um centro de soluções fáceis dominado por Wall Street.

Certa vez, Rollo May disse a um amigo meu, que na época estava mergulhado em estudos científicos bastante rigorosos: "Você precisa ler menos ciência e mais poesia." Ele tirou as palavras da minha boca. Nos programas de treinamento em terapia e na profissão de terapeuta em geral, precisamos ler menos ciência e mais poesia. A terapia é mais do que uma ciência linear, procedimentos clínicos e métodos mecanicistas. Ela também é poesia e arte. E são as dimensões artísticas, criativas, espirituais e poéticas da terapia que estão em seu cerne, pois refletem e facilitam o processo de crescimento, de vir a ser e de dar à luz a alma.

## A Psicoterapia como Trabalho com o Ser

A psicoterapia é um processo ontológico. A matéria-prima da construção da alma é *ontos*, "ser", e em terapia tenho muitas vezes a sensação de que estou trabalhando com uma matéria ontológica, que o ser do cliente está emergindo e que eu e o cliente, como dois escultores, estamos suavemente moldando, formando e trabalhando até que ela comece a tomar forma.

Conforme observamos acima, Rollo May acreditava que o estado natural do ser humano é o de emergir, o de vir a ser. Os problemas emocionais desenvolvem-se quando esse processo natural é obstruído ou bloqueado. A terapia, então, ocupa-se daquilo que está tentando emergir ou vir a ser no cliente, bem como com as coisas que estejam bloqueando o processo. Nessa mesma perspectiva, Eugene Gendlin desenvolveu uma abordagem terapêutica chamada focalização, especificamente destinada a ajudar clientes conectados com o seu fluxo de experiência pré-verbal, com aquilo que sabem, embora não o possam pôr em palavras.[18] Nesse sentido, pode-se dizer que a focalização é um modo de ajudar o cliente a ter acesso ao que ele está tentando vir a ser.

Essa linguagem pode soar um tanto misteriosa para aqueles que consideram a terapia em termos lineares e mecanicistas. Mas para o artista criativo, essa linguagem não é de todo estranha. Quem cria arte pode ter acesso a dimensões da experiência interna e pautar-se por processos que não possam ser descritos de modo linear. Por exemplo, de que modo um pintor sabe o quanto de cada cor deve inserir em cada parte a fim de ir ao encontro daquilo que sua visão intuitiva da pintura deve se tornar? Como o escritor sabe quando deve jogar uma página fora e quando deve mantê-la, particularmente quando a visão intuitiva ainda não está completamente clara? Na arte criativa há processos misteriosos, quase impossíveis de ser descritos em palavras, pelos quais é guiado o artista. Existe um sentido interno — um ponto de referência dinâmico, intuitivo — ao qual o artista sempre volta para se certificar de que o trabalho artístico está se desenvolvendo na direção correta. A psicoterapia depende de alguns desses mesmos processos misteriosos; somente o cliente e o terapeuta estão trabalhando com *ontos*, com o ser do cliente que está tentando emergir ou vir a ser. E assim como o artista criativo tem de seguir seu senso intuitivo para produzir a obra de arte, o terapeuta criativo tem de seguir a autêntica natureza e o emergir do ser do cliente para ajudá-lo a vir a ser o que ele está tentando vir a ser. Esse processo criativo simplesmente não pode ser descrito em termos lineares; e é exatamente por isso que os modelos mecanicistas de terapia são limitados e inadequados quando se trata de compreender e descrever o processo complexo envolvido no encontro terapêutico e no crescimento psicológico.

Paul Tillich trouxe outra contribuição para essa perspectiva. Tillich passou muito tempo de sua vida traduzindo conceitos religiosos para uma linguagem ontológica, a fim de que pessoas de nossa era moderna, para as quais as palavras religiosas perderam seu significado, pudessem visualizar as grandes verdades fundamentais representadas por esses conceitos.[19] Tillich via a nossa condição humana fundamental como de separação de Deus, a que ele chamou de Fundamento do Ser. Ele reformulou o conceito de pecado para que abarcasse não pecados morais, mas a condição de estar separado do Fundamento do Ser. A reconciliação, outro conceito bíblico, foi por ele interpretada como o processo pelo qual estamos reunidos com o Fundamento do Ser.

As mesmas verdades básicas são comunicadas diferentemente por cada sistema simbólico. Usando a linguagem religiosa, poder-se-ia dizer que os seres humanos estão separados de Deus e precisam reconciliar-se com Deus. Em linguagem psicológica, poder-se-ia dizer que os seres humanos estão sem contato com seu si-mesmo mais profundo e precisam religar-se a ele. Usando a linguagem ontológica de Tillich, poderíamos dizer que estamos separados do Fundamento do Ser e precisamos nos reunir a ele. Assim, a psicoterapia significa ajudar os clientes a voltar para seu si-mesmo essencial, a reconciliar-se com o fundamento e fonte de seu ser, a religar-se ao que eles realmente são.

Da mesma forma, Carl Rogers disse que os clientes chegam à terapia num estado de incompatibilidade; ou seja, estão isolados de sua experiência interior. Falta sintonia entre o conceito que fazem de si mesmos e a verdade do organismo. Em outras palavras, o cliente não está ancorado em seu próprio ser, e isso produz ansiedade e desequilíbrio.[20]

Para assistir ao cliente, o terapeuta tem de criar uma relação caracterizada pelo que Rogers chamou de empatia, um olhar incondicionalmente positivo, e compatibilidade. Rogers originalmente descobriu que há três variáveis para as transcrições de análise de suas sessões de terapia. Descobriu que, quando era empático, atencioso e mostrava-se compatível com os clientes, havia uma tendência para a melhora. Rogers chegou a acreditar que essas variáveis eram condições necessárias e suficientes da terapia, e ele e seus colegas fundamentaram essa informação em centenas de estudos que demonstravam uma correlação positiva entre essas condições e o êxito da terapia.

Acredito que essas três variáveis sejam ontológicas, que estejam relacionadas com o ser. Ao descobri-las, Rogers descortinou algo um pouco mais profundo e além do que poderia ser referido pela sua linguagem. Por exemplo, num certo nível a terapia é simplesmente um esforço para adentrar o mundo fenomenológico do cliente e refletir de volta para ele o que ali se vê. Mas em nível mais profundo, a empatia pode ser vista como uma ferramenta ontológica para descobrir o autêntico ser do cliente. De uma perspectiva ontológica, a empatia não está simplesmente espelhando os pensamentos, sensações e experiências interiores do cliente; encontra-se também sintonizada com o autêntico ser do cliente. Uma empatia acurada descobre a essência única do cliente. Como diria Heidegger, é a *aleitheia*, a verdade do ser, em ação. Assim, a terapia não é simplesmente um trabalho psicológico; ela é um esforço ontológico.

O conceito de Roger, de olhar incondicionalmente positivo, é uma atenção desprovida de julgamento que aceita o cliente como ele é. Roger descobriu que quando os clientes são aceitos como são, eles se vêem livres para evoluir e mudar. Creio que esse paradoxo é na verdade uma dinâmica ontológica. Se o julgamento ou a rejeição inibem o processo de vir a ser, talvez a aceitação seja a condição ontológica a permitir que o cliente volte a evoluir. Assim, a cura ontológica significa ser visto pelo que realmente se é, por meio da empatia, e então ser aceito como se é mediante um olhar incondicionalmente positivo.

Em seu sermão "Você Foi Aceito", em *The Shaking of the Foundations*, Tillich descreveu os efeitos poderosos advindos de ser aceito.

> Pode acontecer como pode não acontecer. Certamente não acontece se tentamos forçá-la para nós mesmos, tampouco deve acontecer quando, autocomplacentes, pensamos não ter nenhuma necessidade dela. A graça nos alcança quando estamos em grande sofrimento ou sobrecarregados. Ela nos alcança quando andamos pelo vale sombrio de uma vida sem sentido e vazia. Alcança-nos quando sentimos que nossa separação está mais profunda do que normalmente é, porque violamos outra vida, uma vida que amávamos ou da qual estávamos afastados. Alcança-nos quando a nossa aversão ao nosso próprio ser, nossa indiferença, hostilidade e falta de direção e serenidade se nos tornaram intoleráveis. Alcança-nos quando, ano após ano, a perfeição da vida pela qual ansiávamos não aparece; quando as antigas compulsões prevalecem dentro de nós como tem acontecido há décadas, quando o desespero destrói toda a alegria e coragem. Algumas vezes, nesse momento, uma onda de luz irrompe em nossa escuridão, e é como se uma voz estivesse dizendo: "Você foi aceito." Você foi aceito, aceito por aquele que é maior do que você, cujo nome você não conhece. Não pergunte o seu nome agora; talvez você o descubra depois. Não tente fazer nada agora; talvez mais tarde você faça mais. Não busque

nada; não execute nada; não pretenda nada. Simplesmente aceite o fato de que você foi aceito! Quando isso nos ocorre, experimentamos a graça. Depois de uma experiência como essa, podemos não estar melhor do que antes e podemos não acreditar mais do que antes. Mas tudo está se transformando. Nesse momento, a graça vence o pecado e a reconciliação lança uma ponte sobre o abismo da alienação. E nada é requerido dessa experiência, nenhuma pressuposição religiosa, moral ou intelectual, nada senão a aceitação.[21]

A compatibilidade terapêutica — sintonia entre o comportamento externo do terapeuta e sua experiência interior — é ontológica por natureza, e nela o terapeuta está em contato com seu próprio ser, trazendo assim o ser autêntico para o encontro terapêutico. Em presença de um autêntico terapeuta, o ser do cliente, por mais reprimido que esteja, há de ressoar e responder. O autêntico terapeuta é uma chama do ser que ilumina a chama que se apagou na alma do cliente.

## A Psicoterapia como Processo Arquetípico Facilitador

A genialidade de Carl Jung está no seu reconhecimento do fato de que os processos arquetípicos estão em funcionamento nas profundezas da alma. Não somos tábulas rasas em que a experiência simplesmente escreve sua história. Em vez disso, nascemos com predisposições arquetípicas, tendências universais que podem ser mais facilmente ativadas por nossas experiências na vida. A ativação dessas predisposições tende a compreender acontecimentos psicológicos momentosos. Embora sejam parte de nosso processo de individuação e em última instância contribuam para nosso crescimento, também podem gerar fortes emoções e ser psicologicamente dolorosos quando acontecem. Os clientes podem recorrer à psicoterapia por terem sido apanhados num processo arquetípico, lutando para tirar algum sentido das sensações desencadeadas. Nesses casos, a psicoterapia envolve a assistência ao cliente no decorrer do processo.

Para ilustrar o que eu quero dizer com processo arquetípico, usarei a depressão clínica como exemplo. David Rosen, psiquiatra junguiano e autor de *Transforming Depression*, defende que a depressão é uma experiência arquetípica que pode melhor ser compreendida como parte do processo de individuação e que "no cerne do processo de transformação está uma experiência arquetípica de morte e renascimento".[22]

Na depressão, a pessoa confronta-se com o arquétipo sombrio e monstruoso da morte, e depois, quando começa a sair da depressão, com as forças assustadoras do renascimento. Esses arquétipos são poderosos, e a pessoa não poderia ser submetida a uma experiência arquetípica mais fundamental. Como diz Fritz Perls, criador da terapia da Gestalt, "Passar pela própria morte e renascer não é fácil".[23]

A depressão parece com a morte. Para alguém que nunca passou por isso, é difícil compreender a dor psicológica pela qual se é envolvido. Na minha vida, lutei com a depressão algumas vezes. Nos meus piores dias, eu acordava pela manhã com uma ansiedade e sensação de terror. Ela se apropriava de toda a força de vontade que eu pudesse reunir para levantar da cama e encarar o dia. Sentia-me letárgico, quase como se estivesse atravessando um rio todo feito de melado, e tinha de me forçar a tomar banho, escovar os dentes, vestir-me e ir para o trabalho. Algumas vezes sentia-me triste e chorava; mas a maior parte do tempo sentia-me como um robô sem emoção, com uma bateria arriada, simplesmente tentando terminar o dia. Não sentia entusiasmo pela vida nem pelas atividades que outrora me davam prazer. Aterrorizava-me diante de uma palestra ou de uma apresentação, temendo que a minha ansiedade interferisse com a minha capacidade de pensar, temendo que meus alunos e colegas pudessem ver a constrangedora verdade de que eu, um psicólogo, estava deprimido. Perguntava-me se algum dia eu poderia melhorar, ou se ficaria aprisionado para sempre naquela masmorra escura. Não tinha vontade de ver os amigos; só queria fugir, ir embora, hibernar. A vida parecia-me pesada, sombria, sem esperança. E se acontecesse de eu me sentir um pouco melhor à noite, eu sabia que quando acordasse, na manhã seguinte, o monstro negro estaria de volta.

Rosen acredita que nessa fase da depressão a antiga identidade do ego está morrendo. Em outras palavras, as antigas estruturas de nossa vida estão se desintegrando; o antigo modo de ser, com que estávamos fortemente identificados, não está mais funcionando, e temos de abandoná-lo. O próprio Rosen ficou deprimido quando sua mulher o deixou, e isso foi o que forçou sua antiga identidade a morrer. Ele precisava passar pela experiência mortal de renunciar à vida que tinha antes, e depois, finalmente, passar pela experiência do renascimento de um novo modo de vida.

As pessoas por vezes apresentam tendências suicidas durante a fase de morte da depressão. Mas é claro que o suicídio não é a resposta. Como diz Jane Wheelwright em seu artigo "Old Age and Death", tendências suicidas indicam que o cliente deprimido literalizou as sensações de morte e ainda não compreendeu o significado simbólico e arquetípico do que está acontecendo. Wheelwright escreve:

> O puxão para baixo e a imobilização que acompanham as depressões profundas são erroneamente tomados por sensações de morte física, e não de morte psíquica que, na verdade, precede o renascimento psíquico. As pessoas com tendências suicidas freqüentemente não conseguem reconhecer que é a natureza que exige uma mudança de atitude ou uma ampliação na consciência de si mesmo, o que ocasiona o estado depressivo. Elas não percebem que para realizar uma mudança em sua vida, é preciso experimentar o desespero e enfrentar a noite escura de seu estado de afunilamento da mente, para desembocar na mudança.[24]

Talvez em nenhuma outra parte o processo arquetípico de morte e renascimento apareça mais claramente do que no distúrbio bipolar, comumente chamado de doença maníaco-depressiva. Em casos extremos, clientes com esse distúrbio podem oscilar em questão de horas de um pólo para outro. Um dia encontram-se tão deprimidos que não conseguem pensar em nada a não ser em suicídio e morte. No dia seguinte, na fase maníaca, são tomados de tal maneira pelas energias de renascimento que se tornam grandiosos, efusivos, sem conseguir se acalmar. Embora o distúrbio bipolar seja um exemplo extremo, com os clientes algumas vezes manifestando sintomas psicóticos, fornece um quadro dramático de morte e renascimento simbólicos. Em *Touched with Fire: Manic-Depressive Illness and the Artistic Temperament*, Kay Redfield Jamison observou que "os ritmos e ciclos da doença maníaco-depressiva, uma doença singularmente cíclica, incidem de maneira parecida aos do mundo natural, assemelhando-se também aos ciclos de morte e regeneração, sombra e luz, tão freqüentemente apreendidos na poesia, na música e na pintura".[25]

Minha própria história demonstra o funcionamento do processo de morte-renascimento. Durante anos minha vida foi dedicada a buscas do ego que estavam relacionadas ao meu trabalho. Na universidade, eu era o titular de diversas cátedras e chegava a trabalhar até sessenta horas ou mais por semana para dar conta de tudo. Mas quando cheguei à meia-idade, comecei a perceber que eu não havia aproveitado a maior parte das coisas que eu estava fazendo. A antiga identidade do ego, que sempre me proporcionara certa "altivez", parecia-me agora árida e seca. No outono de 1988, aos 43 anos, eu estava deprimido e via pouco valor nas coisas que eu realizara até então. Recorri à terapia, e finalmente reconheci que não podia continuar a viver do modo como estava vivendo. Minha antiga identidade, minha antiga forma de vida estavam morrendo. Na terapia defrontei-me com sua morte, lamentei-me por ela estar passando, elogiei-a em muitos aspectos, conduzi seu funeral e a enterrei. Foi difícil fazê-lo, pois eu havia me apegado àquele antigo modo de vida, ainda que ele estivesse matando minha alma.

Então, para minha surpresa, quando deixei a antiga vida, uma vida nova começou a se fazer sentir em mim. Vi-me voltando para a arte, para a poesia e para a escrita criativa — coisas que sempre haviam me atraído, mas que sempre havia como que posto na última gaveta. Deixei de trabalhar tantas horas e comecei a fazer mais coisas para o cultivo de minha alma. Fiz novos amigos que sabiam viver a vida com paixão ou que queriam explorá-la comigo. Meu casamento ganhou vida nova e tornou-se melhor do que nunca. Este livro que você está lendo, com seu enfoque na alma, é um produto de minha experiência de renascimento.

Não gosto de depressão, não a romantizo nem a idealizo. Não a desejo para ninguém. A depressão é um monstro negro que esmaga a vida e leva embora toda a alegria. No entanto, digo o seguinte: se alguém viesse me propor viver a vida novamente livre da depressão, contanto que eu me dispusesse a renunciar às dádivas que a depressão me proporcionou — a profundidade da consciência, a consciência expandida, a sensibilidade ampliada, a consciência da limitação, a ternura do amor, o sentido da amizade, o gosto pela vida, a alegria de um coração apaixonado — eu responderia: "Isso mais parece a barganha de Fausto com o diabo! Deixe-me com minhas depressões. Deixe que as sombras desçam, mas não leve embora as dádivas que a depressão, com a ajuda de alguma mão invisível, dragou do oceano profundo de minh'alma e espalhou ao longo da orla de minha vida. Eu posso suportar as sombras, se for preciso; mas não posso viver sem essas dádivas. Não posso viver sem minha alma."

Ver a depressão de uma perspectiva arquetípica confere-lhe sentido. A desesperança é um problema capital na depressão, sobretudo porque aqueles que renunciam a toda a esperança muitas vezes cometem suicídio. Talvez o melhor antídoto para a desesperança seja o sentimento de que existe um sentido no sofrimento. Há muitos tipos de depressão, e não estou dizendo que todas as depressões tenham um sentido. É claro que o mundo está cheio de dores que não fazem sentido, e não serei eu a pintar um quadro cor-de-rosa da depressão. Mas não tenho dúvidas de que algumas depressões têm um sentido profundo, de que são experiências arquetípicas destinadas a nos trazer de volta a nosso verdadeiro si-mesmo e mostrar-nos a estrada para nosso destino.

Se cultivássemos nossa alma e cuidássemos de nossa vida interior constantemente, ajustes extremos como esses não seriam necessários; poderíamos ser capazes de encontrar nosso caminho sem a experiência a marretadas da depressão. Mas muitos de nós estão de tal maneira convencidos, que a depressão parece ser necessária para chamar nossa atenção. Temos fortes tendências egoísticas que nos puxam em direção a falsas identidades de ego. Ao mesmo tempo, temos uma alma que não nos deixará ir, que se recusa a nos deixar desperdiçar nossa vida em buscas vazias. Apesar da resistência do ego, nossa alma puxa-nos em direção a nosso destino, força-nos a vivenciar nosso *karma*. Uma vez que somos incapazes de aprender a humildade de outra maneira, a alma saca sua artilharia pesada e esmaga-nos "osso por osso", para usar as palavras de Emily Dickinson. Nesses casos, a depressão, ainda que extremamente dolorosa, é também nossa salvação. É a força corretiva que nos põe de volta na estrada de nosso destino, um destino que teríamos perdido, não fosse a depressão a nos pôr novamente em contato com nossa alma.

Creio que há milhares, talvez mesmo milhões de pessoas deprimidas a que esse quadro possa estar dizendo respeito. Se você é uma delas, permita-me assegurar-lhe de que sua depressão, por sombria e monstruosa que possa parecer, é em última análise seu guia. Ela foi enviada do além, para trazer você de novo para a sua alma, para o seu si-mesmo mais profundo. Não desista nem caia num desespero irremediável. A fênix ainda há de se erguer das cinzas, a primavera se seguirá ao inverno, a ressurreição ainda virá após a morte, e a alegria do renascimento sucederá às sombras da depressão. Encontre um terapeuta bom e atencioso, que saiba que algo sagrado está acontecendo, que compreenda que as forças da morte e do renascimento estão se fazendo sentir dentro de você, que possa andar com você pelas sombras e servir de parteiro ao novo si-mesmo que está tentando nascer. E numa bela manhã, num futuro não muito distante, você perceberá que o mundo parece um pouco mais claro, que as nuvens escuras estão se dispersando, que o sol brilha no seu rosto e que a esperança finalmente está de volta. Na forja sombria de sua alma, a dolorosa depressão já pode estar moldando os contornos do homem ou da mulher que você está destinado(a) a ser, esforçando-se em produzir a força, humildade e sabedoria de que você precisará para cumprir seu destino no mundo.

*Quinto Caminho*

# Mitologia

## O Caminho da História, do Ritual e do Símbolo

*O mito é a abertura secreta pela qual as energias inexauríveis do cosmos afluem para a manifestação cultural humana.*

— Joseph Campbell

A mitologia é o caminho mais antigo para o sagrado. No decorrer da evolução, quando os seres humanos passaram a ter consciência da dimensão espiritual, as histórias, rituais e símbolos mitológicos surgiram como um meio de representar aquela experiência e ajudá-los a se ligar com o âmbito sagrado. Joseph Campbell, um dos principais mitólogos deste século, disse:

> Nossos primeiros indícios concretos de pensamento mitológico datam do período do homem de Neanderthal, que perdurou de aproximadamente 250000 até 50000 a.C.; esses indícios compreendiam, antes de mais nada, enterros com ofertas de alimento, utensílios relacionados a sepulturas, ferramentas, animais sacrificados e coisas assim; além disso, preservaram-se santuários em cavernas no alto das montanhas, onde caveiras guardavam a caverna, cerimoniosamente dispostas em grupos simbólicos.[1]

Desses primórdios até a presente era pós-moderna, o pensamento mitológico tem participado da experiência humana. Como veremos, a mitologia não é simplesmente uma coleção de histórias pitorescas de lugares e épocas antigos. Mais do que isso, a mitologia é e tem sido sempre um caminho para o sagrado, uma ponte mística que nos liga ao mundo espiritual.

## Definindo a Mitologia

Já se disse que chamamos a nossa própria mitologia de "religião" e as religiões das outras pessoas de "mitologias". Acho que existe alguma verdade nisso. A maior parte de nós pensa que nossa religião é especial, que ela contém a verdade, e que todas as outras religiões não passam de mitos que refletem esforços falhos de uma cultura em compreender Deus e o universo. Um entendimento mais profundo da mitologia revela, porém, o religiocentrismo desse ponto de vista.

Todas as religiões do mundo e todas as mitologias contêm suas próprias histórias, rituais e símbolos. Se os consideramos em nível superficial, a diversidade é quase inesgotável. Mas se os olharmos mais profundamente, torna-se visível que essas histórias, rituais e símbolos tão diversos não são mais do que as máscaras de Deus, como Campbell os denominou.[2] Por exemplo, à primeira vista, um funeral numa igreja episcopal pode parecer radicalmente diferente de uma simples cerimônia de enterro numa cultura indígena, mas ambos os rituais ajudam as pessoas desoladas na sua experiência de perda, que é universal. A celebração de um casamento numa aldeia européia pode levar dias, enquanto uma união parecida numa tribo primitiva pode implicar pouco mais do que uma entrada ritualizada na cabana matrimonial; mas, também aqui, ambos os rituais são essencialmente iguais. Todas as mitologias, com seus rituais e símbolos, são modos de lidar com os acontecimentos e preocupações universais da vida humana. Embora os teólogos possam discutir a respeito de qual religião é certa, penso que todas têm alguma coisa a oferecer e contêm revelações e perspectivas espirituais que não devem ser desperdiçadas.

Uma das idéias erradas, porém comuns, sobre mitologia é a de que *mito* significa "falsidade", algo que não é verdadeiro. Ao contrário disso, um mito geralmente contém um tipo mais profundo de verdade. Um mito é uma história metafórica, algo como uma alegoria ou parábola, que contém revelações e verdades profundas sobre a condição humana. A razão que nos leva a confundir mito com falsidade é a de que, de um ponto de vista literal, o mito em si não costuma ser verdadeiro. Por exemplo, nunca houve um deus chamado Eros que se apaixonou por uma mulher mortal chamada Psiquê; isso é um mito, uma história imaginada que se criou na cultura da Grécia antiga. Tomada literalmente, a história é obviamente falsa. Porém, se for metaforicamente compreendida, o mito contém verdades importantes sobre a vida humana. Sendo nossa cultura obcecada por verdades proposicionais e fatos palpáveis, muitas pessoas não conseguem entender como algo não-científico e factualmente desprovido de verdade como a mitologia pode ter algum valor. Mas essa atitude reflete mais negativamente em nós do que na mitologia; sugere o quanto estamos distanciados das coisas da alma e desconectados da antiga sabedoria contida nas imagens míticas. Como disse Rollo May em *The Cry for Myth*, "Não pode haver prova mais forte do empobrecimento de nossa cultura contemporânea do que a definição popular — embora profundamente errada — de mito como falsidade".[3]

Tanto a religião como a ciência ocidental em suas formas ortodoxas têm problemas com a mitologia. A religião fundamentalista, com sua necessidade dogmática de interpretar literal e concretamente, é uma expressão religiosa da carência generalizada de nossa cultura em compreender a alma e o mundo imaginário. A ciência ortodoxa, em seu rígido comprometimento com fatos empíricos, manifesta a mesma incapacidade de valorizar o tipo de verdade revelada pelo mito, pela metáfora, pela imagem, pelo símbolo e por outras abordagens intuitivas e artísticas. Trata-se de um tipo científico de fundamentalismo que tem muito em comum com seu primo religioso. Ambos são obcecados pela sua própria qualidade de lógica e pelo "pensamento relacionado com o lado esquerdo do cérebro", e ambos pouco reconhecem a alma e o valor da verdade imaginária, de forma que não causa nenhuma surpresa o fato de o mito não "funcionar" bem nem na religião fundamentalista nem na ciência ortodoxa. Ele desafia sua necessidade de um universo bem ordenado, onde tudo se mantém no seu devido lugar. O mito abre a porta para um mundo que não pode ser predito nem controlado, onde a verdade apresenta-se mais amorfa, multifacetada, relativa e pluralista. O mito nos leva para fora do mundo no qual fatos rigidamente delimitados repousam como pedras, conduzindo-nos às profundezas do mar imaginal com suas correntes e verdades próprias; ainda que as histórias da mitologia possam não ser literalmente verdadeiras, isso não significa que elas não sejam metafórica e existencialmente verdadeiras.

Outra concepção errada sobre mitologia é a visão, defendida por alguns, de que a mitologia nada mais é do que uma forma primitiva de ciência, uma tentativa, por parte de homens e mulheres primitivos, de entender e controlar as forças da natureza por meio do envolvimento em vários rituais e cerimônias destinadas a suplicar aos deuses e aplacá-los. Há alguma verdade nisso, pois a mitologia de fato chegou a cumprir essa função. Mas as origens e os propósitos da mitologia vão muito mais fundo do que pode sugerir esse entendimento superficial. Na verdade, essa visão do mito é um bom exemplo do modo como sobrepomos nossas perspectivas modernas e nossa visão de mundo científica às culturas antigas, como se elas fossem pouco mais do que presságios crus e imperfeitos de nossa era presumivelmente mais esclarecida. Isso é mais um sinal de nosso egocentrismo cultural do que de uma análise atenta da origem e das funções da mitologia. Quando vemos a mitologia como superstição ou como forma inferior de ciência, nós a rejeitamos como irrelevante para a era moderna. Enquanto prevalecer essa atitude, não seremos capazes de ver o valor real da mitologia como caminho para o sagrado e como um meio de cultivar a alma.

Se a mitologia não deve ser rejeitada como falsidade ou como ciência primitiva, então o que ela é e como pode contribuir para nossas vidas hoje?

A mitologia é um recipiente da sabedoria espiritual e existencial de uma cultura na forma de histórias, rituais e símbolos. Ela fornece como que um mapa a guiar-nos pelas várias passagens e principais eventos da vida. Somos todos novatos quando chegamos à vida; nunca fizemos a viagem antes, e cada trecho da estrada apresenta questões e dilemas que não havíamos encontrado antes. Mas fomos precedidos por milhões de outras pessoas. Incontáveis gerações passaram pelo nascimento, pela infância, pela fase adulta, pela experiência de ser pai ou mãe, pela meia-idade, pela velhice e pela morte. A mitologia é o código que contém o registro de sua viagem; é o depositário da sabedoria arquetípica que eles deixaram atrás de si. Desse modo, quando nos defrontamos com um acontecimento importante na vida, nós não estamos sozinhos. Esses mentores antigos formam um círculo em torno de nós e, mediante histórias, rituais e símbolos da mitologia, compartilham sua sabedoria, ajudando-nos a compreender o que está acontecendo e como lidar com isso. Como disse Joseph Campbell, "Uma das coisas mais maravilhosas nessas antigas realizações consteladas na imagem mítica é que elas permitem que você saiba o que você está sentindo".[4]

Mas a mitologia é mais do que um mapa a nos guiar. Ela contém um poder místico que talvez reflita seu caráter mais essencial. Campbell aludia a isso quando disse que "O mito é a abertura secreta pela qual as energias inexauríveis do cosmos afluem para a manifestação cultural humana".[5] Ele também estava se referindo à função mística da mitologia quando disse que "A mitologia é uma tradução de formas pelas quais a Forma sem forma das formas pode ser conhecida".[6] Nas famosas entrevistas realizadas por Bill Moyers, Campbell disse que "O tema básico de toda mitologia refere-se à existência de um plano invisível que dá sustentação ao visível".[7] Para que esses dois mundos se relacionem um ao outro, é preciso haver pontes entre eles. Ora, para usar a metáfora de Campbell, é preciso haver aberturas pelas quais o sagrado possa adentrar nosso mundo. A mitologia é uma dessas aberturas.

Embora a linguagem mística possa soar estranha aos ouvidos modernos, Campbell só estava nos fazendo lembrar — a nós, que vivemos na era moderna — o que a espécie humana sempre soube: que histórias, rituais e símbolos mitológicos têm um poder sagrado. Como a arte, a música, a dança, a poesia, a literatura e outras aberturas pelas quais aparece o sagrado, a mitologia é um canal para energias espirituais que cultivam a alma e sustentam nossa vida espiritual.

Como a mitologia faz isso? Os deuses do Olimpo nos destruiriam com relâmpagos, incendiando nossa alma e enchendo-nos de paixão? Bem, sim e não. Para compreender a dinâmica da mitologia, temos de recorrer ainda uma vez à teoria psicológica de Carl Jung. Jung acreditava que a mitologia é uma projeção ou externalização dos arquétipos do inconsciente coletivo. A mitologia contém histórias, rituais e símbolos que refletem imagens nas profundezas de nossa própria alma e falam às preocupações universais do ser humano. Assim, os deuses e deusas da antiga Grécia foram criações do inconsciente coletivo, símbolos externalizados das imagens arquetípicas e energias universais que residem nas camadas mais profundas da psique humana. Porque os mitos originam-se das imagens do inconsciente coletivo, as histórias, rituais e símbolos mitológicos têm o poder de constelar nossas próprias energias arquetípicas e de nos levar a uma consciência mais profunda de nosso mundo interior. Poder-se-ia dizer que a mitologia serve como centelha existencial para acender os fogos nas cavernas da alma, fornecendo-nos a luz de que precisamos para explorar esse domínio primordial e assim aprofundar nossa vida espiritual. Ora, para usar outra metáfora, a mitologia é um estimulante existencial que desperta as formas arquetípicas da vida interior, liberando sua energia e sabedoria em nossa vida.

## O Colapso do Mito na Cultura Ocidental

No século XIX, Nietzsche reconheceu a morte da mitologia ocidental e sabia do abismo de desespero que isso abriria para os homens e mulheres modernos. Em *The Birth of Tragedy*, ele escreve: "O homem hoje, despojado do mito, acha-se esfaimado entre todos os seus passados e tem de cavoucar freneticamente em busca de suas raízes, que estão entre suas antiguidades mais remotas."[8]

Carl Jung viu esse mesmo bruto, que "se arrasta em direção a Belém", para usar a imagem de Yeats. Em *Man and His Symbols* ele escreve:

> O homem moderno não compreende quanto o seu "racionalismo" (que destruiu sua capacidade de responder a símbolos numinosos e idéias) o deixou à mercê do "submundo" psíquico. Ele se libertou da "superstição" (ou acreditou tê-lo feito), mas nesse processo perdeu seus valores espirituais num grau realmente perigoso. Sua tradição moral e espiritual desintegrou-se, e ele agora está pagando o preço por essa ruptura em desorientação e dissociação em escala mundial... Despojamos todas as coisas de seu mistério e numinosidade; nada mais é sagrado.[9]

Joseph Campbell concordou. Disse que a mitologia sustenta a civilização, e quando uma cultura perde seus mitos, o resultado é a deterioração. Ele escreveu:

> Vimos o que aconteceu, por exemplo, a comunidades primitivas atacadas pela civilização do homem branco. Com seus antigos tabus caindo em descrédito, elas imediatamente se fazem aos pedaços, desintegram-se e tornam-se reféns de vícios e doenças... Em nossos dias, o mesmo está acontecendo conosco. Com nossos antigos tabus mitologicamente fundados sofrendo ataques de nossas ciências modernas, há em toda parte do mundo civilizado um rápido crescimento na incidência de vícios e crimes, distúrbios mentais, suicídios e dependência de drogas, lares destruídos, crianças malcriadas, violência, assassinato e desespero.[10]

De acordo com a indicação de Campbell, o ponto crucial da problemática moderna é o de que a ciência dispensou muitos dos mitos em que nós um dia acreditamos. Até a era moderna, tomávamos nossos mitos literalmente e os tínhamos por revelações divinas, abordagens factuais do universo e obras de Deus. Quando os achados da ciência solaparam a verdade literal desses mitos, milhões de pessoas em nossa cultura ocidental concluíram que não restava nada em que se acreditar, nada a que se agarrar. Conforme Nietzsche expressou, perdemos nosso lar mítico, nosso útero mítico.[11] A ciência, com sua ênfase nos fatos empíricos, deslocou os sistemas de crenças "supersticiosas" que não podiam enfrentar a crítica da pesquisa e da razão. A mitologia foi vista como nada mais do que uma outra forma de superstição, uma descrição imprecisa e ultrapassada de como o universo funciona. E assim, na era científica, conseguimos puxar o tapete mitológico que estava sob nossos pés. Destruindo nossa mitologia, destruímos o centro de coesão da nossa cultura, e o resultado é a desintegração da nossa sociedade. "O centro não se sustenta mais", como disse Yeats, e as forças centrífugas de nosso tempo estão fazendo pedaços voar para todos os lados.

Hoje, com o fim da era moderna e a entrada no período pós-moderno, parece que podemos depositar muito mais confiança na ciência e na razão. Ironicamente, nós as transformamos em deuses mitológicos da era moderna, mas agora nos parece que elas têm pés de barro. Depositamos tanta confiança na razão, na objetividade e no método científico como provedores do caminho para a verdade absoluta, que passamos a ignorar completamente outras abordagens epistemológicas e menosprezar reinos inteiros da experiência humana que não se ajustavam de uma só vez a esse paradigma, incluindo-se aí a mitologia e a alma. Em conseqüência, nossa sociedade perdeu contato com a dimensão sagrada e agora está entrando em colapso. Como disse Rollo May:

> Quando no século vinte estamos tão preocupados em provar que nossa razão técnica está certa e varremos de uma só vez a "bobagem" dos mitos, nós também saqueamos nossa própria alma e ameaçamos destruir nossa sociedade como parte da mesma deterioração.[12]

Quando a mitologia morre, a vida perde seu sustentáculo. Não só de pão vive o homem, e também a alma não pode viver apenas de ciência, razão, lógica e do pensamento linear. Ela requer história, ritual, símbolo e outras expressões da imaginação mítica. Sem o rio doador de vida da mitologia, a existência faz-se um deserto, a paixão morre, a criatividade evapora e o sentido vira pó. Como disse Joseph Campbell, "o inferno é a vida secando".[13]

Para saber o que acontece quando uma cultura perde sua mitologia, basta olhar para os nativos americanos. Uma das grandes tragédias da história americana é o modo como o homem branco destruiu sistematicamente a mitologia e as tradições dos nativos. Quando a nação americana se estabeleceu na costa leste e começou a avançar pelo continente na direção oeste, para o governo justificava-se plenamente a tomada das terras dos nativos americanos, o confinamento de seu povo em reservas, a escolarização de suas crianças e a destruição do povo caso revidassem. Roubamos suas terras e arruinamos suas tradições. Para ver o resultado, basta olhar para a evidente desolação em muitas reservas — as pobres condições de vida, os altos níveis de alcoolismo, a perda do orgulho, a ausência de rituais tradicionais e a destruição geral das culturas que outrora floresciam por este país afora.

## História

A história é uma dimensão essencial da mitologia. Antes que os seres humanos aprendessem a escrever, as histórias eram memorizadas e transmitidas oralmente de geração a geração, tendo sido os primeiros veículos para a transmissão da história, dos valores e tradições de uma cultura. Durante milhares de anos, os seres humanos sentaram-se em volta de fogueiras ouvindo contadores de histórias que teciam seus contos mágicos. Na Grécia antiga, alguns dos primeiros dramaturgos do mundo transfiguraram a história em sua forma mais complexa, a peça teatral. Atores atravessavam o palco a passos largos e introduziam as platéias num mundo de faz-de-conta, que fazia a antiga história acontecer naquele momento em vez de no passado. Em nossa era, essa antiga forma de arte encontrou nova expressão no rádio, na televisão e no cinema. Nos primeiros dias do rádio, familiares e vizinhos sentavam-se em volta dessa nova invenção, ouvindo a corrente de histórias criadas pelos escritores para essa nova mídia, exatamente como seus ancestrais outrora se sentaram em torno das fogueiras. E quando surgiu a televisão, a narração de histórias transformou-se mais uma vez. Não mais se limitando ao som, os escritores para televisão tornaram-se dramaturgos modernos, produzindo histórias em forma de episódios sucessivos, programas que os espectadores tanto podiam ver como ouvir. O cinema, que começou com histórias mudas contadas por imagens visuais, tornou-se uma das mais complexas e sofisticadas formas de arte em nossos dias.

Com a invenção da escrita, os primeiros historiadores e poetas puderam registrar fatos, histórias e poemas que, uma vez escritos, deixavam de exigir um contador de histórias. Aquele que pudesse decifrar os estranhos sinais contidos nas tábuas de barro, no papiro ou no pergaminho seria capaz de entrar no mundo do contador de histórias e, fazendo uso de sua imaginação, seria incendiado pela palavra escrita, poderia entreter-se, experimentar emoções profundas e acrescentá-las à sua compreensão de mundo. Naqueles primeiros dias, deve ter parecido realmente estranho aos que não sabiam ler ou escrever ver alguém sentado sozinho, examinando atentamente aqueles sinais e parando vez por outra para rir, chorar ou contemplar a distância com um olhar que denunciava o seu estar em outro mundo, tal o poder mágico da palavra e da imaginação humanas. No começo era o Verbo, e o Verbo estava com Deus, e o Verbo era Deus. Hoje, na moderna literatura mundial, história e palavra permanecem componentes básicos do nosso mundo imaginário. Milhares de romances são publicados a cada ano, e milhões de pessoas no mundo inteiro os lêem sentadas em bancos de parques, bem agasalhadas diante de lareiras, relaxando nas praias — ou mesmo durante o horário de almoço.

A história é um meio poderoso. Experimentos de pesquisa em atividade neurológica demonstraram que quando se está lendo uma história, ambos os hemisférios do cérebro são ativados; já quando uma pessoa recebe um material técnico para ler, há relativamente pouca atividade neurológica, que está concentrada no hemisfério esquerdo. Assim, ao que parece, nossos cérebros estão evolutivamente "conectados" para processar histórias. Essa é, indubitavelmente, a razão pela qual lembramos de histórias que nos foram contadas mesmo depois de há muito termos esquecido alguns de seus aspectos abstratos. Isso também pode explicar por que as crianças ficam encantadas com as histórias, especialmente quando contadas por alguém com talento dramático de contador de histórias. Também ajuda a explicar por que a mídia gasta bilhões de dólares todos os anos produzindo histórias para entretenimento e educação. Ao que tudo indica, estamos neurológica e arquetipicamente predispostos a ser impactados pelas histórias.

A personificação — a atribuição de qualidades pessoais a uma idéia ou imagem abstrata — é parte do que faz as histórias serem tão eficazes. Por exemplo, falamos em "Papai Tempo" ou "Mãe Terra", ou dizemos "a noite é uma criança". Também os deuses e deusas são personificações de princípios; ainda que freqüentes vezes sejamos lembrados por teólogos e filósofos de que a palavra "Deus" indica um mistério tão profundo que jamais poderá ser apreendido em forma humana, a maior parte de nós continua a personificar Deus. Mesmo não havendo dúvidas de que a mente pode operar símbolos abstratos, a personificação parece ser uma forma mais poderosa e primordial do pensamento humano, falando à alma de um modo que as abstrações não conseguem. A mitologia e as histórias que a compõem estão repletas de personificações. Certamente está aí uma das razões por que a mitologia nos toca em níveis tão profundos e somos tão fascinados por essas histórias antigas. A personificação é um dos dialetos da alma; ela é compatível com a natureza imaginativa e poética dos níveis mais profundos da psique.

## Ritual

Campbell disse que "um ritual pode ser definido como a promulgação de um mito. Participando de um ritual, você na realidade estará experimentando uma vida mitológica, e é por meio dessa participação que se pode aprender a viver espiritualmente".[14]

Todas as sociedades têm rituais. Existem rituais relacionados com nascimento, puberdade, casamento, morte e outros acontecimentos importantes da vida. Existem rituais associados à educação, à religião, à medicina, ao exército e aos tribunais, e a praticamente todas as outras instituições e áreas culturais. O ritual cumpre muitas funções sociais: ele provê estrutura, promove a coesão social e marca eventos importantes.

Uma função fundamental dos rituais é marcar uma transição. O rito da puberdade transporta o adolescente da infância para a fase adulta. A cerimônia de casamento muda a posição de uma pessoa de solteira para casada. A maior parte das religiões têm cerimônias formais que marcam a transição do crente, de uma vida antiga para uma vida nova. Os rituais de transição têm dois elementos principais — a morte para a velha realidade e a passagem para a nova. Por exemplo, na cultura ocidental a cerimônia de casamento costuma ter início com a noiva entrando na igreja de braço dado com o pai, significando a velha realidade de sua posição como filha, como membro da família de seu pai e de sua mãe. Mas quando a cerimônia começa, tem lugar a separação da velha realidade. O pai entrega a noiva, senta-se, e sua filha toma lugar ao lado do noivo. A cerimônia continua, culminando quando a nova realidade se inicia com as palavras "eu vos declaro marido e mulher". A recepção é um modo de celebrar e, além disso, solidificar a nova realidade numa perspectiva social; a lua-de-mel é uma oportunidade para o casal estabelecer sua nova realidade num contexto privado. "As coisas antigas se passaram, e eis que se fizeram novas" — é a máxima que descreve o trabalho dos rituais de transição.

Creio que perdemos o significado mais profundo do ritual se o vemos apenas em termos de sua função social. Em sua forma mais pura, um ritual é um ato místico que nos liga ao sagrado. Como a mitologia, o ritual está baseado no postulado da existência de um mundo invisível, para além daquele em que vivemos nossa vida. E quer chamemos esse mundo de dimensão sagrada, espiritual ou invisível, o ritual é um caminho fundamental para esse mundo, um meio de fazer contato direto com as verdades eternas sugeridas pelas histórias e símbolos da mitologia.

Porém, mais do que isso, muitos rituais destinam-se a afetar ou influenciar o mundo invisível. Por exemplo, o ritual católico da confissão destina-se a remover os pecados do penitente, fazendo com que eles não existam mais no registro eterno de Deus. E os rituais associados ao Yom Kippur, o Dia Judaico do Perdão, igualmente se destinam a apagar os pecados das pessoas e a restabelecer a sua união com o Senhor. Se paramos para pensar sobre isso, percebemos que o poder místico e psicológico do ritual não parece suscitar a fé. Todos sabemos da existência de um sentido pelo qual os erros morais não podem ser anulados. Se fazemos uma coisa errada, a simples confissão ou a busca do perdão em nada altera o fato. No entanto, o ritual leva-nos para um lugar atemporal, onde a realidade é maleável, onde podem ser varridas as realidades equivocadas ou degradantes de nossa vida, como se nunca tivessem existido. Como disse Campbell, "o ritual pertence à dimensão não-histórica da existência".[15] O ritual tem o poder de trazer a graça para nossa vida e restaurar a esperança, dando-nos uma oportunidade de reescrever a história de nossa vida. Numa linguagem não-teológica, poder-se-ia dizer que os rituais são acontecimentos místicos destinados a influenciar a realidade ontológica de nossa vida, um meio de reconectar-se com o fundamento do ser e de encontrar o perdão e a aceitação de que necessitamos para tentar novamente. Assim, para compreender o significado do ritual é preciso realizar seu poder místico como caminho para o sagrado.

## Símbolo

Um dos primeiros sentidos da palavra *símbolo* é bastante interessante. Na Grécia antiga, a palavra se referia a um modo de identidade verificado comparando-o com sua outra metade. Nessa época, antes das cartas de motorista, dos passaportes ou dos números de identificação para a seguridade social, quando era importante assegurar-se da identidade de alguém, um meio de fazê-lo era partir em dois um objeto, ficando cada uma das duas partes com uma das pessoas que se encontrariam novamente. Chegado o momento do encontro, a parte que o recebeu podia comparar a metade do objeto do outro com a sua própria, verificando assim que ele era verdadeiramente quem dizia ser. Embora hoje não usemos esse método de identificação, a idéia continua em vigor. Por exemplo, os amantes por vezes compartilham uma peça de joalheria em forma de coração, simbolizando a sua relação. O coração está partido em dois, e cada parte guarda um pedaço consigo.

Outro significado de *símbolo* vem da etimologia da palavra e foi referido por Rollo May: ele provém de duas palavras gregas, *syn* e *ballein*, e significa "reunir".[16]

Conforme o implicado por ambas as definições acima, um símbolo é algo que aponta para além de si mesmo, tal como uma metade da jóia em formato de coração supõe que outra pessoa detém a outra metade. Essa é a diferença básica entre um símbolo religioso e um ídolo. Um ídolo não aponta para além de si mesmo; mais do que olhar por intermédio dele para o transcendente, pede-se ao crente que o adore. A razão pela qual a idolatria é condenada no Antigo Testamento é a de a consciência do adorador ser direcionada para a imagem esculpida em vez de sê-lo para Deus. Um símbolo religioso, por outro lado, aponta para o sagrado; ele convida o crente a olhar para o transcendente que ele representa.

Outra característica de um símbolo é a de participar daquilo que ele simboliza, como disse Tillich.[17] Ou seja, o símbolo não é só um sinal que aponta para algo que está além dele; ele também partilha da natureza da coisa para a qual aponta, como os objetos sagrados nas tribos indígenas, que eram imbuídos de mana. Para o crente cristão, a cruz não é simplesmente dois pedaços de madeira justapostos, nem mesmo um sinal relembrando Jesus. Uma vez que a cruz participa do que ela simboliza, tem para o crente um poder sagrado ou uma numinosidade; ela tem o poder de tocar, excitar e comover a alma. Assim como um pedaço de ferro qualquer pode ser magnetizado se posto em contato com um poderoso ímã, um símbolo, que costuma ser um objeto qualquer, é "magnetizado" pelo poder e ser daquilo que ele representa. Levando adiante essa metáfora, poder-se-ia dizer que a alma do crente, em presença do símbolo, sente o poder magnético e é atraída para Deus. Assim, o símbolo "reúne" a alma e o transcendente.

Outra característica de um símbolo é não conter uma idéia ou verdade simples, mas manter sempre uma multiplicidade de significados. Como disse May, "os símbolos falam em diversos níveis de uma só vez" e abrangem uma "multiplicidade de dimensões".[18]

Embora na época eu não tivesse palavras para descrever o que eu compreendia, mesmo quando criança eu intuitivamente sentia que verdades lineares e idéias singulares eram por demais estreitas e restritivas. Sempre fui atraído por símbolos e achava-os mais condizentes com minha percepção intuitiva de que o mundo é pluralista e de que uma verdade singular, por convincente que possa parecer, é somente uma dentre as muitas possibilidades que repousam no fundo da psique, só esperando por alguém que as nomeie e as leve à efetivação. Cada um de nós "contém uma multidão", mas tendemos a construir tão-somente certas verdades singulares extraindo da região primordial da alma só o que se ajusta aos postulados de nossa cultura ou de nossa própria metodologia epistemológica. Da mesma forma como alguém pescando no meio do oceano pode pescar um determinado peixe e insistir que é o único tipo de peixe no mar, assim nós pescamos uma verdade e esquecemos que a psique é um oceano profundo, cheio de uma multiplicidade de verdades potenciais. Envolvendo a multiplicidade da psique humana, os símbolos ampliam as possibilidades da alma e fazem-nos lembrar de uma perspectiva pluralista que a cultura ocidental parece ter esquecido.

Finalmente, os símbolos têm o poder de revelar níveis de realidade e regiões da alma que de outra forma não nos estariam disponíveis. Disse Tillich:

> Todas as artes criam símbolos para um nível de realidade que não poderia ser alcançado de nenhuma outra forma. Um quadro e um poema revelam elementos de realidade que não podem ser abordados cientificamente. No trabalho criativo da arte, encontramos a realidade numa dimensão que estaria fechada para nós não fossem trabalhos como esses. [O símbolo] também revela dimensões e elementos de nossa alma que correspondem a dimensões e elementos da realidade. Uma grande peça dá-nos não somente uma nova visão da cena humana, mas abre profundezas ocultas de nosso próprio ser.[19]

Temos aí o poder do símbolo como instrumento para a construção da alma. Os símbolos dão-nos acesso a dimensões da alma que não podem ser alcançadas de nenhuma outra forma. Eles despertam potencialidades psíquicas que residem nas profundezas inconscientes da alma e nos ajudam a incorporar essas novas regiões de experiência em nossa vida consciente. Dessa forma, os símbolos iluminam nossa vida interior e dilatam nossa alma.

## A Mitologia como Caminho para o Sagrado

Refletindo os padrões arquetípicos da psique humana, a mitologia tem o poder de estimular, despertar e cultivar a alma. Se corretamente compreendida e usada com sabedoria, a mitologia pode nos ajudar a construir a alma e servir de caminho para o sagrado.

### Deuses e Deusas Interiores

Nos últimos anos, temos visto a publicação de vários livros que abordam a mitologia de uma perspectiva arquetípica e incentivam os leitores a desenvolver os potenciais profundos de sua psique pela atenção consciente aos vários deuses e deusas da mitologia antiga.[20] Interpretadas a partir de uma perspectiva junguiana, essas divindades representam potenciais arquetípicos dentro de nossa alma, e atentando a eles podemos despertar essas energias e atualizar os potenciais representados por essas imagens divinas. Numa era em que já nos esquecemos do poder do mito de construir a alma, livros como esses podem ser úteis.

Todavia, aqueles que usam a mitologia dessa maneira têm de compreender que imagens arquetípicas não podem ser estimuladas simplesmente por leituras sobre um antigo deus ou deusa e pela tentativa de emular o caráter desse deus ou deusa em sua própria vida. Isso não é um trabalho de alma; é uma mudança de comportamento exterior não sustentada pelo poder transformador da vida de uma constelação arquetípica subjacente. Entrar em contato com o poder construtor da alma de um arquétipo requer o fogo inerente à numinosidade. Sem isso, corre-se o risco de desenvolver uma *persona* não sustentada a partir do interior. Um exemplo seria a popularidade, nos últimos anos, do arquétipo da "mulher selvagem", graças ao livro *Women Who Run with the Wolves.*[21] Para as mulheres tomadas por essa imagem, incorporar em sua vida as poderosas energias do arquétipo da "mulher selvagem" tornou-se seu trabalho de alma. Mas para outras mulheres, cuja resposta à imagem dava-se no nível da *persona*, a numinosidade e a paixão reais não foram geradas. Então, ainda que essas mulheres mudem o estilo de seu cabelo ou vistam roupas que pareçam refletir uma natureza selvagem, elas não estão realmente fazendo um trabalho de alma. A imagem as estaria afetando somente em nível superficial; não estaria alcançando as profundezas de seu inconsciente coletivo e gerando poder arquetípico e calor. A mudança arquetípica ocorre quando um arquétipo "nos arrebata", quando ele resplandece com numinosidade em nós, quando podemos sentir seu poder à medida que ele se move nas profundezas de nossa alma.

É importante, contudo, nos expormos a uma ampla série de símbolos arquetípicos por meio da mitologia, da literatura, da arte, da música, da poesia e de outras manifestações culturais da vida interior. Essa exposição assegura que se as energias arquetípicas estão se fazendo sentir dentro de nossa alma abaixo do nível de consciência, elas terão a oportunidade de nos ligar ao símbolo externo e, mediante essa união numinosa, começar a emergir.

## Mitologia Pessoal

Nos últimos anos tem havido um crescente interesse na criação de mitologias pessoais. Numerosos livros e seminários são dedicados a esse tema. Numa era em que os mitos culturais estão morrendo, faz sentido que pessoas tentem preencher esse vazio pela busca de meios de criar estruturas mitológicas pessoais que lhes atem de maneira subjacente e dêem sentido a sua vida. Como disse May, cada indivíduo "é forçado a fazer deliberadamente por si mesmo o que nas eras anteriores vinha lhe sendo feito pela família, pelos costumes, pela igreja e pelo Estado".[22]

Os mitos abrangentes de uma cultura exercem maior impacto no modo pelo qual os indivíduos constroem seus mitos pessoais; mas hoje, por causa do desarranjo de nossos mitos culturais, muitas pessoas estão experienciando com diferentes identidades e estilos de vida, tentando encontrar uma mitologia pessoal e um modo de ser que lhes dê um sentido de enraizamento existencial. May observou que os clientes muitas vezes usam a psicoterapia como meio de criar novos mitos para sua vida. Para esses clientes, "os mitos podem ser uma forma de alcançar, um meio de tentar novas estruturas de vida ou uma desesperada e arriscada tentativa de reconstruir seu modo arruinado de viver".[23]

Embora sejamos capazes de criar alguns mitos pessoais que nos ajudem a orientar nossa vida, isso não compensa o fato de os mitos abrangentes terem entrado em colapso e de vivermos uma época de desorientação cultural. Independentemente do quanto possamos duramente trabalhar em nossa mitologia pessoal, acho que não seremos capazes de fugir à ansiedade e ao desenraizamento dos tempos atuais.

## A Mitologia no Século da Dúvida

Não faz muito tempo, os seres humanos tomavam seu mitos de maneira literal, crendo-os abordagens factuais dos deuses e forças que constituem a vida humana. Essa crença indubitavelmente nos ajudou a revelar o poder do mito, elevando-o ao estatuto de revelação divina e infundindo-lhe significação sagrada e mística. Hoje porém, vivemos numa era em que a racionalidade solapa a compreensão literal do mito. Sendo assim, aos que usariam o mito como caminho para o sagrado, a questão crucial é saber se a mitologia fornecerá ou não seu poder cultivador da alma àqueles que não acreditam mais em sua verdade literal. Em outras palavras, é a consciência de um "verdadeiro crente" a única chave que pode revelar o poder do mito, ou há outras vias de acesso à energia do mito quando este deixou de ser aceito de maneira literal?

Campbell ocupou-se da questão acima. Ele reconheceu que a vida parece requerer as "ilusões sustentadoras de vida" da mitologia e observou que os símbolos interpretados literalmente servem de apoio à civilização. Disse que "onde quer que eles forem dissipados, não haverá nada seguro a que se agarrar, nenhuma lei moral, nada que seja firme".[24] Campbell foi ao mesmo tempo um ardente defensor da ciência moderna, defendendo a necessidade de que suas descobertas não fossem ignoradas e censurando os que se refugiavam nos "padrões arcaicos de sensação e pensamento, inadequados à vida contemporânea". Campbell posicionou as questões e expôs em poucas palavras o nosso dilema moderno: precisamos de uma coesão cultural que venha de uma mitologia em que se acredite literalmente, porém não podemos mais crer numa verdade literal da mitologia, pois a ciência já demonstrou sua falsidade. Seremos leais aos mitos que sustentam nossa civilização ou às descobertas científicas? Sugerindo uma provável saída para esse dilema, Campbell perguntou: "Há um nível de diferença entre eles? Ou não há nenhuma sabedoria além dos conflitos entre ilusão e verdade pelos quais a vida possa reencontrar sua unidade?"

Campbell acreditava que a solução para esse dilema deve ser encontrada na psicologia. Ele disse: "Creio conscientemente que a melhor resposta para esse problema crítico virá das descobertas da psicologia, especificamente daquelas relacionadas à fonte e à natureza do mito." Ele sugeriu que psicólogos e mitologistas comparativos trabalhassem juntos, a fim de compreender a natureza e as funções dos símbolos míticos. Com referência à psicologia de Jung, que acreditava que o valor da mitologia residia em seu poder de iluminar a vida interior, Campbell escreveu:

> Nossa consciência orientada para o exterior, ocupada com os problemas do dia-a-dia, pode perder o contato com essas forças interiores; e os mitos, afirma Jung, quando corretamente lidos, são os meios de colocar-nos novamente em contato. Em linguagem pictórica, eles nos contam sobre os poderes da psique a ser reconhecidos e integrados em nossa vida, poderes que desde sempre têm sido uma constante no espírito humano, representando aquela sabedoria da espécie por meio da qual o homem atravessou milênios. Assim, os mitos não são nem jamais serão substituídos pelas descobertas científicas, que se relacionam mais ao mundo exte-

rior do que às profundezas por nós adentradas durante o sono. Mediante um diálogo travado com essas forças internas em nossos sonhos e mediante um estudo dos mitos, podemos aprender a conhecer o horizonte maior de nosso próprio si-mesmo interior mais sábio e mais profundo, e chegar a um acordo com ele. Analogamente, a sociedade que estima e mantém seus mitos vivos será nutrida com os estratos mais sólidos e mais ricos do espírito humano.[25]

Assim, tanto Campbell como Jung acreditavam que podemos aceitar tanto a ciência como a mitologia. Embora a ciência tenha solapado a verdade literal de nossos mitos, permaneceu intocada a sabedoria existencial neles contida, e tampouco foi liquidado o poder mitológico de constelar e iluminar nossa vida interior.

Na realidade, a mitologia sempre diz respeito à vida interior, pois é uma projeção, no mundo, de nossos mais profundos padrões arquetípicos. Mas foi somente na era moderna que nos tornamos conscientes desse ardil psíquico a que fomos levados por nosso inconsciente coletivo. Até a era moderna, acreditávamos em nossas projeções mitológicas como realidades em carne e osso. Foram as descobertas da ciência moderna, aliadas às explicações da psicologia profunda, que acabaram por dissipar o nevoeiro que se formara diante de nossos olhos e por tornar-nos conscientes do que a humanidade tem feito há milhares de anos. Por isso podemos agora retornar à mitologia com uma consciência plena de suas origens e funções e usá-la, em sua devida função, como um mapa de nosso mundo interior e como instrumento para a exploração das dimensões mais profundas da alma. Não é preciso acreditar na verdade literal do mito, e isso significa acreditar em sua forma projetada, a fim de beneficiar-se de seu poder iluminador e construtor da alma. Uma vez que as imagens míticas apontam para dimensões de nossa própria vida interior, podemos usar essas imagens no trabalho de alma. Esse uso da mitologia não depende de uma consciência crente na verdade; não é preciso crer na verdade literal do símbolo mitológico para beneficiar-se de sua numinosidade.

Assim como se pode assistir a uma peça sabendo que ela não é "real", e assim como se pode entrar num estado de consciência receptiva que permita à peça tocar e comover a alma, da mesma forma se pode abordar a mitologia com um coração aberto e permitir a si mesmo ser atraído pelo seu poder mágico de encantar e iluminar a vida interior. A mitologia, seu segredo finalmente revelado e sua verdade literal gradualmente restringida pela ciência moderna, ri por último. Isso porque a restrição gradativa serviu apenas para mostrar sua origem e função autênticas, relacionadas à vida interior da alma. E se alguma coisa puder ser confiscada por ocasião da perda da crença na verdade literal da mitologia, no balanço final talvez não seja tão inútil aprender que os tesouros que antes pensávamos jazer muito longe estão na verdade nas profundezas imediatas de nossa alma.

Pode a mitologia cultivar a alma de alguém que deixou de acreditar em sua verdade literal? A resposta é um sonoro "Sim!" Na verdade, acho que essa perspectiva representa um alto nível de maturidade espiritual, pois nos força a parar de buscar a fonte de nossa espiritualidade em deuses fora de nós e nos faz perceber que aqueles deuses são de fato planos de experiência existentes nos recônditos de nossa própria alma. A mitologia abre-nos para as profundezas insondáveis de nossa natureza espiritual; e é disso que trata a autêntica espiritualidade.

*Sexto Caminho*

# Natureza

## O Caminho para a Terra e para os Céus

*Muito distantes da nossa religião*
*Há ameixas em flor*
*Há cerejas em flor.*

— Nanpoku

Henry David Thoreau viu pela primeira vez o Lago Walden quando tinha cinco anos, ao viajar para fora de Boston com a família. Esse pequeno lago, medindo aproximadamente seis acres, localizado nas florestas nos arredores de Concord, Massachusetts, causou um impacto profundo no jovem Thoreau. Ele escreveria mais tarde em seu diário: "Essa visão dos bosques foi durante muito tempo a tapeçaria dos meus sonhos."[1] Em 1845, 23 anos depois de sua primeira visita, Thoreau construiu uma cabana perto do lago e ali viveu, sozinho, durante dois anos. Nesse período de solidão, comungou com a natureza e registrou pensamentos e observações. *Walden* tornou-se um clássico americano, e continua a despertar e expressar poderosamente nosso amor e nosso anseio pela terra.

Numa das passagens mais conhecidas de *Walden*, Thoreau explica por que deixou a sociedade para viver no Lago Walden. Escreveu: "Fui viver nos bosques porque desejava viver deliberadamente, defrontar-me somente com os fatos essenciais da vida, e ver se eu poderia não aprender o que ela tinha a ensinar, e não, quando eu viesse a morrer, descobrir que não vivi."[2]

Para Thoreau, a natureza era o templo de Deus. Enquanto outros iam à igreja, Thoreau caminhava pelos bosques e campos nos arredores de Concord. Ele via a natureza como fonte perene da vida e queria estar perto dela "assim como o salgueiro fica perto da água e lança raízes em sua direção".[3] A relação amorosa de

Thoreau com a natureza durou toda a sua existência. Nos últimos anos de vida, ele pouco escreveu de significativo para o público, mas manteve um diário pessoal cheio de observações e descrições da natureza. Thoreau conhecia por experiência direta que a natureza é um caminho para o sagrado, um meio de alimentar a alma.

## Nosso Anseio pela Natureza

A exemplo de Thoreau, todos ansiamos pelo mundo da natureza. A cada primavera, milhões de americanos tiram do armário seus instrumentos de jardinagem, ficam de joelhos e trabalham o solo em quintais suburbanos, canteiros de flores e jardins "de cartão-postal". Todos os fins de semana, pessoas que ficaram a semana inteira espremidas num mundo de concreto e asfalto congestionam as auto-estradas próximas aos centros urbanos, afluindo para fora das cidades em direção a lagos, rios, montanhas, praias e desertos. Nos meses de verão, muitos de nossos *campings* e parques nacionais atingem sua capacidade máxima.

Em algum nível, todos sabemos que a natureza é a fonte perene da vida, o nutriente tanto do corpo como da alma. Somos todos *pagãos* no sentido original do termo, que significa "habitante do campo" ou "pessoa da terra". Viemos todos da terra, dependemos dela enquanto aqui estamos, e a ela retornaremos quando morrermos. Narritjin Maynuru Yirrkala, um aborígine australiano, afirmou: "Pertencemos ao solo. Ele é nossa força. E temos de ficar perto dele ou poderemos nos perder."[4]

## Nossa Conexão Original com a Terra

Pelos milhares de anos de evolução de nossa espécie, vivemos próximos da natureza e em consonância com seus ritmos. Conhecíamos no nosso sangue o movimento da lua e das estrelas, o nascer e pôr-do-sol, a mudança das estações. Dormíamos quando ficava escuro, levantávamos com o sol, comíamos diretamente da terra, bebíamos dos rios e ordenávamos nossa vida de acordo com as estações do ano. Éramos nômades, vivíamos em tribos, e em nossas viagens comíamos bagas, nozes, frutas e raízes. Éramos caçadores, silvícolas e, posteriormente, pastores e fazendeiros. Mas sempre, desde nosso princípio mais remoto aos dias de hoje, vivíamos em contato direto com a terra e sob o abrigo sagrado dos céus.

Nos tempos antigos, os humanos não somente viviam próximos da natureza mas realmente a adoravam como sendo a origem de todas as coisas. Nas primeiras sociedades agrárias, a natureza era vista como a Grande Mãe, cujo útero fecundo produzia os grãos, vegetais e frutos que sustentavam a vida humana. Tempestades, terremotos e vulcões eram sinais de sua ira ou fúria. Alguns rios, montanhas, formações naturais e bosques de árvores eram vistos como sagrados, e os povos antigos iam a esses lugares para estar em intimidade com a terra e absorver suas energias divinas. Nessas sociedades primitivas, a religião de uma pessoa era sinônimo de sua relação com a natureza, pois a natureza e a deusa eram uma só.

## Alienação da Natureza

Mas com o advento da era moderna, começamos a perder nossa conexão com a natureza. Em nosso país, quando a Revolução Industrial ganhou impulso, as pessoas deixaram as fazendas e zonas rurais para trabalhar nas fábricas. Abandonaram uma vida próxima da natureza para tornar-se engrenagens numa máquina industrial que produzia outras máquinas e produtos para consumo humano. Nas cidades, algumas dessas pessoas lembravam de suas raízes, da infância passada vagando pelos campos, caminhando pelas florestas e nadando nos córregos e rios. Nas férias, levavam seus filhos à fazenda dos avós, aos parques nacionais ou a outros lugares na natureza, para mostrar às crianças as maravilhas de suas próprias experiências infantis. Mas com o passar das gerações, a maioria dos americanos foi gradualmente perdendo o contato com seu passado rural, tornando-se cada vez mais alienada da natureza. Deixou de ter familiaridade com a música dos grilos, com o coaxar dos sapos e com o grito dos noitibós na escuridão. Não conseguiam mais chamar as constelações pelo nome ou descrever as fases da lua. Não podiam mais refestelar-se aos sons da noite, e ficariam surpresos se uma coruja piasse junto à janela de seu quarto. O sono passou a ser condicionado pelos ruídos do trânsito, pelas buzinas e sirenes, não mais pelo relativo silêncio e pelos sons suaves do campo. Tendo vivido junto à natureza por milhares de anos, os seres humanos foram alijados da terra numa fração de segundo do tempo evolutivo, arrancados dos braços da mãe que os tinha dado à luz.

De acordo com alguns estudiosos, nossa alienação em relação à natureza começou quando as religiões patriarcais, com seus deuses masculinos e belicosos, substituíram o culto às deusas, que viam a terra como a Grande Mãe. Em *The Chalice and the Blade*, Riane Eisler diz que os invasores patriarcais devastaram as pacíficas comunidades agrárias e estabeleceram seus próprios deuses masculinos.[5] Eisler identifica Javé, o deus dos hebreus, como sendo um deles, e traços das atitudes patriarcais do judaísmo e do cristianismo dos primeiros tempos. Especialistas em religiões antigas, como Marija Gimbutas, que trabalhou em Harvard e também na UCLA, e Joseph Campbell, amplamente reconhecido como o mais culto mitologista deste século, partilham da visão básica de Eisler, segundo a qual o culto às deusas acabou por dar lugar às religiões patriarcais.[6] Os antigos hebreus, ao que tudo indica, foram especialmente direcionados para a eliminação da deusa e de todos os sinais de adoração da natureza. Javé era um deus ciumento e colérico, que insistia em ser o único deus verdadeiro e sancionava a destruição dos que discordassem dele. Javé não tinha esposa nem contrapartida feminina. Entre seus seguidores parece ter havido pouco respeito pelas mulheres ou pelo princípio feminino. Concedia-se aos homens um estatuto superior, e as mulheres eram vistas como inferiores, existindo fundamentalmente para servir ao homem.

Essa perspectiva patriarcal causou grande impacto no modo como era vista a natureza. Enquanto as comunidades agrárias adoravam a natureza como sendo a personificação da deusa, os nômades patriarcais viam a natureza de um modo mais secular e funcional. Eles eram pastores de animais, e seu estilo de vida nômade levou-os a entrar em conflito com os outros. Desse modo, aderiram à luta e ao desenvolvimento de armas de guerra. Ao contrário da deusa, Javé não era considerado como imanente à criação; ele era *sobrenatural* — literalmente, "sobre a natureza". Javé criou o mundo, que a ele pertencia, e por isso tinha o direito de fazer dele o que bem entendesse — até mesmo dá-lo a seu povo. Este, por sua vez, tinha o direito de posse e usufruto da terra. Assim, sob a religião de Javé, a natureza foi objetificada e deixou de ser vista como o corpo sagrado da deusa.

Na época em que o livro de Gênesis foi escrito, essa alienação da natureza tornou-se a nova ordem. Depois de criar Adão e Eva, disse-lhes Deus: "Sede fecundos, multiplicai-vos, enchei a terra e sujeitai-a: dominai sobre os peixes do mar, sobre as aves dos céus, e sobre todo animal que rasteja pela terra." Essa é a linguagem do patriarcado — a linguagem da guerra, da dominação e do reinado territorial. Não são as palavras do culto às deusas, não refletem uma atitude de reverência à natureza nem um desejo de viver em sagrada harmonia com a Mãe e Origem de tudo.

Algumas das histórias dos primeiros capítulos do Gênesis podem ser vistas como especialmente destinadas a pôr em descrédito as atitudes que eram uma constante no culto às deusas. Por exemplo, a história do Jardim do Éden conta-nos como a serpente tentou Eva a comer da árvore proibida, e como Eva, por sua vez, tentou Adão. A serpente, um símbolo importante no culto às deusas, é culpada, junto com a primeira mulher, pela queda do homem.

A história de Caim e Abel, filhos de Adão e Eva, pode ser lida como uma história de conflito entre os pastores nômades que adoravam a Javé e os agricultores, geralmente associados à Deusa. Abel era um "guardador de rebanhos" e Caim um "lavrador da terra". Cada um deles fez uma oferenda a Deus, Abel trazendo "a primeira dentre suas ovelhas" e Caim, o "fruto da terra". Como diz a Bíblia: "Agradou-se o Senhor de Abel e de sua oferta; ao passo que de Caim e de sua oferta não se agradou."

É claro que essas interpretações são especulações. É difícil, se não impossível, reconstruir uma história antiga com detalhes que nos façam conhecer suas motivações ocultas. Mas parece claro que o culto às deusas, com sua reverência à terra, foram substituídos pelas religiões patriarcais, que enfatizavam a dominação e a subjugação da terra.

## Dominação da Terra

Estou convencido de que a injunção bíblica de dominar e subjugar a terra ajudou a criar e manter uma das mais nocivas atitudes no que diz respeito à nossa relação com a natureza. Ela permitiu que olhássemos a natureza como existindo simplesmente para o nosso bem, um "reservatório de fontes a serem consumidas", como disse Sam Keene.[7] Em nome da ciência, do progresso e da tecnologia nós subjugamos a natureza, forçando-a a ceder suas matas virgens, seu rico solo, seus rios límpidos e lagos resplandecentes, suas verdejantes florestas tropicais, sua atmosfera clara, água pura e um sem-número de espécies de vida animal e vegetal. Nós, no Primeiro Mundo, consumidos pelo consumismo, continuamos a explorar os países do Terceiro Mundo visando saciar nossos apetites vorazes. Renomeamos eufemisticamente as nações do Terceiro Mundo de "países em desenvolvimento" e levamos até eles nossa ciência, tecnologia e atitudes corporativas de estupro e pilhagem. Como se não bastasse, mudamos e mesmo destruímos culturas tradicionais que viveram sem nossa marca de progresso por milhares de anos. Hoje, dificilmente encontramos algum lugar sobre a terra que não tenha sido cavoucado, marretado ou estripado. Quando olhamos para as feridas grandes e abertas do planeta parece-nos que enfim conseguimos satisfazer à injunção bíblica de dominar a terra. Quem sabe no ano 2000 da era cristã não seja o caso de erguer um grande marco, envolto em negro, em solo internacional, com a seguinte inscrição: "Matricida: a natureza, por fim, foi subjugada."

É claro que a ciência e a tecnologia modernas contribuíram magnificamente para a nossa cultura, e a maioria de nós não deseja retornar aos tempos primitivos. Mas é preciso examinar os postulados que estão por trás da ciência, bem como o nosso meio de usá-los. Fundamentada nos princípios da objetividade e na dicotomia sujeito-objeto, a ciência ocidental contém, em relação à natureza, muitas das mesmas atitudes que são encontradas na propensão das religiões ocidentais para subjugar a terra. Lorraine Anderson escreveu: "Francis Bacon, o principal fundador da ciência moderna, descreveu a natureza como uma mulher e definiu a ciência como uma busca para capturá-la, subjugá-la e arrancar-lhe os segredos."[8] Vendo a natureza como um objeto a ser estudado, medido, dominado e controlado, a ciência e a tecnologia contribuíram para que nos alienássemos da terra.

Era limitada a violência que homens com picaretas, pás, machados e serrotes, armas e redes de pescar podiam cometer contra a terra. Mas a Revolução Industrial deu-nos a máquina, a arma de última geração para dominar e subjugar a terra. A máquina pode destruir florestas tropicais inteiras, reduzir a pó milhões de acres, mudar o curso dos rios e cavar a terra com linhas de dragagem do tamanho de um campo de futebol. Além disso, proporcionam uma sensação de anonimato e de se estar separado do ato violento. Quando um homem usa um machado ou um serrote numa sequóia que estava lá há dois mil anos, ele vê a ferida por ele provocada; é algo "próximo e pessoal", como um combate corpo-a-corpo numa guerra. Mas com a máquina, toda uma floresta tropical pode cair sob o comando de uma burocracia corporativa a milhares de quilômetros dali, e ninguém parece ser o responsável. A burocracia corporativa, ilhada por seu círculo protetor de advogados, é quase impenetrável; já os operadores de máquinas e trabalhadores de limitada visão — aqueles que infligem o dano — insistem em que não passam de pessoas comuns obedecendo ordens.

## A Objetificação da Natureza

Há quarenta anos, Alan Watts advertiu que a objetificação é o principal problema na relação da cultura ocidental com a natureza. A objetificação permite que nos distanciemos da natureza para vê-la como coleção de objetos "a ser conquistados e reordenados, para fazê-los sujeitos à tecnologia do intelecto racional".[9] Watts falou de nossa necessidade de perceber que "a natureza é ordenada de maneira mais orgânica do que política, e é mais um campo de relações do que uma coleção de coisas". A objetificação da natureza está baseada no engano de que os seres humanos não fazem parte do ciclo evolucionário, de que conseguimos de alguma forma transcender a natureza e por isso podemos nos sentar à semelhança de um deus e exterminá-la à medida que a observamos, manipulamos e exploramos. Mas Watts lembra-nos que "o homem é uma volta no nó sem-fim, e ao puxar numa direção ele descobre que é puxado da outra, sem conseguir encontrar a origem do impulso".

Uma vez que todas as coisas estão ligadas a tudo o mais, e que tão pouco sabemos sobre esse complexo relacional, são enormes os riscos que assumimos ao explorar quaisquer recursos da terra. Segundo Watts, tudo o que temos não passa "do mais fragmentário conhecimento do complexo das relações tão perturbadas". Rachel Carson, autora de *Silent Spring*, ficou conhecida como a avó do movimento ambientalista, sendo postumamente agraciada com a Medalha Presidencial da Liberdade em 1980. Ela advertiu-nos dos perigos imprevisíveis a que nos expomos por perturbar o delicado equilíbrio da natureza.[10] Hoje, compêndios ecológicos contêm um sem-número de exemplos de como atos aparentemente benéficos têm tido conseqüências desastrosas para o equilíbrio ecológico em várias partes do mundo. Pensar que se pode controlar a natureza e dirigir seu curso é talvez o engano mais perigoso na história do mundo.

Ainda que nos consideremos separados da natureza, a verdade é que também nós estamos embutidos em sua complexa rede de relacionamento. Somos apenas uma espécie dentre milhões de outras produzidas pela natureza. Esta é talvez a lição mais importante da tese darwiniana: não somos nem mais nem menos do que um filho na prole numerosa da terra. O fato de termos aprendido a caminhar eretos e termos desenvolvido um cérebro que consideramos um tanto complexo pode não ser mais do que um experimento na curva evolutiva. Se formos tolos o suficiente para fazer com que esse cérebro pequeno e calculista se volte contra a natureza, creio que ela achará um meio de nos diminuir. Precisamos perceber que na terra a natureza é pai e mãe, e nós, os filhos. Há bilhões de anos ela já existia, enquanto nós somos apenas um ponto de luz na tela da evolução. Por essa razão, a atitude apropriada para com a natureza é a de humildade, juntamente com certa gratidão por ela nos permitir sair da escuridão primitiva para ver a luz do dia.

Estou ligado com todo o resto. Aquele que eu sou não se limita à minha pele, mas estende-se para fora mediante uma complexa matriz de inter-relações que abarca todo o universo. Relaciono-me com o ambiente ao meu redor e interpenetro-o ao inspirar e expirar, beber água e comer alimentos. O carbono, um dos principais componentes da vida e um dos elementos mais antigos, foi criado na incrível explosão que foi o Big Bang. As estrelas são feitas de carbono, assim como eu. O mesmo Deus que arrojou as estrelas na vasta escuridão do espaço também se curvou sobre o meu corpo e salpicou "substância estelar" sobre meus ossos e carne. Assim, sou um irmão das estrelas, do sol e das galáxias. Temos os mesmos pai e mãe, compartilhamos da mesma origem, viemos do mesmo útero.

Desse modo, talvez São Francisco, o místico de Assis e amante da natureza, sabia de algo por nós esquecido quando chamou os corpos celestes de "Irmão Sol" e "Irmã Lua". E talvez Thoreau estivesse igualmente certo ao perguntar como é possível sentir solidão quando podemos olhar para o céu à noite e ver as luzes dançantes da Via Láctea.[11] A compaixão pela natureza cresce com a consciência de estarmos interligados com tudo o que existe. Conforme um amigo observou: "Se você objetifica alguma coisa, pode imaginá-la como separada de você, assim sendo mais fácil usá-la, feri-la ou abusar dela. Mas se você está intimamente conectado com alguma coisa, ela torna-se parte de você, e feri-la é ferir a você mesmo."

Em 1997, 39 pessoas cometeram suicídio em massa perto de San Diego, a uma distância de apenas quarenta minutos de carro do lugar onde eu moro. Quando vi os vídeos realizados por alguns deles antes de sua morte, fiquei impressionado com o seu sentimento de alienação em relação a este planeta. Eles não se sentiam parte desta terra; sentiam como se esta não fosse sua casa. Assim, entraram para uma organização que lhes disse que poderiam escapar deste mundo suicidando-se e sendo arrebatados pela cauda de um cometa. Esse é um dos problemas com os sistemas de crenças que enfatizam o quanto as coisas são melhores em algum outro lugar; eles tendem a nos alienar da terra, fazendo-nos acreditar que este mundo não é a nossa casa. Não nego a possibilidade de vida após a morte, mas tudo o que posso saber com certeza agora, neste momento, é que eu estou vivo. E este planeta azul, dando voltas sem parar em torno do sol, com seus oceanos, montanhas, campos e desertos, é tanto a minha mãe como a minha casa. Em 1945 ele me deu à luz, nestes mais de cinqüenta anos ele tem me sustentado, e algum dia, daqui a não muitos anos, estarei enterrado na sua crosta. Para que os tivesse como camaradas, ele rodeou-me de uma multidão de flores, árvores, matas, rios, animais, pássaros, peixes e companheiros humanos, incluindo uma esposa e dois filhos, a quem amo mais do que a própria vida.

Não desejo pegar carona num cometa, ir a Marte ou fixar residência em algum outro lugar distante. Eu amo esta terra e quero viver estes poucos anos com gratidão e prazer. Quero realmente deixar este planeta em boa forma — não só por ele ser minha mãe, mas também porque tenho três netos que beberão sua água, respirarão seu ar e comerão o alimento desta terra. Não quero assumir os riscos de participar de um sistema que pode envenenar, poluir ou destruir este hábitat humano. Quero que as futuras gerações tenham um bom lugar para viver.

# Uma Mudança na Consciência Espiritual

Então, o que deve ser feito? Como podemos ressacralizar nossas atitudes em relação à natureza e passar a vê-la como um caminho para o sagrado? Em seu livro *Earth Memory*, Paul Devereux diz que, para que essa mudança ocorra, é preciso haver uma transformação radical na consciência espiritual.[12] Ele tem consciência dos que traíram as abordagens espirituais, insistindo em que "a ciência e a tecnologia moderna triunfarão sobre nossos problemas; haverá uma organização tecnológica". Por outro lado, ele observa, "essa atitude está perdendo rapidamente o seu atrativo para muitas pessoas que começam a ver com uma clareza cada vez maior a desordem ambiental que a nossa tecnologia, a nossa ciência aplicada, está criando por força da atual visão de mundo". Devereux não acredita que a ciência ou outras instituições oficiais de nossa sociedade salvarão a terra. Mais precisamente, ele crê ser necessário nada menos do que uma mudança de consciência, uma reorientação em larga escala no modo como vemos a natureza. Disse que "é nossa mentalidade, literalmente nossa visão de mundo, que precisa de cura em primeira instância. A cura ambiental será então uma conseqüência natural".

Devereux acredita haver sinais esperançosos de que essa mudança de consciência já tenha começado. Como exemplo, ele aponta a intensificação da consciência ecológica a suscitar vários movimentos "verdes", o interesse disseminado pela sabedoria de culturas tradicionais e o interesse do movimento New Age em curar a terra — mesmo com o receio de que os adeptos da New Age por vezes se esqueçam de que nós, mais do que a terra, é que precisamos ser curados. Devereux também vê de maneira positiva os vários movimentos pagãos e de culto às deusas, tendo-os por "manifestação de uma memória profunda na humanidade: a religião essencialmente universal da terra".

# Comunhão com a Natureza

Se há necessidade de uma mudança radical na consciência, como promover essa mudança em nós mesmos? Como aquele que se arvorava em objetificar a natureza, aquele que sempre se sentiu separado e apartado dela, pode mudar essas atitudes básicas?

Isso não vai acontecer simplesmente pela leitura de livros de ecologia. Hoje existem milhares de livros e artigos sobre ecologia e centenas de cientistas que se dedicaram ao estudo das questões ambientais. Esse trabalho é crucial, e admiro os que pesquisam e reúnem dados que possam nos direcionar a políticas mais sensatas no tratamento da terra. Mas é preciso mais do que informação se pretendemos mudar nossa atitude básica para com a natureza. Temos de pôr de lado nossos compêndios e estabelecer uma relação pessoal e comum com ela. Isso é o que foi perdido e que tem de ser restaurado. A natureza tem segredos só revelados no contexto de uma relação íntima com ela. Só nessa relação podemos descobrir seu caráter sagrado.

A comunhão com a natureza implica o abandono de nossas atitudes de objetificação e a abertura de nossa alma para a sua profundidade, beleza, escuridão e poder. Ela requer um meio de se relacionar que seja mais poético, místico, feminino, intuitivo, meditativo, íntimo. Walt Whitman compreendeu essas questões. Ele escreveu:

> Quando ouvi aquele versado astrônomo,
> Quando as provas e as figuras foram dispostas em colunas na minha frente,
> Quando me foram mostrados os mapas e diagramas, para somá-los, dividi-los e medi-los,
> Quando eu estava sentado, ouvindo o astrônomo a palestrar com muita aprovação na sala de conferências,
> Como fiquei incalculavelmente cansado e nauseado,
> Até que me levantei e deslizei para fora, saindo
> Para o ar da noite, místico, umedecido, e, de vez em quando,
> Contemplei o silêncio perfeito das estrelas.[13]

Esse poema, compreendido e aplicado adequadamente, contém toda a sabedoria de que precisamos para mudar nossa consciência e fazer da natureza um caminho para o sagrado. Mas a exemplo daquele "versado astrônomo", muitos de nós abordam a natureza com mapas e diagramas em vez de abrir a alma para o silêncio perfeito das estrelas. Embora as abordagens objetivas tenham seu lugar, comunhão significa deixar a sala de conferências e sair para o ar noturno, místico e umedecido, onde a natureza se revela diretamente para a alma aberta à admiração e ao assombro. Comunhão significa abordar a natureza com uma reflexividade, baseada na alma, que esteja disposta a esperar, ouvir e permitir que a natureza se revele a seu próprio modo, em seu próprio tempo. A comunhão envolve uma atitude de não-imposição, uma ausência de categorias predeterminadas e mesmo uma espécie de "indefinição filosófica", como Alan Watts a chamou. É claro que para o realismo determinado e agressivo do Ocidente isso não faz sentido; certamente a pesquisa, a medida, a precisão e a claridade rigorosamente delimitadas são sempre preferíveis à indefinição. Mas em algumas áreas da vida, a abordagem pragmática simplesmente não funciona. As relações íntimas humanas, por exemplo, requerem uma abordagem completamente diferente, o mesmo aplicando-se às nossas relações com a natureza. Para conhecer seus segredos mais profundos, precisamos estar dispostos a entrar numa relação de comunhão com ela, buscando o que Watts chamou de "um toque cálido, enternecido, vagamente definido e carinhoso".[14]

Em outras palavras, a comunhão envolve um modo de observar que é de carinhosa atenção, uma sensação de conforto com o que é enevoado, indefinido, obscuro, místico e indistinto. Watts observa que as culturas orientais têm mais familiaridade com a dimensão sutil da vida, que estão mais sintonizadas com a beleza das montanhas cobertas pela bruma ou com o vôo dos gansos selvagens em parte escondidos pelas nuvens, ao passo que a cultura ocidental produz um "tipo insolente de personalidade" que está "sempre disposta a avançar e esvaziar o mistério, a descobrir com toda a precisão para onde foram os gansos selvagens". Watts também disse que é "precisamente essa atitude que toda a cultura tradicional considera completamente insuportável no homem ocidental, não só pela sua falta de tato e refinamento, mas pela sua cegueira. Ela não pode dar conta da diferença entre a superfície e a profundidade".[15]

Estamos falando aqui de um modo alternativo de conhecer. A comunhão é um esforço por ultrapassar a divisão entre sujeito e objeto e por abrir-nos para a unicidade e inter-relação entre todas as coisas. Francamente, a maioria dos ocidentais não sabe como fazê-lo. Temos sido formados por uma cultura que idealiza a objetividade e despreza a subjetividade. Conseqüentemente, somos apartados de nossa própria experiência interior e dela não podemos depender como meio de conhecer o mundo. Em vez disso, aprendemos a depender do ego — a mente lógico-analítico-racional — que nos permite operar no mundo sem "estar lá" de fato em corpo ou alma. A glorificação da objetividade, atitude tão predominante em todas as áreas da vida ocidental, só pode acontecer numa cultura em que as pessoas estão apartadas de si mesmas, separadas de sua própria subjetividade. Não é de admirar que outras culturas nos achem estranhos. A idéia de que a vida pode ser vivida na cabeça, sem nenhuma necessidade real do corpo, da alma e das emoções, é de fato estranha.

Martin Buber tinha consciência dessas duas abordagens fundamentalmente distintas quando disse que, com a natureza, podemos ter tanto a relação Eu-Ele como a Eu-Tu. No modo Eu-Ele, a natureza é um objeto, uma coisa, e dela mantemos uma distância objetiva. Na relação de modo Eu-Tu, estabelecemos um tipo mais profundo de relação; os alicerces do Eu-Ele vão abaixo, e fundimo-nos em unidade com a natureza. Como observa Buber:

> Contemplo uma árvore... Posso categorizá-la numa espécie e observá-la como exemplo... Posso dissolvê-la em número, numa pura relação entre números, e externá-la. Enquanto isso, a árvore permanece meu objeto e tem seu lugar e seu espaço de tempo, é tipo e condição. Mas também pode acontecer, se a vontade e a graça andarem juntas, que ao contemplar a árvore eu seja atraído para uma relação e a árvore deixe de ser Ela. O poder de exclusividade então apossa-se de mim. Isso não exige que eu renuncie a nenhum dos modos de contemplação. Não há nada que eu tenha de não ver para ver, e não há conhecimento que eu tenha de esquecer. Mais precisamente, tudo — figura e movimento, espécie e exemplo, lei e número — está incluído e inseparavelmente fundido.[16]

Thoreau também compreendeu a relação Eu-Tu com a natureza. Algumas passagens em *Walden* são pura comunhão. Certa vez, estando no lago há algumas semanas, Thoreau começou a sentir-se só e a perguntar-se se poderia sobreviver longe das outras pessoas. Mas então, algo aconteceu. Ele descreveu o episódio:

> Em meio a uma chuva fina, tomado por esses pensamentos, subitamente me dei conta da doce e benéfica companhia da Natureza, dos pingos da chuva a cair e do próprio som e da visão em torno de minha casa, de uma amizade infinita e indescritível, toda de uma só vez feito atmosfera a me sustentar, como a fazer parecer insignificantes as vantagens imaginárias de uma vizinhança humana, nas quais jamais tornei a pensar. Cada pequeno galho de pinheiro expandia-se e avolumava-se com simpatia, e eram-me todos amigáveis. Tive uma consciência tão clara da presença de algo aparentado a mim, mesmo em cenários que nos acostumamos a chamar de selvagens e melancólicos, e, também, de que o mais próximo de mim em sangue e humanidade não era uma pessoa ou um aldeão, que cheguei à conclusão de que nenhum lugar poderia me ser estranho novamente.[17]

Ainda que conhecesse o termo, Thoreau era modesto demais para chamar esse acontecimento de experiência de pico. Porém, está claro que ele sentiu uma comunhão acalentadora com a natureza e teve consciência da presença de algo aparentado a ele. Daquele dia em diante, durante toda a sua estadia no Lago Walden, ele nunca mais se sentiu sozinho. Aos que lhe faziam essa questão, respondia: "Por que eu deveria me sentir sozinho? Nosso planeta não fica na Via Láctea?"

Thoreau sabia da necessidade de sensibilidade poética para se relacionar com a natureza. As abordagens científicas que fazem uso de mapas e medidas, os lenhadores com machados e serras, mesmo os fazendeiros podem ver suas fazendas como pouco mais do que meios de produção. Mas a alma poética simplesmente contempla a natureza, comunga com ela e recebe suas dádivas. Thoreau escreveu:

> Freqüentemente vejo um poeta em retiro, desfrutando da parte mais valiosa de uma fazenda, enquanto os rústicos fazendeiros imaginam que tudo o que ele faz é colher maçãs silvestres. Ora, o dono só o saberá muitos anos depois, quando o poeta puser sua fazenda em rima, esse tipo mais admirável de cerca invisível, quando o poeta apropriar-se dela com justiça, ordenhá-la, desnatá-la e ficar com toda a nata para si, deixando ao fazendeiro somente o leite desnatado.[18]

## Histórias de Comunhão

Mas há também fazendeiros e rancheiros que têm uma relação poética com a terra. Tenho um bom amigo que é dono de um rancho no norte do Wyoming, propriedade rural de seus avós no início do século passado. A velha casa, feita de uma mistura de barro e palha, construída por seu avô, ainda está lá, a umas poucas jardas da nova casa em que meu amigo vive agora com sua esposa e com sua filha. Aquele rancho está no sangue de John; ele conhece cada colina, cada prado e cada arvoredo. Ele sabe onde dorme o veado de cauda branca, os campos onde a sábia galinha selvagem choca seus filhotes, conhece as variedades de relva e as flores selvagens que se espalham pelo rancho. Por vezes sobe em seu caminhão ou cavalga em seu cavalo pelo rancho só para ver a beleza e riqueza da terra. Se eu dissesse a John que ele tem uma sensibilidade poética e que entra em comunhão com a terra, ele riria de mim e de minhas palavras "empoladas"; mas saberia exatamente o que quero dizer, e seus olhos faiscariam com um sorriso de cumplicidade. John é um poeta-rancheiro, um homem trabalhador com um coração sintonizado a um rancho do Wyoming.

Eu e minha família nos mudamos para o Wyoming em 1979. Embora tenhamos vivido lá por apenas três anos, eu me apaixonei por aquele Estado selvagem e maravilhoso. Nossa casa ficava no sopé das montanhas Big Horn, perto da cidade de Sheridan. A região pulula de vida selvagem; a natureza parece transbordar por todos os lados. Numa tarde de chuva, eu e Sara contamos 94 veados quando voltávamos de carro pelas estradas próximas a Sheridan. Os antílopes são tão numerosos que podem ser vistos em rebanhos ao longo da rodovia interestadual. Wyoming tem uma das maiores populações de cervos do mundo. Há também alces americanos, ursos, raposas, lobos, gatos-do-mato, pumas, gansos, faisões, patos, tetrazes, corujas, águias, esquilos, coelhos, texugos, porcos-espinhos, castores e inúmeros outros animais. As montanhas do Wyoming estão cobertas de eucaliptos, cedros, álamos e outras espécies de árvores que são de tirar o fôlego. Suas águas cristalinas e seus lagos azuis abundam em trutas, trutas-dos-ribeiros, trutas arco-íris, percas-amarelas e outros peixes.

Quando eu e Sara voltamos ao Wyoming para uma visita, gostamos de passar no rancho de nossos amigos no final do dia. Quando o crepúsculo desce ao longo das colinas e pastagens, o único som que se pode ouvir é o coaxar de sapos no lago, o pio de uma coruja a distância e o cricri dos grilos. Olhamos os veados trilhar seu caminho colinas abaixo em direção aos ricos campos de alfafa. Certa vez vimos um porco-espinho gingando pelo campo aberto. Coelhos saem ao crepúsculo para brincar na estrada enlameada. Essas coisas nutrem minha alma.

Outra coisa que amo é subir nas montanhas Big Horn. Uma vez no topo, uma estrada próxima e enlameada segue ao longo do espigão dessas montanhas azuis. Aqui não há turistas tirando fotos, nenhuma comercialização de espécie alguma. Pode-se andar milhas sem ver outro ser humano. A estrada da montanha passa por escuras florestas de pinheiros, atravessa correntes frias da montanha e campinas largas e abertas. A distância, no silêncio daquelas alturas, pode-se ver picos azuis recortados e cobertos de neve alçando-se para cima no claro azul do céu. Freqüentemente são vistos veados, cervos e às vezes até um alce ou dois. Na primavera, as flores selvagens são abundantes, e as corredeiras, cheias de neve derretida, brilham e cintilam ao descer a montanha. Não é preciso dizer que me sinto em verdadeira comunhão com o Wyoming. Numa de minhas visitas, escrevi o seguinte poema, que intitulei: "Aqui o Animal está vivo em Mim: Um Poema para o Wyoming":

Aqui o animal está vivo em mim.

Tendo deixado a civilização superficial,<br>
Caminho nu pelo agreste<br>
da vida crua e primitiva.

Aqui de nada importa a plástica:
nomes de marcas de roupas,
dinheiro no banco,
diplomas na parede.

Pondo de lado tudo o que não é real,
Arrojo-me no charco
da existência instintiva,
ponho a maçã de volta na árvore,
e conheço a beleza das coisas originais.

Aqui eu bebo das fontes naturais,
durmo aninhado junto das montanhas,
meu alimento é cozinhado a fogo aberto,
corro com veados, cervos, lobos e ursos,
vôo com águias, falcões, galos selvagens e corujas.

Aqui o meu corpo mergulha lentamente no sagrado
e conhece o ritmo de estilos antigos.
"Corto lenha, trago água",
pesco, durmo, como, faço amor,
e todo o meu corpo sabe
que eu estou em casa.

Aqui o animal está vivo em mim.[19]

Quando vi pela primeira vez as sequóias da Califórnia, fiquei estupefato não pelo seu tamanho, que eu já esperava, mas pela sensação de solidez e de eterna presença que me causavam e, por falta de palavra melhor, sua *indiferença* em relação aos negócios da humanidade. Algumas dessas árvores ali já estavam quando Jesus caminhava pelas ruas de Jerusalém, quando florescia o Império Romano, quando veio a Idade Média, quando irrompeu o Renascimento e quando Colombo descobriu a América. Eu sentia aquelas árvores como se fossem irmãs mais velhas. Eu simplesmente não podia objetificá-las; eram "personagens". Fui atingido por sua imensa calidez e envolvido por seus sagrados silêncio e escuridão. Com sua doce presença, elas puseram em perspectiva minha pequena vida. Naquela altura comecei a chorar, e fiz algo que nunca havia feito antes: conversei com as árvores, particularmente com a velha companheira que estava na minha frente. Não me lembro de tudo o que eu falei, mas posso dizer a você, leitor, que foi adoração em estado puro. Pela primeira vez eu entendi por que as pessoas outrora adoravam árvores. Pela primeira vez entendi por que as mulheres na época do culto à Deusa construíam seus altares nos bosques. Também compreendi o que uma cliente minha queria dizer ao me contar que uma árvore enorme na floresta atrás de sua casa havia lhe dado amor e proteção quando criança — numa amabilidade que viria a lhe faltar na juventude. Antes que eu deixasse aquele bosque de sequóias, escrevi em meu diário que "não esquecerei tão cedo este primeiro encontro". Algum tempo depois, fiz um poema sobre aquela experiência, intitulando-o "Às Sequóias":

Agora eu sei por que minhas mães ancestrais
adoravam árvores
e dançavam seus rituais à luz do luar
em bosques escuros.

Aqui, no meio de suas trombas paquidérmicas,
há poder e enorme calidez
convidando os fogos da meia-noite e os rituais selvagens
a guardar em segredo séculos de escuridão
que pairam próximos daqui.

E só vocês sobreviveram para falar
daqueles dias pagãos
e da paciência que é preciso
para construir uma vida.[20]

Disse o salmista: "Que os céus contem a glória de Deus e que o firmamento mostre o trabalho de suas mãos." A natureza fala do sagrado e aponta para o Grande Mistério. Para os que desejam restaurar sua alma e recuperar a sensação de que ela de fato é importante, a comunhão com a natureza é uma resposta. Ela abrirá sua alma, preencherá seu coração e soprará segredos antigos em seus ouvidos.

*Sétimo Caminho*

# *Relacionamentos*

## *O Caminho da Amizade, da Família e da Comunidade*

*Muito embora a sociedade ocidental tenha criado separação e alienação valorizando desenfreadamente o individualismo e os bens materiais, somos, em essência, pessoas tribais que existem para viver em conjunto, para compartilhar o fardo e cuidar uma da outra à medida que passamos pelas muitas fases da vida.*

— C. S. Kasl

Tenho um amigo que se mudou para cá há alguns anos, vindo da Argentina. Recentemente, perguntei-lhe sobre as diferenças entre seu país e os Estados Unidos. Respondeu-me dizendo que uma das maiores diferenças é que, na Argentina, família e amigos vêm em primeiro lugar, enquanto o trabalho é secundário. Ele disse: "Em meus primeiros tempos na Califórnia, eu saía para almoçar com meus sócios, mas tudo o que eles queriam falar estava relacionado ao trabalho. Na Argentina, jamais falaríamos de trabalho no almoço. Conversaríamos sobre nossas famílias, nossos amigos, ou sobre o que estivéssemos fazendo na vida." Disse-me ainda, "Também notei que aqui todos esperam pelo fim de semana para ficar com os amigos; na Argentina fazíamos isso quase todas as noites durante a semana. Íamos a um parque ou convidávamos alguém para jantar". Depois sorriu e disse: "Acho que na Argentina se trabalha para viver, ao passo que na América se vive para trabalhar."

## O Colapso da Comunidade

A observação de meu amigo vai direto ao cerne de um dos problemas dos Estados Unidos. Aqui, os relacionamentos são importantes, mas tendem a vir depois do trabalho e da carreira. Quando os americanos viviam nas fazendas e em comunidades rurais, os relacionamentos eram mais importantes. O trabalho nas fazendas era pesado e tomava muitas horas, mas sempre havia tempo para a família, para os amigos e para a comunidade, especialmente no outono e no inverno, quando os grãos já estavam colhidos e tudo diminuía de ritmo. Naqueles dias, o trabalho em si comumente possuía uma dimensão social. Pais e filhos trabalhavam juntos nos campos, enquanto mães e filhas cuidavam das tarefas domésticas. E tarefas maiores, como a colheita, o preparo de alimentos em conservas, a confecção de acolchoados, o abate de animais para consumo, o corte do feno e a construção de celeiros, eram freqüentemente realizadas com a ajuda da comunidade.

## Urbanização e Comunidade

À medida que os americanos se mudavam para as cidades, muita coisa ia se perdendo em termos de comunidade. A teia da família ampliada, tão comum nas áreas rurais, desfazia-se à medida que as pessoas deixavam pais, avós, tios, tias, primos e outros parentes para ir às grandes cidades e se empregar nas fábricas. A família nuclear passou a existir. Muitos dos novos habitantes gostaram do anonimato e da liberdade que a cidade lhes propiciava para construir sua vida. Mas o preço dessa liberdade foi muitas vezes a perda de contato com a família, com parentes e amigos. Muitas pessoas precisavam trabalhar de 12 a 14 horas por dia e descobriram que tinham pouco tempo para amizades e comunidade. Havia exceções, certamente. Em muitas vizinhanças étnicas, por exemplo, prevalecia um senso de comunidade. De um modo geral, porém, a urbanização não só deixou grandes buracos no tecido social da vida rural; aqueles que se mudaram para a cidade eram incapazes de restabelecer o sentimento íntimo de comunidade que havia caracterizado a vida na cidade pequena e rural dos Estados Unidos.

Finalmente, com a ajuda dos sindicatos, as condições de trabalho nas fábricas melhorou, e foi criada a semana de trabalho de quarenta horas, com a idéia de que isso possibilitaria mais tempo livre aos trabalhadores — dias de trabalho mais curtos e finais de semana para descanso. Mas hoje, com o transporte para o local de trabalho dando-se em auto-estradas congestionadas ou por longas viagens de trem, sem falar nas horas extras que as empresas freqüentemente solicitam, é comum que os empregados, seja o braçal, seja o do colarinho branco, despendam de cinqüenta a sessenta horas por semana trabalhando ou executando atividades afins. Em famílias "tradicionais", onde o papai vai trabalhar e a mamãe fica em casa, os pais muitas vezes saem de casa antes que as crianças tenham acordado e voltam quando elas já estão na cama. Lamentavelmente, isso faz lembrar uma velha piada sobre um jovem que reclama que seu pai arruinou a sua vida. Ao que o pai responde: "Isso é impossível. Eu nem ao menos estava lá!"

Parece estranho que tenhamos aceito tão prontamente um estilo de vida tão insano. Durante milhares de anos em seu desenvolvimento evolutivo, o ser humano não esteve sentado atrás de mesas por cinqüenta horas semanais nem bateu cartão. Para os nossos ancestrais primitivos, a sobrevivência era difícil, mas por outro lado eles tinham muitas horas disponíveis e viviam em sintonia com as estações e ritmos da natureza. Nós não fomos evolutivamente "programados" para sentar num escritório ou ficar numa linha de montagem executando monótonas tarefas ano após ano. Mesmo assim, essa é a vida que muitos americanos levam. Nossa cultura dedica-se a coisas materiais e adotamos o ideal da Madison Avenue da boa vida: todos queremos bons empregos e muito dinheiro para poder comprar boas coisas. Apesar de nossa nostalgia por uma vida mais simples, muitos de nós não conseguiriam se imaginar morando numa cabana próxima ao Lago Walden. O que desejaríamos seria uma mansão de frente para o lago, um barco veloz para navegar nele, um aviário para os pássaros e jardineiros para cuidar dos bosques em volta da casa!

Nossas agendas atulhadas e nossa obsessão pelas coisas materiais estão confundindo nossos relacionamentos. Em muitas famílias, os dois lados têm de trabalhar para sobreviver, e alguns vêem seus filhos apenas durante duas ou três horas ao dia. Nos fins de semana, quando a mãe ou o pai não têm um segundo emprego nem fazem hora extra, a família pode dispor de umas poucas horas entre fazer compras no mercado, lavar roupa, limpar a casa e cortar a grama. E para aqueles que criam seus filhos sozinhos, o *stress* é ainda maior. Conheço mães solteiras que fazem malabarismos entre dúzias de responsabilidades e equilibram uma longa pilha de pratos girando enquanto correm freneticamente ao longo do dia, e isso apenas para descobrir que o dia seguinte é exatamente igual ao anterior.

As sociedades industrializadas do Ocidente venderam-nos uma existência que nos deixa tensos, que causa danos ao corpo, aniquila a alma e destrói os relacionamentos; e nós compramos o pacote inteiro. E como essas forças interferem num nível societal e moldam o mundo em que vivemos, muitos de nós sentem que têm pouca opção além de se entregar ao monótono trabalho de Sísifo tão logo saem do colégio ou da faculdade e continuar trabalhando pelo resto da vida.

Dos bosques da Nova Inglaterra podemos às vezes ouvir o alerta de Thoreau: "Simplifiquem, simplifiquem, simplifiquem. Não venham dizer que nunca viveram, quando chegarem ao final de sua vida." Mas é difícil ouvir Thoreau no meio dos ruídos das fábricas, das sirenes da cidade e do afã dos trabalhadores de Sísifo. E assim prosseguimos em nosso exaustivo estilo de vida, apenas parcialmente conscientes do quanto ele, tal qual um câncer, está corroendo nossos relacionamentos familiais, nossas amizades, nosso sentimento de comunidade e outras coisas que realmente importam.

## Individualismo e Comunidade

Um fator menos óbvio, mas talvez mais insidioso, que contribui para a perda da comunidade é o extremo individualismo que tem cada vez mais caracterizado os Estados Unidos. Em *Habits of the Heart*, Robert Bellah disse que a ênfase excessiva no individualismo minou os valores e compromissos comunitários.[1] Bellah lembrou-nos que individualismo e comunidade estão em mútua relação e que o individualismo só pode fazer sentido à luz do pano de fundo da comunidade. Em outras palavras, para destacar-se como indivíduo, é preciso a comunidade para se contrapor.

Sem comunidade, o individualismo degenera em pouco mais do que expressões anárquicas e casuais de solidão e alienação.

Nos Estados Unidos, estamos tão comprometidos em "sermos nós mesmos" que às vezes chegamos a cortar envolvimentos com a família, amigos e com a comunidade, se eles parecerem infringir nossa liberdade pessoal. Infelizmente, os psicoterapeutas algumas vezes contribuem para isso, encorajando os clientes a fazer do crescimento pessoal o principal tema da vida e a eliminar relacionamentos que interfiram na realização de si mesmo. Mas essa intenção ignora o fato de que a realização autêntica ocorre no contexto da comunidade e de compromissos de compaixão para com o mundo. Insistir em que tudo o que importa é a própria vida é narcisismo, e não realização. Relacionamentos e envolvimento de compaixão, e não a visão centrada no próprio umbigo, formam o campo para o crescimento e a transformação pessoal. Se é verdade que alguns relacionamentos são nocivos e devem ser terminados, também é verdade que qualquer relacionamento tem seus problemas e que a verdadeira natureza do relacionamento exige uma vontade de adaptação em detrimento da insistência em que o relacionamento de forma alguma deve comprometer a liberdade de alguém.

Viktor Frankl costumava observar para seus alunos na universidade que a realização de si mesmo não poderia ser atingida se fosse diretamente buscada. A realização de si mesmo é muito mais um subproduto do compromisso com um sentido ou objetivo maiores do que nós mesmos. Frankl disse que aqueles que buscam o objetivo simplista da realização de si estão fadados ao fracasso. Já aqueles que, esquecendo-se de si mesmos, comprometem sua vida numa causa maior do que eles próprios, descobrirão com o tempo que também cresceram e amadureceram profundamente. A visão de Frankl faz eco a muitas tradições espirituais, incluindo o cristianismo, que enfatiza que ao nos perdermos, nos encontramos. As figuras históricas que admiramos como tendo verdadeiramente atingido a realização de si mesmo são invariavelmente aqueles que se comprometeram com uma causa humana e justa. Basta pensar em indivíduos como Albert Schweitzer, Abraham Lincoln, Eleanor Roosevelt, Madre Theresa ou Martin Luther King para ver que a autêntica realização de si envolve o compromisso com os outros, e não um enfoque em seu próprio desenvolvimento.

No campo da psicologia, tivemos recentemente grandes discussões sobre co-dependência. Diversos livros e inúmeros *workshops* foram dedicados a esse tema, todos proclamando seus perigos. É claro que os relacionamentos podem se tornar patológicos e que as pessoas podem perder a noção de si mesmas ao emaranhar-se com o outro. Nesse sentido, não há dúvidas de que o movimento de co-dependência foi útil para aqueles que ficaram presos nesses relacionamentos. Porém, infelizmente, para muitos norte-americanos, a co-dependência tornou-se um lema para quase todas as formas de atenção ou ato de sacrifício de si. Na minha opinião, a popularidade deste movimento deveu-se em parte ao fato de suas mensagens poderem ser deturpadas muito facilmente, e isso para que sustentassem tendências para o extremo individualismo que preexistiam em nós. A co-dependência forneceu-nos um pretexto para que cortássemos nossas ligações com os outros e nos colocássemos, mais uma vez, no centro do palco.

Há algo de muito errado numa cultura quando as pessoas começam a tomar por patológicas as ligações, os vínculos, a compaixão e o sacrifício de si mesmo. Esse individualismo extremo, como adverte Robert Bellah, destrói a estrutura da comunidade. Muitos americanos com uma estreita visão da satisfação pessoal como objetivo da existência não conseguem se imaginar "desperdiçando sua vida" cuidando de um parente idoso, de uma criança excepcional, de um companheiro paraplégico, e certamente não conseguem compreender como alguém possa realmente considerar satisfatória uma vida como essa. O fato de não conseguirmos compreendê-lo nos diz algo sobre a real patologia dos Estados Unidos — sobre a distância a que fomos impelidos dos valores comunitários e da compaixão. Assim, o individualismo que sempre caracterizou os americanos e que é um de nossos maiores bens pode, em sua forma extrema e narcisista, tornar-se um monstro destruidor dos vínculos e da comunidade.

## Solidão e Isolamento

Quando a comunidade se rompe, a solidão e o isolamento prevalecem. Como terapeuta, ouvi centenas de pacientes falarem da dor da separação — mulheres cujo marido não as ouvem nem as vêem; homens que não têm sequer um amigo para partilhar sua vida; crianças pequenas querendo desesperadamente a atenção dos pais; adolescentes tão isolados e sós que o suicídio torna-se uma opção possível em seu pensamento; pessoas idosas, com seus cônjuges e amigos já todos mortos, sedentos por qualquer tipo de contato. Há quem diga que estamos na era da ansiedade, e é verdade. Mas esta é também a era da solidão e do isolamento.

Quando eu era pastor, certa vez fiz uma prédica sobre a solidão. Após o culto, uma senhora idosa, conhecida na congregação pela frieza e personalidade amarga, veio até mim e, tentando conter as lágrimas, disse-me: "Só queria lhe dizer que passei muitas noites chorando por ter de dormir sozinha." Depois, virou-se rapidamente e partiu. Fiquei tocado pela sua confissão e a partir de então, passei a vê-la sob uma luz diferente; eu sabia que por detrás daquela ríspida atitude de defesa havia uma alma profundamente isolada e solitária.

Após a morte de minha mãe, meu pai me disse: "Estou bem, mas tão sozinho que sinto que vou morrer." Viveram juntos por sessenta anos. Alguns poderão dizer que meu pai dependia demais de minha mãe e, de uma perspectiva psicológica externa, poderão até estar certos. Mas quando minha mãe faleceu, meu pai ficou com o coração partido, e de certa forma isso parece profundamente humano, nem um pouco patológico.

Todos buscamos ligações, e essa busca vem do fundo de nossa alma. Há alguns anos, tive um paciente, um homem de seus quarenta anos, que amava as mulheres e queria tanto um relacionamento que chegava a chorar, todas as vezes em que tocava nesse assunto. Eu freqüentemente sentia que aquele homem forte, porém gentil, estava expressando o anseio universal por ligações, o desejo de ter alguém compartilhando nossa vida.

Alguns existencialistas dizem que solidão e isolamento pura e simplesmente fazem parte da condição humana: viemos sós para o mundo, e sós morreremos. Por mais que duas pessoas se amem e por mais íntimas que se tornem, ainda assim elas são seres separados, isolados. Desta forma, isolamento e solidão são ontológicos, simplesmente parte do ser humano. Embora haja certa verdade nisso, há também algo de ontológico no amor e no relacionamento humano. De fato, a verdade ontológica mais profunda pode ser a de que estamos todos conectados. Sob essa luz, a solidão seria o anseio da alma pela realização daquela verdade ontológica na realidade vivida da existência de uma pessoa. Ou, em termos mais simples, talvez o amor não seja ilusão; talvez ele seja, de fato, a única verdade que possa aliviar a dolorosa solidão do coração. Erich Fromm acreditava nisso. Ele escreveu que "o amor é a única... resposta para o problema da existência humana".[2]

## Amizade

Há alguns anos, um de meus alunos do doutorado escreveu uma dissertação sobre a amizade entre duas almas.[3] Uma amizade de alma a alma é aquela que toca nos mais profundos níveis da intimidade, cada amigo convidando o outro a entrar nos recessos mais íntimos da alma. São dois corações que pulsam, ouvem, ressoam, entrelaçam-se. Amigos de alma a alma tornam-se parte um do outro, de modo que é difícil dizer onde começa um e termina o outro. Eles comungam entre si, mesmo quando estão em silêncio um em presença do outro. Quando separados, cada um traz o outro no coração, nutre-o e sustenta-o. E quando novamente se encontram, é como se nunca estiveram separados. Esta não é uma descrição romanceada. Como bem sabem os que vivem relacionamentos como esse, eles são nítidos, fatos empíricos da amizade alma a alma.

O poeta libanês Kahlil Gibran compreendeu esse tipo de amizade. Em *O Profeta* ele escreveu:

> E que não haja outra finalidade na amizade a não ser o amadurecimento do espírito.
> Pois o amor que procura outra coisa a não ser a revelação de seu próprio mistério não é amor, mas uma rede armada, e somente o inaproveitável é nela apanhado.
> E que o melhor de vós próprios seja para vosso amigo.
> Se ele deve conhecer o fluxo de vossa maré, que conheça também o seu refluxo.
> Pois, que achais seja vosso amigo para que o procureis somente a fim de matar o tempo?
> Procurai-o sempre com horas para viver.[4]

Fiquei impressionado com as palavras de Gibran: "Que não haja outra finalidade na amizade a não ser o amadurecimento do espírito." É exatamente o que se dá numa amizade de alma a alma. Ao contrário das amizades construídas sobre coisas que são feitas em conjunto, essas amizades de certo modo são mais do que estar juntos. Amizades de alma a alma estão centradas no falar com o coração, no ouvir, no cuidar, em estar realmente presente para o outro. Assim, ter amizades desse tipo não significa jogar golfe ou fazer compras juntos, ainda que amigos possam fazer essas coisas também; tais amizades significam cultivar a alma e aprofundar o espírito. Nesse sentido, elas são caminhos para o sagrado.

As amizades de alma a alma, quando acontecem, freqüentemente entram em nossa vida como um presente de Deus. Iniciam-se às vezes na infância, às vezes no colégio ou na faculdade; mas podem acontecer a qualquer momento. Um dia, estamos indo almoçar com um colega de trabalho, mas em vez da usual conversa social, ele diz: "Desculpe, mas eu tenho de falar com alguém sobre o que estou passando." Antes de o almoço terminar, dois corações terão se tocado, e talvez uma amizade de alma a alma tenha nascido aí.

Independentemente de como aconteçam, esses momentos são sagrados — duas almas se abrindo, confiando-se, arriscando-se, caminhos vulneráveis que cada um abre para o outro. Não há palavras que possam descrever essas amizades. Elas são âncoras em nossa vida, elas alimentam e sustentam nossa alma.

## Minhas Concepções de Amizade

No decorrer dos anos, a partir de meu trabalho como terapeuta e de minhas próprias relações pessoais, aprendi algumas coisas sobre amizades de alma a alma.

Primeiro: São necessárias duas pessoas para se ter uma amizade de alma a alma. Pode parecer óbvio, mas fico impressionado com o número de pessoas que durante anos se empenham em tentar criar uma relação de alma a alma com alguém que não tem nenhum interesse por esse tipo de intimidade. Se uma das pessoas, numa amizade, no casamento ou em qualquer outra relação, não deseja se transpor para as regiões mais profundas da alma, a relação está fadada a permanecer na superfície.

Segundo: Uma das melhores formas de alimentar uma relação é conversar sobre ela. Amigos muitas vezes conversam sobre assuntos de interesse mútuo — seus casamentos, filhos, pais, trabalho, esperanças e sonhos. Essas conversas certamente podem tornar os amigos mais próximos. Mas para que a amizade se torne uma relação de alma a alma, ambos têm de achar coragem para conversar sobre sua própria amizade. Conversar honestamente sobre como se experimenta a amizade e como se vê a outra pessoa, tanto positiva como negativamente, envolve um nível de risco que não está presente quando outros assuntos são discutidos. No entanto, esse tipo de compartilhamento é um dos meios mais eficazes de aprofundar uma relação. Ele permite que os amigos trabalhem o solo da amizade — arranquem as ervas daninhas, afirmem seu carinho, esclareçam mal-entendidos e ressintonizem suas almas. Ele cria um campo para nutrir a relação diretamente e para fazer a manutenção de que toda amizade íntima precisa.

Contudo, isso não significa que os amigos não devam fazer nada além de "processar" sua relação; a amizade é para ser vivida, e não analisada e discutida. Mas como parte dessa relação, os amigos deveriam reservar um tempo para conversar sobre sua própria amizade. Segundo a minha experiência, esse é o modo mais efetivo de nutrir a relação e aprofundar sua intimidade.

Terceiro: A essência de uma amizade de alma para alma está na capacidade de ver e afirmar o autêntico ser do outro e crescer para além de suas bordas. Heinz Kohut, um psicanalista, desenvolveu uma abordagem terapêutica denominada psicologia do si-mesmo, que traz importantes implicações para a amizade.[5] Em seu trabalho analítico, Kohut descobriu que alguns clientes tinham um sentimento lesado de si mesmos, uma estrutura de si inadequadamente desenvolvida. Ele chegou a acreditar que esse dano ocorria nos primeiros anos da vida devido a uma falta de empatia por parte da mãe. Para desenvolver uma estrutura de si mesmo que seja saudável, a criança precisa de uma mãe que esteja "lá" — que esteja empaticamente sintonizada com seu bebê e espelhe as experiências e sensações da criança. Kohut sentia que os clientes com essa lesão na estrutura de si poderiam ser tratados por meio de empatia e atenção do terapeuta. Noutras palavras, proporcionando as condições que faltaram quando o cliente era criança, o terapeuta pode tratar e restaurar o si-mesmo que foi lesado ou teve seu desenvolvimento obstruído.

A teoria de Kohut ilumina a amizade. Ele disse que precisamos de pessoas que espelhem nossas sensações interiores e nosso crescente sentimento de nós mesmos não só na infância, mas por toda a nossa vida. Ou seja, precisamos de amigos que realmente nos vejam em nosso autêntico ser e que nos aceitem como somos. Precisamos de amigos que possam ver a expansão de nossas fronteiras e a pessoa que estamos nos tornando. Infelizmente, nossa família o mais das vezes não podem fazer isso por nós; é mais comum estarem todos excessivamente preocupados em nos ver do jeito que poderíamos ser ou em impor a nós seus próprios valores. Mas as amizades de alma a alma são um campo para a aceitação incondicional e para uma atenção plena de empatia — justamente o de que precisamos para ser e nos tornar a pessoa que em verdade somos. Os verdadeiros amigos afirmam o autêntico ser um do outro, ajudando-se mutuamente na via do vir-a-ser.

Quarto: a energia erótica está presente na maioria das amizades íntimas, se não em todas. Sendo a sexualidade a nossa forma de comunicação mais profunda, não deveria causar surpresa o fato de as sensações eróticas surgirem nas relações de alma a alma. Os amigos às vezes se sentem pouco à vontade com a dimensão erótica de sua relação, vendo-a como um problema. Não obstante, essa energia, se adequadamente conduzida, pode compor a relação de maneira maravilhosa e enriquecedora. A energia erótica é uma expressão da força vital; ela é fonte de criatividade, de paixão e de vitalidade. Traz um alento à relação e pode ser uma fonte de nutrição para o espírito. Se em nossa cultura fôssemos mais abertos à sexualidade, creio que celebraríamos essa dimensão da amizade, sabendo que tomaríamos decisões inteligentes sobre como e quando expressar nossa energia erótica. Se Eros é uma parte tão vital e benéfica da vida, penso que os amigos deveriam reconhecer e discutir sua presença na relação, em vez de tentar fingir que ele não está ali.

## Reflexões Complementares sobre a Amizade

As amizades podem ser extremamente íntimas. Pode-se se sentir mais próximo de um amigo do que de nossa própria família. Pode-se contar a um amigo coisas que não poderiam ser contadas a mais ninguém. Mesmo assim, tão importante quanto a própria amizade é o fato de ela ser a única relação de profundidade não ritualizada em nossa sociedade. Temos cerimônias de casamento para simbolizar uma união entre marido e mulher, mas não temos uma cerimônia parecida para ritualizar a amizade, apesar de essa última poder durar mais que o casamento. Talvez seja a própria falta de institucionalização, e com isso a compreensão de que a amizade existe não em função de pressões sociais ou públicas, mas em si e por si mesma, o que a torna tão especial.

Um amigo é alguém que aguarda. *Aguardar* é um palavra antiga que significa "esperar" ou "permanecer". Um amigo é simplesmente alguém que está lá, esperando ou presenciando nossa passagem pelos vários estágios da vida. Ele pode oferecer seus pensamentos, mas não julga, não critica nem insiste para que façamos desse ou daquele modo. Ele somente está lá, amando-nos, dando-nos liberdade para que sejamos nós mesmos, até mesmo para que cometamos nossos erros. Se você tem amigos assim, deveria seguir o conselho de Shakespeare: "Prenda-os à tua alma com fios de aço."[6]

Também é verdade que a amizade às vezes acaba. Independentemente do quanto a amizade possa ser íntima, podem acontecer coisas que nos impossibilitem de continuar. Certas vezes crescemos mais do que um amigo, ou é a outra pessoa que cresce mais do que nós, ou simplesmente crescemos em direções diferentes. Noutros casos nos ferimos um ao outro, e a ferida se aloja onde a desculpa e o perdão não alcançam. Quando uma amizade de alma a alma termina, a experiência pode ser torturantemente dolorosa. Uma mulher que havia perdido sua melhor amiga contou-me que o fim daquela amizade havia sido mais doloroso do que seu divórcio. Amizades de alma a alma enraízam-se em nosso próprio ser. Se terminam, é como se arrancássemos nossa alma pelas raízes; somos sacudidos nas próprias bases de nosso ser. Podemos achar que não temos certeza de mais nada neste mundo — mesmo quanto a ele ser um lugar seguro ou não. Pensamos, "Se fui capaz de terminar uma coisa que eu imaginava tão certa, então eu não posso mais confiar em ninguém nem contar com coisa alguma?" Depois de uma experiência como essa, ficamos um bom tempo sem voltar a abrir nosso coração para a vida.

Se as amizades não terminam em vida, elas certamente terminarão na morte. Quando eu era mais novo, eu não pensava nessas coisas. Mas hoje vejo meu pai, de 89 anos, perder um amigo atrás do outro. Recentemente ele disse para a minha irmã: "Não me restou ninguém. Todos os meus amigos já foram." Quando um de meus alunos do doutorado entrevistou uma mulher sobre sua amizade de alma a alma, ela disse: "Temos sido amigas durante toda a nossa vida, e algum dia uma de nós estará no enterro da outra." Reflexões como essa lembram-nos que deveríamos ser inteiramente gratos pelas amizades que temos.

## Família

Talvez nenhum elo entre as pessoas seja tão forte quanto ter o mesmo sangue. As relações familiares podem estar na origem de nossas maiores alegrias e, algumas vezes, de nosso mais profundo desespero. Por mais que tentemos, não há como escapar das relações familiares. Elas estão impressas em nossa alma, e nosso sangue comum mantém-nos ligados desde o nascimento até a morte.

Discutir todas as relações familiares por si só já demandaria um livro. Por isso, escolhi um enfoque centrado em pais, filhos e no casamento.

## Pais

Criar um filho é uma tremenda responsabilidade, e mesmo assim a maioria dos pais não recebe nenhum treinamento para essa importante tarefa, a não ser as lições imperfeitas recebidas de seus próprios pais. Mesmo os melhores pais freqüentemente cometem erros, dizendo e fazendo coisas que serão ofensivas para a criança. Como resultado, a maior parte de nós cresce com pelo menos algumas cicatrizes que remetem aos pais, e há aqueles que crescem com sérios problemas psicológicos.

Durante os primeiros trinta anos de nossa vida, muitos de nós usam os pais como bodes expiatórios, projetando neles todas as nossas frustrações e infelicidades. Na juventude, é sempre mais fácil culpar os pais do que assumir a responsabilidade por nossa vida. Mas quando chegamos à casa dos trinta, em especial se nós próprios temos filhos, muitos começam a ver que "esse negócio" de ser pai ou mãe não é tão fácil quanto imaginávamos. Pela primeira vez, podemos ter certa empatia por nossos próprios pais e pelo que eles passaram conosco. Podemos começar a sentir que eles, dentro dos limites de suas capacidades e de suas próprias cicatrizes, fizeram o melhor que puderam. E, pela primeira vez, o perdão pode entrar em nossos corações.

Isso a exemplo do que me contou um de meus clientes, um homem de seus quarenta e tantos anos:

> Na adolescência e nos meus primeiros vinte e poucos anos, eu sentia raiva de meus pais em razão de suas inadequações e de como haviam me machucado quando eu era criança. Eu pensei que tivesse superado isso, mas então, há alguns anos, algumas dessas velhas questões voltaram à tona, em particular com relação ao meu pai. Quando eu era criança, era raro fazermos coisas que os pais fazem junto com os filhos, como pescar ou brincar de pega-pega. Eu sentia sempre que ele não estava lá para mim. Então, mesmo com ele já em seus setenta e tantos anos, decidi contar-lhe meus sentimentos. Depois de eu ter falado sobre todas as coisas que haviam me machucado, ele ficou quieto por alguns instantes, até que disse: "Parece que você era bem louco por mim. Sei que cometi erros, mas eu vivia sob pressões muito fortes naquela época. Eu tinha de trabalhar em dois empregos para conseguir sustentar a família. Eu levantava às quatro e meia da manhã e trabalhava até as oito da noite. Nos finais de semana, havia coisas na fazenda para pôr em dia. Eu estava fazendo o melhor possível para pôr um teto sobre a cabeça de vocês e comida na mesa. Sei que algumas coisas eu deveria ter feito de outra maneira, mas fiz o melhor que pude."
>
> Quando ele terminou, eu estava com lágrimas nos olhos. Eu tinha esquecido de tudo isso. Quando crianças, vemos nossas próprias decepções e geralmente não

fazemos idéia do que nossos pais estão tendo de passar. Depois de ouvir meu pai, senti compaixão por ele — e também gratidão. Percebi que se ele cometeu seus erros, a falta de amor não estava entre eles. Naquele dia, minha amargura foi embora, e eu nunca mais tive raiva de minha infância.

E assim tudo segue, geração após geração. Na infância, pomos nossos pais em pedestais, acreditando que eles não são capazes de fazer nada de errado. Depois, quando adolescentes e adultos jovens, vemos seus erros e os culpamos por não serem perfeitos. Se tivermos sorte, porém, chegará um tempo em que os perdoaremos, em que os veremos como os seres humanos que eles são e restabeleceremos uma relação sobre uma base mais madura e piedosa.

Mas não é um processo fácil. Antes de conseguirmos perdoar nossos pais, muitos de nós experimentam vários estágios como raiva, mágoa, culpa e por vezes até mesmo o ódio. Lentamente vamos percebendo que não podemos mudar o passado, mas que restabelecendo uma relação com nossos pais, podemos nos tornar capazes de experimentar a intimidade e a atenção que desesperadamente queríamos quando crianças. Também podemos descobrir que como adultos somos capazes de dar a nossos pais o que eles sempre desejaram e talvez jamais tenham recebido. É claro que alguns pais tiveram um comportamento física e sexualmente abusivo, e que seus filhos mais tarde nada quererão com eles. É compreensível; pais que fazem isso traem seus filhos e as possibilidades sagradas de um relacionamento entre pais e filhos. Mas a maior parte de nós não passou por essa dor, e precisamos perdoar nossos pais e prosseguir com nossa vida. Mesmo que eles "fiquem na sua" e se recusem a discutir o passado, ainda assim podemos perdoá-los em nosso próprio coração. Felizmente, o perdão é algo que podemos fazer por nós mesmos. É um ato solitário que provém de um coração corajoso e tem o poder de nos libertar, e algumas vezes a eles, da prisão da amargura, da solidão e da mágoa.

## Filhos

Robert Coles, psiquiatra de Harvard, é um dos maiores estudiosos no campo da espiritualidade infantil. Em seu livro *The Spiritual Life of Children*, ele aborda com clareza o profundo interesse que as crianças nutrem pelas questões espirituais, apresentando muitas vezes uma compreensão profunda das questões mais intrigantes da vida. Cole acredita que elas precisam se sentir ligadas a algo maior do que elas mesmas e que, para nós, é extremamente necessário nutrir sua espiritualidade.[7]

Deepak Chopra concorda. Em *The Seven Spiritual Laws for Parents,* ele diz que toda criança já tem uma vida espiritual, enfatizando ser de nossa responsabilidade, como pais, cultivar essa capacidade natural e "colocar nossas crianças vigorosamente na viagem do espírito".[8]

Stephen Covey, em *The 7 Habits of Highly Effective Families*, compara nossos filhos ao bambu chinês. Quatro anos depois de ter sido plantado, nada se vê a não ser um pequeno broto. Todo o crescimento é subterrâneo, e a árvore desenvolve uma poderosa estrutura em suas raízes. Então, no quinto ano, de repente ele cresce nada menos do que dois metros e meio! Nossos filhos são tal e qual. Durante toda a infância damos-lhes amor, inculcamos-lhes valores importantes, cultivamos sua espiritualidade e guiamo-los em suas decisões do dia-a-dia. Nós os ajudamos a desenvolver uma estrutura de raízes fortes para que, com o tempo, estejam aptos a crescer até as alturas.[9]

O místico cristão Meister Eckhart disse que nascemos com uma semente divina, com uma inerente tendência para o crescimento espiritual dentro de nós. Ele escreveu:

> A semente de Deus está em nós. Tendo-se um fazendeiro inteligente e trabalhador, e uma mão diligente para o trabalho no campo, ela se desenvolverá e crescerá para Deus, de quem é a semente; e da mesma forma, seus frutos serão de natureza divina. A pêra cresce nas pereiras, a noz, nas nogueiras, e a semente de Deus em Deus.[10]

De que forma podemos, como pais, ajudar nossos filhos a crescer espiritualmente? Como nutrir essa inclinação natural e assegurar que a semente de Deus que há dentro deles germine e cresça?

Talvez o lugar para se começar esteja em nós mesmos. Vivemos num mundo em que o sucesso tem no dinheiro e nas posses um critério freqüente. Num mundo como esse, é fácil negligenciar o desenvolvimento espiritual de nossos filhos e centralizar o foco em seu sucesso material. Assim, o primeiro passo é examinar nossas próprias atitudes e prioridades. Como disse Deepak Chopra:

> Muitas pessoas assumem sem questionar que o sucesso é essencialmente material, que ele pode ser medido por dinheiro, prestígio ou por abundância de posses. É claro que essas coisas podem ter sua importância, mas sua posse não é garantia de sucesso. O sucesso que desejamos para nossos filhos tem de ser definido também por muitos meios não-materiais. Ele deveria incluir a capacidade de amar e de se compadecer, a capacidade de sentir alegria e espalhá-la aos outros, a segurança de saber que a vida de uma pessoa serve a um propósito e, finalmente, um sentimento de conexão com o poder criativo do universo. Tudo isso constitui a dimensão espiritual do sucesso, a dimensão que traz satisfação interior.[11]

Muitos pais concordariam com os comentários de Chopra. Eles sabem que a espiritualidade é extremamente importante e querem dar a seus filhos uma base espiritual sólida para a vida. Mas para aqueles que deixaram de seguir uma religião, para os que se consideram espiritualizados, mas não religiosos, não é fácil saber o que fazer. Tão logo os filhos adquirem consciência, alguns pais sentem que criar uma vida espiritual fora dos quadros da religião institucional é algo bom para os adultos, mas que as crianças precisam das bases fornecidas pela religião tradicional. Na verdade, muitos dos filhos do *baby boom* que um dia rejeitaram a religião estão agora retornando, pois querem que seus filhos tenham uma base espiritual e moral que, acreditam, a religião fornece.

Para aqueles de vocês que estão pensando em levar seus filhos para a igreja, eu os aconselharia a considerar o seguinte:

Por que você acredita que a religião tradicional é o melhor meio de dar a seus filhos a base espiritual de que eles precisam? A maioria de nós admite de maneira automática que levar nossos filhos à escola dominical e à igreja é algo bom; apesar de tudo, quem poderia questionar coisa tão respeitável? No entanto, eu os aconselharia a questioná-la.

Você já pensou, por exemplo, na possibilidade de que a exposição de seu filho à religião tradicional pode na verdade ser *prejudicial* à espiritualidade dele? Se isso lhe soar despropositado, pergunte-se quantas são as pessoas que você conhece que acham que sua inicial formação religiosa tenha prejudicado. Como psicoterapeuta, tenho ouvido clientes e mais clientes descrever como os ensinamentos de sua igreja distorceram seu crescimento como seres humanos e minaram seriamente seu interesse pelas questões espirituais. Acredito que é ingenuidade dos pais supor que levar seus filhos à escola dominical os imbuirá de saudáveis valores espirituais. A religião pode vir para melhorar ou para piorar; ela pode nutrir a alma de seu filho ou prejudicá-la, dependendo da religião e do que ela ensina.

As igrejas diferem amplamente quanto aos valores que ensinam, e algumas defendem valores altamente questionáveis, quando não repreensíveis. Você quer que sua garotinha ouça que quando ela crescer deverá ser submissa ao marido? Você quer que ela aprenda que a esposa e mãe ideal é aquela que fica em casa, e não a que segue uma carreira? Você quer que seus filhos aprendam que o sexo é somente para a procriação e que o controle da natalidade no casamento é pecaminoso? Você quer que seus filhos aprendam que suas sensações eróticas são más e que o desejo os fará ir para o inferno? Você quer que seus filhos aprendam que a homossexualidade é um pecado, que todos os *gays* e lésbicas devem renunciar à sua sexualidade, ou então irão para o inferno? Você quer que seus filhos aprendam que o aborto é um pecado? Você quer que seus filhos aprendam que o cristianismo é a única religião verdadeira e que todas as outras religiões são falsas e contrárias a Deus? Você quer que eles aprendam que a teoria evolucionista foi inventada por homens perversos e que a explicação bíblica da criação deve ser aceita literalmente? Você quer que seus filhos aprendam que se eles não crerem e não obedecerem às leis da igreja, arderão para sempre nas chamas do inferno? Muitas igrejas, especialmente as fundamentalistas que pregam o fim dos tempos, defendem visões desse tipo. Ironicamente, os ensinamentos da religião tradicional nem sempre são tão morais e justos quanto gostaríamos de pensar. Em nome de Deus, algumas igrejas promovem o fanatismo, o sexismo, o ódio, o medo e outros valores censuráveis. E você pode estar certo de que, se seus filhos visitarem uma igreja como essa, eles estarão, de um modo ou de outro, expostos a valores como esses.

Em seu livro *Raising Spiritual Children in a Material World*, Phil Catalfo levanta sérias preocupações sobre pais que expõem seus filhos a essas igrejas. Ele pergunta, "O que atrai as pessoas — respeitáveis, sinceras, trabalhadoras, que amam seus filhos e desejam uma vida melhor — para credos fundamentalistas?"[12] Catalfo sugere que no mundo de hoje muitos pais encontram-se tão estressados, que acham mais fácil dizer "só quero que você me diga o que fazer", o que, é claro, a religião fundamentalista está sempre pronta a fazer. Mas Catalfo acredita que esse tipo de escolha por parte dos pais traz aos filhos uma mensagem errada; em vez de ensiná-los a confiar em si mesmos quanto aos assuntos espirituais, ensina-os a ser dependentes, a deixar que os outros lhes digam como viver a vida.

Catalfo observa que algumas famílias cristãs mantêm-se isoladas da vida; elas assistem à televisão cristã, lêem livros cristãos, visitam parques temáticos cristãos e mandam suas crianças para escolas cristãs. Catalfo diz:

> É claro que não há nada de "errado" nisso, e que as pessoas devem ser livres para agir assim. Contudo, creio que a monocultura é nociva à vida. Isso é certamente verdadeiro para ecossistemas, não é menos verdadeiro para a sociedade, nem muito menos para o mundo do espírito.[3]

Catalfo acredita que, em vez de criar os filhos numa monocultura cristã, é muito melhor ensiná-los a trazer espiritualidade para sua vida. Precisamos "descobrir como infundir nosso papel de pais com a espiritualidade vivificada e, portanto, como ser capazes de criar filhos 'espiritualizados' mantendo-se ao mesmo tempo no mundo material em que nossa viagem será realizada".

Se algumas igrejas são perigosas para o bem-estar espiritual das crianças, há outras que são tolerantes, amorosas e comprometidas com uma ação piedosa no mundo. Os clérigos dessas igrejas têm a mente aberta, são bem orientados e não adotam nenhuma das atitudes estreitas descritas acima. Assim, se você está planejando levar seu filho para a igreja, seria prudente ter um prévio encontro com o pastor ou padre e perguntar-lhe (a ele ou ela) sobre as crenças de sua igreja quanto a vários assuntos. Se a razão pela qual você está levando seus filhos à igreja é dar-lhes uma sólida base moral e espiritual, então faz sentido saber de antemão os tipos de valores que a igreja defende.

Se alguns pais demonstram cuidados com a instrução espiritual de seus filhos ao enviá-los para a igreja, outros não têm interesse em adotar esse caminho. Eles sentem que, da mesma forma que os sistemas educacionais arcaicos não conseguem preparar adequadamente as crianças para o mundo de hoje, a religião tradicional é igualmente incapaz de fornecer o tipo de fundamentação espiritual que as crianças precisam para viver num complexo mundo pós-moderno. Pais que nutriram sua própria espiritualidade fora da religião tradicional têm de ser criativos ao pensar sobre como alimentar a espiritualidade de seus filhos. Imagino que, se os pais interessados se ocuparem em conjunto e criativamente do bem-estar espiritual de seus filhos, eles poderiam vir a encontrar possibilidades fascinantes. Existem maravilhosos livros infantis sobre temas como amor, compaixão, amizade, divórcio, morte, sexualidade, igualdade e respeito às diferenças. Há também filmes, histórias, canções, jogos criativos e outros materiais com enfoque em temas espirituais. Também há muita informação disponível sobre crenças, rituais e costumes das religiões do mundo. Pais criativos poderiam formar um conjunto de atividades e experiências educativas altamente estimulantes para a nutrição espiritual de seus filhos; e creio que isso poderia ser feito, se os pais o quiserem, fora das paredes da religião tradicional. Essa é uma área amplamente aberta a todos os que estiverem interessados em desenvolver modos novos e alternativos de cultivar a alma de seus filhos.

Sem dúvida, a coisa mais importante que os pais podem fazer para o desenvolvimento espiritual de seus filhos é personificar e praticar valores espirituais em sua vida. Como disse Chopra, "Como pai ou mãe, você ensinará mais eficazmente pelo que você é do que pelo que diz".[14] Se os pais puserem os valores espirituais acima dos materiais; se forem amáveis um para com o outro, se amarem seus filhos, valorizarem seus amigos e tratarem os outros com justiça; se buscarem livrar seu próprio coração de racismo, sexismo e outras formas de intolerância; se falarem pelos despossuídos e se envolverem numa ação apaixonada pelo mundo; se amarem a Deus e tratarem seus vizinhos com respeito — seus filhos observarão e absorverão esses valores. Enfim, a espiritualidade pessoal dos pais é a influência mais poderosa no desenvolvimento espiritual de seus filhos.

Uma das grandes recompensas de ser pai ou mãe é ver seus filhos finalmente se tornarem homens e mulheres de estatura e profundidade. Algumas vezes, alunos meus da pós-graduação, muitos dos quais são pais, pediram meu conselho sobre como criar filhos. Depois de deixar claro que não sou um especialista, digo-lhes algo nos seguintes termos:

> Ame seus filhos. Eles irão embora antes do que você pensa. Seja gentil consigo mesmo como pai. Você não precisa ser perfeito; você só precisa amá-los. Faça o melhor que puder. Mas não faça de seus filhos sua vida. Mártires são péssimos exemplos para seus filhos.
>
> Tenha a sua própria vida e dê a seus filhos um pai ou mãe forte, vibrante, apaixonado e vivo. Se você tiver um bom casamento, faça dele uma prioridade. Ame o seu companheiro ou companheira e deixe que seus filhos saibam disso. Não há nada que possa fazer uma criança se sentir mais segura. É verdade que o melhor presente que você pode dar a seus filhos é amar seu pai ou mãe.
>
> E o mais importante: ouça seus filhos e veja-os pelo que realmente são. Não lhes imponha seus próprios sonhos nem lhes faça viver a vida que você não teve. Eles têm uma vida, ela pertence a eles e a Deus — não a você.
>
> Enfim, ouça suas queixas sobre você, mas não as leve a sério demais, especialmente nos anos de adolescência. Resista; não ceda a qualquer pedido; mas continue a mostrar-lhes de infinitas maneiras o quanto você os ama.
>
> Outra coisa: procure se manter saudável para que você possa viver o suficiente para vê-los crescer e ter seus próprios filhos. Vê-los lidar à sua própria maneira com filhos que os fazem padecer no paraíso é uma das mais doces experiências de *déjà vu* que se pode ter!

Meu poema favorito sobre crianças está em *O Profeta*, de Kahlil Gibran.

> Vossos filhos não são vossos filhos.
> São os filhos e filhas da saudade da vida por si mesma.
> Eles vêm através de vós mas não de vós.
> Embora vivam convosco, não vos pertencem.
>
> Podeis outorgar-lhes vosso amor, mas não vossos pensamentos,
> Porque eles têm seus próprios pensamentos.

Podereis abrigar seus corpos, mas não suas almas;
Pois suas almas moram na mansão do amanhã, que vós não podeis visitar nem mesmo em sonho.
Podeis esforçar-vos por ser como eles, mas não procureis fazê-los como vós;
Porque a vida não anda para trás e não se demora com os dias passados.

Vós sois os arcos dos quais vossos filhos são arremessados como flechas vivas.
O arqueiro mira o alvo na senda do infinito e vos estica com toda a Sua força para que Suas flechas se projetem, rápidas e para longe.

Que vosso encurvamento na mão do Arqueiro seja a vossa alegria:
Pois assim como Ele ama a flecha que voa, também ama o arco que permanece estável.[15]

## Casamento

Apesar dos casos extraconjugais, dos índices de divórcios e de outros problemas que rondam o casamento moderno, creio que uma relação de alma a alma com alguém que amamos profundamente oferece a maior oportunidade de crescimento pessoal e espiritual de que podemos dispor.

O casamento não é sagrado porque a igreja assim o quer ou porque um clérigo celebra a cerimônia. O casamento é sagrado porque envolve a união de dois corações e de duas almas por toda a vida — um compromisso que inspira temor e que tem a palavra "sagrado" escrito sobre si. Como disseram Stephen e Ondrea Levine em seu livro *Embracing the Beloved,* "Quando verdadeiros corações verdadeiramente se juntam, há uma união mística".[16]

Com o passar dos anos, essa união mística adquire uma crescente profundidade até se tornar ela própria uma terceira presença. Não é fácil de descrever, mas se parece com o que Martin Buber chamou de "no meio deles" e alguns chamaram de "nós" na relação. Há alguns anos, tive uma aluna de doutorado cujo marido havia morrido recentemente. Um dia ela me disse que sentia muito a falta dele, e acrescentou, "Mas também sinto falta de 'nós'. Quando vou a um lugar aonde costumávamos ir os dois, sinto-me só. Não há mais 'nós', e sinto tanto a falta dele como a de 'nós' ". No livro dos Levine, o Amado não é o esposo ou esposa de alguém, mas sim aquele sagrado "terceiro" em que ambos os cônjuges se encontram e se sustentam. Hugh e Gayle Prather, que escreveram *I Will Never Leave You,* dizem que a relação "é como uma vela mantida entre eles, iluminando seu caminho pelo mundo".[17] Esse terceiro sagrado é ontologicamente viável; ele tem um ser e uma realidade por si mesmo. Na verdade, o que os Levine dizem é que quando experimentamos essa presença em seu cerne, tendemos a chamá-la Deus.[18] Nas cerimônias de casamento, o pastor ou padre às vezes diz aos noivos: "São necessários três para fazer um bom casamento — vocês dois e Deus." Esse é um meio religioso de reconhecer que um casamento é menos uma via de mão dupla do que um triângulo em cujo ápice se assenta o sagrado. Quer se lhe chame de Deus, de presença, de Emanuel, de terceiro, de "nós" ou de vela que ilumina o caminho, ele é o poder místico que traz energia sagrada ao coração do casamento.

O casamento é um terreno de preparação espiritual, um lugar onde lentamente deixamos de estar centrados em nós mesmos e aprendemos o significado da paciência, do perdão, da compaixão e do amor. A maior parte de nós se atira para o casamento nas asas do desvario e do sonho de viver feliz para sempre. Mas logo se descobre que o casamento não significa viver feliz para sempre, mas sim amar o outro não importa o que aconteça. No contexto desse tipo de compromisso, a paixão desvairada desaparece, sendo substituída por uma paixão forjada na dor e na alegria da vida real. As arestas da personalidade são arredondadas e polidas, e em nosso coração surge a gratidão pelas pessoas que nos amam tão profundamente. Imersos no amor, aprendemos a amar; e aprendendo a amar alguém, aprendemos a amar o mundo.

## Comunidade

Uma das maiores dificuldades para construir uma vida espiritual fora dos quadros da religião tradicional é que nos parece não haver uma comunidade estabelecida para essa empreitada. Os caminhos espirituais alternativos geralmente devem ser trilhados a sós. Ao contrário dos caminhos das religiões tradicionais, eles não têm uma comunidade pronta para nos incentivar e apoiar.

A comunidade é extremamente importante. Se há muitas coisas que se pode fazer sozinho para cultivar a alma, poucas são tão importantes para a vida espiritual como ter companheiros que entendam e apóiem nossa viagem. Sinto que aqueles que estão seguindo caminhos alternativos descobrem meios informais de encontrar comunhão, por meio de amizades, seminários, organizações, e simplesmente por compartilhar livros, artigos, filmes e outros materiais. Mas às vezes eu me pergunto se não seria útil uma comunidade mais formalizada.

É característico das pessoas que são espiritualizadas, mas não religiosas, a ausência de interesse em criar uma comunidade formal. Um dos aspectos mais atraentes de muitos caminhos alternativos está no fato de serem livres das pesadas obrigações institucionais que caracterizam a religião tradicional. Mas eu me pergunto se não seria possível e desejável criar novas estruturas e formas de comunidade que forneceriam um ambiente de compartilhamento e desenvolvimento espiritual sem as estruturas e exigências rígidas que freqüentemente acompanham as organizações. Por exemplo, os interessados podem querer participar de alguma comunidade pequena, flexível e informal, talvez um pequeno grupo na casa de um dos componentes, para discutir modos alternativos de abordar a espiritualidade e dar-se apoio mútuo. Quanto a mim, tenho estado pessoalmente envolvido em reuniões desse tipo e descobri que elas são experiências pródigas em estímulo e apoio.

Há também a questão de saber se a comunidade espiritual pode existir ou não na ausência de um sistema de crenças comum. Noutras palavras, é possível ter uma comunidade espiritual baseada tanto na diferença quanto na semelhança? Ao que parece, seria justamente essa a demanda de tal comunidade, devido à diversidade e ao pluralismo da espiritualidade alternativa. Mesmo assim, a maior parte de nós acha isso difícil; sentimo-nos mais à vontade com aqueles que são como nós, e é muito mais fácil criar uma comunidade baseada no comunitarismo do que criar alguma que seja flexível o suficiente para incorporar um amplo escopo de perspectivas espirituais.

Uma espiritualidade mais madura, que valorize as concepções espirituais das outras pessoas, demanda uma forma de comunidade que seja mais madura. Maurice Friedman, refletindo as concepções de Martin Buber, enfatizou que a verdadeira comunidade tem de ser baseada na "confirmação da natureza do outro" bem como na similaridade.[19] Talvez seja tempo de transcender os velhos modelos tribais baseados nas divisões entre "nós" e "eles", e passar a construir comunidades que comportem a diversidade. É claro que eventualmente poderemos ter atritos se viermos a formar comunidades espirituais que incorporem diferenças. Mas creio que essas comunidades poderão ser também excitantes, criativas e fomentadoras do crescimento.

Mais do que demandar conformidade a um sistema de crenças comuns, minha visão de comunidade espiritual é a de algo que apóie cada uma das pessoas em sua própria viagem espiritual. Isso não significa que elas não possam questionar ou levantar objeções ao caminho de outrem; mas essa discussão deveria se dar nos termos do caminho escolhido pela pessoa. A estrutura da comunidade como um todo seria de respeitosa tolerância às diversas perspectivas.

Há alguns anos, a Levi Strauss Company lançou uma experiência que pode servir como metáfora para esse novo tipo de comunidade. A famosa fabricante de *blue jeans* construiu uma fábrica computadorizada que seria capaz de produzir uma calça *jeans* nas medidas exatas do cliente, em vez de fazer o cliente se adaptar aos tamanhos padronizados. Assim também poderiam ser criadas comunidades espirituais que amparassem as viagens espirituais individuais, em vez de exigir que todos se adaptem a sistemas padronizados de crenças. Estou convencido de que a religião tradicional muitas vezes acaba matando a alma por forçá-la a entrar numa bitola pequena e sufocante. Uma comunidade que promova a liberdade para a alma e uma busca criativa de respostas para as questões espirituais da vida seria realmente uma dádiva para aqueles que buscam o espírito e estão desiludidos com a religião tradicional. Uma comunidade como essa, parece-me, seria um caminho para o sagrado.

Relações são essenciais para a vida da alma. Conforme diz a epígrafe no início deste capítulo, somos pessoas tribais e precisamos um do outro, não só para a sobrevivência física, mas também para a sustentação espiritual, já que viajamos juntos na estrada para o sagrado. Como disse Jung, "O ser humano que não se relaciona carece de totalidade, pois ele só pode atingir a totalidade por meio da alma, e a alma não pode existir sem seu outro lado, que é sempre encontrado num 'você' ".[20]

*Oitavo Caminho*

# A Noite Escura da Alma

## O Caminho da Crise Existencial

*O homem jamais é ajudado em seu sofrimento por aquilo que ele pensa por si mesmo, mas somente pelas revelações de uma sabedoria maior do que a sua. É o que o tira de seu desespero.*

— Carl Jung

O cultivo da alma é, na maioria das vezes, uma experiência positiva e edificante. Mas há também um lado sombrio na construção da alma. Buda, para a sua iluminação, teve primeiro de conhecer a dor, o sofrimento e a morte da humanidade. Jesus, cuja profundidade espiritual trouxe consolo a milhões, foi descrito como um homem triste e tomado pela angústia. Davi, o gigante espiritual do Antigo Testamento, descrito como homem em conformidade com o coração do próprio Deus, conheceu as profundezas do desespero humano. Ele perdeu seu amado filho Absalão, e por vezes a depressão e a angústia o deixavam prostrado. O *Livro dos Salmos*, tão cheio de sabedoria espiritual, é um monumento não só de sua espiritualidade, mas também de suas muitas noites escuras da alma.

A espiritualidade está ligada tanto aos aspectos dolorosos como prazerosos da existência. A alma cresce mais sábia e forte na adversidade. Este capítulo explorará as noites escuras da alma como caminho para o crescimento espiritual.

## A Inevitabilidade do Sofrimento

"Viver é difícil", afirma Scott Peck na frase que abre o seu livro *The Road Less Traveled*.[1] E caso vivamos o suficiente, conheceremos muita tristeza e dor. Veremos morrer nossos avós e nossa própria mãe ou nosso pai. Poderemos mesmo nos encontrar aos pés do túmulo de um filho ou filha, ou de nosso melhor amigo, ou de um neto ou neta que nos sejam tirados por acidente ou doença. Desde pequenos, aprendemos que a vida vai até certo limite, e que a dor, o sofrimento e a morte fazem parte da condição humana. À medida que o tempo passa, essas verdades existenciais descem de suas alturas abstratas e estabelecem-se entre aqueles que amamos. Um amigo da escola é morto num acidente. Uma tia distante morre de câncer no seio. Nosso avô sofreu um derrame e tem poucas chances de sobreviver. As sombras arrastam-se, aproximando-se de nós cada vez mais, e vemos, relutantemente, mas com nossos próprios olhos, que a morte acabará por levar tudo o que amamos.

Como pode suportar tanta dor o coração, e de onde tiraremos força para continuar? Como disse Rainer Maria Rilke, "Compreendemos facilmente os criminosos. Mas isto: conter a morte, toda a morte, ainda antes da vida, tão docemente contê-la e não ser perverso, isto é inefável".[2]

De certa forma, não há respostas para essas realidades existenciais. A dor, o sofrimento e a morte simplesmente fazem parte da vida. Respostas intelectuais e filosóficas dão-nos pouco conforto; em última análise, elas não passam de tentativas de nos defender da consciência de nossa própria mortalidade e da vulnerabilidade da vida. Mas há um meio de abordar essas realidades que pode fazer toda a diferença do mundo. Está relacionado à alma e à descoberta de que essas experiências, por dolorosas que sejam, podem ser caminhos para o sagrado.

## A Noite Escura da Alma e o Crescimento Espiritual

A expressão "noite escura da alma" provém dos escritos do místico cristão São João da Cruz e refere-se àqueles períodos trágicos da vida, nos quais, devido à dor, ao sofrimento ou à perda, estamos prostrados e inconsoláveis.[3] Vai-se toda a alegria, e achamos que o sol não voltará a brilhar. Cada dia torna-se um fardo, um peso que oprime o nosso espírito, e perguntamo-nos até quando poderemos continuar. As noites escuras da alma diferem das lutas normais. Elas são crises existenciais; relacionam-se com os nossos interesses últimos, com a nossa própria existência. Quando nos defrontamos com essas realidades sombrias, elas abalam os alicerces de nosso próprio ser.

De que forma essas experiências tão trágicas nos ajudam a crescer espiritualmente? De que modo podem nos servir como caminho para o sagrado? A resposta está na percepção de que as crises existenciais nos abrem para a vida da alma. A alma é a única parte de nosso ser que é capaz de lidar com essas crises. Ao lutar com esses pesados fardos, ela cresce forte em graça e sabedoria. Assim, as noites escuras da alma, por duras que possam ser, cultivam as raízes de nossa vida espiritual.

Em situações normais, nossos egos estão sob controle. O ego lá está para assegurar nossa sobrevivência num sentido superficial, darwiniano. O ego nunca se defronta com as questões mais profundas da existência; ele se dedica a nos ajudar a construir o reino do si-mesmo. Somos facilmente enganados pelo ego; ele parece estar de nosso lado, sempre planejando estratégias para o engrandecimento de nós mesmos, sempre nos ajudando a construir, tijolo por tijolo, o edifício de nosso poder, prestígio, valor, carreira ou o que quer que tenhamos decidido ser o mais importante.

Mas então, no meio desse projeto, vem de algum lugar uma crise existencial. Ou é nossa companheira ou companheiro que recebe o diagnóstico de uma doença que lhe ameaça a vida, ou o nosso filho que se feriu num terrível acidente, ou alguma outra inominável tragédia invade feito um tornado o centro de nossa bem-ordenada vida. E nesse momento tudo muda. As prioridades reorganizam-se com a evidência de um relâmpago, e a casa que o ego construiu destrói-se num segundo, revelando-se o castelo de cartas que sempre foi. De repente, encontramo-nos deslizando atabalhoadamente numa queda longa e abismal, descendo ao inferno e às regiões mais sombrias da alma. Em alguma parte talvez brilhe o sol, porém deixou de brilhar para nós. A noite desce, adensa-se a escuridão, começa a nossa longa e escura noite da alma.

O ego não consegue lidar com essas situações. Ele só sabe ficar parado, torcendo as mãos e repetindo seu mantra: "Por que eu? Por que eu?" Mas a alma, familiarizada com as tragédias da vida, levanta-se, empurra o ego para o lado e começa a fazer seu trabalho. Recorrendo a uma fonte que está para além de nós, ela canaliza o perdão para nossa vida e dá-nos coragem, como se fosse o maná diário, para enfrentar o dia. Ao cuidar de nossas feridas e ossificar nossas fraturas, ela também nos ajuda a construir outros alicerces para um modo de vida novo e mais sólido — uma vida caracterizada menos pelo ego e mais pela humildade, compaixão, gratidão e amor. Nem todos os que passam por uma noite escura da alma aprendem essas lições; mas elas estão sempre lá, esperando para ser aprendidas por qualquer pessoa que tenha olhos para ver e um coração para receber.

Não devemos jamais romantizar as noites escuras da alma. Elas são caminhos ásperos e duros para o sagrado, cheios de rochas recortadas, que marcam o coração para sempre. Não pedimos por essas experiências, não as queremos; e quando chegam, são tão devastadoras que sentimos como se a luz tivesse ido embora para sempre. No entanto, dessa dor indizível, a alma põe-se a fiar filamentos de ouro e a tecer um manto de sabedoria e profundidade. Essas experiências devastadoras são provas de fogo que nos purificam e assentam nossa vida sobre bases mais firmes. "Há males que vêm para bem", diz o antigo e decantado provérbio, e é verdade. As noites escuras da alma quebram nosso espírito e abrem nosso coração para Deus. Mas elas são um caminho doloroso para o sagrado, um vale de lágrimas, uma oportunidade indesejada para o crescimento espiritual.

## Quatro Noites Escuras da Alma

As noites escuras da alma podem assumir muitas formas. Uma experiência trágica que abala os alicerces de nossa vida é apenas uma delas. Mas há certas crises que são especialmente comuns, e a maioria de nós terá de enfrentá-las mais cedo ou mais tarde.

### Ausência de Sentido

Uma das crises existenciais mais comuns nesta era pós-moderna é a luta com a ausência de sentido. Algumas vezes as estruturas das crenças que dão razão e propósito a nossa vida desabam bem junto de nossos pés. De repente, vemo-nos expostos às questões nuas e cruas da existência: Quem sou eu? De onde vim? Para onde vou? Qual é o sentido de minha vida? Essas não são questões acadêmicas; são dúvidas existenciais alçadas das profundezas de nossa alma.

Há mais de 300 anos, Blaise Pascal escreveu:

> Quando considero a curta duração de minha vida, devorada pela eternidade antes e depois, o pequeno espaço que ocupo, e mesmo que vejo, envolvido pela imensidão de espaços dos quais sou ignorante e desconheço, sinto medo e fico atônito por estar aqui, não lá; pois não há razão de estar aqui e não lá, neste instante e não naquele outro. Quem me colocou aqui? Por ordem e instrução de quem este tempo e lugar me foram designados? O silêncio eterno desses espaços infinitos me apavora.[4]

É angustiante defrontar-se com questões como essa. Na maior parte do tempo seguimos nos esquivando pela vida, sem jamais pensar nessas coisas "mórbidas". Mas quando ocorre uma crise existencial, somos forçados a ponderar sobre essas questões. Há um velho ditado que diz que "um relógio pára, mas não perde o sentido do tempo". Crises fazem-nos parar e refletir sobre o significado da vida.

Viktor Frankl acreditava que esse significado está na base da existência humana e detém a chave da saúde psicológica.[5] No período em que Frankl esteve confinado nos campos de concentração de Hitler, ele observou que os prisioneiros que perdiam sua noção de sentido tendiam a morrer logo em seguida, mas os que se aferravam a um sentido para existir, os que tinham uma razão para viver, freqüentemente sobreviviam às adversidades. Frankl gostava de citar a seguinte afirmação de Nietzsche: "Aquele que tem um *porquê* para viver, suporta quase todo *como.*"

Em seu livro *Existential Psychotherapy*, Irvin Yalom disse existirem dois tipos de sentido, o cósmico e o terrestre.[6] O sentido cósmico refere-se aos sistemas de sentido abrangentes, que tentam explicar o propósito geral da vida e do universo. Por exemplo, o cristianismo, juntamente com outras religiões do mundo, é um sistema de sentido cósmico. O cristianismo nos diz que Deus criou o universo, enviou seu Filho para nos redimir, e que o propósito de nossa vida é servir a Ele. Outras religiões — budismo, islamismo, hinduísmo, judaísmo e taoísmo, juntamente com muitas religiões indígenas — também se baseiam em sistemas cósmicos de sentido. Se os sistemas diferem em seus conteúdos e explicações, por outro lado todos tentam fornecer uma metaperspectiva na vida. A maior parte das pessoas adere a algum sistema cósmico de sentido; elas têm uma perspectiva teológica ou filosófica abrangente que lhes confere o propósito da existência e um sentido para sua vida.

O sentido terrestre, por outro lado, refere-se aos sentidos específicos e concretos encontrados "na terra". Na vida cotidiana, tudo o que dê algum significado à nossa existência seria uma expressão de significado terrestre. Por exemplo, podemos encontrar significado em nossa família e nos amigos, na beleza de um pôr-do-sol, numa peça musical ou brincando com uma criança.

Hoje, são muitos os que questionam os sistemas cósmicos de sentido em cujo seio cresceram e que outrora lhes davam conforto. Se a segurança existencial de uma pessoa depende sempre de um sistema particular de crenças, pode ser devastador perceber que não se acredita mais nele. Pessoas que passam por essa experiência freqüentemente se sentem arrancadas de suas raízes, e às vezes até mesmo das pessoas que amam. Quando a falta de significado invade o coração, ela é freqüentemente seguida de ansiedade, depressão e de um sentimento profundo de tédio.

Ainda assim, para muitos essa crise marca também o início de uma nova vida. A busca espiritual inicia-se muitas vezes quando o velho sistema entra em colapso e pela primeira vez nos vemos forçados a nos confrontar com as questões últimas da existência humana. É assustador nos vermos nus diante do universo, sem a proteção de respostas prontas e perguntar "Por que eu?", "Por que estou aqui?", "De onde vim?", "Para onde vou?", "Como devo viver?" Mesmo assim, estou convencido de que os que se fazem essas perguntas eternas estão num processo de despertar. Muitas pessoas vivem a vida inteira simplesmente aceitando o que os outros ensinaram; jamais conheceram o risco ou a excitação de embarcar numa autêntica viagem, em que tudo esteja por determinar, mesmo a sua própria existência. Pondo-nos as questões eternas, embarcamos numa viagem para além-mar sem retorno, acompanhando todos aqueles que pensaram sobre essas questões desde o começo dos tempos. Mesmo se não encontramos todas as respostas, descobrimos que a viagem em si já vale a pena por abrir-nos para os mistérios da vida e moldar-nos lentamente como homens e mulheres de profundidade.

## Sofrimento

A todo momento, em alguma parte do mundo, há pessoas sofrendo. Há sempre uma mãe ou um pai vendo seu filho ou filha morrer de uma doença incurável; há sempre um marido chorando a morte da mulher; há sempre uma adolescente acabando de descobrir que sua mãe, que é o centro de sua vida, está com uma doença já em estado terminal. Outras vivem uma dor crônica e fisicamente irrefreável, incapazes de encontrar alívio. E há ainda outras, perdidas em ansiedade, depressão, psicose ou alguma outra forma de desconforto emocional. Quando estamos com saúde e nos sentindo bem, raramente pensamos nessas realidades dolorosas. Se o sol está brilhando em nossa vida, é fácil esquecer que há milhares de outras pessoas sofrendo, perdidas nas noites escuras da alma.

Nos campos de concentração de Hitler, Frankl e milhares de pessoas sofriam dia a dia. Sob a constante ameaça de execução, Frankl e seus companheiros de prisão trabalhavam longas horas sob baixas temperaturas, sem roupas adequadas e algumas vezes sem sapatos. Alimentando-se diariamente apenas de um pedaço de pão e cerca de meio litro de sopa rala, seus corpos deterioravam-se até que nada sobrasse a não ser pele e ossos. Seis milhões de pessoas, incluindo a esposa de Frankl, de 24 anos, e outros membros de sua família, foram assassinados nos campos da morte. Mesmo assim, Frankl conseguiu transcender essas horríveis tragédias e, em vez de se tornar amargo, passou sua vida ajudando os outros.

Elie Wiesel, outro sobrevivente dos campos da morte que testemunhou atrocidades inomináveis, fez dessa sombria experiência uma vida de compaixão e profundidade espiritual. Em 1986, Wiesel recebeu o Prêmio Nobel da Paz pelos esforços que despendeu ao longo de toda a sua vida para chegar até as outras pessoas com uma mensagem de salvação e paz. Os que leram seus livros não conseguem deixar de se comover com sua profundidade espiritual e com sua rica compreensão da condição humana. Em sua fala de agradecimento pelo Nobel da Paz, disse o seguinte:

> Ninguém consegue ser tão grato quanto aquele que emergiu do reino das trevas. Sabemos que cada instante é um instante de graça, que cada hora é uma dádiva; não partilhá-los seria traí-los. Nossa vida não pertence mais só a nós; pertence a todos os que necessitam de nós desesperadamente... E é por isso que jurei jamais silenciar se em algum momento e lugar houver seres humanos passando por sofrimento e humilhação. Temos de tomar partido sempre. A neutralidade ajuda o opressor, jamais a vítima. O silêncio encoraja aquele que atormenta, jamais o atormentado.[7]

Frankl e Wiesel, juntamente com milhares de outros que sofreram e cresceram com o sofrimento, fazem-nos lembrar que a espiritualidade cresce não só à luz do dia, mas também na noite escura da alma.

## Morte

A morte é talvez a realidade mais cruel da existência humana. Racionalmente, todos sabemos que morreremos algum dia, mas tendemos a ignorar essa realidade tanto quanto possível. Sogyal Rinpoche, o monge budista que escreveu *The Tibetan Book of Living and Dying*, contou que quando esteve no Ocidente pela primeira vez ficou chocado com a recusa, por parte da cultura ocidental, e com a falta de compreensão da morte. Ele viu o quanto somos devotados ao materialismo, à juventude e ao poder; como deixamos as pessoas idosas em asilos, onde freqüentemente morrem sós e abandonadas; também viu o quanto construímos nossa vida sobre bases falsas, sem levar em conta a realidade da morte. Na cultura tibetana, ao contrário, o foco está na busca espiritual. As pessoas são orientadas para meditar sobre a morte, para ordenar as prioridades da vida à luz dessa realidade e assistir aos que estão em processo de morte.

Rinpoche acredita que "uma das principais razões de sentirmos tanta angústia e dificuldade em encarar a morte é ignorarmos a verdade da impermanência". Ele escreve:

> Queremos desesperadamente que tudo continue, como se tivéssemos de acreditar que tudo continuará como está. Porém, isso mais não é do que fingimento. E conforme descobrimos freqüentemente, a crença pouco ou nada tem que ver com a realidade. Esse fingimento, com sua desinformação, com suas idéias e postulados, é a base raquítica sobre a qual construímos nossa vida. Não importa o quanto a verdade permaneça interditada, preferimos continuar tentando, com bravatas desesperançosas, a manter nossa pretensa verdade.[8]

Não obstante nossas pretensões, mais cedo ou mais tarde teremos todos de nos defrontar com a realidade da impermanência, com o fato de que tudo passa. Rinpoche contou uma antiga história tibetana, sobre um homem muito pobre que finalmente conseguiu comprar um saco de grãos. Ele levou o pesado saco de sementes para casa e pendurou-o com uma corda no espigão, a fim de protegê-lo de ratos e ladrões. Para que o saco ficasse ainda mais protegido, decidiu dormir sob o saco. Deitado ali, começou a fazer planos sobre como dividiria e venderia as sementes em pequenas quantidades, como teria um bom lucro e tornaria a investir o dinheiro em mais sementes. Desse modo, acabaria ficando rico, seria respeitado na comunidade, e todas as mulheres haveriam de querê-lo como marido. Ele casaria com uma linda mulher e com ela teria um filho. Mas nesse meio tempo, enquanto o homem fantasiava, um rato roía a corda, e de repente o pesado saco de sementes caiu, matando o homem instantaneamente.[9]

A lição dessa história é que, por mais cuidado com que planejemos nossa vida e por mais maravilhosos que sejam nossos sonhos, a morte pode chegar a qualquer momento e acabar com tudo. A impermanência é um fato incontestável da existência humana.

Quando eu era pastor, havia em minha congregação um homem idoso que parecia muito triste. Certo dia, sua filha contou-me o porquê de sua tristeza. Durante toda a sua vida, o homem havia recebido um excelente salário, mas insistia em economizar cada centavo para que, quando se aposentasse, pudesse viajar com sua mulher pelo mundo. Sua mulher apoiou esse sonho e foi extremamente frugal, muitas vezes negando para si coisas que as outras mulheres desfrutavam. Mas aconteceu que, faltando apenas alguns meses para a aposentadoria do marido, foi-lhe diagnosticado um câncer, vindo a morrer logo depois. Ambos viveram toda uma vida de isolamento, em função dos "anos dourados", que nunca chegaram. E para o homem nada ficou a não ser seu dinheiro e a lembrança de como sua esposa havia sacrificado toda a sua vida, em última análise, para nada.

Uma vez que a morte pode chegar a qualquer momento, Rinpoche crê na importância de meditar sobre a impermanência das coisas e de ordenar nossa vida de acordo com isso. Em vez de tentar desesperadamente agarrar e segurar as coisas, Rinpoche diz que temos de aprender a nos desapegar e deixar acontecer. O desapego não é indiferença; é, isto sim, conseguir compreender que tudo passa. É uma lição difícil de aprender; é pura e simplesmente natural querer reter aquilo que amamos e cuidamos. Mas sendo a impermanência a verdade da vida, temos de estar em paz com esse fato existencial. Agir contrariamente a isso é construir nossa vida sobre bases falsas. Chegar a uma compreensão da morte e da impermanência é algo que nos liberta para viver o agora, para apreciar as coisas do momento, sabendo que não podemos controlá-las ou segurá-las para sempre. Rinpoche cita William Blake, que havia compreendido essa mesma lição:

> Aquele que se prende a uma alegria,
> A vida alada o destrói
> Mas aquele que, voando, beija a alegria
> Vive a eternidade do sol que nasce.[10]

Mas de que modo a meditação sobre a impermanência pode ajudar? Ela não fará simplesmente nos mergulhar na percepção desmoralizadora de que a morte invade tudo, de que em última análise nada faz sentido? Rinpoche não pensa assim. Ele diz que "o propósito da reflexão sobre a morte é fazer uma mudança real nas profundezas de seu coração", e que mediante uma profunda contemplação podemos "verdadeiramente abrir nossos olhos para o que estamos fazendo de nossa vida".[11] Rinpoche acredita que pela meditação podemos descobrir uma mente mais profunda, um lugar sólido para se estar por ocasião do defrontamento com a impermanência da vida. Essa mente profunda é nossa verdadeira natureza, a essência de quem realmente somos. Rinpoche acredita que essa parte de nós é eterna e que ela não participa da impermanência de todas as coisas. Por isso, ela é o lugar a partir do qual podemos viver nesse mundo de permanentes mudanças, e a partir dele podemos também morrer. Embora Rinpoche use a palavra "mente" para designar essa dimensão profunda de nosso ser, creio que ele esteja se referindo à mesma região da psique que eu chamo de *alma*.

Para muitos de nós, não é só a nossa própria mortalidade que nos perturba, mas também a constatação de que a qualquer momento alguém que amamos pode ser levado embora. Na verdade, essa possibilidade pode ser mais assustadora do que pensar em nossa própria morte. E para muitos, esse pesadelo torna-se realidade.

O rabino Harold Kushner, que escreveu *When Bad Things Happen to Good People*, perdeu seu filho, vítima de uma doença rara, denominada progeria ou "envelhecimento precoce". A criança recebeu o diagnóstico ainda em tenra idade, e a partir daí Kushner e sua esposa viram seu menino pequeno e feliz transformar-se lentamente num homem velho, vindo a morrer ainda no começo da adolescência. Essa experiência martirizante fez com que Kushner se tornasse um homem de profundidade. Seu livro, humano e sábio, ajudou milhares de pessoas a enfrentar suas próprias tragédias. Perto do fim do livro, Kushner expressa, com desconcertante honestidade, como a vida e a morte de seu filho Aaron o transformaram:

> Sou uma pessoa mais sensível, um pastor mais eficaz, um consultor mais compassivo por causa da vida e da morte de Aaron do que eu jamais poderia ter sido se nada

disso tivesse acontecido. Eu desistiria de todos esses ganhos num segundo se pudesse ter meu filho de volta. Se pudesse escolher, eu abriria mão de todo o crescimento e profundidade espiritual que apareceu em meu caminho como decorrência de nossas experiências, e seria o que eu era há 15 anos, um rabino mediano, um consultor indiferente, ajudando algumas pessoas, mostrando-se incapaz de ajudar outras, e sendo pai de um garoto radiante e feliz. Mas não tive escolha.[12]

O tocante depoimento de Kushner contém a verdade daquelas pessoas cuja alma se tornou sábia a partir de uma dolorosa perda: ele desistiria de tudo na mesma hora se pudesse ter seu filho de volta. É assim que se passa com as noites escuras da alma. Nossa alma cresce vigorosa, e desenvolvemos uma autêntica capacidade de consolar os outros; mas não podemos celebrar esse crescimento como uma vitória egoística, porque o preço que pagamos foi alto demais.

## Envelhecimento

Não é fácil se ver envelhecendo, sentir os padecimentos e dores da velhice, ver a deterioração de nosso corpo jovem de outrora, olhar no espelho e ver um homem ou mulher idosa onde ainda ontem havia um menino de calças curtas ou uma menina de tranças. Mas também isso é parte da condição humana, e aqueles que escapam de doenças e acidentes enfrentam a velhice.

Meu pai está com 89 anos e ainda vive no mesmo Arkansas em que cresceu. Minha mãe faleceu em 1990. Todos os três irmãos de meu pai estão mortos, e quase todos os seus amigos já se foram. Seu coração está lhe dando alguns problemas, às vezes ele não consegue respirar, e sabe que não estará entre nós por muito tempo. Devido às dores nas pernas, só consegue dar uns poucos passos, razão pela qual permanece sentado um sua confortável cadeira durante todo o dia, olhando pela janela ou tentando assistir ao *baseball* pela televisão. Gosta muito de ler, mas já não consegue enxergar o suficiente, de forma que esse prazer lhe foi tirado. Ainda assim, apesar das circunstâncias, segue com seu magnífico modo de ver a vida. Brinca com as visitas, conta histórias a quem as quiser ouvir, e aos que perguntam de sua saúde, ele responde "bem, estou mesmo 100% !" É um homem notável, e dentre as pessoas que eu conheço ele foi a que melhor soube conduzir o difícil processo de envelhecer. Há alguns anos, numa conversa mais íntima, eu lhe disse: "Quando eu era garoto, você me ensinou a viver. Hoje, com o seu exemplo, você está me ensinando a envelhecer."

Para muitas pessoas, os anos da velhice são cheios de solidão, de perdas, de saúde precária e depressão emocional. De que forma podemos enfrentar a velhice com dignidade e elegância? Existe um meio de enfrentar essas realidades e continuar a manter a serenidade, talvez até mesmo encontrar um meio de celebrar essa fase final de nossa vida? As respostas não são fáceis, mas há pessoas que podem nos dar algumas dicas.

Para Frankl, não é o caso de esperarmos a velhice chegar para nos ocuparmos dessa questão. Ele acreditava que a solução para a idade avançada é viver cada dia intensamente, para que não se tenha remorso no final:

A todo momento é preciso decidir, para o bem ou para o mal, qual será o monumento de sua existência... O pessimista parece-se com um homem que observa amedrontado e triste o seu calendário de parede, do qual todos os dias ele arranca uma folhinha e que vai ficando mais fino a cada dia que passa. Por outro lado, a pessoa que enfrenta ativamente os problemas da vida é como um homem que remove cada sucessiva folha de seu calendário e a arquiva ordenada e cautelosamente junto a suas predecessoras, não sem primeiro ter feito pequenas anotações diárias em seu verso. Ele pode refletir com orgulho e alegria sobre toda a riqueza depositada nessas anotações, sobre como viveu plenamente toda a sua existência. O que lhe importará se notar que está envelhecendo? Tem ele alguma razão para invejar as pessoas jovens que ele vê, ou fazer crescer a nostalgia pela juventude perdida? Que razões ele tem para invejar uma pessoa jovem? As possibilidades que um jovem tem, o futuro que lhe está reservado? "Não, muito obrigado", dirá ele. "Em vez de possibilidades, tenho realidades em meu passado, não só a realidade do trabalho realizado e do amor amado, mas também a do sofrimento sofrido. São as coisas de que mais me orgulho, embora não inspirem inveja em ninguém."[13]

A poetisa Mary Oliver também dá a sua dica nos seguintes versos do poema "Nas Florestas de Blackwater":

> Para viver neste mundo
>
> você tem de ser capaz
> de fazer três coisas:
> amar o que é mortal;
> segurá-lo
>
> contra seus ossos, sabendo
> que a sua própria vida depende dele;
> e quando chegar a hora de o deixar partir,
> deixe-o partir.[14]

Rumi acreditava na necessidade de aprender a dançar mesmo em meio à dor. Ele escreveu:

> Dance quando tiver uma ferida aberta.
> Dance se tiver arrancado as ataduras.
> Dance no meio da luta.
> Dance em seu sangue.
> Dance quando estiver perfeitamente livre.[15]

Se vivermos nossa vida com paixão e aprendermos as lições que ela tem para nos ensinar, há uma suave sabedoria que vem com a idade, uma capacidade de abraçar a vida, mesmo sua tristeza e dor, e mostrar gratidão dançando. Como disse W. B. Yeats:

Um homem velho não passa de uma ninharia,
Trapos numa bengala à espera do final,
A menos que a alma aplauda, cante e ainda ria
Sobre os farrapos do seu hábito mortal.[16]

## Alvorecer

Felizmente, quando a maior parte das noites escuras chega ao fim, vislumbramos o alvorecer. Quando Frankl foi libertado de Auschwitz no final da Segunda Guerra Mundial, ele não tinha para onde ir. Sua família havia sido assassinada, a cidade que outrora fora sua casa jazia em ruínas. A própria Europa havia sido dizimada. O desespero da guerra ainda pairava no ar e enchia o coração de Frankl. Sua noite longa e escura provocou danos irreparáveis que o deixariam marcado para sempre. No entanto, chegou o dia em que brilhou no céu a aurora, e uma nova vida lançou seus primeiros e verdes galhos em seu coração. Frankl descreveu essa experiência:

> Um dia, pouco depois da libertação, eu caminhava pelos prados floridos daquela terra, por milhas e milhas em direção à cidade próxima ao campo, na qual havia um mercado. Cotovias subiam para o céu, e eu podia ouvir seu canto feliz. Eu poderia andar milhas sem avistar quem quer que fosse; nada havia senão a terra ampla e o céu, o júbilo das cotovias e a liberdade do espaço. Parei, olhei em volta e para cima, para o céu — e então caí de joelhos. Naquele momento eu sabia muito pouco de mim e do mundo — eu só tinha uma frase em meu pensamento, que era sempre a mesma: "Clamei ao Senhor na estreiteza de minha prisão, e Ele me respondeu na liberdade do espaço."
>
> Não consigo me lembrar quanto tempo permaneci ajoelhado e repetindo essa frase. Mas sei que naquele dia, naquela hora, teve início minha nova vida. Progredi passo a passo, até novamente me tornar um ser humano.[17]

A vida é cheia de tragédia e dor, e mesmo assim, como Frankl e milhares de outros descobriram, o socorro está disponível. Quando tudo parece perdido, até mesmo nossa última esperança, algo maior do que nós alcança-nos com sua mão gentil e surpreendentemente forte, dando-nos uma força que, nitidamente, não vem de nós. Algumas vezes por meio de alegres cotovias num prado, outras vezes por meio de amigos, e outras ainda quando estamos completamente sozinhos no meio da noite, e nossa salvação chega calmamente. A alma resplandece em numinosidade, o sagrado nos envolve, e sentimo-nos conectados com a Fonte de tudo. Nesses momentos, o alvorecer ilumina o céu do nascente, e caímos de joelhos em gratidão por a noite escura haver terminado e por termos recebido novo alento para prosseguir.

Carl Jung disse que "o homem jamais é ajudado em seu sofrimento por aquilo que ele pensa por si mesmo, mas tão-somente pela revelação de uma sabedoria maior do que a sua própria. É isso que o tira de sua angústia".[18]

A alma é nossa ligação com o sagrado, com o que é maior do que nós mesmos. A alma conhece a dor, o sofrimento e a morte. Ela contém os arquétipos eternos das realidades sombrias da vida. Ela viveu com eles por milhares de anos; e só ela tem a sabedoria para dar-nos o que precisamos. E isso sem maiores explicações nem falsas palavras de conforto. A alma simplesmente diz "Sim, assim é a vida", mas neste "sim" ouvimos o "sim" eterno que nos ata calorosamente à raça humana e a um drama tão antigo quanto a própria vida. Algumas vezes, ouvimos nessa hora um rufar de tambores em alguma praia distante tocando a canção da vida. Erguemo-nos de nossas cinzas, ainda quebrados, sangrando e, entrando no ritmo do tonitruante tambor, dançamos em nosso sangue, as ataduras voando ao vento. Dançamos com o sagrado. Dançamos com nossa alma. Dançamos, dançamos, dançamos até ficarmos finalmente livres.

Nossa tarefa não é suportar a dor e as dificuldades da vida, mas a de nos entregarmos à alma e ao que é maior do que nós. O ego não consegue lidar com o sofrimento e a morte. Ele não consegue acreditar que o que acontece com todos pode também acontecer com ele. Na juventude, o ego domina sempre, exceto talvez entre os que têm "alma antiga" ou nos que já foram purificados pelo sofrimento e pela morte. No entanto, à medida que amadurecemos, começamos a ver que no final das contas não passaremos incólumes pela vida. A deterioração de nossos pais outrora robustos e o envelhecimento de nosso próprio corpo removem qualquer ilusão remanescente de que possamos de algum modo escapar. E curvando-se o ego ao argumento da idade, a alma tem finalmente a oportunidade de erguer-se e mostrar-nos o caminho. Com a alma como nosso guia, começamos a ver que a vida é uma intensa mistura de alegria e tristeza, luz e sombra, montanha e vale, vida e morte.

E a alma, que conhece todas essas realidades e as tem ponderado por séculos, assopra seu juízo em nossos ouvidos: "A vida vale a pena", ela diz, enquanto começa a bater palmas. "A vida vale a pena. Então levante e dance!"

# Trilhando os Caminhos

## Um Programa Pessoal Para o Crescimento Espiritual

*A verdade existe para um determinado indivíduo somente na medida em que ele próprio a produz em ação.*

— Sören Kierkegaard

Como vimos, o crescimento espiritual é o produto derivado do cultivo de uma alma por meio de um contato contínuo com a dimensão sagrada da vida. Por isso, a chave para o desenvolvimento espiritual é identificar as experiências que constituem o seu próprio caminho para o sagrado e dedicar-se a essas atividades com regularidade.

Neste capítulo, mostrarei como planejar um programa-piloto para o crescimento espiritual, com duração de três meses. Para ter certeza de que o programa vai ao encontro de suas necessidades específicas, em primeiro lugar conduzirei você ao longo de uma série de exercícios com o intuito de ajudá-lo a localizar os tipos de atividades e experiências que nutrem sua alma. Em seguida, mostrarei como você pode usar essa informação para montar seu próprio programa pessoal de cultivo da alma. O programa em si consiste em se dedicar a diversas atividades para nutrir a alma num período de três meses, mantendo um registro diário de sua viagem espiritual num Diário da Alma.

Esse programa põe a seu encargo a sua própria espiritualidade. Por isso, acredito que você o achará estimulante, relevante, algo que induz ao crescimento. O programa lhe fornecerá essencialmente a estrutura e os instrumentos de que precisa para construir uma vida espiritual fora das paredes da religião tradicional.

## Razões para um Programa Espiritual

Percebo que pode parecer estranho falar de um programa para o cultivo da alma. A alma é aquela dimensão de nosso ser que não pode ser regulada nem medida, transcendendo pois todas as técnicas e programas.

Mesmo assim, estou convencido de que uma abordagem regular e estruturada para os cuidados com a alma é crucial para o desenvolvimento espiritual. Programas só são destrutivos quando, em vez de apoiar a alma, eles a forçam em direções alheias à sua natureza. Mas um programa personalizado, construído pela própria pessoa, com base em suas necessidades, é muito diferente de um programa imposto a partir de fora.

Nutrir a alma é uma arte e, como qualquer arte, só pode ser aprendido mediante uma prática disciplinada. Por isso, pense nesse programa como um curso introdutório ao cuidados com a alma. Praticando fielmente esses rudimentos, você crescerá em espiritualidade. Com o tempo, você se tornará um artista da alma, com habilidades no cuidado de sua própria alma e capaz também de ajudar as outras pessoas em suas viagens espirituais.

## Orientação para o Programa

Ao iniciar este programa, há diversos pontos importantes a considerar.

Primeiro: Você é único, e suas necessidades espirituais são diferentes das de qualquer outra pessoa. Então, ao buscar identificar as experiências que nutrem sua alma, não se deixe influenciar demais pelo que os outros dizem. Há um sem-número de livros, artigos, cultos, religiões, gurus, às vezes alguns membros da família e amigos prontos para lhe dizer como ser espiritualizado. É claro que você pode ler livros e ouvir o que os outros dizem, mas mantenha sua própria liberdade e individualidade. Essa é a *sua* viagem espiritualizada, e você pode ter certeza de que ela será radicalmente única. Por isso, confie em sua alma e siga-a por onde quer que ela lhe conduza.

Segundo: Você poderá notar que suas necessidades espirituais mudarão com o tempo. Por exemplo, este livro apresentou a você oito caminhos diferentes para o sagrado. Se você é como a maioria das pessoas, alguns desses caminhos serão do seu agrado e outros despertarão menos o seu interesse. Isso porque neste momento você tem certas necessidades; talvez devido à sua idade, estágio de vida ou problemas com os quais você esteja lutando, alguns desses caminhos falam à sua alma e outros não. Se você voltar a ler este livro no futuro, poderá achar que alguns caminhos que pareciam relevantes terão se tornado menos significativos, ao passo que outros terão assumido uma importância crucial. Há uma oscilação de acordo com a viagem espiritual. Embora a alma precise ser nutrida sempre, o alimento que ela prefere muda com o tempo.

Terceiro: Quando você der início à empreitada, eu o aconselharia a adotar uma postura aberta e audaciosa. Note que você pode descobrir alimento para a sua alma nos lugares mais estranhos e improváveis. A vida é uma miscelânea de milhares de possibilidades para a nutrição da alma. Portanto, não se limite ao familiar nem restrinja sua busca a lugares convencionais.

Quarto: Esteja pronto para redefinir a espiritualidade com base em sua experiência e nas verdades que você descobrir por si mesmo. A maior parte das pessoas tem idéias muito comuns sobre a espiritualidade; eu sugeriria que, em vez disso, você desconsiderasse as definições tradicionais e observasse o que a sua própria experiência lhe ensina. Não posso prever para onde sua viagem o levará e que revelações espirituais você alcançará, mas posso assegurar-lhe de que uma viagem autenticamente espiritual sempre o levará a lugares novos e inesperados da alma.

Quinto: Lembre-se que o trabalho da alma não pode ser apressado. A alma tem seu próprio tempo e ritmo. Você pode demandar horas ou mesmo alguns dias para concluir determinado exercício. Deixe que sua alma o guie. Trabalhar a alma se assemelha a fazer pão. Exige que se amasse e trabalhe a massa durante um bom tempo. Depois, é preciso deixá-la repousar para que o fermento possa fazer seu trabalho antes de o pão ir para o forno. Assim, com cada exercício, "amasse a massa". Trabalhe completamente o material, deixe-o repousar por um tempo e retome-o mais tarde. Somente quando sentir que o exercício fez seu trabalho é que você deve passar para o seguinte.

Sexto: Esteja aberto para o sagrado. O propósito deste programa é ajudá-lo a conectar-se com o sagrado e permitir que suas energias doadoras de vida nutram sua alma. Você não o conseguirá simplesmente seguindo os passos do programa. Isso requer que você também abra seu coração e se dedique a cada atividade com um desejo genuíno de tocar a dimensão sagrada da vida. Adotando essa postura ao realizar o programa, é provável que você tenha muitos momentos pungentes e talvez mesmo uma ou duas experiências de pico, nas quais sentirá o poder do sagrado.

## Criando um Local Sagrado

Mesmo sem ser um requisito indispensável para o programa, eu recomendaria com insistência que você criasse um local sagrado, no qual pudesse fazer esse trabalho e refletir sobre sua vida espiritual. Joseph Campbell assinalou a importância disto ao dizer:

> É de absoluta necessidade para qualquer pessoa nos dias de hoje. Você precisa ter um quarto, uma certa hora do dia ou coisa assim, em que você não saiba o que leu nos jornais naquela manhã, em que não saiba quem são seus amigos nem o que deve a alguém... É um local onde você simplesmente pode experimentar e externar o que você é e o que pode ser. É o lugar de incubação criativa. No começo, você poderá achar que nada acontece ali. Mas se você tiver um lugar sagrado e o usar, algo acabará por acontecer.[1]

Idealmente, poderia ser um quarto ou uma parte da casa que você reserve especificamente para isso. Você pode mesmo pensar em decorar esse espaço com objetos que espelhem sua alma — símbolos, recordações, lembranças, quadros, citações, poemas e outros itens que sejam significativos para você. Você pode optar por incluir velas, incensos ou coisas assim. Para algumas pessoas, sons naturais como o barulho da chuva, de ventos no deserto, das ondas do mar, sons noturnos e mesmo os uivos solitários dos lobos podem fazer relaxar e encontrar o centro. São apenas sugestões. Escolha e prepare seu lugar sagrado intuitivamente, deixando sua própria alma ser o seu guia. Mas enriqueça a área com coisas de sua alma, acrescente elementos que sejam relevantes à sua viagem espiritual. Criar um local sagrado pode ser uma aventura espiritual; já o processo em si mesmo pode nutrir sua alma.

Tendo criado seu local sagrado, procure reservar um tempo todos os dias para, como num ritual, deixar o mundo secular e entrar ali. Use esse tempo para refletir sobre sua vida, escrever em seu diário ou refletir sobre sua busca espiritual.

## O Diário da Alma: O Coração do Programa

O Diário da Alma é o coração deste programa. Você deve escrever, diariamente e sem falta, duas páginas sobre sua espiritualidade em seu diário. O relato deve ser muito pessoal, deve descrever seus pensamentos e sensações relacionados à sua vida espiritual. Não precisa ser brilhante, espirituoso ou bem escrito; pode ser tolo, superficial, raivoso, triste, queixoso ou o que for. Não o revise nem o mude. Limite-se a escrever o que vier. Mas faça-o todos os dias.

Exemplo: Sherry é uma professora, com seus trinta e poucos anos. É casada com Jim há cinco, e juntos têm uma filha, Sara, de dois anos incompletos. Quando Sherry iniciou o programa, ela teve dificuldades para escrever duas páginas diárias em seu Diário da Alma. Mas, à medida que ela se envolvia com o programa e sintonizava-se cada vez mais com suas próprias questões espirituais, isso foi se tornando muito mais fácil. Na verdade, algumas vezes ela chegou a achar que as duas páginas não eram suficientes para registrar todos os seus pensamentos. No décimo dia de seu programa, Sherry iniciou seu registro da seguinte maneira:

*Mal posso acreditar que no começo tive problemas para me expressar. Este programa realmente me faz pensar... e sentir. Percebi uma diferença em mim mesma. Tenho esperado ansiosamente pelas experiências que nutrem a alma e mesmo para escrever neste diário. Ontem, Júlia me disse que eu parecia mais calma, menos irritada. É verdade. Tenho estado mais junto de meus alunos. Sinto mais energia. Mas também notei algo mais. Este programa me faz perceber o quanto eu odeio minha vida. Sinto que estou fazendo um trabalho monótono, sempre tentando dar conta de tudo. Quanto mais entro em contato com minha alma, mais eu odeio a vida agitada e insana que venho levando. Tenho conversado com Jim sobre isso. Não quero ficar assim a vida inteira. Talvez possamos imaginar um meio de mudar as coisas à medida que o tempo passa.*

Além de escrever duas páginas por dia, você também terá de registrar no diário as suas respostas aos exercícios e atividades associadas ao próprio programa. Por isso, antes de começar o programa, é preciso adquirir um caderno para usá-lo como o seu Diário da Alma.

## Passo Um: Como Descobrir o que Pode Nutrir a Sua Alma

O Passo Um o conduzirá por cinco exercícios destinados a ajudá-lo a identificar as atividades e experiências que nutrem sua alma. Quando tiver completado esses exercícios, você deverá ter uma compreensão mais profunda dos tipos de alimento de que sua alma necessita.

### Exercício Um

O objetivo deste exercício é ajudá-lo a identificar as experiências que nutriram sua alma no passado.

Procure relembrar sua vida e faça a si mesmo a seguinte pergunta: Que experiências me tocaram e comoveram mais profundamente? Pense nos momentos mais pungentes que experimentou, nos acontecimentos que tocaram e agitaram sua alma. Você pode ter sentido temor, reverência, admiração, humildade ou gratidão. Lágrimas podem ter lhe brotado dos olhos. Essas experiências podem ter lhe ocorrido estando você num ambiente natural, ouvindo música, fazendo amor, conversando com seu companheiro ou companheira, brincando com seu filho, passando tempo com um amigo, lendo um poema ou obra literária ou assistindo a um filme ou peça. Esses momentos freqüentemente ocorreram ligados a acontecimentos arquetípicos como nascimentos, casamentos e funerais. Os pais às vezes experimentaram tais momentos quando seus filhos entraram para o jardim-de-infância, quando um filho ou filha saiu de casa para estudar fora ou para casar, ou por ocasião do nascimento de um neto.

Momentos pungentes podem ocorrer em qualquer época e ligados praticamente a qualquer acontecimento. Portanto, reflita sobre sua vida, talvez iniciando com sua infância e progredindo até o presente, e procure se lembrar de tantas experiências quantas forem possíveis. Quando você se recordar de uma experiência, registre-a no Diário da Alma.

Não se preocupe se elas não vierem facilmente. Muitas pessoas só conseguem se lembrar de um ou dois acontecimentos no princípio; mas ao conviver um pouco com a questão, outras experiências começam a lhe ocorrer. Portanto, não apresse o exercício. Trabalhe nele por um tempo e depois deixe repousar. Sua mente continuará a trabalhar enquanto você estiver fazendo outras coisas. Fique com o exercício por algumas horas ou mesmo por dois ou três dias. Há pessoas que chegam a se recordar de quinze ou vinte dessas experiências, enquanto outras devem se recordar de pelo menos oito antes de passar para o próximo exercício.

Tendo completado sua lista, analise-a cuidadosamente para ver se você pode identificar alguns temas ou categorias. A maior parte de suas experiências cultivadoras da alma ocorrem nas relações com os outros? Ocorrem algumas na natureza? Há alguma relacionada a experiências românticas? Ocorre alguma num contexto religioso? Há alguma relacionada às artes? Em caso afirmativo, que tipo de arte — música, poesia, pintura ou drama? Continue a analisar sua lista até descobrir certos temas ou ter revelações sobre os tipos de experiências que nutriram sua alma no passado.

Antes de terminar o exercício, certifique-se de ter registrado todas essas experiências em seu Diário da Alma. Então, seguindo sua lista, registre pelo menos um parágrafo descrevendo o que você aprendeu desse exercício sobre os tipos de coisas que cultivaram sua alma. Essa informação será usada mais tarde, quando você estiver planejando seu programa.

> Exemplo: Sherry levou dois dias para completar esse exercício. Quando ela tentava se lembrar de coisas que a tocaram mais profundamente, a primeira de que se recordou foi o nascimento de seu bebê, e a segunda foi o dia em que casou. Ela realmente não conseguia pensar em mais nada num primeiro momento, mas, à medida que continuou a pensar na questão, outras lembranças lhe vieram à mente. Ela se lembrou de seu primeiro beijo, quando estava no primeiro colegial, e do êxtase que então sentira. Lembrou-se de Angela, sua melhor amiga nos tempos do colégio, e das conversas que elas tiveram quando eram amigas. Lembrou-se de ter ido acampar com a família quando estava com os seus 12 anos e de como era estonteantemente belo o céu noturno quando o olhavam, sentados ao redor da fogueira.
>
> Sherry continuou a acrescentar itens a sua lista, até chegar a 14 diferentes experiências que a haviam tocado muito profundamente. Quando analisou sua lista, viu que a maioria tinha que ver com relações — com seu marido, sua filha, com seus pais e com alguns amigos. Todavia, três das 14 estavam relacionadas a experiências junto à natureza; duas eram relacionadas à música, e outras duas, com experiências românticas e sexuais. Sherry listou-as todas em seu Diário da Alma, e depois escreveu o seguinte resumo sobre o que ela havia aprendido com esse exercício:
>
> *Em primeiro lugar, aprendi (ou na verdade apenas me dei conta disso) que minhas relações nutrem minha alma. Também me lembrei de como a natureza é importante para mim. Quando eu era criança, eu adorava sair para acampar ou simplesmente passar o dia brincando com meus amigos nas florestas atrás de nossa casa, em Connecticut. Pensar nisso fez-me perceber o quanto eu havia perdido contato com a natureza. Além disso, percebi que o sexo é realmente importante para mim. Depois que eu tive a minha filha, nós o deixamos "em banho-maria" e ele ficou um pouco monótono e rotineiro. Vou falar com Jim sobre isso. Esse é sem dúvida um assunto que precisamos trabalhar.*

## Exercício Dois

Este exercício é mais estruturado do que o anterior, mas seu objetivo é o mesmo: ajudar você a descobrir e esclarecer os tipos de experiências que podem nutrir sua alma.

Abaixo encontram-se listadas categorias de várias atividades que freqüentemente nutrem a alma das pessoas. Leia cada categoria e depois tente lembrar de algumas experiências cultivadoras da alma que você teve naquela categoria em particular. Por exemplo, com relação à primeira categoria, "cinema", tente lembrar de todos os filmes que o tocaram mais profundamente. Lembre-se de que você não está buscando filmes que simplesmente lhe agradaram ou que você achou excitantes; você está buscando experiências que realmente tocaram e comoveram sua alma. Sinta-se à vontade para incluir as experiências que você já listou no exercício 1, mas tente acrescentar outras com base nas categorias deste exercício. E digo mais uma vez, faça-o no seu tempo. Permaneça nele algumas horas ou mesmo alguns dias. Quero enfatizar novamente que o objetivo desses exercícios não é resolvê-los rapidamente, mas fazê-los com profundidade e de maneira meticulosa. As categorias são as seguintes:

cinema
música
poesia
natureza
experiências religiosas
experiências espirituais
férias
teatro
arte
literatura
lugares
alimentos ou jantares
experiências familiares
experiências românticas
experiências sexuais, eróticas ou sensuais
amizades

Depois de anotar no Diário da Alma todas as experiências de que você consegue se lembrar em cada uma das categorias acima, analise sua lista mais uma vez e cuidadosamente. Quais categorias contêm o maior número de experiências? Quais não contêm experiência alguma? Em qual categoria ocorreram suas experiências mais intensas? Se você tivesse de escolher duas outras experiências que tenham sido as mais fortes, quais seriam elas e em que categorias se encontram? Continue a analisar sua lista de várias maneiras para aprender tudo o que puder sobre o que nutre sua alma.

Antes de terminar o exercício, certifique-se de ter escrito a sua lista de categorias e experiências no Diário da Alma, e então escreva pelo menos um parágrafo relatando o que você aprendeu com esse exercício quanto aos tipos de experiências que nutriram sua alma.

Exemplo: Sherry descobriu que o exercício a ajudou a lembrar de experiências que ela não havia incluído na primeira lista. Duas estavam relacionadas com peças de teatro, uma com cinema, e uma quarta com literatura. Ela as listou no Diário da Alma, e depois escreveu:

*Esse exercício ajudou-me a lembrar como o teatro foi importante para mim.* O Violinista no Telhado *e* Les Misérables *causaram-me ambas uma forte impressão. Também lembrei do quanto gostei do filme* Magnólias de Aço *e do quanto* E o Vento Levou *e* Pássaros Feridos *me tocaram quando os li na adolescência.*

## Exercício Três

Os exercícios 1 e 2 destinavam-se a ajudar a descobrir o que nutriu sua alma no passado. Se por um lado essa informação é útil para se poder predizer o que nutrirá sua alma no futuro, por outro, as necessidades espirituais também mudam com o tempo. Por isso, o exercício 3 destina-se a ajudá-lo a identificar o que sua alma necessita neste momento. O objetivo é permitir que sua alma fale por si mesmo.

Sente-se num lugar confortável e sossegado, onde você não seja perturbado. Feche os olhos e respire algumas vezes de maneira longa e profunda, até se sentir centrado e relaxado. Se você medita regularmente, talvez queira usar suas técnicas de meditação habituais para que elas o ajudem a ficar centrado e interiormente focado. De qualquer modo que você o faça, o objetivo é sair do mundo exterior e enfocar sua atenção no interior.

Estando relaxado e centrado, imagine um cenário que poderia nutrir sua alma no sentido mais profundo possível. Pode ser um lugar bonito na natureza, uma cabana nas montanhas, uma igreja ou templo, uma determinada praia ou qualquer uma dentre dezenas de possibilidades. Pode ser um cenário desejado por você — um que realmente exista ou que seja criado em sua imaginação. A única exigência é a de ser um cenário bonito e relaxante, que poderia verdadeiramente nutrir sua alma.

Agora, usando a imaginação, ponha-se nesse lugar. Veja-se estando lá, como se tivesse acabado de chegar, olhando tranqüilamente ao seu redor. Veja as cores; ouça os sons; sinta os odores. Torne-os reais em sua mente, para que você possa se sentir quase como se realmente estivesse lá.

Chegamos então à essência do exercício. Por cerca de cinco minutos, deixe que uma paisagem imaginária, uma fantasia criativa se revele nesse belo cenário. Não tente controlá-la ou fazê-la acontecer; só deixe que ela se revele, como se você estivesse assistindo a um vídeo. Pode ser alguma fantasia que você deseje. A única exigência é que seja algo que nutra profundamente sua alma, que seja exatamente o que você precisa neste momento, no âmago de seu ser. Observe como a cena se revela e veja a si mesmo envolvendo-se em atividades ou experiências que de fato nutram sua alma. Não tenha pressa. Saboreie a experiência. Deixe que a própria fantasia cultive sua alma.

Ao fim de cinco minutos, conduza a cena a uma conclusão suave e positiva. Sinta que você foi saciado pelas energias nutridoras experimentadas e que agora você está pronto para partir. Respire algumas vezes profundamente, abra lentamente os olhos e por um instante permaneça sentado e quieto.

Em seguida, no seu Diário da Alma, registre sua fantasia em detalhes, exatamente como ela se revelou em sua mente. Não tente analisá-la ou avaliá-la. Apenas a descreva tão rápida e completamente quanto possível. Escreva no tempo presente. Por exemplo: "Estou neste cenário belo e exótico, numa ilha tropical. Há nas proximidades uma cachoeira, e palmeiras por toda a parte. Estou deitado na areia quente..."

Depois de ter registrado sua fantasia, analise-a para ver se ela contém indícios do que sua alma necessita neste momento. A sua fantasia está sugerindo que você necessita estar com outras pessoas, talvez com uma pessoa especial ou quem sabe ela sugira que você precisa estar sozinho? Que atividade para o cultivo da alma ocorreu na fantasia? Como era essa atividade, que ingrediente essencial ela tinha de tão substancial? Aconteceu alguma coisa atípica ou inesperada na fantasia? O que lhe revela essa fantasia quanto ao que você precisa neste momento para nutrir sua alma?

Antes de terminar o exercício, certifique-se de que escreveu a fantasia em seu Diário da Alma e de que a analisou durante um tempo. Então, escreva ao menos um parágrafo resumindo o que você aprendeu do exercício com relação ao que sua alma necessita neste momento.

> Exemplo: Quando Sherry fez esse exercício, ela pensou numa cabana nas montanhas, no norte da Califórnia. Em sua fantasia, ela imaginou ter passado uma semana inteira a sós. A cabana ficava num belo cenário, rodeada por altos pinheiros e picos de montanhas. Dentro havia uma enorme lareira, com um fogo a arder, dando-lhe calor. Ela estava deitada sobre um tapete diante da lareira e lia. Quando tinha sono, tirava um cochilo. Quando tinha fome, comia. Quando sentia vontade, dava passeios junto à natureza. Ela imaginou uma semana inteira fazendo exatamente o que tinha vontade de fazer, nesse belo cenário. Sherry escreveu essa fantasia em seu Diário da Alma, acrescentando o seguinte:
>
> > *Essa fantasia me diz que preciso ficar sozinha. (E é verdade; fico oprimida com pessoas e mais pessoas a meu lado!) Ela também me diz que preciso ficar perto da natureza. Estar numa cabana nas montanhas, deitar na frente de uma grande lareira, passear junto à natureza — isso me parece o paraíso. Se eu tivesse uns poucos dias para pôr tudo isso em prática, penso que a experiência faria uma diferença enorme para mim.*

## Exercício Quatro

Os primeiros três exercícios foram atividades introvertidas, destinadas a fazê-lo olhar para dentro, visando reunir informações sobre coisas que podem nutrir sua alma. O exercício 4, contudo, introduzi-lo-á no domínio interpessoal, convidando-o a conversar com um amigo ou amiga de confiança sobre o que você aprendeu com esses exercícios. Conversar com alguém o ajudará a esclarecer e consolidar o que você aprendeu.

Escolha um amigo ou amiga com quem você se sinta seguro — alguém que o compreenda e lhe dê apoio. Procure fazer com que vocês se encontrem em hora e local em que nenhum dos dois possa ser perturbado. Pense um pouco em como fazê-lo e escolha uma situação providencial.

Quando vocês se encontrarem, comece contando ao amigo ou amiga o porquê de você o/a ter escolhido. Diga-lhe que você quer descrever os exercícios, conte sobre o que você aprendeu com eles sobre suas necessidades espirituais, acrescentando que você gostaria que ele ou ela respondesse com pensamentos, reações e sugestões. Contudo, lembre-se de que você tem direito a uma vida privada, e portanto, se houver em suas experiências certos pontos que você prefira não compartilhar, deixe-os fora da conversa.

Depois do encontro, escreva pelo menos um parágrafo em seu Diário da Alma, descrevendo a conversa com seu amigo ou amiga. Você se sentiu compreendido? O seu amigo ou amiga deu algum retorno ou teve alguma intuição que foram especialmente úteis? Qual foi a principal utilidade desse encontro em termos de seu crescimento espiritual?

Exemplo: Sherry decidiu convidar Julia, sua melhor amiga. Almoçaram juntas num sábado, e Sherry contou a Julia sobre o programa. Ela leu alguma coisa das anotações de seu diário para Julia, e então ambas tiveram uma proveitosa discussão sobre a importância de nutrir a alma. Depois do encontro, Sherry escreveu em seu diário o seguinte:

*O encontro com Julia foi bom, como eu já esperava. Ela sempre me dá muita força, e tudo foi muito estimulante. Não que ela tenha me dado novas idéias, mas incentivou-me a fazer algumas das coisas das quais lhe falei. Quando lhe contei sobre minha fantasia de passar um tempo nas montanhas, ela disse: "Bem, faça isso!" Eu lhe disse que não era viável, que Jim não poderia trabalhar e ao mesmo tempo cuidar de nossa filha por alguns dias. Mas então Julia perguntou se mamãe não poderia tomar conta de Sara por alguns dias, e até mesmo se ofereceu ela própria para ajudar no fim de semana. Vou falar com Jim sobre isso esta noite e talvez eu ligue para mamãe para ver se ela pode ajudar. Assim, a coisa mais importante que resultou de nosso encontro de hoje foi a seguinte: vou fazer isso! Não posso ficar fora a semana toda, mas é bem provável que eu consiga uma folga de três ou quatro dias. Estou realmente animada. É exatamente o que eu precisava para nutrir minha alma.*

## Exercício Cinco

Este é o exercício final do passo 1. Tendo chegado até aqui, você já deve ter uma idéia clara das atividades e experiências que nutrem sua alma. Em seu Diário da Alma, escreva um resumo geral do que você aprendeu no passo 1.

Exemplo: Sherry escreveu o seguinte resumo:

*O que aprendi com esses exercícios é que os relacionamentos nutrem minha alma; paradoxalmente, porém, às vezes também preciso "dar um tempo" das pessoas — até mesmo de Jim e Sara. Também percebi o quanto a natureza é importante para mim, e de quanto necessito fugir para as florestas e montanhas. Também lembrei do quanto gosto de ir ao teatro, mesmo estando há um bom tempo sem ver nenhuma peça. Aprendi outras coisas também, mas são essas as que se destacam.*

## Passo Dois: Planejando o Programa

Com base na informação obtida dos exercícios no passo 1, escolha algumas atividades ou experiências que poderiam realmente nutrir sua alma neste momento. Mais especificamente, escolha duas atividades "pequenas" e três "grandes". "Pequenas" atividades referem-se a coisas que você pode fazer toda semana e que são bastante fáceis de incorporar em sua programação. Por exemplo, ouvir música, caminhar junto à natureza ou observar o pôr-do-sol seriam coisas bastante fáceis para a maioria das pessoas, razão pela qual seriam atividades pequenas. As "grandes" atividades, por outro lado, demandariam mais tempo e planejamento. Assistir a uma peça de teatro, participar de um *workshop* ou passar um fim de semana nas montanhas seriam exemplos de grandes atividades, pois demandam tempo e planejamento, e a maioria das pessoas não pode realizá-las semanalmente.

Então, escolha primeiramente duas pequenas atividades que você possa realizar toda semana. Elas devem ser relativamente fáceis de fazer no que diz respeito à sua programação e a seus outros compromissos. Este programa não pretende aumentar o seu *stress*, e sim aliviá-lo. Por exemplo, se ouvir música é algo que pode nutrir sua alma, talvez esta possa ser uma de suas pequenas atividades, e você poderia reservar uma hora específica na semana para nada fazer além de ouvir sua música favorita.

Depois, escolha três grandes atividades e planeje realizá-las nos três meses seguintes. Por exemplo, se você acha que passar um fim de semana nas montanhas é uma forma de nutrir sua alma, você pode providenciá-lo. Se ir a um concerto ou peça teatral nutre sua alma, você pode telefonar e providenciar as entradas. Independentemente do que você escolher, decida-se por três grandes atividades e insira-as em sua programação. Procure dividi-las nesse período de três meses, em vez de programá-las muito próximas uma da outra.

Assim, seu programa-piloto para os próximos três meses consiste em fazer cinco coisas que nutram sua alma — as duas pequenas atividades regular e semanalmente e as três grandes atividades a ser programadas durante os próximos três meses. Tenha certeza ao decidir sobre dias e horários exatos que você terá para fazer as pequenas atividades, e programe as três grandes logo a seguir. Se você falhar em reservar horários precisos, o programa terá toda a probabilidade de fracassar. Então, planeje seus horários de maneira muito estrita. Uma vez tendo planejado, tente não mudar seus planos. Seu tempo para nutrir a alma deve ser considerado importante e inviolável.

Finalmente, escreva tudo isso em seu Diário da Alma, de modo que você saiba exatamente o que vai fazer e quando o fará.

> Exemplo: Sherry fez os preparativos para viajar sozinha e ficar numa cabana nas montanhas durante um fim de semana prolongado; essa então ficou sendo uma de suas grandes atividades. As outras duas grandes atividades seriam fazer uma viagem em que ela, seu marido e a nenê passariam a noite acampados, e ir ao teatro. Ela escreveu isso em seu Diário da Alma e fez planos específicos sobre quando faria

cada atividade no curso dos três meses do programa. Para suas duas pequenas atividades, Sherry planejou o que resolveu chamar de "noite sensual" uma vez por semana, para que ela e Jim explorassem seu relacionamento sexual de novas maneiras, e decidiu também caminhar duas vezes por semana na praia perto de sua casa. Ao planejar seu programa em seu Diário da Alma, Sherry escreveu:

*Meu programa-piloto consistirá no seguinte: minhas três grandes atividades serão ir sozinha para as montanhas, entre 19 e 22 de julho, acampar com Jim e Sara no fim de semana de 8 de agosto e assistir a* Cats *em 4 de setembro. Como pequenas atividades, caminharei pela praia duas tardes por semana — às terças feiras, sozinha, e aos sábados, com Jim e Sara.*

*O mais excitante, contudo, é minha "noite sensual". Disse para Jim que eu queria que reservássemos as noites de sexta só para nós. Vou planejar alguma coisa sensual e diferente para cada sexta à noite durante seis semanas, e ele fará o mesmo nas últimas seis semanas do programa. Não vejo a hora de começar.*

## Passo Três: Como Fazer o Programa Funcionar

Fazer o programa funcionar significa cumprir sua programação de atividades que nutram a alma e escrever em seu Diário da Alma todos os dias. Cada vez que você se ocupar de uma das atividades nutridoras da alma, use seu Diário para registrar o que fez, como se sentiu e quaisquer lampejos intuitivos que possa ter tido. O Diário da Alma é de fato o coração do programa. Manter esse diário dá a você a oportunidade de refletir sobre sua vida espiritual e registrar suas sensações, reações e lampejos intuitivos à medida que você atravessa o programa durante os próximos três meses.

Exemplo: todos os dias Sherry escrevia duas páginas sobre sua vida espiritual no Diário da Alma. Nos dias em que se ocupava de alguma das atividades planejadas para o cultivo de sua alma, ela acrescentava outra seção descrevendo a experiência e o modo como esta a afetara. O trecho seguinte é parte de um registro posterior a uma de suas grandes atividades — a viagem para a cabana nas montanhas:

*Não consigo pôr em palavras o que esse fim de semana significou para mim. Eu tive três dias para não fazer nada que não fosse relaxar — fazer exatamente o que eu tinha vontade e quando tinha vontade. A cabana era maravilhosa. Havia uma pequena lareira, e eu mantinha o fogo aceso dia e noite. Sábado à noite eu adormeci em frente à lareira. O domingo foi lindo; o sol estava brilhando e eu podia ver os cumes nevados. Adoro estar junto da natureza. É verdade que senti falta de Jim e Sara, mas acho que foi bom para todos eu ter saído um pouco. Voltei a entrar em contato comigo mesma. Eu não era mais mãe, esposa ou professora; era somente eu mesma. Esse fim de semana realmente nutriu minha alma; ajudou-me espiritualmente, porém não posso reduzi-lo a uma só coisa. O fim de semana inteiro — a cabana, a natureza, a solidão — tudo isso em conjunto fez algo por mim. Acho que farei dele um acontecimento anual.*

## Passo Quatro: Avaliando o Programa

Ao final do terceiro mês do programa-piloto, avalie o programa e a sua experiência. Um bom modo de fazê-lo é ler de uma só vez todos os registros de seu Diário da Alma, refletir sobre o crescimento espiritual que você experimentou e sobre os pontos fortes e fracos do programa que planejou. Você pode achar que sua vida espiritual aprofundou-se, que você está mais centrado, mais relaxado, com mais paixão e vitalidade. Você pode achar que seu coração está mais aberto, que suas sensações estão mais acessíveis, que você está se sentindo mais criativo, mais facilmente tocado pela música, pela poesia e por outras coisas da alma. Os cuidados com a alma têm efeitos como esses. Por outro lado, algumas partes do programa podem desagradá-lo. Você pode achar que certas atividades na verdade não nutrem sua alma. Você pode também se descobrir assumindo atividades demais ou achar difícil encontrar tempo para fazer as coisas que esperava fazer. Seja como for, seja honesto consigo mesmo e faça uma avaliação ponderada de seus três meses de experiência.

Tendo achado benéfico o programa-piloto e desejando continuar a nutrir sua alma regularmente, você pode planejar outro programa de três meses, seguindo os passos dados neste capítulo. Eu o aconselharia a variar suas atividades e abrir-se para um amplo leque de experiências nutridoras da alma.

Exemplo: Ao final do programa-piloto de três meses, Sherry fez a seguinte anotação em seu Diário da Alma:

*Minha avaliação geral do programa-piloto é a de que ele foi muito útil. Minha alma foi realmente bem nutrida pelas coisas que fiz, em especial por ter mantido o Diário da Alma. Todas as três grandes atividades — a viagem às montanhas, acampar com Jim e Sara e a peça — funcionaram muito bem.*

*Com relação às pequenas atividades, adoro caminhar pela praia, e isso passou a fazer parte de minha rotina normal. Mas as noites sensuais na verdade não funcionaram. As primeiras duas ou três foram legais, mas depois começaram a parecer um tanto "programadas" para ambas as partes. Além disso, às vezes o cansaço acumulado da semana faz com que nenhum de nós tenha energia para começar. Decidimos mudar isso, passando a ter um "fim de semana sensual" como uma das grandes atividades para os próximos três meses. (Programamos um fim de semana em São Francisco, a sós.) Isso parece mais viável do que tentar ter uma noite especialmente sensual todas as semanas.*

*Desse modo, para os próximos três meses, minhas três grandes atividades serão um fim de semana sensual em São Francisco com Jim, visitar Audrey no Arizona e fazer uma viagem sozinha ao deserto. Também poderemos assistir a uma outra peça. Minhas pequenas atividades serão ouvir música durante trinta minutos nas noites de segundas e quartas e continuar com as caminhadas na praia às terças e sábados. Também continuarei escrevendo em meu Diário da Alma todos os dias. Isso se tornou parte da minha vida; é algo que me ajuda a relaxar e a dirigir minha atenção à alma todos os dias.*

## Lista de Controle

Para resumir, segue aqui uma breve lista de verificação do seu programa-piloto:

1. Refletindo sobre sua vida espiritual, escreva em seu Diário da Alma duas páginas todos os dias.
2. Ocupe-se semanalmente de duas pequenas atividades que nutram sua alma e registre em seu diário as reações e intuições que você teve sobre cada uma das atividades.
3. Ocupe-se das três grandes atividades durante o programa de três meses e registre em seu diário as reações e intuições que você teve sobre cada atividade.
4. Ao final do programa-piloto de três meses, avalie o programa e seu crescimento.
5. Se você achar que o programa lhe foi benéfico, planeje um outro de três meses. Continue a fazê-lo enquanto sentir vontade.

# Epílogo

Ao encerrar este livro, estou plenamente consciente de que o alvorecer do ano 2000 assoma no horizonte e de que estamos prestes a adentrar um novo milênio, experiência que só acontece para poucas gerações. Por ocasião do marco do último milênio, o ano 1000, a Europa jazia sob as trevas medievais. A prensa tipográfica ainda não havia sido inventada, o Renascimento ainda não ocorrera, a Reforma Protestante ainda não havia começado, o Novo Mundo ainda não havia sido descoberto pelos europeus e a era moderna jazia no futuro. Hoje, estamos sob a égide da era pós-moderna, e as mudanças que os seres humanos verão nos próximos mil anos estão além da nossa capacidade de imaginação.

Neste livro, procurei apresentar uma nova visão da espiritualidade, que seja pertinente à era pós-moderna. A essência dessa visão é a de que a espiritualidade é universal, de que o rio sagrado com o qual matamos nossa sede corre pelo mundo inteiro. Essa visão nos convida a deixar nossas estreitas teologias e mentalidades tribais e a nos abrirmos para o espírito da vida. Certamente, é essa a única perspectiva espiritual que pode funcionar num mundo pós-moderno.

Como palavra final, eu gostaria de agradecer aos que estão lutando para criar um novo mundo e uma nova visão da espiritualidade. Vocês são os gentis revolucionários que nos levarão para o futuro. Cada um de vocês, contribuindo com seu próprio verso, pode ajudar a escrever o poema espiritual da era pós-moderna.

Lembre-se de que o sagrado está à sua volta. Conforme o ensinamento de nossos maiores líderes espirituais, o sagrado está nas coisas comuns. Deus parece dar pouca importância a templos feitos com as mãos; é mais provável que ele seja encontrado no choro de um recém-nascido, nas núpcias de duas pessoas que se amam ou nas lágrimas de uma mulher que perdeu o companheiro de toda uma vida. O sagrado está em toda parte; tudo o que temos a fazer é abrir os olhos. O olhar de maravilhamento no rosto de uma criança, o amor apaixonado entre marido e mulher, a alegria indescritível de uma mãe que acaba de dar à luz, o toque suave de um amigo por quem sentimos empatia, a lua e as estrelas numa noite de inverno, as florestas e campos sob a neve fresca, o glorioso pôr-do-sol no céu de uma ilha, o êxtase causado pela música, pela poesia e pela arte que arrebatam a alma — tudo são hierofanias, manifestações do sagrado na vida humana. São exemplos daqueles momentos maravilhosos que elevam a vida, momentos em que tocamos o sagrado e nossa alma ressoa com o poder daquela experiência. E nenhum deles está relacionado aos prédios das igrejas, aos padres em suas vestes religiosas ou com os rituais da religião tradicional. Relacionam-se, isto sim, com a vida, com haurir profunda e livremente da corrente sagrada. Como disse Kahlil Gibran:

> E se quereis conhecer Deus, não podeis voar acima de suas esperanças nem aviltar-vos abaixo de seu desespero.
> E se quereis conhecer Deus, não procureis transformar-vos em decifradores de enigmas.
> Olhai, antes, à vossa volta e encontrá-Lo-eis a brincar com vossos filhos.
> E erguei os olhos para o espaço e vê-Lo-eis caminhando nas nuvens, estendendo Seus braços no relâmpago e descendo na chuva,
> E o vereis sorrindo nas flores e agitando as mãos nas árvores.[1]

# Notas

**Introdução**

1. Fromm, E. *Psychoanalysis and Religion*. New Haven: Yale University Press, 1950, p. 9.

2. Jung, C. G. *Man and His Symbols*. Nova York: Dell Publishing Co., 1964, p. 84.

**Capítulo 1 — A Revolução Espiritual**

1. Naisbitt, J. e Aburdene, P. *Megatrends 2000*. Nova York: William Morrow, 1988, p. 275.

2. Ver Roof, W. C. *A Generation of Seekers: The Spiritual Journeys of the Baby Boomers*. San Francisco: HarperSanFrancisco, 1994.

3. Ver Watzlawick, P., org. *The Invented Reality*. Nova York: W. W. Norton & Company, 1984.

4. Maslow, A. H. *Religions, Values, and Peak Experiences*. Nova York: Viking Press, Inc., 1970, p. 33.

5. Índices de pesquisas do Instituto Gallup citados em Ferguson, M. *The Aquarian Conspiracy*. Los Angeles, Jeremy Tarcher, 1980, p. 364.

6. Naisbitt, J. e Aburdene, P., *op. cit.*, pp. 293-94.

7. Ver Moore, T. *Care of the Soul*. Nova York: HarperCollins, 1992.

8. Dados do U. S. Bureau of the Census.

9. Ver Hillman, J. *Re-Visioning Psychology*. Nova York: Harper & Row, 1975.

10. Jung, C. G. *Modern Man in Search of a Soul*. Nova York: Harcourt, Brace & World, 1933, p. 229.

11. Jung, C.G. in *The Portable Jung*, J. Campbell, org. Nova York: Viking Press, 1971, pp. 59-69.

12. Ver Estes, C. P. *Women Who Run with the Wolves*. Nova York: Ballantine Books, 1992.

13. Ver Bly, R. *Iron John*. Nova York: Addison-Wesley Publishing Co., 1990.

14. *Joseph Campbell and the Power of Myth*, organização de Bill Moyers e produção de C. Tatge. Nova York: Mystic Fire Video, Inc. 1988 (vídeos).

15. Jung, C. G. *Modern Man in Search of a Soul*, pp. 106-07.

**Capítulo 2 — Rumo a uma Nova Espiritualidade**

1. Johnson, R. *Owning Your Own Shadow*. San Francisco, HarperSanFrancisco, 1991, pp. vii-ix.

2. Kurtz, E. e Ketcham, K. *The Spirituality of Imperfection*. Nova York: Bantam Books, 1992, p. 24.

3. Ver James, W. *The Varieties of Religious Experience*. Nova York: Longmans, Green & Company, 1902. Há uma edição de 1982 disponível pela Penguin Books, Nova York. [*As Variedades da Experiência Religiosa*, publicado pela Editora Cultrix, São Paulo, 1991.]

4. Ver Maslow, A. H. *Religions, Values, and Peak Experiences*. Nova York: Viking Press, 1970.

5. Ver Allport, G. W. *The Individual and His Religion*. Nova York: MacMillan, 1961.

6. Ver Tillich, P. *Dynamics of Faith*. Nova York: Harper & Row, 1957.

7. Fowler, J. *Stages of Faith*. San Francisco, HarperSanFrancisco, 1981, p. 5. Todas as citações remetem às páginas xiii, 5 e 24.

8. Fowler, p. xiii.

9. James, p. 38. Todas as citações de James nesta seção remetem às paginas 31-38.

10. Shafranske, E. P. e Malony, H. N. "Religion, Spirituality and Psychotherapy: A Study of California Psychologists" (artigo apresentado em encontro da California Psychological Association, San Francisco, fevereiro de 1985).

11. Shafranske, E. P. e Gorsuch, R. L. "Factors Associated with the Perception of Spirituality in Psychotherapy", *The Journal of Transpersonal Pychology* 16 (2), 1984, pp. 231-41.

12. Para uma descrição mais detalhada de nossa pesquisa, ver Elkins, D. N., Hedstrom, L. J., Hughes, L. L., Leaf, J. A. e Saunders, C. "Toward a Humanistic-Phenomenological Spirituality: Definition, Description, and Measurement", *Journal of Humanistic Psychology* 28 (4), 1988, pp. 5-18.

13. Para mais informações sobre *Spiritual Orientation Inventory*, ver o artigo citado na nota 12, ou escrever para David Elkins, Pepperdine University, GSEP, 400 Corporate Pointe, Culver City, CA 90230.

14. O Dalai Lama fez essa afirmação numa entrevista publicada em "Beyond Religion", por Carriere, J. C. *Shambhala Sun*, novembro, 1995, pp. 18-23, 22.

O capítulo 2 traz também materiais de D. N. Elkins, L. J. Hedstrom, L. L. Hughes, J. A. Leaf e C. Saunders, "Toward a Humanistic-Phenomenological Spirituality: Definition, Description, and Measurement", *Journal of Humanistic Psychology* 28 (4), 1988, pp. 5-18. © 1988 Sage Publications, Inc. Reimpressão autorizada por Sage Publications, Inc.

**Capítulo 3 — A Alma**

1. Joyce, J., *Retrato do Artista Quando Jovem*. Tradução de José Geraldo Vieira. São Paulo/ Rio de Janeiro, Publifolha/Ediouro Publicações S.A., 1998, p. 269.

2. Moore, T. *Care of the Soul*. Nova York: Harper Collins, 1992, p. xi.

3. Hillman, J., *Re-Visioning Psychology*. Nova York: Harper & Row, 1975, p. 10.

4. Adi al-Riga, "Praise to Early-Waking Grievers", in *The Essential Rumi*. Tradução para o inglês de C. Barks. San Francisco, Harper, 1995, pp. xvi-xvii.

5. Joyce, J., *op. cit.*, p. 252.

6. Citado em Andrews, F., *The Art and Practice of Loving*. Los Angeles, Jeremy Tarcher, 1991, p. 223.

7. Moore, T., *op. cit.*, p. 5.

8. Hillman, J. *Re-Visioning Psychology*, p. xvi.

9. Citado em Hillman, J., *Re-Visioning Psychology*, p. xi. Essa citação provém de uma tradução do fragmento 42 dos trabalhos de Heráclito em *Heraclitus*, por P. Wheelwright. Princeton: Princeton University Press, 1959.

10. Hillman, J. *Re-Visioning Psychology*, p. xi.

11. Ver Kirschenbaum, H. e Henderson, V. L., organizadores, *Carl Rogers: Dialogues*. Boston: Houghton Mifflin, 1989, p. 74.

12. Hillman, J. *Re-Visioning Psychology*, p. xvi.

13. Jung, C. G. *Memories, Dreams, and Reflections*. Nova York: Pantheon, p. 186.

14. Ver Hillman, J. *Re-Visioning Psychology*, pp. x-xi e 23.

15. May, R., *The Courage to Create*. Nova York: W. W. Norton and Company, 1975, pp. 120-22.

16. Jung, C. G. *Psychological Reflections*, Jacobi, J. e Hull, orgs., R. F. C. Princeton: Princeton University Press, 1978. As citações remetem às páginas 199 e 200.

17. Hillman, J. *Re-Visioning Psychology*, p. 23.

18. Ver Jung, C. G. *The Archetypes and the Collective Unconscious*, volume 2, parte 1 do *The Collected Works*, Bollingen Series XX, tradução para o inglês de R. F. C. Hull. Princeton: Princeton University Press, 1959.

19. Ver Jung. C. G. *The Portable Jung*, Campbell, J., org. Nova York: Penguin Books, 1976.

20. St. John of the Cross, "Although by Night", in *St. John of the Cross*, Brenan, G. org. Nova York: Cambridge University Press, 1973, p. 165.

21. Jackson, S. "The Lottery", in *The Lottery and Other Stories*. Nova York: Noonday Press, 1991, pp. 291-293.

22. Elkins, D. N. "Estremecimento". Poema não publicado, *copyright* 1997, por David N. Elkins.

23. *The Psychotherapy Patient* é um jornal especializado editado por E. Mark Stern e publicado por Haworth Press, Inc., Nova York.

24. James, W. *The Varieties of Religious Experience*. Nova York: Longmans, Green & Company, 1902, pp. 508-16. Uma edição de 1982 está disponível pela Penguin Books, Nova York.

25. Rumi, J. *In Birdsong*, organizado e traduzido por Barks, C. Atenas, GA, Maypop, 1993, p. 36.

26. Hillman, J. *Re-Visioning Psychology*, pp. xiv-xv.

27. Ver Fletcher, J. *Situation Ethics*. Filadélfia: Westerminister Press, 1966.

28. Ver Gilligan, C. *In a Different Voice*. Cambridge, MA: Harvard University Press, 1982.

29. Rumi, J., *in The Essential Rumi*, organizado e traduzido por C. Barks. San Francisco: Harper, 1995, p. 36.

30. Tillich, *The Courage to Be*. New Haven: Yale University Press, 1952, p. 6.

31. Citado em Barrett, W. *Irrational Man*. Nova York: Doubleday & Company, 1962, pp. 220-21.

32. McNiff, S. *Art as Medicine*. Boston, Shambhala, 1992, p. 2.

33. Moore, T., *op. cit.*, p. 121.

34. Kierkegaard, S. *The Sickness unto Death*. Princeton: Princeton University Press, 1941, p. 29.

35. Citado em Kaufmann. W. A., org., *Existentialism from Dostoievsky to Sartre*. Nova York: World Publishing Company, 1956, p. 99.

36. Citado em Kaufmann, W. A. *Nietzsche: Philosopher, Psychologist, Antichrist*. Princeton: Princeton University Press, 1950, pp. 133-34.

37. Citado em May, R. *The Discovery of Being*. Nova York: W. W. Norton & Co., 1983, p. 80.

38. Tillich, P., *op. cit.*, pp. 51-52.

39. Emerson, R. W., "Self-Reliance", in *Ralph Waldo Emerson: Selected Essays*, L. Ziff, org. Nova York: Penguin Books, 1982, p. 176.

40. Hillman, J. *The Soul's Code*. Nova York: Random House, 1996, p. 8.

41. Ver Horney, K. *Neurosis and Human Growth*. Nova York: W. W. Norton & Co., 1950.

42. Miller, A. *For Your Own Good*. Nova York: Farrar Straus Giroux, 1984, p. 108.

43. Maslow, A. *Toward a Psychology of Being*. Nova York: Van Nostrand Reinhold Co., 1962, pp. 3-4.

44. Friedman, M. "Introduction", in *Between Man and Man*, por Buber, M. Nova York: Macmillan, 1965, p. xix.

45. Citado em Ferguson, M., *The Aquarian Conspiracy*. Los Angeles, Jeremy Tarcher, 1980, p. 241.

46. Rumi, J. "Say Yes Quickly", in *Open Secret: Versions of Rumi*, tradução para o inglês por J. Mayne e C. Barks. Putney, VT: Threshold Books, 1984, p. 69.

47. Joyce, J., *op. cit.*, p. 199.

48. Rilke, R. M. *Sonetos a Orfeu*. 1.ª ed. Barcelona: Editorial Lumen, S. A., 1983, p. 149. Rilke, R. M. "Sonnets to Orpheus, II, 29" in *The Selected Poetry of Rainer Maria Rilke*. Organizado e traduzido para o inglês por S. Mitchell. Nova York: Vintage Books, 1989, p. 255.

O capítulo 3 também contém material de D. N. Elkins, "Psychotherapy and Spirituality. Toward a Theory of the Soul", *Journal of Humanistic Psychology* 35 (2), 1995, pp. 78-98. © 1995 Sage Publications, Inc. Reimpresso com a permissão da Sage Publications, Inc.

**Capítulo 4 — O Sagrado**

1. Eliade, M. *The Sacred and the Profane*. Nova York: Harper & Row, 1961, pp. 32-34.

2. Ver Otto, R. *The Idea of the Holy*. Nova York: Oxford University Press, 1961. Todas as citações remetem às páginas 5-6 e 23-24.

3. Ver Eliade, M. *op. cit.* Todas as citações remetem às páginas 10-14.

4. Eliade, M., *op. cit.*, pp. 12-13.
5. Tillich, P. *Dynamics of Faith*. Nova York: Harper & Row, 1957, pp. 41-43.
6. Ver James, W. *The Varieties of Religious Experience*. Nova York: Longmans, Green & Company, 1902. Todas as citações remetem às páginas 30, 53 e 503-15. Uma edição de 1982 está disponível pela Penguin Books, Nova York.
7. James, J., *op. cit.*, p. 53.
8. Ver Buber, M. *I and Thou*. Tradução para o inglês de W. A. Kaufmann. Nova York: Charles Scribner's Sons, 1970. Todas as citações remetem às páginas 55-62.
9. Kaufmann, W. A. "Introduction" in *I and Thou*, por Buber, M., p. 23.
10. Buber, M., *op. cit.*, p. 56.
11. Ver em especial os seguintes trabalhos de Maslow, A: *Motivation and Personality*. Nova York: Harper & Row, 1970; *Toward a Psychology of Being*. Nova York: Van Nostrand Reinhold, 1968; e *The Farther Reaches of Human Nature*. Nova York: Viking, 1971.
12. Maslow, A. *Toward a Psychology of Being*, p. 71.
13. Maslow, A. *Religions, Values, and Peak Experiences*. Nova York: Penguin Books, 1976, p. 85.
14. Gallup, G. *Religion in America — 50 Years: The Gallup Report*. Princeton, NJ: Princeton Religious Research Center, 1985. Ver também Thomas, L. E. e Cooper, P. E. "The Measurement and Incidence of Mystical Experiences: An Exploration Story", *Journal for the Scientific Study of Religion* 17 (4), 1978, pp. 433-37; e Thomas, L. E. e Cooper, P. E., "Incidence and Psychological Correlations of Intense Spiritual Experiences", *Journal of Transpersonal Psychology* 12 (1), 1980, pp. 75-87.
15. Allman, L. S., De La Rocha, O., Elkins, D. N. e Weathers, R. S., "Psychotherapists' Attitudes toward Clients Reporting Mystical Experiences", *Psychotherapy* 29 (4) (1992), pp. 564-69.
16. James, W., *op. cit.*, pp. 66-67.
17. Maslow, A. *Religions, Values, and Peak Experiences*, p. 19.
18. *Idem*, p. 33.
19. Blake, W. "The Marriage of Heaven and Hell", in *William Blake: The Complete Poems*. Ostriker, A., org. Nova York: Penguin Books, 1977, p. 188.
20. Blake, W., "Augúrios da Inocência", in *William Blake, Poesia e Prosa Selecionada*. Tradução e Prefácio de Paulo Vizioli. São Paulo: J. C. Ismael, Editor, 1984, p. 77.
21. Citado em Sheikh Ragip Frager, *Love is the Wine: Talks of a Sufi Master in America*. Putney, VT: Threshold Books, 1987, p. 1.
22. Goble, F. G. *The Third Force*. Nova York: Pocket Books, 1971, p. 57.
23. James, J., *op. cit.*, p. 399.
24. Rumi. J. "This We Have Now", in *The Essential Rumi*. Traduzido para o inglês por C. Barks. San Francisco, HarperSanFrancisco, 1995, pp. 261-62.
25. Ver Tart, C., org., *Altered States of Consciousness*. Nova York: Doubleday, 1972. Ver também Tart, C. *States of Consciousness*. Nova York: Dutton, 1975.
26. James, W., *op. cit.*, p. 388.
27. Maslow, A. *The Psychology of Science*. Chicago, Henry Regnery Company, 1966, p. 139.
28. Durkheim, E. *The Elementary Forms of Religious Life*. Tradução para o inglês de J. W. Swain. Londres: George Allen & Unwin, 1915, p. 416.
29. Citado em Bly, R., Hillman, J. e Meade, M., orgs. *The Rag and Bone Shop of the Heart*. Nova York: Harper Perennial, 1992, p. 165.
30. Citado em Kirschenbaum, H. e Henderson, V. L., orgs. *Carl Rogers: Dialogues*. Boston, Houghton Mifflin, 1989, p. 74.
31. Maslow, A. *Religions, Values, and Peak Experiences*, p. 103.
32. Ver Cervantes, M. S. *Don Quixote: Man of La Mancha*. Nova York: Grosset Dunlap, 1969.
33. Ver Frankl, V. *Man's Search For Meaning*. Nova York: Simon & Schuster, 1963.

34. Thoreau, H. D. *The Portable Thoreau*. Carl Bode, organizador. Nova York: Penguin Books, 1977, pp. 563-64.
35. Durkheim, E., *op. cit.*, p. 427.
36. Rilke, R. M. "Buddha in Glory", in *The Selected Poetry of Rainer Maria Rilke*. Tradução para o inglês de S. Mitchell. Nova York: Vintage Books, 1989, p. 69.

**Primeiro Caminho — O Feminino**

1. Ver Jung, C. G. *The Archetypes and the Collective Unconscious*, volume 2, parte 1 de *The Collected Works*, Bollingen Series XX. Tradução para o inglês de R. F. C. Hull. Princeton: Princeton University Press, 1959.
2. Por exemplo, ver Hillman, J., *Anima: An Anatomy of a Personified Notion*. Dallas: Spring Publications, 1985. [*Anima — Anatomia de uma Noção Personificada*, publicado pela Editora Cultrix, São Paulo, 1990.]
3. Ver Gilligan, C. *In a Different Voice*. Cambridge: Harvard University, Press, 1982.
4. Ver Oberon, P. "Men with Emotionally Absent Fathers Who Developed into Highly Integrated Men" (diss. de Psi.D., Pepperdine University, 1993).
5. Ver Eisler, R. *The Chalice and the Blade*. San Francisco: Harper and Row, 1987.
6. Murdock, M. *The Heroine's Journey*. Boston: Shambhala, 1990, pp. 1-2.
7. Ver Harragan, B. L. *Games Mother Never Taught You*. Nova York: Rawson Associates, 1977, e também Heim, P. com Golan, S. *Hardball for Women*. Los Angeles: Lowell House, 1992.
8. L'Engle, M. "Shake the Universe", *Ms. Magazine*, verão de 1987, pp. 182-85.
9. Ver Eisler, R., *op. cit.*
10. Ver Gilligan, C., *op. cit.*
11. Ver Bolen, J. S. *Goddesses in Everywoman*. Nova York: Harper and Row, 1989.
12. Nin, A. *In Favor of the Sensitive Man and Other Essays*. Nova York: Harcourt Brace Jovanovich, 1976, p. 32.
13. Murdock, *op. cit.*, p. 8.
14. Williamson, M. *A Woman's Worth*. Nova York: Random House, 1993, p. 39.
15. *Idem*, pp. 123-124.

O Caminho Um também contém material de D. N. Elkins, D. N. "Betrayal of the Feminine: A Male Perspective", *The Psychotherapy Patient* 8 (3 e 4) (1992), pp. 127-49. © 1992 The Haworth Press, Inc. Reimpresso com a permissão de The Haworth Press, Inc.

**Segundo Caminho — As Artes**

1. Cather, W. "Eric Hermannson's Soul" in *Willa Cather: 24 Stories*. O'Brien, S., org. Lincoln, NE: University of Nebraska Press, 1987, p. 94
2. M. Fox. *The Coming of the Cosmic Christ*. San Francisco: Harper & Row, 1988, p. 200.
3. Fromm, E. *The Sane Society*. Nova York: Fawcett, 1955, p. 301.
4. Ver Heidegger, M. *Poetry, Language, and Thought*. Tradução para o inglês de A. Hofstadter. Nova York: Harper & Row, 1975. Todas as citações remetem às páginas 4-19.
5. Heidegger, M., *op. cit.*, p. 4.
6. Joyce, J. *A Portrait of the Artist As a Young Man* (Nova York: Viking Press, 1964), pp. 252-53.
7. May, R. *The Courage to Create*. Nova York: W. W. Norton & Company, 1975.
8. Frost, R. "The Lesson for Today", in *The Poetry of Robert Frost*, Connery E., organizador. Nova York: Henry Holt & Company, 1979, p. 355.
9. Campbell, J. *A Joseph Campbell Companion*, Osbon, D. K., org. Nova York: HarperCollins, 1991, p. 19.
10. Blake. W. "Augúrios da Inocência", in *William Blake: The Complete Poems*, org. por A. Ostriker (Nova York: Penguin Books, 1977), p. 506.
11. Giraudoux, J., citado em *The Meaning of Death*, Feifel, H., org. Nova York: McGraw-Hill, 1965, p. 124.

12. Shakespeare, W. "A Midsummer Night's Dream", in *The Riverside Shakespeare* (Boston: Houghton Mifflin, 1974), pp. 5, 1 12-17.

13. Ver McNiff, S. *Art as Medicine*. Boston: Shambhala, 1992. Todas as citações remetem às páginas 1-21 e 65.

14. *Idem*, p. 16.

15. *Idem*, p. 14.

16. *Idem*, p. 65.

17. *Idem*, p. 15.

18. Ver McNiff. Todas as citações neste parágrafo remetem às páginas 17-21.

19. Eliade, M. *Shamanism: Archaic Techniques of Ecstasy*. Nova York: Pantheon Books, 1964, p. 182.

20. Ver Rosen, D. *Transforming Depression*. Nova York: Penguin Books, 1993, p. 34.

21. *Idem*, p. 15.

22. Citado em May, R. *My Quest for Beauty*. Dallas: Saybroock Publishing Company, p. 148.

23. Ver Rank, O. *Art and Artist*. Nova York: W. W. Norton & Company, 1989.

**Terceiro Caminho — O Corpo**

1. Fox, M. *The Coming of the Cosmic Christ*. San Francisco, Harper & Row, 1988, p. 163.

2. Jung, C. G. *Psychological Reflections*, Jacobi, J. e Hull, R. F. C., orgs. Princeton: Princeton University Press, 1978, p. 105.

3. Feuerstein, G. *Sacred Sexuality*. Nova York: Jeremy Tarcher/Perigree, 1992, p. 29.

4. Whitman, W. *Leaves of Grass*, org. por M. Coyley (Nova York: Penguin Books, 1959), p. 122.

5. Laski, M. *Ecstasy in Secular and Religious Experiences*. Los Angeles, Jeremy Tarcher, 1990, p. 145.

6. Feuerstein, G., *op. cit.*, pp. 31-32.

7. *Idem*, pp. 35-36.

8. *Idem*, pp. 53-54.

9. Ver, de Marija Gimbutas: *The Goddesses and Gods of Old Europe*. Berkeley: University of California Press, 1982; *The Civilization of the Goddess*, San Francisco: HarperSanFrancisco, 1991; *The Language of the Goddess*. San Francisco: Harper & Row, 1989.

10. Stone, M. *When God Was a Woman*. Nova York: Harcourt Brace Jovanovich, 1976, pp. 154-55.

11. Eisler, R. *The Chalice and the Blade*. San Francisco: Harper & Row, 1987, pp. 25-6.

12. Eisler, R., *op. cit.*, p. 39.

13. Ver Qualls-Corbett, N. *The Sacred Prostitute*. Toronto: Inner City Books, 1988.

14. Blake, W. "The Garden of Love", in *William Blake: The Complete Poems*, org. por A. Ostriker (Nova York, Penguin Books, 1977), p. 127. Ver Janus, S. S. e Janus, C. L. *The Janus Report*. Nova York: John Wiley & Sons, 1993.

16. Ver Friday, N. *Women on Top*. Nova York: Pocket Books, 1991, pp. 235-349.

17. Ver Heyn, D. *The Erotic Silence of the American Wife*. Nova York: Plume, 1997.

18. Ver Denfeld, R. *The New Victorians: A Young Woman's Challenge to the Old Feminist Order*. Nova York: Warner Books, 1995.

19. *Idem*, p. 31.

20. Kleinplatz, P. J. "The Erotic Encounter", *Journal of Humanistic Psychology* 36 (3), 1996, pp. 105-23.

21. *Idem*, p. 107.

22. Feuerstein, G., *op. cit.*, p. 51.

23. Stone, M., *op. cit.*, p. 155.

24. Qualls-Corbett, N., *op. cit.*, p. 13.

25. *Idem*, p. 14.

26. *Idem*, pp. 21-25.

27. Jung, C. G., *Mysterium Coniunctionis*, vol. 14 de *The Collected Works*, Bollingen Series XX, traduzido para o inglês por R. F. C. Hull. Princeton: Princeton University Press, 1963, p. 207.

28. Qualls-Corbett, N., *op. cit.*, p. 25.

29. A título de debate sobre a Madona Negra, ver Qualls-Corbett, N., *op. cit.*, pp. 152-55.

30. Ver Masters, W. H. e Johnson, V. E. *Human Sexual Inadequacy*. Boston, Little Brown, 1970.

31. Kleinplatz, P., *op. cit.*, p. 118.

32. Berdyaev, N. *The Meaning of the Creative Act*. Nova York: Harper & Brothers, 1955, p. 224.

33. Fox, M., *op. cit.*,p. 178.

**Quarto Caminho — Psicologia**

1. Benner, D. G. "Toward a Psychology of Spirituality: Implications for Personality and Psychotherapy", *Journal of Psychology and Christianity* 8(1), 1989, pp. 19-30.

2. Ver Giorgi, A. *Psychology as a Human Science*. Nova York: Harper & Row, 1970; e Maslow, A. *The Psychology of Science*. Chicago, Henry Regnery Company, 1966.

3. Sutich, A. "Some Considerations Regarding Transpersonal Psychology", *Journal of Transpersonal Psychology* 1 (1), 1969, pp. 15-16.

4. A título de exemplo, ver a seguinte obra de Ken Wilber: *The Spectrum of Consciousness*. [*O Espectro da Consciência*, publicado pela Editora Cultrix, São Paulo, 1991.] Wheaton, IL: Quest Books, 1993; *The Atman Project*. [*O Projeto Atman*, publicado pela Editora Cultrix, São Paulo, 1999.] Wheaton, IL, Quest Books, 1980; *Up From End*. Wheaton, IL: Quest Books, 1996; *Sex, Ecology, Spirituality*. Boston: Shambhala, 1995; *The Eye of the Spirit*. Boston: Shambhala, 1997. [O Olho do Espírito, publicado pela Editora Cultrix, São Paulo, 2000.]

Ver a seguinte obra de Frances Vaughan: *Awakening Intuition*. Nova York: Anchor Books, 1979; *The Inward Arc*. Boston: Shambhala, 1986; *Shadows of the Sacred*. Wheaton, IL: Quest Books, 1995. Ver também Walsh, E. *The Spirit of Shamanism*, Los Angeles: J. P. Tarcher, 1990; e Walsh, R. e Vaughan, F., *Paths Beyond Ego*. Los Angeles: J. P. Tarcher, 1993). [*Caminhos Além do Ego*, publicado pela Editora Cultrix, São Paulo, 1997.]

Ver também, de Stanley Grof e outros, as seguintes obras: Grof, S. *The Adventure of Self Discovery*. Nova York: SUNY Press, 1988; Grof, S. e Grof, C., orgs. *Spiritual Emergency*, Los Angeles: J. P. Tarcher, 1989. [*Emergência Espiritual*, publicado pela Editora Cultrix, São Paulo, 1992.] Grof, S. e Zina Bennett, H., *The Holotropic Mind*. São Francisco: HarperSanFrancisco, 1992; e Grof, C., *The Thirst for Wholeness*. San Francisco: HarperSanFrancisco, 1993.

5. Hillman, J. *Re-Visioning Psychology*. Nova York: Harper & Row, 1975, p. xii.

6. Como exemplo, ver Shafranske, E. P., e Malony, H. N., "Religions, Spirituality and Psychotherapy: A Study of California Psychologists" (artigo apresentado em encontro da California Psychological Association, San Francisco: fevereiro de 1985; e Shafranske, E. P. e Gorsuch, R. L., "Factors Associated with the Perception of Spirituality in Psychotherapy", *The Journal of Transpersonal Psychology* 16(2), 1984, pp. 231-41.

7. Naisbitt, J. e Aburdene, P., *Megatrends 2000*. Nova York: William Morrow, 1988, p. 275.

8. Ver Bellah, R. N., Madsen, R., Sullivan, W. M., Swidler, A. e Tipton, S. M. *Habits of the Heart: Individualism and Commitment in American Life*. Berkeley: University of California Press, 1985, pp. 113-41.

9. Ver O'Hara, M. "Divided We Stand", *Family Therapy Networker* (Set.-Out. 1996), pp. 47-53.

10. Ver Hillman, J. *Re-Visioning Psychology*. Nova York: Harper and Row, 1975.

11. Ver Fromm, E. *Psychoanalysis and Religion*. New Haven: Yale University Press, 1950.

12. Ver Frankl, V. *Man's Search for Meaning*. Nova York: Pocket Books, 1963.

13. Ver Maslow, A. *Motivation and Personality*. Nova York: Harper & Row, 1970.

14. Ver Yalom, I. D. *Existential Psychotherapy*. Nova York: Basic Books, 1980.

15. Yalom, I. D., *op. cit.*, p. 401.

16. Citação de uma entrevista com Allende realizada por N. Epel, em *Writers Dreaming*. Nova York: Vintage Books, 1993, p. 8.

17. May, R. "The Origins and Significance of the Existential Movement in Psychology" in *Existence: A New Dimension in Psychiatry and Psychology*, May, R., Angel, E. e Ellenberger, H. F., orgs. Nova York: Basic Books, 1958, p. 12.

18. Ver Gendlin, E. *Focusing*, Nova York: Bantam Books, 1981.

19. Ver Tillich, P. *Dynamics of Faith*, Nova York: Harper & Row, 1957; e *The Courage to Be*, New Haven: Yale University Press, 1952.

20. Rogers, C. R. "A Theory of Therapy, Personality and Inter-Personal Relationships as Developed in the Client-Centered Framework", in *Psychology: A Study of a Science*, vol. 3 de *Formulations of the Person in the Social Context,* Koch, S., org. Nova York: McGraw-Hill, 1959, pp. 184-256.

21. Tillich, P. *The Shaking of the Foundations*. Nova York: Charles Scribner's Sons, 1948, pp. 153-63.

22. Rosen, D. *Transforming Depression*. Nova York: Penguin Books, 1993, p. 88.

23. Perls, F. S. *Gestalt Therapy Verbatim*. Nova York: Bantam Books, 1971, p. v.

24. Wheelwright, J. H. "Old Age and Death", *Quadrant* (uma publicação da C. G. Jung Foundation for Analytical Psychology, Nova York: 16 (Primavera), 1983, p. 24.

25. Jamison, K. R. *Touched With Fire: Manic-Depressive Illness and the Artistic Temperament*. Nova York: The Free Press, 1993, p. 6.

O Caminho Quatro também contém material de D. N. Elkins, "Psychotherapy and Spirituality: Toward a Theory of the Soul", *Journal of Humanistic Psychology* 35 (2) (1995): 78-98. 

**Quinto Caminho — Mitologia**

1. Campbell, J. *Myths to Live By*. Nova York: Bantam Books, 1973, p. 31.

2. Ver Campbell, J. *The Masks of God*. Nova York: Penguin Books, 1976, vols. I-IV.

3. May, R. *The Cry for Myth*. Nova York: W. W. Norton & Co., 1991, p. 23.

4. Campbell, J., *A Joseph Campbell Companion*, Osbon, D. K., org. Nova York: Harper Collins, 1991, p. 40.

5. Campbell, J. *The Hero with a Thousand Faces*. Princeton: Princeton University Press, 1976.

6. Ver Campbell, J. *Primitive Mythology*. Nova York: Penguin Books, 1976. [*O Herói de Mil Faces*, publicado pela Editora Pensamento, São Paulo, 1988.]

7. Ver Campbell, J. com Moyers, B. *The Power of Myth*, Betty Sue Flower, org. Nova York: Doubleday, 1988.

8. Nietzsche, F. *The Birth of Tragedy in The Birth of Tragedy and The Genealogy of Morals*. Nova York: Doubleday, 1988.

9. Jung, C. G. *Man and His Symbols*. Nova York: Dell Publishing, 1968, p. 84.

10. Campbell, J. *Myths to Live By*, p. 9.

11. Nietzsche, F., *op. cit.*, p. 133.

12. May, R. *The Cry for Myth*. Nova York: W. W. Norton & Co. 1991, p. 19.

13. Campbell, J. *A Joseph Campbell Companion*, p. 18.

14. Campbell, J. *The Power of Myth*, p. 182.

15. Campbell, J. *Primitive Mythology*, p. 263.

16. May, R. *My Quest for Beauty*. Dallas: Saybrook Publishing Company, 1985, p. 157.

17. Tillich, P. *The Essential Tillich*, Church, F. F., org. Nova York: Macmillan Publishing, 1987, pp. 45-46.

18. May, R. *My Quest for Beauty*, pp. 153 e 166.

19. Tillich, P., *op. cit.*, p. 42.

20. Como exemplo, ver Bolen, J. S. *Goddesses in Everywoman*. Nova York: Harper & Row, 1984; e *Gods in Everyman*. Nova York: Harper & Row, 1989.

21. Estes, C. P. *Women Who Run with the Wolves*. Nova York: Ballantine Books, 1992.

22. May, R., *The Cry for Myth*, p. 21.

23. *Idem, ibidem*.

24. Ver Campbell, J. *Myths to Live By*. Todas as citações remetem às páginas 9-13.

25. Ver Campbell, J. *Myths to Live By*, p. 13. Para os que desejarem uma demonstração pessoal do poder da mitologia no cultivo da alma, recomendo os vídeos das entrevistas de Joseph Campbell para Bill Moyer. Ver *Joseph Campbell and the Power of Myth*, Moyers, B., organizador e Tatge, C., produtor. Nova York: Mystic Fire Video, Inc., 1988.

**Sexto Caminho — Natureza**

1. Thoreau, H. D. in *The Portable Thoreau*, Carl Bode, org. Nova York: Penguin Books, 1977, p. 5.

2. Thoreau, *op. cit.*, p. 343.

3. Thoreau, *op. cit.*, p. 384.

4. Citado em Fox, M. *The Coming of the Cosmic Christ*. San Francisco: Harper & Row, 1988, p. 11.

5. Eisler, R. *The Chalice and the Blade*. San Francisco, Harper and Row, 1987.

6. Ver as seguintes obras de Gimbutas, M.: *The Goddesses and Gods of Old Europe: Myths and Cult Images*. Berkeley: University of California Press, 1982; *The Civilization of the Goddess*. HarperSanFrancisco, 1991; *The Language of the Goddess*. San Francisco: Harper and Row, 1989. Ver também Campbell, J., entrevista concedida a Bill Moyers, *The Power of Myth*. Nova York: Doubleday, 1988, pp. 165-83.

7. Keene, S. *The Passionate Life*. San Francisco: HarperSanFrancisco, 1983, p. 120.

8. Anderson, L. org. *Sisters of the Earth: Women's Prose and Poetry about Nature*. Nova York: Vintage Books, 1991, p. 269.

9. Ver Watts, A. W. *Nature, Man and Woman*. Nova York: Vintage Books, 1970. Todas as citações remetem às pp. 3-5 e 95.

10. Ver Carson, R. *Silent Spring*. Boston: Houghton Mifflin, 1962.

11. Thoreau. H. D. *op. cit.*, p. 384.

12. Devereux, P. *Earth Memory*. St. Paul, MN: Llewellyn Publications, 1992. As citações de Devereux remetem às páginas 12-14.

13. Whitman, W. "When I Heard the Learn'd Astronomer", in *Voyages: Poems by Walt Whitman*, Hopkins, L. B., org. Nova York: Harcourt Brace Jovanovich, 1988, p. 30.

14. Watts, A. W., *op. cit.*, p. 80-81.

15. Watts, A. W., *op. cit.*, p. 82.

16. Buber, M. *I and Thou*, traduzido para o inglês por W. A. Kaufmann. Nova York: Charles Scribners's Sons, 1970, pp. 57-58.

17. Thoreau, H. D., *op. cit.*, p. 383.

18. *Idem*, p. 336.

19. Elkins, D. N. "Here the Animal is Sustained in Me: A Poem for Wyoming", in *Seaward Journeys of No Return*, por Elkins, D. N. Capistrano Beach, CA: Attica Publishing, 1996, p. 50.

20. Elkins, D. N., "To the Redwoods", in *Seaward Journeys of No Return*, p. 51.

**Sétimo Caminho — Relacionamentos**

1. Ver Bellah, R. N., Madsen, R., Sullivan, W. M., Swidler, A. e Tipton, S. M., *Habits of the Heart: Individualism and Commitment in American Life*. Berkeley: University of California Press, 1985.

2. Fromm, E. *The Art of Loving*. Nova York, Bantam Books, 1956, p. 112.

3. Behrendt, L. "Soul-to-Soul Friendships", Diss., de Doutorado em Psicologia, Pepperdine University, 1994.

4. Gibran, K. *O Profeta*. 7ª ed. Tradução de Mansour Challita. Rio de Janeiro: Civilização Brasileira, 1970.

5. Ver Kohut, H. *The Analysis of the Self*. Nova York: International Universities Press, 1971; e Kohut, H. *The Restoration of the Self*. Nova York: International Universities Press, 1977.

6. Shakespeare, *Hamlet, Prince of Denmark*, *in The Complete Works of William Shakespeare*. Nova York: Avenel Books, 1975, I, 3, 1076.

7. Ver Coles, R. *The Spiritual Life of Children*. Boston: Houghton Mifflin Company, 1990.

8. Chopra, D. *The Seven Spiritual Laws for Parents*. Nova York: Harmony Books, 1997, p. 21.

9. Ver Covey, S. *The 7 Habits of Highly Effective Families*. Nova York: Golden Books, 1997.

10. Eckhart, M. *Meister Eckhart*, tradução para o inglês de R. Blakney. Nova York: Harper & Row, 1946.

11. Chopra, D., *op. cit.*, p. 20.

12. Catalfo, P. *Raising Spiritual Children in a Material World*. Nova York: Berkeley, 1997, p. 213.

13. *Idem*, p. 27.

14. Chopra, D., *op. cit.*, pp. 27-28.

15. Gibran, K., *op. cit.*, pp. 15-16.

16. Levine, S e Levine, O. *Embracing the Beloved*. Nova York: Anchor Books, 1995, p. 3.

17. Prather, H. e Prather, G. *I Will Never Leave You*. Nova York: Bantam Books, 1995, p. 4.

18. Levine, S. e Levine, O., *op. cit.*, p. 19.

19. Ver Friedman, M., *The Confirmation of Otherness*. Nova York: The Pilgrim Press, 1983.

20. Jung, C. G., *The Practice of Psychotherapy*, vol. 16 de *The Collected Works*, Bollingen Series XX, tradução de R. F. C. Hull. Princeton: Princeton University Press, 1954, p. 454.

**Oitavo Caminho — A Noite Escura da Alma**

1. Peck, S. *The Road Less Traveled*. Nova York: Simon and Schuster, 1978, p. 15.

2. Rilke, R. M. "The Fourth Elogy", in *The Selected Poetry of Rainer Maria Rilke*, org. e trad. Por S. Mitchell (Nova York: Vintage Books, 1980), p. 173.

3. St. John of the Cross. "Dark Night of the Soul", in *The Poems of St. John of the Cross*, W. Barnstone, org. New Directions Publishing, 1972, p. 38.

4. Citado em Barrett, W. *Death of the Soul*. Nova York: Anchor Press, 1986, p. 8.

5. Ver Frankl, V. *Man's Search for Meaning*. Nova York: Pocket Books, 1963.

6. Ver Yalom, I. D. *Existential Psychotherapy*. Nova York: Basic Books, 1980.

7. Essa versão da fala de aceitação por Wiesel do Prêmio Nobel da Paz foi registrada em *The New York Times* de 11 de dezembro de 1986. Ver também o livro de Wiesel, E. *From the Kingdom of Memory: Reminiscences*. Nova York: Summit Books, 1990, pp. 233, 235-36.

8. Rinpoche, S. *The Tibetan Book of Living and Dying*. San Francisco: HarperCollins, 1994, p. 25.

9. *Idem*, pp. 18-19.

10. Blake, W. "Eternity", in *William Blake: The Complete Poems*, Ostriker, A., org.. Nova York: Penguin Books, 1977, p. 153.

11. Rinpoche, S., *op. cit.*, p. 32.

12. Kushner, H. S. *When Bad Things Happen to Good People*. Nova York: Avon Books, 1981, pp. 133-34.

13. Frankl, V., *op. cit.*, pp. 191-93.

14. Oliver, M. "In Blackwater Woods", in *New and Selected Poems*. Boston: Beacon Press, 1992, pp. 177-78.

15. Rumi, J. In *The Essential Rumi*. Organização e tradução de C. Barks. San Francisco: HarperSanFrancisco, 1995, p. 281.

16. Yeats, W. B. "Sailing to Byzantium", in *Selected Poems and Three Plays of William Butler Yeats*, org. por M. L. Rosenthal (Nova York: Macmillan Publishing, Co., 1986), 102.

17. Frankl, V., *op. cit.*, pp. 141-42.

18. Jung, C. G. *Modern Man in Search of a Soul*. Nova York: Harcourt, Brace & World, 1933, pp. 240-41.

**Trilhando os Caminhos**

1. Campbell, J., em entrevista concedida a Bill Moyers, *The Power of* Myth. Betty Sue Flowers, org. Nova York: Doubleday, 1988, p. 92.

**Epílogo**

1. Gibran, K. *The Prophet* (Nova York: Alfred A. Knopf, 1983), pp. 78-9.

# EMERGÊNCIA ESPIRITUAL

## Crise e Transformação Espiritual

*Stanislav Grof e Christina Grof*

A principal idéia desenvolvida neste livro é a de que algumas das experiências dramáticas e dos estados mentais incomuns que a psiquiatria tradicional diagnostica e trata como distúrbios mentais são, na verdade, crises de transformação pessoal ou "emergências espirituais". Episódios dessa espécie têm sido descritos na literatura sagrada de todas as épocas como resultados de práticas de meditação e como marcos do caminho místico, em suma, experiências dotadas de um conteúdo ou sentido espiritual bem claro.

Quando entendidas e tratadas adequadamente, em vez de serem simplesmente suprimidas pelas rotinas psiquiátricas padronizadas, essas experiências podem ter como resultado a cura e produzir efeitos benéficos nas pessoas que passam por elas. Esse potencial positivo é expresso pelo termo *emergência espiritual*, um jogo de palavras que sugere tanto uma crise (emergência no sentido de "urgência"), como uma oportunidade de ascensão a um novo nível de consciência (emergência como "elevação").

Contando entre seus autores com alguns dos nomes mais representativos nas áreas da psicologia, da psiquiatria e da espiritualidade, este livro destina-se a servir de guia para todos os que, por amizade, parentesco ou profissão, se vêem na contingência de dar apoio e prestar assistência a pessoas que estão enfrentando essas crises de transformação.

EDITORA CULTRIX

# *Moisés*

## O Vidente do Sinai

*Josefa Rosalía Luque Alvarez*
*(Hilarião de Monte Nebo)*

Moisés não é um mito, nem sua vida uma lenda. Ele é um ser inteligente da mais alta evolução, um Enviado de Deus à humanidade, que se encarnou no filho de uma princesa real do antigo Egito, numa época em que a Esfinge e as Pirâmides nada mais revelavam sobre suas remotas origens perdidas num passado obscuro.

Moisés foi a sétima personalidade humana daquele *Agnus Dei* vislumbrado há milhares de séculos pelos querubins dos mundos mais puros e luminosos dos infinitos céus de Deus. Em eras remotas, anteriores a ele, Moisés havia sido o fogo purificador e uma autoridade judicial no continente de Lemúria; foi Juno, o "Mago dos Mares", foi a piedade, a compaixão e a misericórdia personificadas num pastor de cordeiros e antílopes; foi o Numu da pré-história, que os kobdas do antigo Egito fizeram reviver como o protótipo perfeito do criador das fraternidades idealistas, educadoras de povos e transformadoras de homens.

Moisés viveu como um Rei da nobre dinastia tolsteca da bela Atlântida, devorada pelas águas do mar; foi Anfião, a quem chamaram de "Rei Santo" e, posteriormente, Antúlio, o filósofo médico que curava os corpos e enobrecia a alma dos homens.

Por último, foi Abel e Krishna, na Ásia, iluminando, com os raios da Sabedoria, a Paz e o Amor. E tudo isso reunido como que num cofre de diamantes, invulnerável aos golpes, às fúrias e às tempestades: o Moisés confidente de Elohim, o homem feito de bronze e de pedra, cuja alma vibrante de fervor e de fé impôs a Lei eterna à humanidade, assim como pôde tirar água das rochas para dar de beber a um povo sedento.

*Moisés, o Vidente do Sinai* é uma obra publicada em três volumes. Como os outros títulos desta série, podem ser adquiridos separadamente.

* * *

Leia também, da mesma autora, *Harpas Eternas*, relato sobre a vida do Profeta Nazareno, em quatro volumes, e *Cumes e Planícies*, em três volumes, que narra a vida e as atividades dos doze Apóstolos no cumprimento da missão que lhes foi confiada.

EDITORA PENSAMENTO

# AS VARIEDADES DA EXPERIÊNCIA RELIGIOSA

## Um estudo sobre a natureza humana

*William James*

William James nasceu em Nova York em 1842 e faleceu em sua casa de campo em New Hampshire em 1910. Psicólogo, filósofo e líder do movimento conhecido como Pragmatismo, foi um dos mais famosos e representativos pensadores da América.

Neste trabalho clássico, William James explora a psicologia da religião, aplicando o método científico a um campo que já havia sido tratado anteriormente como filosofia teórica e abstrata. O autor acreditava que as experiências religiosas individuais, diferentemente dos preceitos estabelecidos pelas religiões organizadas, constituíam a espinha dorsal da vida religiosa. Seus comentários sobre conversão, arrependimento, misticismo e santidade, e suas observações acerca de experiências religiosas verdadeiras, pessoais, dão embasamento a essa tese.

Sua visão pluralista da religião fez com que ele tivesse uma tolerância extraordinária para com formas extremas de comportamento religioso, um desejo de aceitar riscos ao formular suas próprias teorias e uma ausência de pretensão muito bem aceita ao observar como o indivíduo se comporta em relação ao divino.

A solidez de sua argumentação, a síntese final acerca da evidência de que as variedades de experiências religiosas apontam para a existência de vários reservatórios específicos de energias conscientes, com as quais podemos fazer contato em termos de dificuldade, tocou alguma coisa de fundamental na mente dos adeptos de várias religiões e forneceu-lhes ao menos um material apologético que não estava em conflito com a ciência e o método científico.

EDITORA CULTRIX

## ANIMA — Anatomia de uma Noção Personificada

*James Hillman*

Em latim, "anima" quer dizer alma ou psique. É o termo que Jung utilizou ao deparar-se com a interioridade feminina do homem.

Anima é aquilo pelo que os homens se apaixonam; ela os possui enquanto humores e desejos, motivando suas ambições, confundindo seus raciocínios. Na extensão que Hillman faz da psicologia de Jung, a anima também pertence à interioridade das mulheres, e não somente àquilo que toca seus relacionamentos com os homens. Anima refere-se, numa só palavra, à interioridade.

Em dez capítulos, que são acompanhados, nas páginas pares, de todas as relevantes citações da obra de Jung, o ensaio de Hillman, que aparece nas páginas ímpares, aprofunda-se na clarificação dos humores, das personalidades, das definições e das imagens de anima:

ANIMA E CONTRASSEXUALIDADE
ANIMA E EROS
ANIMA E SENTIMENTO
ANIMA E O FEMININO
ANIMA E PSIQUE
ANIMA E DESPERSONALIZAÇÃO
INTEGRAÇÃO DA ANIMA
MEDIADORA DO DESCONHECIDO
ANIMA COMO UNIPERSONALIDADE
ANIMA NA SIZÍGIA

De interesse inquestionável para todos aqueles que, profissionalmente ou não, procuram aproximar-se do conhecimento e das aplicações da psicologia junguiana, este livro posiciona-se mais próximo da literatura imaginativa do que da ciência. Seu estilo, suas cores, sua profundidade e coragem encaminham-nos de forma surpreendente pelos subterrâneos dos sentimentos, problemas e fantasias que a noção da anima nos proporciona.

*Gustavo Barcellos*
*Lúcia Rosenberg*

EDITORA CULTRIX